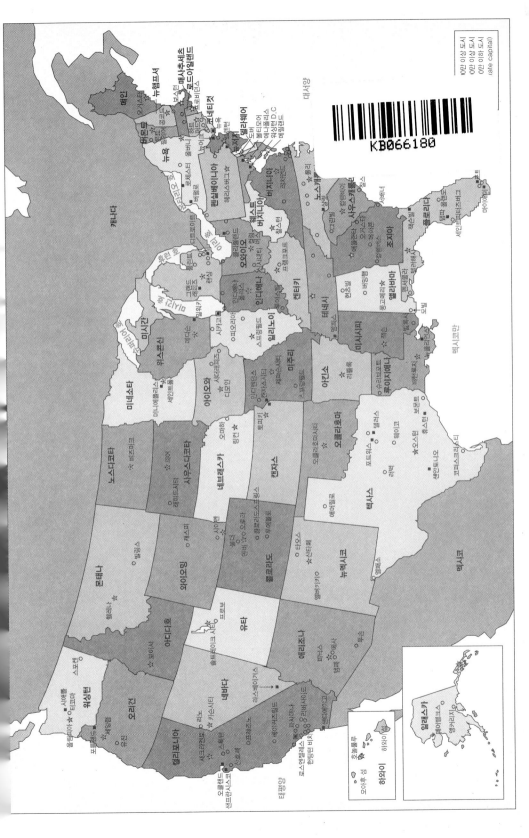

차별철폐정책의 기원과 발자취
―차별의 벽을 넘어 평등의 세계로―

테리 H. 앤더슨 저

염철현 역

한올
아카데미

국립중앙도서관 출판시도서목록(CIP)

차별철폐정책의 기원과 발자취 : 차별의 벽을 넘어 평등의 세계로
/ 지은이: 테리 H. 앤더슨 ; 옮긴이: 염철현. -- 파주 : 한울, 2006
    p. ;   cm. -- (한울아카데미 ; 881)

권말부록으로 "당신은 차별철폐정책에 대해 얼마나 이해하고 있는가?",
"연표로 보는 차별철폐정책 관련 미국사" 수록
원서명: The pursuit of fairness : a history of affirmative action
원저자명: Anderson, Terry H.

ISBN   89-460-3586-2 93940

342.30942-KDC4
320.560973-DDC21   CIP2006001929

THE PURSUIT OF
FAIRNESS

A History of Affirmative Action

Terry H. Anderson

OXFORD
UNIVERSITY PRESS

•• 역자 서문

미국은 인종, 피부색, 민족, 종교, 문화 등에 있어 다양한 색을 지닌 국가이다. 사실 원주민인 아메리카 인디언을 제외하면 모든 구성원들이 이주민인 셈이다. 세계 여러 지역에서 이주해 온 이들이 자신들의 생존 방식과 문화를 간직한 채 살아오면서 서로 혼합하고 융합해 오늘날 같은 다문화적 국가를 형성했다. 이런 태생적 배경은 인종, 민족, 문화 간에 갈등의 소지를 안고 있지만, 이 갈등과 대립 요소를 치유하는 과정에서 더불어 사는 공동체의 지혜를 터득하게 되었다. 샐러드 보울(Salad Bowl)과 같은 미국과 미국인의 다문화적 요소가 간혹 구성원 간의 갈등 요인이 되기도 하지만 이질적 요소들이 정반합(正反合)이 되면 엄청난 힘을 발휘한다.

인종, 민족, 문화 간의 갈등을 치유하려는 국가의 정책적 노력의 일환이 바로 차별철폐정책(affirmative action)이라고 할 수 있다. 차별철폐정책은 공적 및 사적 부문의 교육 및 훈련, 고용, 민권 분야에서 가장 오래된 정책의제로 20세기 초부터 민감한 논쟁의 원인을 제공해 왔으며, 지금도 미국 내에서 최대 이슈이다. 이런 점에서 이 정책은 어느 날 갑자기 생성된 관념이나 사상이 아니라 오랜 역사와 배경을 지닌 하나의 공공정책(公共政策, public policy)이다. 이 정책의 연원(淵源)은 프랭클린 D. 루스벨트 대통령까지 거슬러 올라가고 세계사적으로는 제1차·제2차 세계대전, 한국전쟁, 그리고 동서의 이데올로기와 냉전 대립까지도 관계된다. 차별철폐정책은 프랭클린 루스벨트, 트루먼, 아이젠하워, 케네디, 존슨, 닉슨, 카터, 레이건, 조지 H. 부시, 클린턴, 그리고 조지 W. 부시 등 수많은 역대 대통령을 거치면서 영욕(榮辱)과 부침(浮沈)을 거듭했다. 역대 대통령의 차별철폐정책에 대한 시각과 입장을 알게 되면 곧 미국인들의 일반적인 사회·경제활동상을 읽을 수 있을 정도로 정책의 파급 여파와 영향은 대단했다.

역자는 'affirmative action'을 단정적으로 차별철폐정책이라고 이름 붙였다. 지금까지 차별철폐정책에 대한 수많은 연구들이 있었지만, 'affirmative action'에 대한 용어에 대해서는 연구자의 관점에 따라 다양하게 사용되었다. 실제 연구자들은 '소수민족우대정책', '적극적 우대조치', '차별철폐조치' 등 연구 내용에 따라 다양하게 용어를 사용하고 있지만, 역자는 '차별철폐정책'으로 단정했다. 역자가 이 책을 번역하면서 갖게 된 확고한 신념 때문이었다. 본문에서 자세하게 다루고 있지만 'affirmative action'은 장구한 역사적 배경과 풍부한 사례를 가진 하나의 공공정책이고, 그 적용 대상도 초기의 아프리카계 미국인이라 불리는 흑인에서부터 일정한 시차를 두고 미국에 이주해 온 세계 도처의 소수민족, 그리고 여성, 장애인과 최근 동성애자들에 대한 차별까지도 일소하고자 했다. 이런 이유로 소수민족이나 여성을 대상으로 하는 차별철폐정책으로 한정하는 것은 지나치게 정책의 최초 취지만을 고집하지 않나 생각했다. 또한 우대정책 혹은 우대조치라는 용어가 담고 있는 의미는 소극적인 차원에서 이루어지는 행위를 포함하고 있기 때문에 'affirmative action'을 보다 적극적인 정책 시행 내지는 행동으로 해석해 아예 교육 및 훈련, 고용, 민권 분야 등에서 모든 차별을 철폐한다는 취지를 살려 차별철폐정책으로 정리하고 책명도 『차별철폐정책의 기원과 발자취』로 정했다.

저자 테리 H. 앤더슨의 『차별철폐정책의 기원과 발자취(The Pursuit of Fairness: A History of Affirmative Action)』는 실증적인 사실(史實)과 풍부한 자료를 바탕으로 차별철폐정책에 대한 시작과 전개 과정, 그리고 현재의 모습을 있는 그대로 보여주고 있다. 뿐만 아니라 각 시기마다 등장하는 대통령을 중심으로 하는 연방의 행정부, 사법부, 입법부, 주정부와 관계 기관, 언론, 학계, 여러 관련 단체와 기관들의 견해와 주장들을 한쪽으로 치우치지 않고 균형 잡힌 자세로 제시해 그 시대의 주역들이 차별철폐정책을 정의내리게 했다. 사실 차별철폐정책 탄생의 씨앗이 된 20세기 초반 이후부터 21세기까지 방대한 사료와 자료를 정리, 분석, 인용해 객관적인 정책의 모습을 독자들에게 제시한다는 것은 어려운 작업임에 틀림없다.

저자 앤더슨의 저서는 한 사람의 동양인 역자의 눈으로 볼 때 시대변천에 따라 연대기순으로 미국의 정계, 학계, 기업계, 그리고 시민들의 생각과 마음을 적나라하게 밝힌 매우 풍부한 자료가 실린 소중한 실증적 역사서이다. 역자는 그의 저서를 우리말로 옮기는 과정에서 미국에 대해 참 많은 것을 배우고 경험했다. 역자는 본래 미국의 교육법에 관심을 두고 있으며 특히 미국 사회의 사회통합에 많은 관심을 갖고 있는 터라 이 원서를 보는 순간 반갑기 그지없었다. 그동안 저자의 책을 한줄 한줄 옮기고 행간의 의미를 파악하는 과정에서 차별철폐정책과 관련된 방대한 이론적·실증적 배경 지식을 가질 수 있었을 뿐 아니라 앞으로 미국에 대해 보다 균형 잡힌 지식과 사고체계를 갖는 데 많은 도움을 받았다. 이 책을 접하게 된 것은 역자에게 행운이었다.

미국의 차별철폐정책은 다른 국가에 영향을 주었다. 우리나라의 경우만 해도 2006년 3월부터 '여성 고용 확대 및 차별 개선을 위한 적극적 고용개선조치'를 통해 공기업과 1,000명 이상의 근로자를 고용하는 대기업에서 일정 비율의 여성 채용을 권고하는 남녀고용평등법을 시행하고 있으며, 대학 입학에서도 '지역 인재 선발 방식'과 '농어촌 자녀 특별 전형 방식'을 통해 입학 시 일정한 입학특전을 부여하고 있다. 하나의 사상과 관념이 사회 구성원의 동의를 받아 일반화된 정책으로 뿌리를 내리기까지는 어느 정도의 양생 과정이 필요하다고 본다면 선진 외국에서 오랜 세월 시행착오를 통해 검증된 정책을 면밀히 따져보고 그 장점을 취하고 단점은 보완하거나 개선 또는 폐기하는 지혜가 필요하다. 그런 점에서도 한국어판 『차별철폐정책의 기원과 발자취』는 차별철폐정책의 역사적 뿌리와 그 전개 과정상의 적나라한 모습을 통해 많은 시사점을 줄 것으로 기대한다.

어느 국가, 어느 사회에서나 차별은 존재한다. 다만 차별의 내용과 정도가 다르고 차별을 해소 또는 철폐하는 방식이 다를 뿐이다. 우리나라도 예외가 아니다. 가뜩이나 글로벌화된 경제체제에서 우리나라에 급속히 유입되고 있는 외국인 이주 노동자는 미국에 새로운 꿈을 안고 일자리를 찾아 몰려갔던 한국의 이주민들과 다를 바가 없다. 이런 점에서도 이 책은 결코 우리가 직면한 사회적 양상과 무관하지 않고 오히려 소중한 해법을 제시한다. 앞으로 이 책이 우리나라에 상존하는 차별을 해소 내지는 철폐하는 길라잡이가 되었으면 한다. 특히 학술적·실증적 문헌으로서뿐 아니라 실제적으로 고용정책과 관련되는 노동부와 여성부를 비롯한 행정부와 정책당국, 관련 법률을 제정하는 입법부와 관계자, 정책집행의 법률적 심사를 담당하는 사법부와 관련 기관은 물론이고 교육기관의 입학담당부서, 그리고 기업체의 인사 및 채용 담당자들에게도 유용한 지침서가 되었으면 한다.

300쪽이 넘는 원서를 번역한다는 것은 그리 쉽지 않은 작업이었다.

우리말로 옮기는 작업은 마치 미국이란 나라를 통째로 구석구석 탐방하고 돌아와 이제 무거운 짐을 내려놓은 느낌과 같다. 그럼에도 불구하고 차별의 양상과 그 차별을 철폐해 나가는 실증적인 모습을 세상에 널리 알리고 함께 공유, 활용하고자 하는 역자의 학문적 소신과 동학(同學)들의 격려가 이런 어려움을 극복하게 했다. 그동안 역자는 원서의 배경이 되는 미국의 역사, 철학, 사상, 군사, 기업, 교육, 대법원을 비롯한 사법부의 구조 및 판례, 의회의 운영시스템, 영화와 드라마, 흑인운동사에 이르기까지 다양한 문헌을 독서하고 각종 증빙 자료를 확인하는 작업을 병행했다. 뿐만 아니라 번역 과정에서 차별철폐운동의 산증인이었고 원서에서도 중요한 배역을 맡았던 로사 파크스, 베티 프리단, 그리고 마틴 루터 킹 2세 목사의 부인되는 코레타 킹 여사가 타계했다는 소식을 언론 매체를 통해 접하면서 어느 때보다 그 소회가 남달랐다. 이런 가운데 미국에 대해 좀 더 풍부한 지식과 균형 잡힌 시각을 가질 수 있었음은 한 권의 번역서를 출간했다는 것 이상의 의미를 주었다.

일을 하는 데는 주변의 사람들에게 빚을 지게 마련이다. 어려운 여건에서도 쾌적한 연구 환경을 마련해 주신 김중순 총장님을 비롯한 학교 당국, 그리고 처음부터 끝까지 세심하게 원고를 읽어주고 고비마다 적절한 조언을 해주신 오수길 교수님과 최수영 변호사께 고마운 뜻을 전한다. 또한 지난 4개월 동안 번역 작업을 지켜보면서 특별한 관심과 격려를 보내준 아내와 세 아들, 그리고 정신적 버팀목이기도 한 형제들에게도 고마운 말을 전한다. 특히 본 역서가 역자 부모님의 결혼 60주년(回婚)에 맞춰 출간되었음을 매우 뜻 깊게 여기며 두 분의 거룩하고 아름다운 삶의 노정(路程)을 기리는 축하 선물이 되었으면 하는 바람이다. 또한 어려운 여건 속에서도 출판을 흔쾌히 수락해 주신 도서출판 한울의 관계자 여러분께도 마음으로부터 고마운 뜻을 전한다. 끝으로 사람이 하는 일에는 본의 아닌 실수가 있을 수 있는데 본문 중에 혹시 있을

수 있는 오역이나 비문 또는 오자는 전적으로 역자의 부족함의 소치임을
밝히며 독자 여러분의 건설적인 제언을 기대한다.

2006년 8월
종로구 계동 연구실에서
염철현

한국어판 서문

차별철폐정책은 수많은 미국인들에게 영향을 주었을 뿐 아니라 미국인을 갈라놓기도 한 매우 중요한 이슈이다. 필자는 한국에서 『차별철폐정책의 역사와 발자취(The Pursuit of Fairness: A History of Affirmative Action)』가 출판된 데 대해 매우 기쁘게 생각한다. 한국 정부도 1996년 3월 1일부터 관련 남녀고용평등법을 개정해 여성 고용 확대 및 차별 개선을 위한 적극적 고용개선조치제도를 도입한 것으로 알고 있다. 또한 공기업과 1,000명 이상의 근로자를 고용하는 대기업은 매년 직종별·직급별 남녀 근로자 현황과 여성 고용에 관한 계획서를 제출하는 등 여성 고용에 적극 나서야 하며 상대적으로 여성 고용률이 일정 수준에 미달하는 경우 고용 목표를 수립·시행해야 하고 실적 우수 기업에는 다양한 인센티브가 주어지는 것으로 알고 있다. 이런 시점에 한국어판의 출판은 매우 시의 적절하다고 생각하며, 독자 여러분들이 '고용 목표 및 이행계획서'를 시행하는 미국의 고용정책에서 비롯된 많은 시사점을 배울 수 있게 되기를 바란다.

미국에서 차별철폐정책은 1970년대와 80년대에 걸쳐 백인들의 엄청난 분노와 반격을 불러일으켰는데, 결과적으로 미국 역사에서 어느 때보다 직장에서 다양한 노동력을 구성하는 계기가 되었다. 미국은 상대적으로 짧은 시간에 기회의 문(門)을 개방하는 정책을 채택해 전문직에서 여성 고용인의 수가 폭발적으로 증가하고, 소수민족 집단이 중산층으로 대규모 이동하는 결과를 가져왔다. 아무쪼록 한국의 독자들이 이 책을 통해 미국의 차별철폐정책이 어떻게 수립·전개되어 왔는지에 대해 알 수 있게 되기를 기대한다.

2006년 8월

텍사스 A&M대

테리 H. 앤더슨

∷ 서문

    2003년 4월 법복을 입은 9명의 연방대법원 대법관들이 미시간대 소송사건에 대한 심리를 진행하고 있을 때, 대법원 건물 밖 계단에는 수천 명의 군중들이 운집했다. 군중 속에는 하버드대, 펜실베이니아주립대, 캘리포니아대(버클리), 하워드대, 조지타운대, 그리고 소송당사자인 미시간대를 포함해 여러 대학의 관계자들도 있었다. 군중의 대부분은 흑인이 주류를 이루었지만 일부 백인과 히스패닉도 눈에 띄었다. 이들은 알 샤프톤(Al Sharpton), 마틴 루터 킹 3세(Martin L. King Ⅲ), 그리고 제시 잭슨(Jesse Jackson) 목사의 연설을 들으면서 서명운동에 참가했다. 잭슨 목사가 "우리는 싸워야 합니다"라고 외치자 군중들은 "아직 싸움은 끝나지 않았다"라고 응답했다.

    한편 2명의 여성을 포함한 다른 사람들은 싸움이 끝났으면 했다. 제니퍼 그라츠(Jennifer Gratz)는 미시간대의 학부 과정에, 바바라 그러터(Babara Grutter)는 미시간대 로스쿨에 지원했었다. 입학 전형에서 탈락한 두 여성은 각각 소송을 제기했는데, 대학의 입학정책이 1964년 「민권법」과 수정헌법 제14조의 '평등보호조항'을 위배했다고 주장했다.

문제가 된 정책이란 바로 '차별철폐정책(affirmative action)'이었다. 미시간대학 측은 입학 전형에 필요한 다양한 기준 중 인종(人種)을 하나의 기준으로 삼았다.

이로부터 10주가 지난 6월 연방대법원이 판결을 내렸는데, 이 판결은 1970년대 후반 이후 고등교육과 관련된 가장 중요한 판결이 되었다. 연방대법원은 5 : 4로 차별철폐정책을 다시 합헌으로 판시했다. 다수 의견을 작성한 샌드라 데이 오코너(Sandra Day O'Connor) 대법관은 "우리는 25년 후 인종우대정책이 더 이상 필요하지 않을 것으로 기대한다"라는 소감을 밝혔다.

판결에 대한 반응은 즉각적이었고 예상했던 대로였다. 미시간대 전(前)총장 리 C. 볼링거(Lee C. Bollinger)는 "이번 대법원의 결정이 국가와 고등교육을 위한 위대한 승리이다"라는 의미를 부여했다. 아프리카계 미국인으로 보수 성향의 학자인 토머스 소웰(Thomas Sowell)은 "대법원의 다수 의견이 이 나라의 법을 조롱했다. ……이번 결정에는 4명의 대법관이 반대했을 뿐 아니라 신랄한 비판과 혐오감을 불러일으켰다"라고 비난했다.

차별철폐정책은 지난 40년 동안 미국의 공공정책이었으며 향후 25년은 존속할 것이다. 또한 이 정책은 늘 감정이입의 논쟁과 인종주의라는 논란을 불러일으키고 있다. 양쪽 모두 도덕적 우월성을 주장한다. 지지자들은 스스로를 '인종정의의 수호자'이며 마틴 루터 킹(Martin L. King) 목사가 주창했던 '꿈의 보호자'라고 주장하는 반면, 반대자들은 스스로를 능력 중심 사회와 헌법에서 신성시하는 피부색과 관계없는 '평등 보호의 방어자'라고 말한다. 한 가지는 분명하다. 양쪽의 주장에는 일리도 있고 합법적이지만, 차별철폐정책 자체가 미국적 딜레마가 된다는 점이다.

차별철폐정책에 대한 싸움은 명료하지도 않을 뿐더러 혼란스럽기까지 하다. 지난 수십 년 동안 시민들을 대상으로 이루어진 여론조사 결과에 따르면 "연방정부가 모든 고용주들이 소수민족과 여성을 고용하는 할당제를 시행하도록 명령해야 한다"라고 생각했다. 부모들은 종종 자기 자녀가 일류 대학이나 전문대학원에 진학하지 못한 것이 대학이 요구하는 인종이나 성별 기준을 갖추지 못했기 때문이라고 믿는다. 이와 마찬가지로 백인들은 간혹 차별철폐정책이 단순히 역차별이거나 할당제를 의미하는 것으로 생각한다.

21세기에 접어들면서 지식인, 법률가, 언론인, 그리고 학자들이 차별철폐정책에 관한 수십 권의 책과 수천 편의 논문을 썼다. 그러나 불행히도 수많은 책이나 논문 가운데 대다수는 오히려 혼란을 부채질했다. 대부분의 책들이 차별철폐정책에 관한 논쟁을 다루었다고 하지만, 역사학자들은 박키(Bakke) 판결이나 1960년대 등 특정 주제의 한쪽 면에만 치중하여 글을 썼다.

이 책은 몇 가지 점에서 독특하다. 첫째, 대공황과 제2차 세계대전 시기 차별철폐정책의 탄생부터 2003년 미시간대 사건에 이르기까지 그 전개과정을 따라가면서 처음으로 차별철폐정책의 모든 역사를 다룬다는 점이다. 둘째, 역대 대통령의 차별철폐정책에 대한 정의를 살펴봄과 동시에, 이 정의와 논거(論據)가 20세기 후반에 어떻게 변천했는지에 대해 증명하게 될 것이다. 셋째, 역대 대통령이 어떤 이유로 차별철폐정책을 수립·확장·축소했는지, 그리고 1971년 연방대법원이 이 정책에 대해 첫 판결을 내린 이후 어떻게 변화되어 왔는지를 검토할 것이다.

이 차별철폐정책의 성패를 좌우하는 열쇠는 미국의 고등교육기관, 고용정책, 기업체가 쥐고 있는데, 이 책에서 이 정책을 검토하고 시민에게 근본적인 주제가 되는 평등, 우대, 공평성에 대한 실례를 제시하고자 한다. 누가 명문 대학이나 전문대학원에 입학하는가? 어떤 구직자가 채용되고 승진하는가? 어떤 기업이 연방정부와 계약을 체결하는가?

궁극적으로 차별철폐정책은 공평성(fairness)과 관련된다. 미국에서 공평성이란 무엇인가? 역사적 기록을 검토해 보면, 프랭클린 D. 루스벨트 (Franklin. D. Roosevelt) 대통령 이후 이 질문에 대한 대답이 바뀌었음을 알 수 있다.

1990년대에 필자는 1960년대 사회운동에 관한 책을 저술하는 데 필요한 차별철폐정책을 알기 쉽게 설명한 책을 구하기 어려웠다. 이것이 이 책을 쓰게 된 동기이다. 필자는 미국사의 변천 과정을 좇아가면서 이 정책을 설명해 나갈 것이다. 당연히 이 책의 분량으로는 연방 기관이나 사법부 판결의 역사, 소수민족이나 여성 지위 변화에 대한 상세한 조사, 평등에 대한 개념이나 사회과학의 이론, 학교 통합, 버스 통합, 「민권법」 제9편과 같은 민권 이슈에 대한 설명을 모두 포함할 수는 없다. 필자가 한 친구에게 "네가 언젠가 말했던 내용에 대해 집필하고 있다"라고 말했을 때, 그 친구 왈, "되게 지겹겠구먼!"이라고 하는 위로의 말을 했다. 이들 주제에 대해 다룬 대부분의 책들은 특수용어, 이론, 법률용어로 가득 차 있어 솔직히 따분하고—그렇지 않아야 하는데도—재미도 없다. 어쨌든 차별철폐정책은 사람, 교육, 일, 그리고 사람들이 공평하다고 생각하는 것과 관련된다.

필자는 용어 사용에 있어서 역사적 시기에 부합한 단어와 명칭을 사용하고자 했고 가능한 중립을 유지하기 위해 암시적인 용어는 가급적 피했다. 각 시기의 주역들이 스스로 논쟁을 정의하게 했다.

마지막으로 필자 개인의 말을 하면, 필자는 1979년 텍사스 A&M대 조교수로 채용되었는데, 당시 필자에게 부여된 임무는 학생 신분으로 제2차 세계대전에 참전해 미군의 일반 장교—아마도 여성과 소수민족 지원자들에게 매력이 없었던 특수보직—가 된 사람들을 면접하는 것이었다. 그때 이후 필자는 다방면의 주제에 대해 집필하고 승진도 하면서 이곳 텍사스 생활을 만끽하며 살아왔다. 사실 차별철폐정책은 필자의 경력에 영향을 주지 못했다. 그래서 필자는 딴 마음도 없고 오로지

지난 수년 동안 치열한 논쟁이 되어온 차별철폐정책이 어떻게 전개·변천해왔는지에 대해 관심이 있을 뿐이다.

우리에게 또 다른 논쟁술은 필요치 않다. 미시간대 사건에 대한 증빙자료와 논쟁에 대한 결과가 밝혀진 터에 미국은 차별철폐정책에 대한 더욱 균형 잡힌 역사가 필요하다. 이 책을 통해 수많은 미국인에게 영향을 주었고 미국인을 갈라놓기도 한 하나의 공공정책에 대한 보다 계몽적인 논의가 있길 기대한다.

2003년 11월
텍사스 주 칼리지 스테이션에서
테리 H. 앤더슨

•• 감사의 말

나는 차별철폐정책에 대해 최고의 저서를 남긴 많은 학자들에게 빚을 졌다. 역대 대통령 기념도서관에 보관된 그들의 저작들이 이 연구를 위한 탄탄한 기초가 되었다. 그들의 저작들은 주석과 참고문헌에 실었지만, 가레스 데이비즈, 폴 D. 모레노, 존 D. 스크렌트니, 딘 코트로스키, 니콜라스 라함, 그리고 지금은 고인(故人)이 된 휴 데이비스에게 특별한 감사의 말을 전한다. 그들의 연구는 여러 곳의 대통령도서관에 소장된 주요 문서들의 위치를 정확하게 알려주었기 때문에 내가 도서관을 방문해 자료를 주문하는 일을 쉽게 해주었다.

이 연구에 도움을 준 많은 기록보관인들에게도 감사의 말을 하고 싶다. 그들은 존슨 대통령 기념도서관의 알렌 피셔, 레이건 대통령 기념도서관의 켈리 D. 바튼, 그리고 조지 H. 부시 대통령 기념도서관의 로버트 홀즈와이스와 스테파니 오리얼이다.

또한 원고의 개별 장을 읽은 딘 코트로스키와 존 데이비드에게 감사한다. 휴 고든은 나에게 록히드사와 기타 사업 관행에 대해 가르쳐 주었다. 친구이면서 동료인 알 브로사드는 로즈 에더와 함께 아프리카계 미국인 역사에 관한 모든 원고를 감수해 주었다.

나는 도서관에서 수천 편에 달하는 논문들을 수집하기 위해 뛰어난 역사전공자들을 채용했다. 그들은 크리스티 스메드스러드, 트리시 로드, 그리고 마이크 폴리스였는데, 특별히 스티브 스미스는 내가 아일랜드에서 미국사를 가르쳤던 시기에도 중요한 자료를 제공했다. 또한 스티브와 마이크는 모든 원고를 다 읽고 글의 내용을 보다 명확하게 다듬는 데 기여했다.

텍사스 A&M대 동문회는 관대하게도 내가 제때에 집필을 끝마칠 수 있도록 1학기 휴가기금을 마련해 주었다. 옥스퍼드대학출판사의 피터 지나는 나의 출판 계획을 듣고 격려하고 계약서를 보내주었으며, 캐서린 험프리스와 로라 스틱니를 통해 출판 과정이 순조롭게 진행되도록 했다.

항상 그랬던 것처럼 나의 형제 스티브와 제프, 그리고 그들의 아내인 지니와 모에니는 큰 격려가 되었다. 또한 나의 테니스 친구들인 데이비드 오그덴과 조 골산과의 운동도 많은 도움을 주었다.

이 책을 세 사람에게 바치고 싶다. 두 분은 이미 고인이 되신 나의 어머니 에밀리와 아버지 하워드이다. 이 분들은 내가 성장하는 동안 공평성의 의미를 가르치기 위해 무진 애를 쓰셨다. 그리고 나의 반려자 로즈는 나에게 그녀 방식대로의 '평등권(equal rights)' 개념을 가르쳤다.

차례

1 차별철폐정책의 기원

• ○ •

전쟁의 먹구름이 짙게 낀 1940년 9월 아사 필립 랜돌프(Asa Philip Randolph: 미국 민권운동과 사회주의적 노동운동의 대표적 지도자)는 프랭클린 D. 루스벨트(Franklin D. Roosevelt: FDR) 대통령과의 면담을 생각했다. '침대차 잡역부 조합(Brotherhood of Sleeping Car Porters)'의 아프리카계 미국인 지도자 자격으로 백악관에 갔을 때, 랜돌프는 그가 해야 할 역할에 대해 잘 알고 있었다. 유럽에서 나치 독일은 '지배자 민족(master race)'처럼 행동하면서 인접 국가들과 잔인한 전쟁을 하고 있었다. 극동에서 일본제국도 아시아의 통치자로 군림하기 위한 야만적인 시도를 하면서 중국을 침략했는데 그 와중에 온갖 만행을 저지르고 있었다.

랜돌프는 전쟁에 대해 확고한 신념을 가졌다. 사회주의자인 그는 제1차 세계대전 당시에는 미국의 참전을 반대했지만, 1940년 사회당을 탈퇴한 뒤 당(黨)이 나치즘의 잔인무도한 행위들을 잘 알고 있으면서 중립정책을 표방하는 것을 비판했다.

물론 루스벨트 대통령도 국제적인 위협에 대해 잘 알고 있었다. 그는 노변정담(爐邊情談, fireside chat)에서도 단호하게 나치즘의 목적은 '인류를 노예화'하려는 데 있으며, 이들은 "가장 오래되고 가장 포악한 독재 정권이며 거기에는 자유도 종교도 희망도 없다"라고 천명했다.

따라서 6월 초순 나치의 제3제국이 프랑스를 침략하여 정복한 이후, 군 통수권자인 루스벨트 대통령은 의회에 군비증강을 위한 법을 통과시켜 줄 것을 요청했다. 그해 가을 의회가 평시(平時) 최초로 징병제 법안을 통과시켰다. 많은 사람들이 군대에 자원했고 1940년과 1941년 흑인들은 입대 병사 중 16% 이상을 차지했다.

아프리카계 미국인 병사들은 노동자 복장을 군복으로 바꿔 입었지만, 대개 노무자로 격리 배속되었다. 이들의 군사학교 입학이 금지되었고 해군은 이들을 취사병이나 장교 숙소 사환으로 배속했다. 1940년 흑인들은 공군, 통신병, 해안경비병, 해병에 지원할 수조차 없었다.

1939년 대통령과 의회는 국가 방위산업에 필요한 예산을 대폭 증액시켰다. 대공황의 어려운 시기가 지나고 취업이 잘 되었고 실업률도 떨어졌다. 그러나 남성들이 취업을 위해 공장에 줄을 섰지만, 거의 대부분의 방위산업체는 백인 남성만을 채용했다. 벌티항공사(Vultee Aircraft)의 사장은 의회위원회에서 "유색인을 정규노동자로 채용하라는 권고는 말도 안 됩니다"라고 말했고, 북미항공사(North American Aviation) 사장도 "유색인을 기계공이나 항공노무자로 채용하는 것은 회사 방침에 위배됩니다"라고 말했다. 흑인들이 시애틀 소재 보잉사(Boeing Aircraft)에서 일할 수 있게 노조 참여를 요구했을 때, 노조 지도자는 "흑인들도 국가 방위를 위해 많은 희생을 요구 받고 있고 기꺼이 그렇게 해왔지만 이것은 지나친 요구입니다"라고 답변했다.[1]

• ○ •

1940년 미국의 '공평성'을 보면 차별이 관행이었고 일부 주(州)에서는 법이었다. 노예의 손자인 랜돌프는 이런 관행과 인종에 기초해 만들어진 제도인 「짐크로법(Jim Crow Law: 1877년 남부에서 흑인의 사회정치적 차별을 규정한 흑인차별법으로서 인종차별과 인종 격리를 뜻하는 말로 쓰임 – 옮긴이)」에 대해 너무나 잘 알았다.

1889년 플로리다 주에서 출생한 어린 랜돌프는 19세기 말 남부 주와 경계 주(Border States: 남북전쟁 전 자유주에 접하고 있으면서도 노예 제도를 채택한 델라웨어, 켄터키, 메릴랜드, 미주리, 버지니아 주 – 옮긴이)에서 많은 법이 통과되는 것을 목격하면서 성장했는데, 이렇게 통과된 법들이란 남북전쟁 이후 재건 시기(Reconstruction: 남북전쟁 후 남부 각 주가 합중국에 재건·통합된 기간 – 옮긴이)에 남부의 각 주들이 이미 비준한 수정헌법에 대해 다시 이의를 제기한 결과였다. 수정헌법 제14조(1868년 비준)는 주가 수많은 흑인 시민들을 포함하여 어떤 거주민에 대해서도 '법 앞의 평등 보호'를 거부할 수 없도록 했고, 수정헌법 제15조(1870년 비준)는 흑인에게 투표권을 부여했다. 그러나 1880년대 많은 주들은 이런 권리를 제한하기 위해 인종에 기초한 법을 통과시키고 있었다. 심지어 ≪애틀랜타 헌법(Atlanta Constitution)≫ 편집인 헨리 그래디(Henry W. Grady)는 "백인은 우월한 인종이기 때문에 남부 백인의 지배는 영원히 지속되어야 한다"라고 말했다. 남북전쟁이 미국의 헌법을 바꿨지만 관습과 정서는 바꾸지 못했다. 어떤 백인 여성은 "내 자녀가 검둥이들과 같은 식탁에서 밥을 먹고 함께 어울리게 하느니 차라리 내 자녀들을 죽여버릴 것이다"라고 말하기까지 했다.

가장 교육을 많이 받은 세련된 흑인도 가장 무식하고 품위도 없는 백인과 동등하지 않았으며, 이런 백인의 사회적 지위를 보장하기 위해 남부 주들은 인종차별법을 통과시켰다. 세기가 바뀐 후 17개 남부 주와 경계 주는 학교, 병원, 교도소, 가난한 사람과 노인, 청각장애인, 심지어 시각장애인의 집을 격리하는 법을 통과시켰다. 이런 주에서 흑인은 전차의 뒤쪽에 타야 했고 격리된 열차의 2등칸과 대합실을 이용해야 했다. 시 조례를 제정하여 일몰(日沒) 후 모든 시민들은 흑인에게 '접근 금지(off limits)' 명령을 내릴 수 있었다. 애틀랜타에서 백인과 흑인의 법정 증인들은 같은 성경에 손을 얹고 선서할 수 없었다. 플로리다 주와 노스캐롤라이나 주의 공립학교에서 사용할 교재는 백인 학생이 사용한 것이었고 흑인 학생은 격리된 채 생활했다. 루이지애나 주 법령에 따르면, 서커스 관람표를 구하기 위해 줄을 설 때 백인과 흑인은 각각 25피트(약 7m 50cm)를 떨어져 있어야 했다. 켄터키 주에서 백인과 흑인은 격리된 지역에서 따로 살아야 했고, 앨라배마 주에서는 백인과 흑인이 함께 장기놀이를 하지 못하게 금지했다. 내슈빌의 사창가에서는 백인 여성은 위층에 두고 흑인 여성은 지하에 두었던 반면, 뉴올리언스 시 관리들은 매춘부와 홍등가를 격리시켰으며 애틀랜타는 이들을 격리된 장소에서만 활동하게 했다.

1900년 ≪리치몬드타임즈(Richmond Times)≫는 "전지전능한 신이 인종차별의 선(線)을 그었고 이것은 지워질 수 없기 때문에 남부 생활의 모든 관계에서 엄격한 격리가 적용되어야 한다"라고 주장했다. 호텔, 하숙, 식당처럼 백인이 운영하는 시설은 흑인을 손님으로 받지 않았다. '백인 전용' 또는 '유색인 전용'이란 표지는 공공장소의 입구와 출구뿐 아니라 매표창구, 대합실, 분수대, 화장실에도 붙어있었다. 흑인들은 도서관, 극장, 스포츠 시설, 공원, 해변과 같은 공공시설에 접근이 제한되었거나 격리되었다. 일부 유흥지에는 '흑인과 개는 입장 불가'라는 표지가 붙어 있었다.

남부의 '공평성'을 보면 흑인들은 공공건물과 시설에 사용되는 세금을 냈지만 동등한 접근은 허락되지 않았다. 1920년 자동차 운행이 시작되었지만, 심지어 일부 지역에서는 공공도로에서 흑인이 운전하는 것조차 금지했다. 흑인들은 공무원들에게 봉급으로 지급되는 세금을 납부했지만 남부에는 단 1명의 흑인 경찰이나 판사도 없었다.

아프리카계 미국인들이 투쟁에 나선 것은 자연스러운 일이었다. 1896
년 호머 플레시(Homer Plessy) 사건이 연방대법원에 접수되었다. 플레시
대 퍼거슨(Plessy v. Ferguson) 사건에서 플레시는 인종차별정책으로 흑인
에게 열차의 2등칸이나 칸막이 객실 입장을 금지한 루이지애나 주 법에
이의를 제기했다. 플레시는 주 법이 '적법절차'와 '법 앞의 평등 보호'를
규정한 수정헌법 제14조에 위배된다고 생각했다. 대법원은 8 : 1로 플레
시의 패소를 판결했다. 유일한 반대자는 선견지명의 소수 의견을 낸
존 마샬 하란(John Marshall Harlan) 대법관이었다. 그는 "우리의 헌법은
인종차별적이며, 시민들의 계층도 모르며 관대하지도 않다. 민권(民權)
과 관련하여 모든 시민은 법 앞에 평등하다"라고 일갈했다. 대법원의
다수파가 하란 판사의 의견에 동의하는 데 60년이 걸렸다. 1896년 대법
원의 다수는 헨리 브라운(Henry Brown) 판사의 의견, 즉 "평등권은 두
인종의 강제적인 혼합을 요구하지 않는다. …… 만약 한 인종이 다른
인종에 비해 사회적으로 열등하다면 미국 헌법은 두 인종을 평등하게
대우하지 않을 수 있다"라는 의견에 동의했다. 따라서 플레시 판결에
따르면 "인간이 만든 법은 신체적 차이에 기초한 사회적 본능을 제거하거
나 구별을 폐지하는 데 무기력했다." 대법원은 언제나 격리되었지만 결코
평등하지 않은 두 인종에 대해 '격리하지만 평등한(separate-but-equal)'
공공시설의 사용을 허용했다. 이런 판결의 결과에 따라 1910년 11개
남부 주들은 공립학교에 다니는 백인 학생 1명에게 9달러 이상을 지출
한 반면, 흑인 학생에게는 3달러 이하를 지출했다. 이런 과정에서 다른
법원의 판결들도 헌법이 보장한 흑인의 권리를 인정하지 않았다.

또한 남부 주들에서 흑인이 남부 재건 시기에 비준된 수정헌법 제15
조에 따라 투표권을 인정받았지만 제한적이었다. 이것은 최남부(Deep
South) 주들에겐 특별히 문제의 소지가 되었는데, 1880년대 이후 미시시

피, 사우스캐롤라이나, 루이지애나 주는 흑인이 과반수를 차지했고, 앨라배마, 플로리다, 조지아, 그리고 버지니아 주에서는 흑인이 약 40%를 차지했다. 남부 백인의 입장에서 흑인의 투표권은 번복되어야 했다. 만약 그렇지 않고 흑인들이 투표장에서 백인과 똑같이 투표권을 행사한다면 백인 우월성이란 가정은 모순되기 때문이다. 더욱이 백인들은 흑인들이 투표권을 행사하게 되면 사회적 평등을 부르짖을 것이라고 생각했다. 또한 백인들은 훨씬 더 끔찍한 공포심을 갖고 있었다. 1904년 한 백인 소설가가 "무지하고 야만적인 젊은 검둥이에게 사회적 평등이란 오로지 한 가지 의미밖에 없다. 이것은 백인 남성과 똑같이 즐길 권리, 즉 백인 여성과 동침할 특권이다"라고 썼던 글에서도 알 수 있다. 따라서 역사학자 레온 리트웩(Leon Litwack)은 "흑인들의 투표권을 제한하는 것은 이들을 침실에 들어오지 못하게 하는 것과 같았다. 만약 흑인이 백인과 평등하게 투표한다면 흑인들도 백인들처럼 먹고 자고 하자고 우길 것이다. 이런 불명예를 생각하는 남부인은 아무도 없었다"라고 주장했다.[2]

사우스캐롤라이나 주의 어떤 사람이 말했던 것처럼, 남부의 목적은 "영원히 백인의 우월적인 지배를 확립"하고 흑인들의 투표권을 철회하는 것이었다. 1870년대 초 조지아와 버지니아 주는 인두세(poll tax)를 통과시켰으며, 이로부터 10년 후 미시시피, 플로리다, 사우스캐롤라이나, 노스캐롤라이나 주는 유권자 등록과 투표 절차를 더 복잡하게 만든 선거법을 통과시켜 대부분이 반(半)문맹이나 다름없는 흑인 투표자의 수를 줄게 했다. 버지니아와 다른 주들도 선거구를 여러 번 제멋대로 게리맨더링(gerrymandering: 선거구를 조정하여 자기 당에 유리하게 만드는 선거 기만술-옮긴이)하여 기본적으로 흑인 유권자들의 투표권을 무효로 만들었다. 이후 여러 주들이 주헌법을 수정했다. 1890년 미시시피 주를 시작으로 대부분의 남부 주들이 20년 사이에 주헌법을 수정했다. 미시시피 주 인구는 흑인이 반 이상을 차지했는데, 주헌법제정회의는 인종을 언급하지 않음으로써 수정헌법 제15조를 기술적으로 위배하지 않았다. 주헌법에 따르면 유권자가 주헌법의 어떤 조항을 읽거나 '합리적인 해석'을 하도록 요구했다. 백인 문맹에게는 해석상 빠져나갈 구멍이 있었지만 아프리카계 미국인에게는 없었다. 왜냐하면 기록담당자들이 백인들이었기 때문에 이들은 흑인 중 적절한 해석을 할 사람은 거의 없다고 판정할 게 분명했다. 또한 흑인들의 투표를 방해하기 위해 기상천외한 조치들을 강구했다. 문자해독능력의 요구와 이해력 검사에 뒤이어, 기본적으로 모든 남부 주에서 대부분 흑인들의 공민권을 박탈한 '선량한 인성(good character)'조항을 만들고 토지를 요구하고 백인만의 선거(white primary)를 하기 위한 법을 통과시켰다. 1901년 앨라배마 주 헌법회의가 개최되고 5년 후 주 흑인의 약 2%만이 유권자로 등재되었고, 이후 여러 해에 걸쳐 남부 주에 흑인 거주자가 과반수를 차지하는 많은 카운티가 있었지만 단 1명의 흑인도 투표권을 행사하지 못했다. 어떤 백인이 미시시피 주에 대해 글을 쓴 것처럼, "마치 흑인들이 리베리아(Liberia)로 국외 추방되는 것과 같이" 흑인들은 정치와는 상관없었다.

세기가 바뀌는 시점에도 인종 관계는 별 관심의 대상이 되지 못했다. 어떤 흑인 소설가는 "흑인의 권리는 1865년 노예해방 이후 지난 35년 동안 어떤 시기보다도 쇠퇴했으며 인종 편견은 더 심해졌고 타협점도 찾지 못했다"라고 했다.

1901년 시어도어 루스벨트(Theodore Roosevelt)가 대통령에 취임한 후 가장 중도적인 흑인 지도자 부커 T. 워싱턴(Booker T. Washington)을 저녁 식사에 초대했다. 워싱턴은 1895년 '애틀랜타 타협(Atlanta Compromise)'을 주장했는데, 이 타협안에 따르면 흑인들은 흑인의 교육과 경제적 향상에 대한 백인의 지원 대가로 정치적 평등 요구를 중지해야 한다고 주장했다. 워싱턴은 흑인에게 필요한 적합한 교육 유형은 흑인들이 "겸손하고 성실하며 지역사회에 봉사하게 만들 것"이라고 했다. 대통령은 워싱턴을 초청함으로써 윌리암 E. B. 두보이스(William E. B. DuBois: 1895년 하버드대를 졸업하고 NAACP 기관지 ≪크라이시스(Crisis)≫ 편집장 역임 - 옮긴이)와 같이 애틀랜타 타협안에 단호하게 반대하면서 지나치게 많은 요구를 하는 아프리카계 미국인들 대신, 워싱턴이 흑인의 대변인이라는 것을 자연스럽게 널리 홍보하려 했다. 그러나 루스벨트는 실수를 범했다. 만찬 후 ≪리치몬드 타임즈(Richmond Times)≫는 "대통령이 이벤트성으로 흑인 지도자와 저녁 식사를 함께한 의미는 루스벨트가 흑인들도 사회구성원으로 자유롭게 섞여지길 바라는 것 — 백인 여성들이 검둥이 남성들로부터 관심을 받는 것 — 이었다"라고 보도했다. 그리고 멤피스의 한 신문은 대통령의 행동을 "이제까지 미국 시민에 의해 저질러진 가장 저주할 만한 모욕이다"라고 보도했다. 이런 모욕감은 남부에서뿐 아니라 전국적으로 백인들의 일반적인 감정이었다. 지배세력인 앵글로 색슨 사회는 차이가 나는 것에 대해 관용할 줄 모르는 것처럼 보였다. 이들은 미국에 이주한 타 민족들에 대해 경멸적인 의미를 붙여 각각 별도의 이름을 붙여주었다. 예를 들어, 멕시코인에겐 '지저분한 놈(greasy)'이나 '등이 젖은 놈(wetbacks)', 푸에르토리코인에겐 '스픽스(spicks)', 이태리인에겐 '포도주(dagos)', 아시아인에겐 '짱개(chinks)', 그리고 유대인에겐 '카익스(kikes)' 등으로 불렀다. 이런 편협한 행동은 인종을 초월하여 모든 계층에게 적용되었는데, 백인 엘리트들은 가난한 백인들을 '쓰레기(trash)', '붉은 목(rednecks)', '크래커스(crackers)'라고 불렀다.

증오의 정도는 인종에 따라 달랐다. 하버드대와 많은 사립대학은 유대인계 학생들의 숫자를 제한하는 할당제를 철저하게 적용했는데, 만약 대상이 흑인이라면 제도를 더 엄격하게 적용했다. 로사 파크스(Rosa Parks: 1955년 앨라배마 주 몽고메리 시에서 버스 자리를 백인에게 양보하라는 백인 운전사의 요구를 거부하면서 미국의 인종격리정책에 경종을 울린 흑인 인권운동의 대모 - 옮긴이)는 "내가 6살이었을 때 우리들이 실제로 자유롭지 못하다는 것을 이해했다"라고 회고했다. 이와 유사하게 15살의 알본 홀시(Albon Holsey)는 자유의 땅에서 그가 가진 기회의 의미를 깨달았다. "나는 얻어맞고 이 사실을 알았다. 나는 결코 미국의 대통령이나 주지사 혹은 내가 사는 도시의 시장이 되겠다는 꿈을 꿀 수 없다는 것을 알았다. ……나는 인종차별에 부딪혔고 백인에겐 또 다른 검둥이에 불과했다."3)

만약 흑인들이 인종의 차이나 '자신들의 분수'를 알지 못하면 백인들은 가끔 가혹한 힘을 행사했다. 남부는 인종문제에 관한 한 무법 상태였다. 백인들이 법, 경찰, 법원, 언론, 정부 기관을 모두 장악했다. 만약 흑인이 백인을 제소한다면 이것은 우월인종에 대한 불경(不敬)을 의미했다. 1897년 전형적인 사건이 미시시피 주에서 발생했는데, 흑인 여성이 그녀를 도끼 손잡이로 때린 백인 남성을 고소한 사건이었다. 치안판사는 이 사건을 기각하면서 "검둥이 여성을 때린 백인 남성을 처벌할 법이 없다"라는 판결을 내렸다. 이로부터 약 20년 후 텍사스 주에서 백인 남성이 멕시코인을 살해한 혐의로 기소되었다. 로이 빈(Roy Bean) 판사는 "법률 서적을 뒤져보았지만 멕시코인을 살해한 것에 관한 어떤 법도 찾을 수 없다"라고 하면서 사건을 기각했다. 흑인 남성을 린치한 것에 대해서도 처벌하지 못했다. 1892년 사우스캐롤라이나 주지사 벤 틸만(Ben Tillman)은 "백인 여성을 폭행한 검둥이를 린치하기 위해 나는 기꺼이 군중들을 선동할 것이다"라고 밝혔다. 주지사가 말했던 것처럼 흑인은 "백인의 부속물로 남거나 아니면 사라져야 했다."

수천 명의 흑인들이 사라졌는데 대부분이 린치 때문이었다. 1899년 조지아 주 농장에서 일하던 흑인 샘 호세(Sam Hose)가 백인 주인에게 임금 지급과 어머니의 문병 허가를 요청했다. 주인은 이를 거절하고 이튿날 호세와 다투다가 총으로 쏘아 죽이겠다고 위협했다. 호세는 자기 방어를 위해 도끼를 던지고 결국 주인을 폭행 살해하게 되었다. 신문에서는 사실과 판이한 기사를 보도했다. 호세가 저녁 식사 시간에 주인집에 숨어들어와 도끼로 주인의 머리를 내려치고 죽어가는 남편 앞에 부인을 끌고 와 수차례 강간을 했다는 것이었다. 호세의 운명은 결정되었다. 호세는 체포되었고 조지아 주 뉴만(Newman)에서 2,000명에 달하는 시민들 앞에서 린치당했다. 스스로 집행관임을 자처한 백인들은 그를 벌거벗겨 나무에 사슬로 묶어놓고 그의 귀와 손가락, 성기를 잘라내고 머리를 벗겼다. 이런 다음 백인들은 그를 기름으로 흠뻑 적게 한 뒤 불을 붙였다. 호세의 정맥이 불로 터져나가고 피가 불에 부글부글 끓을 때, 그는 마지막으로 "오, 나의 하나님! 오, 예수님"이라고 외쳤다. 공포는 텍사스 주 와코(Waco)에서 계속되었다. 1916년 제시 워싱턴(Jesse Washington)이라 불리는 젊은 흑인 농장 노동자가 백인 여성을 성폭행하고 살해했다고 자백했다. 법원에서 판사는 단 4분 동안 생각한 뒤 사형선고를 내렸다. 갑자기 백인 방청객 중 한 사람이 "저 검둥이를 끌고 가라!"라고 소리를 질렀다. 판사는 책상에 권총이 있었지만 백인들이 워싱턴을 거리로 끌고 갈 때 어떤 조치도 취하지 않았다. 1만 명의 백인들이 지켜보면서 환호하는 동안 백인 남성들은 몸부림치는 워싱턴을 칼로 난도질하고 그의 귀와 손가락, 그리고 성기를 잘랐다. 어떤 기자는 "그의 몸이 완전히 빨간색으로 뒤범벅이 되었다"라고 표현했다. 백인들은 그의 목을 쇠사슬로 감아서 나무 위에 묶었다가 아래 불 속에 떨어트렸다. 처형 후 백인들은 새까맣게 탄 시체를 말에 묶어 거리로 끌고 가게 했다. 환호하는 남자 아이들은 시체에서 치아를 뽑아 5달러씩 받고 '기념품'으로 팔았다. 시장과 경찰서장이 모든 과정을 지켜보았지만 어떤 조치도 취하지 않았다. 주정부 역시 마찬가지였다.

전미유색인지위향상협회(National Association for the Advancement of Colored People: NAACP)에서 발행하는 기관지 ≪크라이시스(Crisis)≫는

이 린치 사건을 '와코의 공포'라고 부르고, 편집장 윌리암 두보이스는 "기독교의 승리라든지 인간 문화의 확산과 같은 말은 미국에서 와코 린치가 계속되는 한 쓸모없는 소리이다"라고 썼다. 정말 그랬다. 1880년대 랜돌프가 출생하고 10년이 지난 후부터 1940년 9월 프랭클린 루스벨트 대통령과 면담하던 시기까지 약 3,500건의 린치가 보고되었다. 약 100건을 제외하고는 모두 남부에서 발생했다. 아무도 얼마나 많은 건수가 보고되지 않았는지 모른다. 1880년대 10년은 최악의 해였는데 이 기간에 1,000건의 린치가 발생했고, 1892년 백인 군중들이 161명의 흑인을 살해한 사건은 가장 잔혹한 기록으로 남아있다.[4]

이런 린치 살해사건의 충격, 즉 백인을 이상하게 쳐다보는 것은 곧 잔혹한 죽음을 의미한다는 것을 알면서 남부에서 살고 있는 아프리카계 미국인들이 느끼는 끝없는 공포에 대해 생각해 보라.

연방정부는 주에서 발생한 사건에 개입하지도 린치를 중지시키지도 않았다. 반대로 연방정부는 우드로 윌슨(Woodrow Wilson)이 대통령에 취임하면서 아프리카계 미국인을 완전히 버렸다. 조금 역설적이지만 전 세계의 식민지 국민들에게 자결(自決, self-determination)을 주창한 것으로 알려진 민주당이 미국의 흑인들에게는 관심을 보이지 않았다. 윌슨은 연방정부와 관련된 직장에서 흑인 격리를 지지했고 시행에 옮겼다. 윌슨 행정부는 연방정부에서 일하는 수백 명의 흑인들을 해고했다. 대통령은 흑인의 지위 향상을 위해 할 수 있는 일이 없다고 주장하면서 린치를 비난하지도 않았다. 또한 그는 남부 지역에 흑인 관리를 임명한 것이 "최악의 사회적 실수"라고 말했다.

1917년 윌슨이 독일에 대한 전쟁 선포를 의회에 요구한 후에도 그의 행정부는 흑인에 대해 차별을 계속했다. 정부는 흑인들을 군대에 강제징집했지만 ─다른 사람들은 지원─ 군사훈련을 약간 받았거나 아예 받지 않은 노무자, 탄약 관리, 하역 인부와 같이 격리된 부대에 배치시켰다.

전투를 본 사람은 거의 없었다. 육군이 이런 정책에 대한 설명을 요청받았을 때 장군들은 "아프리카계 미국인들이 선천적으로 용감하게 싸울 만한 속성을 갖지 못했다"라고 설명했다. 수년 후 육군전시대학의 한 보고서에 따르면 "흑인의 두뇌 용량이 백인보다 작고, 리더십을 발휘할 수 없는 심리를 가지고 있다. 또한 신체적 용기를 보면 흑인들이 백인들보다 열세이며 공포나 위험에서 자신을 통제할 수 없다"라고 보고했다.

국내 흑인 부대도 불안에 시달렸다. 휴스턴에서 경찰의 잔학 행위 때문에 1개 부대가 폭동을 일으켰다. 육군은 13명의 흑인들을 살인과 반란 혐의로 재판에 회부하고 교수형을 언도했는데, 심지어 사건의 재심리가 열리기 전에 형을 집행했다. 제1차 세계대전 종전 후 흑인 부대는 해체되었다. 흑인 참전 용사들이 귀가했을 때 간혹 유혈폭동이 이들을 맞아주었다. 역사학자 하버드 시트코프(Harvard Sitkoff)는 "약 25회의 인종 폭동이 발생했는데 적어도 70명의 흑인들이 린치를 당했고 이들 중 일부는 여전히 군복을 입고 있었다"라고 기록했다.

1920년대 공화당 출신 대통령들은 린치가 계속되고, 시카고, 오마하, 워싱턴 D.C.를 포함한 많은 도시에서 인종 폭동이 발생했지만 소수민족에게는 전혀 관심이 없었다. 워렌 G. 하딩(Warren G. Harding) 대통령은 앨라배마 주 버밍햄(Birmingham)의 어떤 격리된 공원에서 연설하면서 그의 견해를 밝혔다. 그는 인종을 구분하는 근본적이고 영원하며 피할 수 없는 차이를 강조하면서 "시민들이 모든 사회적 평등에 대한 제안에 대해 단호하게 타협을 거부해야 한다"라는 점을 강조했다. 흑인들은 1920년대의 번영으로부터 어떤 혜택도 누리지 못했는데, 대부분의 흑인들이 여전히 남부에서 소작인이나 소작농으로 살았기 때문이다. 면화 농장에서 도망쳐 북부로 이주한 흑인들은 디트로이트, 시카고, 클리블랜드, 피츠버그, 그리고 게토 지역으로 제한된 뉴욕에서 인종차별에 부딪혔다. 지방의 법령은 개인의 부(富)와는 상관없이 거의 모든 소수민족의 거주 지역을 타운 내 최악의 지역으로 제한했다.

또한 1920년대 소수민족들은 KKK(Ku Klux Klan: 남북전쟁 후에 생겨난 백인우월주의 비밀테러단체 – 옮긴이)에 의해서 희생을 당했다. KKK의 결성 동기는 흑인 이주민, 전쟁에서 파급된 '외국'의 영향, 러시아혁명의 결과 나타난 급진주의와 공산주의에 대한 공포에서 비롯되었다. KKK는 활동의 영역을 북쪽과 중서부로 확대했는데 흑인에서부터 외국인, 급진주의자, 가톨릭, 그리고 유대인이나 '100% 미국인'이 아니라고 생각했던 사람에 대해 무차별 공격하고 그 대상을 넓혀가면서 사회적정치적 지지를 받았다. 1924년 KKK는 그 세력이 막강하여 민주당 전당대회에서조차 조직을 금지하는 결의안을 통과시키지 못했으며, 공화당 출신의 대통령과 대통령 후보 칼빈 쿨리지(Calvin Coolidge)는 인종문제를 피하기로 결정했다. 사실 1920년대 링컨당(공화당) 출신의 대통령들은 소수민족의 요구를 망각한 것처럼 보였다. 하딩과 쿨리지는 린치를 금지하는 연방법안을 지지하지 않았고 허버트 후버(Herbert Hoover) 대통령도 마찬가지였다. 후버 집권 당시 '법 집행에 관한 대통령위원회 (Presidential Commission on Law Enforcement)'는 공공시설에서 권리 박탈 및 차별문제와 함께 흑인 살해에 대한 조사를 거부했다. 후버가 임기를 마치고 백악관을 떠날 때, 연방정부는 네바다 주 사막의 미드(Mead) 호수에 대규모의 볼더(Boulder) 댐을 건설하기 위해 약 4,000명의 노동자와 계약을 체결했다. 이들 중 단 1명의 흑인 노동자도 없었다. NAACP 가 항의한 후 12명의 흑인이 고용되었는데 이들은 물을 마실 때도 격리된 식수 장소를 사용해야 하는 모욕만 당했다.

공화당 출신의 대통령 시절에도 백인들이 이익을 챙겼다. 많은 백인들이 주식시장의 호황으로 주식을 사고, 도박을 하여 부(富)를 획득했다. 그러나 경제적 성공은 1929년 주가 폭락과 뒤이은 대공황으로 갑자기 멈추었다. 결과적으로 1932년 민주당 대통령 후보 프랭클린 D. 루스벨

트(Franklin D. Roosevelt)가 뉴딜(New Deal)이라 이름 붙인 정치적 혁명을
시도하게 되었다.

• ○ •

  대부분의 시민들 특히 대공황 시기에 제한된 소득이 있거나 일자리를
잃은 사람들은 루스벨트가 뉴딜 정책을 시행했을 때 낙관적이었지만,
흑인들은 훨씬 더 신중했다. 흑인들은 새로 들어선 민주당 출신의 대통
령이 월슨 행정부처럼 되지 않을까 하는 두려움으로 불안했다. 더욱이
루스벨트는 민권을 지지하는 어떤 발언도 한 적이 없었다. 그는 이
주제를 피해가면서 "솔리드 사우스(Solid South: 전통적으로 민주당의 기반
이 공고한 남부의 여러 주-옮긴이)"를 지키는 데 더 관심을 두는 것처럼
보였다. 남부 출신의 민주당 의원들이 의회에서 압도적 우위에 있었고
여러 위원회를 장악했다. 텍사스 주 샘 레이번(Sam Rayburn), 사우스캐롤
라이나 주 제임스 바이언즈(James Byrnes), 미시시피 주 바이론 해리슨
(Byron "Pat" Harrison), 그리고 앨라배마 주 윌리암 뱅크헤드(William
Bankhead)와 같은 의원들은 어떤 대통령도 지역문제라고 생각하는 것에
대해 관심을 갖지 않고 그대로 내버려두길 바랐다. 대통령은 NAACP
의장 월터 화이트(Walter White)에게 "의회에서 연장자인 남부인들
이……의회를 장악하고 있다"고 말했다. 그는 "내가 만약「반린치법
(anti-lynching bill)」을 꺼낸다면, 이들은 내가 미국을 붕괴로부터 막아내
기 위해 의회에 요청할 모든 법안을 부결시킬 것이다. 나는 이런 위험을
감수할 수 없다"라고 덧붙였다.
  루스벨트는 다시 경제를 살려야 했고, 흑인들도 대통령의 정책을
따라갈 수밖에 없을 정도로 그들의 상황이 절망적이었다. 1930년대

모든 아프리카계 미국인 중 4분의 3은 남부에 살았는데 가장 가난한 지역의 가장 가난한 사람들이었다. 전체 흑인 중 4분의 3은 고등학교를 마치지 못했으며 10명 중 1명은 학교 근처에도 가보지 못했다. 따라서 대부분의 흑인 남성들은 소작인이거나 비숙련노동자였으며, 대부분의 흑인 여성들은 농장노동자이거나 가정의 하녀였다. 한 흑인 사회학자에 따르면 "자연히 흑인들은 백인 수입의 40% 미만이었으며, 불경기가 닥치면 이들은 '잉여 인력'의 처지가 되어 채용은 맨 마지막, 해고는 최우선 대상이었다"라고 했다. 경제 침체기에는 흑인들의 취업 경쟁이 평상시보다 치열했다. 특히 남부에서는 더 심했다. 1930년 애틀랜타에서 백인 실업자들은 "모든 백인이 직장을 구할 때까지 검둥이에게 직장은 없다"라는 슬로건을 내건 조직을 결성했다. 이 슬로건은 통했다. 5년 후 흑인 실업률은 65%였고 노퍽(Norfolk)에서는 80%에 육박했다. 많은 남부 주의 도시 자선단체는 간혹 아프리카계 미국인에 대한 구호(aid, 救護)를 거부했다. 전국도시연맹 의장 T. 아놀드 힐(T. Arnold Hill)은 "노예제 이래 흑인 역사의 어떤 시기에서도 오늘날처럼 흑인의 경제적·사회적 전망이 어두운 적은 없었다"라고 발표했다.

1932년 남부 도시에 거주하는 모든 아프리카계 미국인의 2분의 1은 직장을 구할 수가 없었고 전국적으로도 흑인 남성의 2분의 1은 실업 상태였다. 정부의 구호를 받는 비율도 백인의 약 2배에 달했다. 시카고에서 흑인 인구 중 3분의 1이 복지 지원을 받았는데 이 숫자는 백인의 3배에 달했으며, 필라델피아, 볼티모어, 디트로이트, 세인트루이스 시에서의 상황도 비슷했다. 클리블랜드와 피츠버그 시에서 비율은 40% 이상이었고 수도 워싱턴 D.C.에서 일자리를 잃은 백인이 1명이었다면 흑인은 9명에 달했다.[5]

이런 빈곤 상태에서 사회주의자나 공산주의 같은 좌파 정당이 새로운 지지자들을 결집했다. 새로 등장한 노동조직인 산업별회의(Congress of

Industrial Organizations: CIO)도 이런 분위기에 편승해 지지자의 가입을 유도했다. 이들 단체들은 대공황 시기 중 특히 진보적인 대학 캠퍼스와 주요 도시에서 호응을 얻었다. 미국노동총연맹(American Federation of Labor: AFL, 1955년 CIO와 합병하여 현재는 AFL-CIO가 됨 - 옮긴이) 등의 다른 노조와는 달리 CIO는 비(非)백인도 회원으로 받아들였다. CIO는 집회에서 "노동조합주의가 미국식이다(Unionism is Americanism)"라는 슬로건을 주장했다. 공산당도 이에 동의했다. 이들은 파시즘에 반대했고 공정한 노동 임금과 인종 평등을 요구하는 캠페인을 전개했는데, 이런 주장들은 좌파적인 가톨릭, 유대인, 이주민, 그리고 아프리카계 미국인 등 앵글로 색슨 계통의 신교도가 아닌 많은 사람들의 큰 관심을 끌었다. NAACP의 찰스 휴스턴(Charles Houston)은 "공산주의자들이 완전한 경제적·정치적·사회적 평등을 주창하며 흑인 지도자들을 압도했다"라고 밝혔다.

또한 좌파로 불려진 '인민전선(popular front)'은 민주당 의원들에게 뉴딜 정책이 인종과 상관없이 모든 가난한 미국인을 지원해야 한다고 압력을 가했다. 이것은 정당의 재편성에 기여했다. 공공사업 프로그램이 흑인들을 고용하기 시작했을 때 링컨당을 지지하던 흑인들이 민주당을 지지하기 시작했다. 이것은 느린 과정이었지만 루스벨트가 취임한 후 시작되었고, 의회는 1933년 최초로 연방정부의 고용에서 기회 평등 원칙, 즉 많은 뉴딜 프로그램에서 등장한 "인종, 피부색, 신념 때문에 어떤 차별도 있어서는 안 된다"라는 원칙을 선언했던 「실업자구호법(Unemployment Relief Act)」을 비롯해 여러 법들을 통과시켰다. 특히 아프리카계 미국인들은 루스벨트 대통령이 민권에 호의적인 것으로 알려진 몇몇 인사들을 내각에 임명했던 때를 주목했다. 중요한 사람은 내무장관 해롤드 이키스(Harold L. Ickes)였다.

이키스는 장관으로 입각하기 전 인종 관련 업무를 했고 백인으로서

NAACP 시카고지부장을 잠시 역임했다. 더구나 이키스는 흑인 관련 업무 담당 보좌진으로 흑인 경제학자 로버트 C. 위버(Robert C. Weaver)와 조지아 주 출신의 진보적인 백인 클라크 포맨(Clark Foreman)을 임명했다. 그는 장관 취임 후 내무부의 시설을 통합시켰는데 다른 부서의 책임자들에게 그의 솔선수범을 따르길 촉구하기 위해서였다.

그러나 더 의미심장한 것은 공공사업국(Public Works Administration: PWA)을 이끄는 이키스 장관의 행동이었다. 1933년 9월 PWA가 발주한 프로젝트에서 차별을 금지하는 깜짝 놀랄 명령을 내렸는데, 이 명령은 처음으로 기회 평등(equal opportunity)의 형태를 나타냈다. 이후 PWA 발주계약서에는 차별철폐조항을 포함시켰다. 이듬해 위버와 포맨은 차별철폐정책(affirmative action)의 선구적인 유형을 고안해 냈다. 이들은 1930년 인구조사에 기초해 '상당한 흑인(appreciable Negro population)'이 거주하는 도시에서 정부와 조달계약을 체결한 계약자들이 고정비율의 흑인 숙련노동자를 고용하도록 요구했다. 이 방식은 기본적으로 할당제였다. 공공 주택 프로그램은 "공적 자금을 투입하는 공사에서 흑인 노동자의……고용보장을 위한 기술을 개발하는 데 필요한 실험 대상이 되었다." 계약 조항에 따르면 급료 총액 대비 일정 비율을 흑인 노동자에게 지급하지 않을 경우 차별 증거가 되었다. 이 비율은 지역의 총노동력에서 2분의 1로 책정되었다. 애틀랜타의 경우, 인구조사에 따르면 숙련노동자의 약 24%가 흑인이었기 때문에 공공 주택을 건설하기 위해 연방보조금을 받은 계약자는 흑인 숙련공에게 급료 총액 대비 최소 12%를 지급해야 했다.

이키스가 차별철폐정책의 선행 모델을 개발한 이유는 미스터리로 남아있다. 기혼이었던 그는 워싱턴 D.C.에서 어떤 여성과의 오랜 연애까지 밝힐 정도로 상세하게 비밀 일기를 썼지만, 연방정부가 직장 내 인종 통합에 개입을 시작한 새로운 정책을 입안하게 된 이유에 대해서는 한마디도 언급하지 않았다. 그는 단지 내무부에서 인종 격리는 '과거의 일'이라고 썼으며, 고집불통의 의원들로 채워져 협력해 줄지 의심스러웠던 "의회가 이 프로그램을 차별없이 이행하고자 했다"는 점을 덧붙였다. 이키스는 헨리 포드(Henry Ford)가 제1차 세계대전 이후 기업에서 처음 시행했던 비례고용제(representational employment) 정책을 알고 있었던 것으로 보인다. 포드의 비례고용제란 '디트로이트 시 인구에서 흑인들이 차지하는 비율만큼 흑인 노동자를 동일한 비율로 채용하는 것'이었다. 이키스는 아마도 대공황 시기에 이런 고용정책을 지지한 일부 지역의 흑인 집단을 알고 있었을 것이다. NAACP는 할당제를 찬성하지 않았던 반면, 후버 대통령에게 흑인 노동 보조금의 '공정한 몫(just proportion)'이 흑인 노동자에게 사용되어야 한다고 요구했다. 이키스는 민권에 대한 그의 오랜 관심과 과거 NAACP와의 관계 때문에 이 정책을 시행했다.

그러나 여전히 차별철폐정책과 비례고용정책을 시행하는 것은 어려웠다. 일부 계약자들은 정책을 준수하고 흑인들을 고용했다. 이유는 일자리도 거의 없었고 연방정부가 프로젝트에 필요한 자금을 통제했기 때문이다. 그러나 이 정책은 실패했다. PWA는 잠정적 프로그램이었고 법적 강제성도 약했으며 비례고용 달성 목표가 흑인 인구에 비교하여 매우 낮았기 때문이었다. 예컨대 할렘(Harlem)에서 어떤 프로젝트의 목표는 단지 3%의 흑인 노동자만을 고용하는 것이었다. 더욱이 인종차별고용주, 노동조합, 시와 주정부의 관리들이 간혹 워싱턴 D.C.에서 발표한 차별철폐규정을 무시했다. 특히 남부 주의 상황은 좋지 않았다. 많은 남부의 도시는 PWA 규정을 준수하기 위해 흑인 목수들을 고용했지만, 연방 보조금이 지급되고 나면 곧바로 해고했다. 다른 도시에서도 흑인 목수에게 임시 노동조합원의 자격이 주어졌는데 단지 하나의 직업에만 유효했다. 마이애미에서 어떤 프로젝트에 대한 PWA 목표는 흑인 숙련노동자의 6%를 고용하는 것이었는데, 시(市) 당국이 흑인 기계공을 타운의 '흑인 거주 지역'으로 격리하고 프로젝트의 시행은 백인 거주 지역에서 이루어졌기 때문에 실패했다. 이런 차별 행위는 금지되었지만 차별은 PWA뿐 아니라 뉴딜 프로그램에서도 나타났다. 조지아 주지사는 백인과 흑인에 대한 동등한 구호(救護)와 관련된 연방정부의 가이드라인을 거부했다. 애틀랜타는 월 단위로 백인 수혜자에게는 32달러 이상을 지급했지만, 흑인 수혜자에겐 19달러만을 수표로 지급했다. 위버가 흑인들에게 새로운 구직 기회를 제공하려 했지만 "대량 실업이 발생한 시점에 소수민족만을 위해 구직 기회를 제공하는 것은 비현실적이었다"라는 점을 인정했다.[6]

그럼에도 불구하고 흑인들은 일부 뉴딜 프로그램으로 혜택을 받았다. 아프리카계 미국인들은 PWA 이외 민간자원보존단(Civilian Conservation Corps) 프로그램에도 관련되었다. 또한 이들은 농업보조금과 대부금 그리고 실업수당을 지급받았다. 실제 모든 시민들이 동일한 최저임금과 동등한 사회보장혜택을 받았다. 내무부는 백인과 흑인에게 공공 주택에 필요한 보조금을 지급했다. 이키스의 정책 때문에 일부 백인 노동조합은 좋은 조건의 임금을 받는 흑인들을 고용하지 않을 수 없었다. 더구나 연방주택국장과 연방사업국장이 이키스의 정책을 채택하여 하도급 계약자들에게 인종 통합을 하도록 압력을 행사했다.

이키스와 마찬가지로 해리 홉킨스(Harry Hopkins)도 뉴딜 시기에 고용 관행의 변화를 시도했다. 어떤 동료는 홉킨스를 "면도날과 같은 마음, 예리한 칼과 같은 혀, 타타르족(Tartar)처럼 사나운 성질, 풍부한 어휘를 가진 인물"로 묘사했다. 루스벨트는 1935년 설립한 사업진척국(Works Progress Administration: WPA)의 책임자로 홉킨스를 임명했다. WPA는 이후 8년 동안 40개 부서에 달하는 연방정부의 전체 사업프로그램 중 가장 핵심적인 부서가 되었으며, 100만 명의 아프리카계 미국인을 포함하여 900만 명의 시민들을 고용했다. WPA 교육 프로그램은 100만 명의 흑인에게 읽고 쓰는 법을 가르쳤고 극장 프로그램은 네트 터너(Nat Turner)와 헤리에트 튜브만(Harriet Tubman)에 관한 드라마를 상영했고 작가 프로젝트는 랄프 엘리슨(Ralph Ellison)과 리처드 라이트(Richard Wright)의 첫 작품을 출판했다.

WPA를 어떻게 이끌어갈 것인지에 대한 회의에서 홉킨스는 여성에 관한 중요한 문제를 제기했다. 대공황으로 수백 만 명의 여성들이 일자리를 잃었다. 1932년 의회는 만약 부부(夫婦) 중 남편이 고용되었다면, 연방정부에서 일하는 대부분의 부인을 해고시켜야 하는 법을 통과시키고 후버 대통령도 서명했다. 주정부, 시정부, 회사에서도 이와 유사한 선례를 채택했다. 이 방식은 공평한 것으로 여겨졌다. 일하는 모든 유부녀들을 회사가 해고했을 때, 샌 안토니오(San Antonio)에서 일하는 한 독신 사무직원의 의견에 대부분의 여성들이 동의했다. "나는 미안하다는 생각이 들지 않는다. 기혼 여성들이 일하는 것을 좋아하지 않기 때문이다. 일자리가 없는 미혼 여성들이 너무 많다." 그러면 대부분의 사람들이 그녀의 말에 한마디 덧붙일 것이다. "일자리가 없는 남성들이 너무 많다."

1935년 여름 홉킨스는 WPA가 남성과 여성에게 동일한 임금을 지급해야 하는지를 직원들에게 물었다. 전통적으로 남성들은 '아니다'라고 대답했다. 그러나 직원들 가운데 오브레이 윌리암스(Aubrey Williams)는 찬성했다. 그는 남성과 여성이 동일한 임금을 받아야 한다고 주장했다. 홉킨스가 "왜 그래야 한다고 생각합니까?"라고 물었다. 윌리암스는 "잘 모르겠지만, 그렇게 하는 것이 옳습니다"라고 대답했다. 홉킨스가 "당신의 생각에 반대하는 사람이 누군지 알고 있습니까? 바로 여성 노동부 장관이오!"라고 되받아쳤다. 홉킨스의 말이 옳았다. 내각의 첫 여성 장관 프란시스 퍼킨스(Frances Perkins)는 과거의 전통에 찬성했다. 그러나 윌리암스는 "그래도 동일하게 지급하는 것이 옳다고 봅니다"라고 했다.

홉킨스는 그렇게 했다. WPA를 위해 일했던 여성들은 남성들과 동일한 임금을 받았지만 숙련직이나 전문직에 종사하는 여성은 없었다. 여성들은 대개 음식 서비스, 바느질, 가사와 같은 기술을 향상시키는 분야의 일을 했다. 더구나 WPA에서 고용되기 위해 확인서를 필요로 하는 여성들은 가족 중에 경제활동을 할 수 있는 건장한 남성이 없다는 것을 증명해야 했다.

1935년은 '차별철폐정책'이란 용어가 등장한 첫해였다. 뉴욕의 민주당 로버트 와그너(Robert Wagner) 상원의원이 보통 「와그너법(Wagner Act)」이라고 불리는 「국가노동관계법(National Labor Relations Act)」을 의회에 제출했는데, 이 법은 노동자에게 노조 조직과 상급자와 단체교섭하는 것을 허용했다. 또한 이 법은 교섭을 거부하거나 노조원을 해고하는 '불공정노동관행(unfair labor practices)'을 금지했다. 만약 관리자가 노동자를 어떤 식으로든 차별한다면 회사는 차별당한 노동자가 차별을 받지 않았을 때 받게 될 봉급을 지급하거나 지위를 보전하는 차별철폐정책을 시행해야 했다.

분명히 최초 차별철폐정책의 시행은 나중의 모습과는 뚜렷하게 달랐지만 뉴딜의 개념과는 맞아 떨어졌다. 연방정부가 일부 시민들의 보호에 적극적이었으며 대공황 중 이런 집단 가운데 하나는 노동자였다.

또 다른 집단은 청소년이었다. 이해 여름 영부인 엘리너 루스벨트(Eleanor Roosevelt)는 홉킨스와 윌리암스를 만났다. 영부인은 자원보존단에서 일하는 데 신체적으로 적합하지 않은 청소년(특히 16세에서 25세 사이의 여성)들이 구호와 고용혜택을 받을 수 있는 계획을 권고했다. 홉킨스와 윌리암스는 정치적 반대파들이 청소년을 조직하는 시도를 마치 히틀러가 독일에서 했던 것과 같은 프로그램으로 생각할지도 모른다는 우려에서 주저했다. 엘리너는 어느 늦은 저녁 대통령에게 그녀의 생각을 말했다. 대통령은 "우리의 청소년들이 이런 저런 방식으로 조직화될 수 있을까 하는 의문이 생긴다"라고 반응했다. 며칠 후 대통령은 전국청소년국(National Youth Administration: NYA)을 설립하는 행정명령(executive order)을 공포했고 윌리암스가 책임을 맡았다.

윌리암스는 전국적으로 인종을 불문하고 청소년에게 일자리를 제공했다. 예를 들어, 텍사스에서 NYA 주행정관 린든 B. 존슨(Lyndon Baines Johnson: 미국의 36대 대통령)은 1만 8,000명의 학생들이 시간당 35센트를 받고 일하면서 학업을 계속할 수 있도록 지원했을 뿐 아니라 공공사업에 1,200명의 다른 청소년들을 고용했다. 매사추세츠의 아동들은 물고기를 부화장에 다시 넣고 아메리카 인디언들은 보호구역에 캠프를 짓고 조지아 태생의 흑인들은 가사와 농장 훈련을 받고 뉴올리언스 태생의 흑인 소녀들은 지역 병원에서 일을 도왔다. 한편, 뉴욕에서 NYA는 약 10만 명의 청소년에게 일자리를 제공했다.[7]

또한 엘리너 루스벨트는 아프리카계 미국인들을 지원했다. 솔직한 여성이란 평을 받고 전국적으로 알려진 한 칼럼니스트는 엘리너 여사를 "내각의 정무(政務)장관"이라고 이름 붙이고, "워싱턴에서 가장 파워있는 열 사람"으로 꼽았다. 루스벨트의 첫 임기 동안 엘리너는 영향력 있는 많은 흑인들을 만나 개인적인 친분을 쌓았는데, 이들은 NAACP의 월터 화이트(Walter White)와 로이 윌킨스(Roy Wilkins) 그리고 전국흑인여성협회장이며 나중에 NYA 흑인분과위원장으로 임명된 메리 M. 베순(Mary McLeod Bethune) 등이었다. 1934년 초 엘리너는 "우리 모두는 인종, 신념, 피부색에 관계없이 함께 일하는 법을 배워야 한다"라는 의견을 밝혔다. 루스벨트가 두 번째 임기를 시작했을 때 흑인 공동체는 엘리너를 인종 정의와 평등을 실현하려는 뉴딜정책의 노력을 상징하는 인물로 받아들였다. 그녀는 인두세 폐지를 주장했고 북부의 상원들이 제안했지만 1938년 상원에서 통과되지 않았던 연방 「반린치법」을 찬성하는 발언을 했다. 이듬해 미국혁명의 딸협회(Daughters of American Revolution: DAR)가 유명한 아프리카계 미국인 콘트랄토 가수 마리안 앤더슨(Marian Anderson)이 의사당에서 공연하는 것을 거부했을 때, 엘리너는 공개적으로 DAR에서 탈퇴하고 내무부와 협의하여 부활절인 일요일에 외부 콘서트가 가능한 링컨기념관에서 공연하도록 주선했다. 공연에는 영부인이 참석했고 이키스 장관이 사회를 보았는데, 7만 5,000명의 여러 인종이 섞인 청중들은 앤더슨이 「미국(America)」이란 노래로 시작하여 「내가 보았던 고통을 아무도 모른다(Nobody Knows the Trouble I've Seen)」라는 시기적절한 노래로 피날레를 장식하는 것을 들었다. 두 달 후 영부인은 NAACP 1940년 회의에서 앤더슨에게 스핀간 메달(Spingarn Medal: 1914년 NAACP 의장 조엘 E. 스핀간이 기부한 기금으로 만들었고 흑인에게 수여되는 최고의 메달-옮긴이)을 직접 수여했다. 이해에 영부인은 "모든 시민들에게 안전하지 않은 민주주의는 결코 안전하지 않다"는 견해를 밝혔다.[8]

이해 여름 의회는 평시(平時) 징집법인 선발징병제(Selective Service System: 1940년 발족, 1947년 폐지, 1948년 부활됨-옮긴이)에 대해 논쟁을 벌였다. 이런 논쟁을 벌이는 와중에 군대 내의 인종문제는 자연스러운 화제가 되었다. 어떤 흑인 병사도 해군사관학교에 진학하지 못했으며 전체 정규군에는 단지 5명의 흑인 장교만이 복무하고 있었고 이들 가운데 3명은 목사였다. 군(軍) 관계자는 남부에서뿐만이 아니라 북부에서조차도 군 기지가 인종 분리되었다는 점을 지적했다. 캔자스 주 포트 리벤워스(Fort Leavenworth)에서 흑인 병사들과 이들의 가족들은 수영장, 클럽, 레스토랑을 사용할 수 없었다. 모든 시설은 백인 전용이었다. 부대 내 극장에서 흑인들이 영화를 보다가도 볼 일이 있으면 건너편에 있는 화장실을 사용해야 했다. 더구나 전쟁부는 국가 방위군의 인종 구성을 주정부에 맡겼다. 결론적으로 예비 병력과 국가 방위군 혼성부대에서 아프리카계 미국인은 2%도 채 되지 않았다. 한 뉴욕 출신의 흑인은 "우리는 우리의 군대에서 자부심을 가질 수 없다"라고 비통한 어조로 불만을 토로했다. "우리는 육군에서는 쫓겨나고 해군에서는 주방 심부름꾼에 지나지 않는다." 다른 병사들은 더 강경했다. 전국흑인회의(National Negro Congress)의 존 P. 데이비스(John P. Davis)는 "앞으로 흑인들은 국외에서 싸우지 않을 것이다. 차라리 여기 국내에서 흑인의 생존을 위해 싸울 것이다"라고 선언했다.

이런 발표들은 흑인 지도자들을 긴장하게 만들었다. 랜돌프와 '침대차 잡역부 조합'은 대통령과 의회에 "인종이나 피부색 때문에 육군, 해군, 공군의 모든 부대에 입대하는 미국 시민에 대해 어떤 인종차별도 해서는 안 된다는 점을 확실히 하도록 촉구하는 결의안을 채택했다." NYA의 베순은 영부인을 만나 "군대에서 현존하는 유색인에 대한 부적절한 비례대표와 훈련에 대해 심각한 우려를 표명하는" 흑인들의 메모를 전달했다. 베순은 전쟁부 장관 헨리 L. 스팀슨(Henry L. Stimson)에게 흑인에 대한 공정한 대우(fair treatment)를 보장하기 위해 유능한 아프리카계 미국인을 그의 부관으로 임명하도록 촉구했다.[9]

1940년 9월 27일 랜돌프는 프랭클린 루스벨트 대통령을 만나기 위해 백악관에 간 목적을 잘 알고 있었다. 그와 다른 흑인 지도자들은 "국가 방위의 모든 부서, 특히 육군과 해군에 입대하는……흑인들의 권리"에 대해 함께 논의하기 위해 군 최고사령관인 대통령과 국방부의 장군들과의 면담을 요청했다. 랜돌프는 NAACP의 월터 화이트(Walter White)와 전국도시연맹(National Urban League)의 T. 아놀드 힐(T. Arnold Hill)과 동행했다. 세 사람은 현상황에 대해 논의하고 모든 국가 방위 관련 분야에서 즉각적인 통합과 '동등한 참여', 흑인 병사의 훈련 및 지역 징병 사무소에 흑인의 배치, 전쟁부와 해군부에 아프리카계 미국인 출신의 보좌관 임명 등을 요구하는 서한을 제출했다. 엘리너와 이키스, 그리고 홉킨스와 같은 뉴딜정책의 신봉자들이 이들의 요구를 수용하려고 했지만 대통령 자신은 대개 인종문제에 대한 공개적인 발언을 기피했다. 랜돌프는 이제 행동을 시작할 시간이 다 되었다고 느꼈다.

대통령과의 면담 결과는 심지어 ≪뉴욕타임즈(New York Times)≫나 ≪워싱턴포스트(Washington Post)≫에서조차 언급되지 않았다. 물론 전국지 신문이 없었던 시기에 이례적인 것은 아니었다. 짐크로 시대에 미국의 백인과 흑인은 별도의 지역신문을 구독했다. 사실 가장 영향력 있는 신문은 잔인한 린치나 격렬한 인종 폭동과 같은 선정적인 내용이 아니라면 소수민족에 관한 기사를 취급하지 않았다. 이런 상황에서 소수민족 문제에 관심을 보였던 백인 진보주의자들도 흑인의 필요사항 또는 요구사항에 대해 알지 못했다. 예를 들어, 진주만 침공 후 루스벨트가 테네시 강 유역 개발 공사(Tennessee Valley Authority: TVA) 책임자로 임명한 데이비드 E. 릴리엔탈(David E. Lilienthal)은 뉴딜정책과 전쟁 때문에 발생 가능한 사회적 이익에 대해 그의 생각을 적었다. 그는 모든 가정과 농장에 전기를 끌어오는 것, 단체교섭, 영양 상태의 향상, 심지어 '상태가 더 좋은 치아(better teeth)'에 대해서까지도 언급했다. 그럼에도 그는 소수민족의 고통, 즉 직업차별, 인종차별정책, 군대의 인종차별에 대해서는 한마디도 언급하지 않았다. 대부분의 백인 미국인에게 흑인이란 랄프 엘리슨(Ralph Ellison)이 훗날 "보이지 않는 사람(invisible man)"이라고 불렀던 그런 존재에 불과했다.

1940년 10월 9일 랜돌프가 루스벨트 대통령과 면담한 지 2주 후 공보담당관 스티븐 얼리(Stephen Early)가 "대통령은 화이트와 다른 2명의 흑인 지도자를 만났다"라고 발표했다. 얼리 공보관은 계속하여 "전쟁부가 균형 잡힌 군대(balanced army) 원칙을 천명했다"라고 말했다. 즉, 아프리카계 미국인이 국가 총인구에서 차지하는 비율이 10% 정도이기 때문에 군인의 숫자도 동일한 비율이 적용된다는 것이었다. 그는 다른 애매한 약속 두 가지 정도를 발표한 후 전쟁부의 정책은 "유색인과 백인 군인을 혼성으로 편성하는 것은 아니다. 다시 말해 격리정책을 재확인했다"라고 발표했다.

흑인 지도자들은 분개했다. 이들은 대통령과의 면담에서 대통령이 군대에서 인종 격리를 끝내지는 못해도 개선만이라도 할 것으로 이해했기 때문이다. 일부 흑인 신문들이 이들이 '매수(sold out)'되었는지에 대해 의문을 제기했을 때, 이들은 대표임무를 제대로 수행하지 못했음을 통감했다. 10월 25일 대통령은 세 사람에게 사신(私信)을 보내 그의 입장을 분명히 했다. 전쟁부의 성명에 대한 흑인들의 엄청난 오해를 유감으로 생각하고, "우리 모두가 동의한 계획은 흑인들을 군대의 모든 부서, 즉 보급부대뿐 아니라 전투부대에까지도 배치시키는 것이다. 배치는 지체없이 이루어질 것이며 흑인들도 비행훈련을 할 수 있을 것이다. 흑인 예비군 장교는 현역으로 복귀하여 보직 지위를 부여받을 것이다. 흑인들도 다른 사람들과 마찬가지로 장교로 임관할 기회가 주어질 것이다"라는 내용의 편지였다. 대통령의 편지 내용은 다 좋았지만 그는 두 가지의 중요한 이슈를 언급하지 않았다. 군대에서의 통합과 방위산업 분야에서의 직업차별철폐였다. 루스벨트가 전례 없는 세 번째 임기에 도전하는 대통령 선거 기간 중 이들 이슈는 매우 민감한 사안이었다.

2주 후 루스벨트가 당선되었는데 투표 결과를 보면 북부 흑인들의 특별한 지지를 받았다. 대통령 선거 전 NAACP는 뉴딜정책이 흑인과 백인의 빈곤 문제에 역점을 두고 있다는 점을 지적했으며, 기관지 ≪크라이시스(Crisis)≫는 "미국의 오랜 인종문제에 관한 루스벨트 행정부의 가장 중요한 기여는 흑인들도 국가의 일부라는 독트린을 발표한 것이었다. ……흑인들의 생애에서 처음으로 정부가 흑인들의 의미와 실체를 인정했다"라고 덧붙였다. 흑인들은 공화당에서 민주당으로 옮겨 다니면서 그들의 충성을 지속했다. 9개 도시 15개 흑인 선거구 투표 결과를 분석한 결과에 따르면 루스벨트는 1932년 4개 선거구, 1936년 9개 선거구, 1940년에는 무려 14개 선거구에서 승리했다.

대통령 선거가 끝나고 한 달 후 랜돌프는 동료 밀튼 웹스터(Milton Webster)와 기차에 탔다. 2명의 노동계 지도자는 워싱턴을 떠나 '침대차 잡역부 조합'의 조직을 위해 남부로 향하고 있었다. 랜돌프는 긴 침묵 끝에 웹스터를 보면서 "웹, 자네도 잘 알고 있을 거야. 우리들이 대통령을 만나고 회의를 한다고 해서 얻는 것은 없는 것 같아"라고 말했다. 말없이 듣고 있는 웹스터에게 랜돌프는 계속하여 "우리들이 뭔가를 해야 할 것 같아. 내 생각에 우리들이 항의의 표시로 1만 명의 흑인들을 모아 펜실베이니아 가(街)를 따라 워싱턴으로 시위행진해야 한다고 생각하네. 웹, 자네는 어떻게 생각하나?"라고 물었다. 웹은 "어디에서 1만 명의 흑인들을 모으려고 합니까?"라고 하면서 믿지 못하는 눈치였다. 첫 번째 방문지인 조지아 주 사바나에서 2명의 지도자는 회의에서 "방위산업에서 흑인들의 일자리를 요구하기 위해 워싱턴으로 시위행진할 1만 명의 흑인을 모집할 계획이다"라고 발표했다. 이 계획은 남부 흑인의 마음속에 공포를 떠올렸다. 이들은 백인 당국과 대결했을 때 일어날 결과를 너무나 잘 알고 있었다. 지역의 어떤 지도자는 웹스터를 소개한 후 단상을 도망치듯 내려와 회의장을 떠났다. 그럼에도 불구하고 랜돌프와 웹스터는 이 계획을 알리기 위해 잭슨빌, 탬파, 마이애미까지 방문했다. 흑인 언론 역시 이 계획을 적극적으로 홍보했다. 이들이 뉴욕에 돌아올 때 즈음 이 계획은 전체 흑인 사회에 알려졌다.

1941년 1월 15일 랜돌프는 때가 되었다는 생각에 극적인 성명을 발표했다.

미국의 흑인들은 국가 방위산업 분야에서의 고용과 군대에서의 권리를 요구하기 위해 연방정부의 부서와 대표에게 힘과 압력을 행사해야 합니다. ……나는 1만 명의 흑인들이 "우리 충성스러운 미국 흑인 시민들은 우리 조국을 위해 일하고 싸울 권리를 요구한다"라는 슬로건을 내걸고……워싱턴 D.C.로 시위행진 할 것을 제안합니다.

이런 다음 랜돌프는 전국도시연맹의 레스터 그랜거(Lester Granger)와 NAACP의 월터 화이트(Walter White)에게 도움을 요청했다. 더 보수적 이었던 이들은 워싱턴으로 시위행진을 하여 대중의 인기가 있는 3선의 대통령과 대결하는 것에 대해 열정적이지 않았다. 더구나 이제까지 어떤 아프리카계 미국인도 국가의 수도로 행진해 본 적이 없었다. 만약 실패 한다면 어떻게 할 것인가? 만약 한 사람도 나타나지 않거나 수천 명이 나타났지만 대통령의 정책에 어떤 변화도 없다고 하면 어떻게 하려는가? ≪시카고 디펜더(Chicago Defender)≫는 독자들에게 "……린치와 노예 제, 그리고 인두세에 대한 항의의 표시로 1만 명을 모으는 것도 어려웠 음"을 상기시키고, "한 장소에 1만 명의 흑인들을 모은다는 것은 세기의 기적일 것이다"라고 혹평했고, 흑인 최대 신문인 ≪피츠버그 커리어(Pit-tsburgh Courier)≫도 "정신나간 무모한 계획(crackpot proposal)"이라고 보도하면서 냉소적인 반응을 보였다. 그럼에도 불구하고 그랜거와 화이 트는 시위 목적을 지지했고 소요 예산의 대부분을 지원했다. 회원 대부 분이 랜돌프를 대단히 존경했기 때문이었다.

랜돌프는 거리를 누비고 다녔다. 그는 뉴욕의 큰길을 오르락내리락 하면서 술집, 가게, 미용실, 도박장, 식당 등을 누볐다. 그는 도로 구석에 서 공원에서 극장 로비에서도 연설했다. 그는 통합노조에 재정 지원을 요청했고 흑인 노동자와 기업가들은 참가자들을 워싱턴까지 수송할 버스와 기차를 임대할 비용으로 5만 달러를 기부했다. 그는 "집단의 힘이 대통령에게 차별을 폐지할 행정명령을 공포하게 할 수 있다"라는 의견을 밝혔다. 그는 거사일을 1941년 7월 1일로 잡았다.

루스벨트는 1941년 처음 몇 달 동안 다른 일들을 마음속에 두고 있었다. 그는 전쟁 준비를 하고 있었다. 그는 언론의 자유와 경제적 빈곤으로부터의 자유를 포함하는 4대 자유를 선포했다. 영국 수상 윈스턴 처칠(Winston Churchill)이 "모든 인민은 자신의 정부형태를 선택할 권리가 있다"라고 선언한 '대서양 헌장(The Atlantic Charter)'을 발표했다. 자유가 핵심이었다. 루스벨트는 대통령 연두교서에서 전 세계 민주주의 국가에게 "우리는 자유세계를 되찾고 유지하기 위해 우리의 에너지와 자원 그리고 조직력을 쏟아 부을 것입니다. 우리는 계속하여 군인, 함대, 항공기, 탱크, 총을 보낼 것입니다. 이것이 우리의 목적이고 우리의 서약입니다"라고 천명했다.

미국인들은 다시 일자리로 되돌아갔지만 전 국민이 다 이런 것은 아니었다. 흑인 언론은 방위산업에서 25만 개 이상의 일자리가 흑인들에게 개방되지 않았고 전투기를 제작하는 10만 명의 노동자 중 단지 240명만이 흑인이라고 보도했다. 캔자스 시 스탠더드제철(Standard Steel Company) 사장은 대부분의 고용주 입장을 이렇게 표현했다. "우리는 25년 동안 단 1명의 흑인 노동자도 고용하지 않았다. 그리고 우리는 지금 당장 시작할 계획이 없다."

또한 루스벨트는 국가통합에 대한 논의도 시작했다. 이해 봄 그는 국민에게 호소했다. "이 시간 우리 모두는 우리 국가의 요구를 생각하고 우리가 승리할 그날까지 모든 개인적인 차이를 접어둡시다. 정당, 당파, 인종, 국적, 종교에 있어 분열이란 있을 수 없을 것입니다. 우리 중 지금 우리가 참여하는 노력의 결과에 이해관계를 갖지 않는 사람은 아무도 없습니다."

그러나 많은 아프리카계 미국인들에게 루스벨트의 성명은 역설적으로 들렸다. ≪크라이시스(Crisis)≫는 독자들에게 "히틀러체제하에 사는 흑인에 관한 법과 미국에 사는 흑인에 관한 법 사이에 큰 차이가 있는지

없는지" 생각해 보라고 요구했다. 로이 윌킨스(Roy Wilkins)는 미국이 유럽에서 전쟁을 하면서 "베를린에서 '유대인(Jude)' 표시를 한 공원 의자에 대해 반대하는 것도 어리석게 보이지만, 탤러해시(Tallahassee: 플로리다 주 북부 도시이며 주도임 - 옮긴이)에서 '유색인(Colored)' 표시를 한 공원 벤치를 반대하지 않는 것도 어리석어 보인다"라고 꼬집었다.

5월 랜돌프는 더욱 기세를 올리면서 분위기를 한층 고조시켰다. "1만 명의 흑인들이 워싱턴을 향해 시위행진해 나갈 때 백인뿐 아니라 흑인들도 각성시킬 것이다. ……흑인들이여! 행진해 나갑시다. 흑인들이여! 가서 말합시다."

이것은 루스벨트 행정부를 긴장시켰다. 엘리너는 랜돌프에게 편지를 보내 "시위행진 계획이 매우 중대한 실수가 될 것이며 뉴딜정책으로 이룩한 그동안의 진전을 후퇴시킬 수 있다"라고 말했다. 행정부는 랜돌프의 친구 피오렐로 라과디아(Fiorello La Guardia) 뉴욕 시장에게 시위행진을 멈추도록 설득해 달라고 요청했다. 라과디아 시장과 영부인은 랜돌프를 만났다. 영부인은 랜돌프에게 워싱턴 경찰들이 남부 출신 백인이라는 것과 폭력이 일어날 것이라는 점을 상기시켜 주었다. 그리고 시위자들은 인종차별적인 워싱턴의 어디에서 먹고 잘 것인지 물었다. 랜돌프는 "저는 그런 문제를 생각해보지 않았습니다"라고 대답했다. "시위자들은 호텔과 식당으로 들어가서 음식과 잠자리를 요구할 것입니다. 영부인의 남편이 경찰에게 흑인의 머리를 깨부수라는 명령을 내리지 않는다면 폭력이란 없을 것입니다." 랜돌프는 한걸음도 물러설 것 같지 않았다. 영부인은 대통령과의 면담을 주선했다.

1941년 6월 18일 랜돌프는 다시 백악관에 갔다. 그는 화이트와 동행했고 루스벨트는 라과디아 시장, 전쟁부 장관 스팀슨, 해군장관 프랭크 녹스(Frank Knox)를 포함한 몇몇 관리들과 함께 그를 맞이했다. 평소대로 루스벨트는 그의 매력적인 농담으로 시작했다. "안녕하시오! 필. 하버드를 몇 년도에 졸업했죠?" 그러나 랜돌프가 차갑게 "저는 하버드에 입학한 적이 없습니다. 대통령 각하!"라고 대답했을 때 분위기는 어색해졌다. 루스벨트가 주제를 바꿔 다른 사소한 말을 시작한 지 몇 분 후 랜돌프가 끼어들었다. "대통령 각하! 시간이 흘러가고 있습니다"라고 하면서 면담의 주제를 상기시켰다. "방위산업에서 흑인들의 일자리를 보장해 주십시오." 대통령은 그가 방위산업의 대표들을 불러 흑인 노동자들의 고용을 요청할 것이라고 말했다. "우리는 그 이상의 것을 해주시길 원합니다"라고 랜돌프가 덧붙였다. "대통령 각하! 우리는 흑인들이 방위산업체에서 일하는 것을 의무로 만드는 행정명령을 공포하여 주실 것을 원합니다." 루스벨트는 애매한 대답을 했다. "내가 만약 흑인들을 위해 행정명령을 공포한다면, 다른 집단들도 끝없이 이런 명령을 요구하게 될 것입니다." 대통령은 계속하여 말했다. 어떤 경우에도 랜돌프가 시위행진을 취소하지 않는다면, 그는 어떤 것도 해줄 수 없다는 입장이었다. "흑인들의 이런 요구는 쇠망치로도 해결할 수 없습니다."

 "송구합니다. 대통령 각하! 시위행진은 취소될 수 없습니다"라고 랜돌프는 대답했다. 루스벨트는 긴장감을 나타냈다. "당신은 워싱턴에 1만 명을 데리고 올 수 없어요. 사상자가 생길 것입니다." 랜돌프는 "만약 대통령께서 군중들에게 연설한다면 한 사람의 사상자도 생기지 않을 것입니다."라고 말했다. 루스벨트는 거듭 "시위행진을 취소하시오!"라고 요청했지만, 랜돌프는 "그렇게는 못합니다"라고 대답했다. 루스벨트는 "설사 누가 내 머리에 총을 겨누고 위협한다고 해도 나는 절대 설득당하지 않습니다"라고 단호하게 말했다. "신사 여러분!"하고 라과디아 시장이 끼어들었다. "랜돌프 씨는 시위행진을 취소할 생각이 없는 모양입니다. 그렇다면 우리 모두가 해결 방법을 모색할 것을 제안합니다."10)

 해결 방법은 6월 25일에 발표되었다. 시위행진을 취소한 랜돌프는 만족했다. 루스벨트는 행정명령 제8802호를 공포했다. 명령의 골자는 "방위산업체와 정부 차원에서 고용 시 인종, 신념, 피부색, 국적 때문에 차별할 수 없다. 모든 노동자의 완전하고 동등한 참여를 보장하는 것이 정부 기관, 고용주, 노동조합의 의무이다"였다. 루스벨트는 명령실행기구로 고용평등실천위원회(Fair Employment Practices Committee: FEPC)를 임시 신설하고 5인 위원회에 2명의 흑인을 임명했다. 이 중 한 사람이 웹스터였다. 2년 후 대통령이 전시통제권을 사용하여 그의 최초 명령을 확대했는데 노조원을 포함하여 더 광범위한 전시산업(war industries) 분야에서 차별을 철폐하고, FEPC가 전국적으로 15개 현장사무소에 근무하는 직원을 120명으로 늘려 명령이행심사청문회(conduct hearings)를 개최할 권한을 부여했다.

루스벨트의 행정명령은 미국의 역사에서 중요한 사건이었다. 일부 흑인들은 이 행정명령을 '제2의 노예해방선언(Second Emancipation Proclamation)'이라 불렀다. 재건 시대(Reconstruction) 이래 지난 70년 동안 연방정부는 헌법에 보장된 아프리카계 미국 시민의 권리조차도 무시하면서 흑인들을 포기했다. 이제 사명을 가진 한 사람 — 국가가 전쟁을 준비하고 있을 때 시위행진을 하겠다고 위협한 — 이 진보적이지만 선뜻 나서길 싫어하는 대통령에게 그의 권력을 발휘하여 군수산업에서 고용 관행을 바꾸도록 설득했다.

아프리카계 미국인들에 관한 한 새로운 국가정책의 근본적인 근거는 미국혁명 — 대표 없는 곳에 과세(taxation without representation) — 만큼이나 오래되었다[미국혁명의 근인(近因) 중 하나는 과세(課稅)문제로 "우리의 대표가 없는 곳에 과세권도 없다(No Taxation without Representation)"라고 하여 당시 식민지 미국인들은 세금 납부를 거부했는데, 독립을 성취한 미국은 흑인에게 세금을 납부하게 하면서 권리를 부여하지 않는 점을 꼬집어 표현한 것임 – 옮긴이]. 물론 1776년 대부분의 흑인들은 노예였지만 이들은 재건 시대에 수정헌법 제13조와 제14조에 따라 자유와 시민권을 부여받았다. 이후 흑인들은 세금을 납부했지만 백인과는 달리 대부분의 혜택을 받지 못했다. 흑인들의 세금은 공공시설을 위해 사용되었지만 이들은 남부 전체의 시설을 사용할 수 없었다. 흑인들의 세금은 정부를 지원했지만 이들은 지역과 주 공공 기관, 연방정부나 군대, 방위산업과 같이 세금이 지원되는 민간 부문에서도 동등한 고용 기회를 갖지 못했다. 1940년 군사력 증강 시기에 1937년 스페인 내전에 참전한 경험이 있는 흑인 전투 조종사 지미 팩(Jimmy Peck)은 "유색인들이……공군의 확장에 기여하고 있지만 육군항공대(Army Air Corps)에서 비행이 금지되었다"는 점을 지적했다. 그는 계속하여 "흑인들이 육군항공대에서 비행사가 될 권리를 부여받을 때, 우리는……납세자로서의 정당한 대표성을 가질 것이다"라고 주장했다. ≪크라이시스(Crisis)≫는 "전투기: 흑인들은 전투기를 만들 수도 수리할 수도 조종할 수도 없지만, 세금은 내야 한다"라는 제목의 기사를 보도했다. 나중에 ≪크라이시스≫는 해군에 대한 기사를 사설로 보도했다. "우리의 세금은 우리 아이들이 다닐 수 없는 아나폴리스 해군사관학교의 유지를 위해 사용된다. 우리의 세금은 우리들이 배제된 수많은 해군 기지, 해군 공창, 해군·공군 기지를 유지하는 데 쓰인다. 해군의 건강관리……여행과 교육 등 모든 것이 납세자의 세금으로 유지되는데 이것들은 백인만을 위한 것이다!"

대부분의 백인들은 이것을 공평하다고 생각했다. 전통적으로 공공 및 사설기관의 고용주들은 최종 생산물에 대해 누가 비용을 지불하느냐에 상관없이 이들이 원했던 사람을 고용할 권리를 가졌다. 그러나 1941년 6월 루스벨트 행정부는 이 규칙을 바꾸기 시작했다. 그리고 이것은 차별철폐정책을 위한 또 다른 초석을 놓은 것이었다. 대통령은 모든 연방정부의 부서와 방위산업체에서 노동자를 고용할 때 인종이나 종교에 근거한 차별을 철폐할 것을 명령했다. 이 생각은 단순했다. 만약 당신이 정부와 계약—납세자가 조성한 기금—을 체결한 기관이나 방위산업체라면 모든 납세자들을 고용해야 한다. 그리고 이 납세자에는 아프리카계 미국인도 포함된다.

역사학자 레르온 베네트 2세(Lerone Bennett, Jr.)는 이렇게 기록했다. "이 당시까지 아프리카계 미국인이 직면한 제일 큰 이슈는 인두세, 린치, 격리된 학교, 백인만의 선거 등이었다. 그러나 1941년의 행정명령 이후 '흑인의 전략(Negro Strategy)'은 백악관에 무차별적인 압력을 행사하여 연방정부가 결정적인 개입을 하도록 하는 것이었다. 실제로 연방정부는 자신의 문을 개방하기 시작했고 방위산업 하도급 계약자들도 모든 노동자들에게 문을 열었다."

· ○ ·

루스벨트의 행정명령이 공포되고 6개월 후인 1941년 12월 일본은 진주만을 공격했고 독일과 이탈리아가 전쟁을 선포했다. 미국은 아시아와 유럽에서 전쟁을 수행해야 했다. 월터 화이트(Walter White)는 "나의 선조들이 노예선을 타고 미국에 왔지만 여러분의 선조들은 메이플라워를 타고 미국에 왔습니다. 그러나 이제 우리는 '같은 배'에 타고 있습니다"라고 말했다.

그러나 대부분의 경우 흑인들은 '같은' 국가 방위산업체에서 근무하지 못했는데 FEPC가 제 역할을 다하지 못했기 때문이다. 이 시대에 전형적인 것이었지만 대부분의 백인 신문들이 대통령의 행정명령을 보도하지 않았고, 설령 보도한다고 하더라도 독자들이 거의 보지 않는 신문기사의 중앙에 몰아 눈에 띄지 않게 했다. 또한 기사의 함축된 의미를 이해하는 사람도 거의 없었다. FEPC는 시민이나 의회의 지원 없이 운영되는 한시적인 전시 기관으로 직원도 소수이고, 법적 강제력도 부족했다. 따라서 거의 대부분의 정부 기관과 하도급 계약자들은 규정을 준수하지 않았다. 조선소에서 흑인 비율은 전체 노동자의 9% 이상으로 거의 2배가 되었지만, 항공 산업은 소수만을 고용했는데 대개 청소부로 배치했다. 사실 흑인에게 주어진 일 중 대부분은 비숙련노동이었으며 대부분의 노조는 격리정책을 유지했다. 남부의 한 노조 지도자는 "어떤 흑인, 어떤 백인, 어떤 중국인이나 그 누구라도 사회적 평등과 인종의 혼합을 원한다고 나서서 말하는 것은……하나님이 본래 의도했던 뜻을 모르고 있다"라고 말했다. 항상 법적 강제력이 문제였다. FEPC는 권한도 적었다. FEPC의 권한은 규정을 준수하지 않는 방위산업회사에 대해 계약이 취소될 수 있다는 엄포를 줄 정도였지만, 전시(戰時)에 그렇게 하는 것은 비애국적으로 보일 수도 있었고 전쟁의 노력을 방해하는 것으로 보일 수 있었다. 따라서 전시 중 FEPC는 단 1건의 계약도 취소하지 못했다. 더구나 외교 관계를 어렵게 하는 경우에는 접근조차 할 수 없었다. FEPC가 서남 지역의 멕시코계 미국인에 대한 차별에 대해 텍사스 주 엘파소에서 공개청문회를 계획했을 때, 국무부는 조사를 방해하면서 공개 질의는 적군의 선전으로 이용될 수 있다고 했다.

물론 대부분의 남부인들은 FEPC를 격렬하게 반대했다. 앨라배마 주의 백인들은 백인 우위를 유지하기 위한 연맹을 조직했고 앨라배마 시의회는 FEPC 관리들에게 타운을 떠나라고 명령하는 결의안을 통과시키고 주지사는 "격리를 포기하게 하는 어떤 계약도 서명하지 않을 것이다"라고 선언했다. 루이지애나 주 출신의 어느 의원은 "FEPC가 공산주의적 독재의 시작을 알렸다. ……이들은 당신의 공장에서 누가 일을 하고 당신의 농장에서 누가 일을 하고, 당신의 사무실에서 누가 일을 하고, 누가 당신의 학교에 가고, 누가 당신의 식당에서 먹고, 누가 당신의 자녀들과 결혼할지에 대해 지시할 것이다"라고 말했다. 앨라배마 주 출신의 어떤 의원은 "우리는 백인 여성에게 명령을 내리는 흑인 남성을

인정하느니 차라리 죽음을 택할 것이다"라고 덧붙였다.[11]

1942년 개최된 일련의 청문회에서 FEPC 위원장은 서부 해안에 위치한 "많은 회사들이 흑인이나 동양계 출신에게 맡길 직무가 있는데도 불구하고 이들을 고용하지 않았음"을 인정했다. "국가통합과 국가 방위에 필요한 제품을 만들기 위해 지속적으로 호소하던 중 우리는 히틀러체제에서나 목격할 수 있는 불공정한 고용 관행을 밝혀냈다"라고 보고했다. 사실 FEPC는 일부 방위산업 하도급 계약자들이 유대인, 가톨릭, 제7일안식일재림파의 신도, 여호와의 증인, 그리고 멕시코계 미국인과 인디언의 고용을 거부했다는 사실을 밝혀냈다.

직업차별은 전국에 걸쳐 계속되었다. 1943년 『승리를 위한 인력 (Manpower for Victory)』을 저술한 존 코슨(John Corson)은 전시 노동력이 부족한 이유는 불을 보듯 명확했다는 점을 지적했다. "백인의 고용비율과 비교했을 때 1,300만 명의 흑인들이 고용되지 않았다. 간혹 숙련기술을 가진 흑인들도 거부되었다. ……특정한 직업으로부터도 금지되었다. 전쟁의 승리를 위해 헌신적으로 기여하고 싶어도 장애물이 앞에 놓여있었다." 남부에서의 결과는 불합리했다. 남부의 관료들은 전시산업 분야에 수많은 지역 흑인들을 고용하는 대신에 다른 지역 출신의 백인들을 채용했다. 결국 주택 부족, 과밀 학교, 교통, 위생 시설의 문제를 가져왔다. 코슨은 "전염병이 창궐하면 결과는 치명적일 것이다"라는 결론을 내렸다.

물론 「짐크로법」은 전시 상태에서도 계속되었다. 미국 역사에서 가장 인종차별적인 행위 중 하나는 연방 정부가 서부 해안에 거주하는 일본계 혈통 12만 명 전원에게 집과 재산으로부터 멀리 떨어진 내륙에 위치한 수용소로 이주 명령을 내린 것이었다. 이들 중 3분의 2는 미국 시민이었다. 후에 한 피억류자는 "수용소에서 우리의 기본 과목 중 하나는 미국사였다"라고 회고했다. "이들은 항상 자유에 관해 말했다." 백인과 흑인의 피는 생물학적으로 동일함에도 불구하고 적십자의 헌혈 프로그램에 기여하고 싶은 아프리카계 미국인도 외면당했다. 수도를 포함하여 남부 도시의 시민들이 방공호를 만들 계획을 세웠을 때 백인과 흑인을 격리하는 방공호를 계획했다. 전시 중 흑인들이 백인들의 유혹에 넘어가 백인의 일자리를 채우기 위해 남부를 벗어나 타 지역에 이주했을 때에도 인종차별은 여전했다. 유명한 "아프리카계 미국인 체류자의 진실(African American Sojourner Truth)"이란 이름을 따서 붙인 디트로이트 연방주택사업장에는 "우리는 백인 이웃을 원한다"라는 문구가 붙어있었다. 디트로이트는 긴장감이 고조되었다. 1943년 7월 제1차 세계대전 이후 미국 도시에서 최악의 인종 폭동이 발생했는데 사망 34명, 부상 700명에 1,300명이 체포되었다. 폭동은 디트로이트 시에서만 발생한 것이 아니었다. 앵글로계 미국인과 멕시코계 미국인이 LA에서 충돌했을 뿐 아니라 텍사스 주 보먼트(Beaumont)와 엘파소(El Paso), 매사추세츠 주 스프링필드(Springfield), 그리고 뉴욕 시에서도 계속되었다.[12]

그럼에도 불구하고 전쟁은 여러 분야에서 서서히 인종 관계를 변화시키기 시작했다. 진보주의자들은 인종 폭동이 적들을 도왔을 뿐이라고 주장하면서 공포에 떨었다. ≪네이션(The Nation)≫은 사설에서 "파시즘에 전염된 미국인들이 후방에서 우리 군대를 공격했다. 우리들이 국내에서 파시즘을 보고도 못 본 체하면서 해외의 파시즘과 싸울 수는 없다"라고 보도했다. 전시 노동력의 부족은 더 많은 일자리를 의미했다. 그리고 FEPC는 흑인들을 고용하도록 계약자들을 설득하고 신문사에 차별적인 구인 광고를 중단하도록 납득시키는 데 부분적으로 성공했다. CIO와 같은 노조는 작업장을 통합시키면서 연방정부의 정책에 함께 호응했으며, 심지어 아프리카계 미국인과 함께 조립라인에서 일하는 것에 항의하는 백인 노동자를 해고시키기까지 했다.

흑인 고용은 대부분 인력 부족 때문에 극적으로 증가했다. 1944년 말 거의 200만 명의 흑인들이 방위산업에 고용되었는데 이 숫자는 방위산업 전체 노동자의 8% 이상에 해당되었다. 전쟁 중 연방정부에 고용된 아프리카계 미국인이 2배 이상으로 증가했으며 워싱턴 D.C.에서는 거의 20%에 달했다.

조립라인에서 전통적인 인종관(人種觀)은 개선되었지만 그 정도는 매우 경미했다. 대부분의 백인 노동자들은 숙련공이었고 흑인들은 대개 비숙련노동자들이었기 때문이다. 여론연구기관에서 1944년 백인 노동자들을 상대로 설문조사를 했다. "당신의 고용주가 당신 바로 옆에 흑인을 배치한다면 괜찮은가?"라는 질문에 41%만이 '그렇다'라고 대답했다. "만약 흑인이 당신의 감독관이 된다면 괜찮은가?"라는 질문에는 14%만이 '받아들일 수 있다'라고 답변했다. 그리고 공평성과 관련하여 "흑인도 백인과 같은 종류의 직업을 가져야 한다고 생각하는가? 그렇지 않으면 어떤 종류의 직업에서든 백인이 우선적으로 직업을 가져야 한다고 생각하는가?"라는 질문에는 단지 44%만이 흑인도 백인과 평등한 기회를 가져야 한다고 생각했다.

또한 전시경제는 여성에게도 영향을 미쳤다. 1942년 루스벨트는 "어떤 지역에서는 고용주가 여성을 고용하려고 하지 않는다. 또 다른 지역에서 고용주들은 흑인을 고용하길 꺼려한다. ……우리는 더 이상 이런 편견이나 관행에 빠져있을 여유가 없다"라고 말했다. 이해 노동력 부족의 결과는 직장에서 여성을 채용하자는 '리벳공 로지 캠페인(Rosie the Riveter: 제2차 세계대전 중 전쟁터로 나간 남성들을 대신하여 탄약과 군수물자를 생산하던 여성들의 이미지이며, 미국 문화의 아이콘임 – 옮긴이)'으로 이어졌다. 통계는 다양하게 나타났지만 약 300만 명의 여성들이 전시경제에서 일자리를 구했는데, 이들 중 약 200만 명이 방위산업체에서 일했다. 전쟁 때문에 대부분의 미국인들은 이런 전통의 변화를 지지했다. 진주만 공격이 있고 2개월 후 실시된 여론조사에서 일반 대중의 68%와 여성의

73%가 21세에서 35세 사이의 독신 여성을 징집하여 전시 직업훈련을 받게 하는 것에 찬성했다. 여론조사에서 핵심 단어는 '독신(single)'이었는데, 남성과 여성으로 구성된 사회에서 자녀를 둔 엄마를 리벳공과 용접공으로 고용하는 것에 대해서는 압도적으로 반대했다. 대부분의 여성 노동자들은 이제 갓 고등학교를 졸업했고 아직 결혼도 하지 않았다. 전국적으로 여성들은 방위산업 노동자의 10%를 넘지 않았는데, 이곳에서 일하는 여성들은 대개 숙련도가 낮은 용접공과 같이 속성으로 기술을 익혔거나 비서로 사무직에 근무했다. 당시 갤럽은 공평성에 관해 질문했다. "만약 여성이 산업 현장에서 남성을 대신한다면 남성과 동일한 임금을 받아야 하는가?"에 대한 질문에서 남성은 70% 이상이 '그렇다', 여성은 85%가 '그렇다'라고 대답했다. 루스벨트 행정부는 여론을 지지했다. 전시노동위원회(The War Labor Board)는 남성에 '필적할 일의 양과 질'을 달성한 여성에게 동등한 임금 지급을 명령했다.[13]

따라서 루스벨트의 행정명령은 일자리 문화를 바꾸기 시작했고 차별철폐정책의 토대를 마련했다. 그러나 랜돌프와 그의 동료들에게 행정명령은 단순히 부분적인 승리에 불과했다. 행정명령은 이들의 다른 관심사인 군대 통합에 대해서는 언급조차 하지 않았다.

• ○ •

전쟁의 총력전은 아프리카계 미국인의 입지를 어렵게 만들었다. 랜돌프와 일부 지도자들은 군대 통합에 대해 연방정부를 너무 강하게 압박하지 않기로 했는데, 흑인들이 전쟁의 노력을 방해하고 있다는 오해를 받고 싶지 않았기 때문이었다. 그러나 다른 지도자들은 단호했다. NAACP 기관지 ≪크라이시스(Crisis)≫는 1942년 1월 "히틀러에 맞선 싸움이 미국의 수도, 즉 흑인들이 베를린의 유대인보다 약간 더 나은 지위를 가진 이곳 워싱턴 D.C.에서 시작되고 있다"라고 지적하고, "지금은 침묵할 때가 아니다"라고 요구했다. NAACP는 "이중전선정책(two front policy), 다시 말해 인종차별을 받는 군대는 자유세계를 위해 싸울 수 없다"라고 선언했다. 그리고 대부분의 흑인 지도자들이 국외에서 파시즘과 싸우고 국내에서는 인종차별주의와 싸우는 '승리를 위한 이중 승리(Double V for Victory)' 캠페인을 지지했다.

그러나 군대에서 인종차별은 시정되지 않았다. 1940년 9월 의회는 '인종이나 피부색'으로 차별받는 것을 금지하는 「선발징병제법(Selective Service Act)」을 통과시켰지만, 실제 아무것도 변한 게 없었다. 대다수의 시민들이 통합을 지지하지 않았다. 대부분은 전쟁부 장관 스팀슨(Stimson)이 일기에 썼던 "당초 흑인종들은 리더십을 갖고 있지 않기 때문에 이들을 장교로 임관시켜 병사들을 지휘하게 하는 것은 양쪽에 재앙만 가져올 뿐이다"라는 의견에 동의했다. 해병대 사령관도 의회위원회 앞에서 공개적으로 "만약 5,000명의 백인 해병이나 25만 명의 흑인 해병 중 하나를 선택하라고 한다면 나는 기꺼이 백인을 선택할 것이다"라고 밝혔다.

스팀슨은 국가가 전쟁 중인데도 "유색인종의 어리석은 지도자들이 사회적 평등을 추구하고 있다"라고 말하면서 흥분했지만, 대통령은 국가 전체를 통합하는 데 더 많은 관심을 가졌다. 대통령은 전(前) 법대학장이었고 첫 흑인 연방판사인 윌리암 H. 헤스티(William H. Hastie)를 전쟁부 차관보로 임명하여 아프리카계 미국인들을 달래려고 노력했다. 헤스티는 스팀슨에게 군대에서 흑인 병사를 활용하지 않고 있음을 지적하고 군대에서조차도 '남부의 전통적 관행'이 적용되는 것을 우려했다. 헤스티는 "흑인 부대는 개별 부대와 통합되어야 하고 모든 아프리카계 미국인 병사들이 새로운 부대로 배치되어야 한다"라는 점을 촉구했다. 스팀슨은 합참의장 조지 마샬(George Marshall) 장군에게 대책을 요청했다.

마샬 장군은 인종차별이 존재해 왔고 격리는 관행이었으며 흑인의 교육 수준이 백인보다 낮기 때문에 "군대가 미국 역사에서 미국인을 혼란에 빠트린 사회문제를 해결할 필요가 없다. ……육군은 사회학적 실험실이 아니다. 더구나 사회문제를 해결하기 위해 군대 내에서 실험을 하는 것은 효율성, 기강, 그리고 사기에 위험이 따른다"라는 점을 지적했다.

따라서 군 고위 인사들은 군대에서 어떤 실험도 거부했는데 이런 방침은 군인 모집에도 적용되었다. 헤스티와 다른 아프리카계 미국인들은 선발 과정에서의 인종차별에 대해 불만을 가졌지만, 행정부는 징병이 '각 주의 주지사 책임(responsibility of the Governor of each state)' 아래 이루어지는 지역문제라고 답변했다. NAACP는 테네시 주지사에게 일부 흑인을 주 징병위원으로 임명하도록 요청했지만, 늘 그렇듯이 주지사로부터 돌아오는 대답은 "이곳은 백인의 나라이다"였다. 단 1명의 흑인도 임명되지 못했다. 전쟁이 시작된 지 3년이 지났지만, 단지 남부 경계주(남북전쟁 전 자유주에 접하고 있으면서도 노예제도를 채택한 몇몇 주: 델라웨어, 켄터키, 메릴랜드, 미주리, 버지니아 주) 중 3개 주만이 징병위원회에 일부 아프리카계 미국인을 위원으로 임명했다. 전통적인 최남부 주(Deep South: 조지아, 앨라배마, 루이지애나, 미시시피의 4개 주)에는 1명의 흑인 위원도 없었다. 사실 흑인들이 전투에서 공을 세울 수 없다는 주장은 많은 지역에서 아프리카계 미국인들을 징병하지 않겠다는 것을 의미했다. 1943년 초 흑인들이 미국 전체 인구의 10% 이상이 되었을 때 군대에서는 5%를 차지했다. 약 30만 명의 미혼 흑인 남성들이 군대에 갈 자격이 되었지만 이들은 징병되지 않고, 오히려 징병위원회에서는 기혼의 백인 남성을 선발해 전장에 보냈다. 남부인들은 이런 징병정책에 대해 분노했다. 미시시피 주의 시어도어 빌보(Theodore Bilbo) 상원의원은 "군이 할당량을 채우기 위해 모든 백인들을 입대시킨 결과, 국내에는 엄청난 수의 흑인들이 남아 있다"라는 강한 불만을 제기했다. 남부에서 소문은 걷잡을 수 없이 번져나갔다. 필경 소문은 이럴 것이다. "흑인들이 얼음 깨는 송곳을 구입하고 총기를 비축하면서 전시등화관제를 기다리고 있다. 때가 되면 백인들을 대량학살할 것이다. 백인 남성들이 전쟁터로 나간 후 모든 검둥이 남성들이 백인 여성을 차지할 것이다."[14]

전쟁 초창기 미국의 공평성을 보면 미국은 지구상에서 가장 지독하게 인종차별을 하는 2개의 국가인 독일과 미국에서 총력전을 벌이고 있었다. 그러나 연방 당국은 각 주에 징병제도의 시행을 위임했다. 흑인에 대한 지역의 편견이 백인 남성만을 전쟁터로 보내고 국내에는 흑인 남성을 남겨놓은 결과를 초래하여 결국 백인들의 분노를 샀다. 또한 이 인종차별적인 징병제는 법률적인 함의(含意)를 가졌다. 1978년 유명한 박키(Bakke) 판결 또는 역차별(reverse discrimination) 판결이 나오기 약 30년 전, 전시인력위원회 위원장은 전쟁부 장관과 해군 장관에게 "신체적으로 적격한 흑인 등록자들이 징병되지 않고 백인 남편과 아버지들이 징병되는 상황에서 만약 백인 등록자 중 이 문제를 걸고 소송한다면 중대한 일이 발생할 수 있다"라는 서신을 보냈다. 다행히도 이 문제로 연방정부를 상대로 하는 소송은 없었다.

인종차별 이외에 군대에서 아프리카계 미국인을 징병하지 않은 또 다른 이유는 짐크로 교육의 유산, 즉 흑인들은 일반적으로 학업성취도에서 낮은 점수를 보였다는 것이었다. 군대에 징집된 흑인 중 단지 17%만이 고등학교 졸업장을 소지했던 반면, 백인은 41%에 이르렀다. 군일반분류시험(AGCT)은 5개 등급으로 구분되는데 상위 3개 등급은 장교, 조종사, 숙련기술자로 배치하고 하위 2개 등급은 보병, 준(準)숙련노무자, 노무자로 배치되었다. 군은 AGCT는 지능검사가 아닌 단순히 교육성취도를 평가하는 것이라고 주장했다. 백인들은 5개 등급에 다 포함되었고 3분의 1만이 하위 2개 등급에 속했다. 그러나 흑인의 경우 84%가 하위 2개 등급에 속했다. 일부 흑인 부대에서는 3분의 1이 문맹이었다.

군대의 효율성은 글을 읽고 쓸 수 있는 군인에게서 비롯되었기 때문에 전쟁이 끝날 무렵 군은 15만 명의 신병에게 읽고 쓰는 것을 가르쳤다.

개전(開戰) 2년 동안 군은 계속 아프리카계 미국인을 차별했다. 부대가 격리되었고 거의 모든 흑인들은 노무자로 배치되었다. 1943년 봄 50만 명이 넘는 전 군 중 8만 명 정도의 흑인들이 국외로 파병되었다. 심지어 전투병으로 훈련 받은 흑인들조차도 노무부대로 전환 배치되었다. ≪피츠버그 커리어(Pittsburgh Courier)≫는 흑인 병사들이 '눈 청소'나 '면화 따기'에 동원되었다고 비난했다. 육군 555 낙하산 여단은 전투를 위한 낙하 훈련을 받았지만 오리건 주로 보내져 산불 진압을 했을 뿐이었다. 더구나 군 규정에는 "어떤 부대의 흑인 장교도 백인 장교보다 상위 계급에 있거나 백인 장교에게 명령할 수 없다"라고 명시되었다. 심지어 어떤 지휘관은 자신의 관할 부대에서 백인 중위가 흑인 대위보다 우월하다고 주장하면서 경례 등의 군대 의전을 기피하기까지 했다. 흑인 부대를 지휘했던 대부분의 장교들이 남부 출신 백인이었는데, 특히 이들은 북부 출신이 대부분인 흑인 사병들을 가혹하게 대했다. 펜실베이니아 주에 주둔한 어떤 부대의 장교들은 이런 명령을 내렸다. "유색인 병사와 백인 여성 간의 교제—그것이 자발적이든 그렇지 않든—는 강간으로 간주하여 처벌한다." 여기서 처벌은 죽음을 의미했다. 군 의무단(Medical Corps)에는 11%의 흑인 부대원들이 있었지만, 실제 이들 모두는 위생병으로 배치되었다. 백인이 배치된 위생중대는 없었다. 육군항공단(Army Air Corps)은 단 1개의 흑인비행대대(99 전투비행대대)를 훈련시켰으며 해병대는 1개 여단만을 훈련시켰다. 첫 흑인 해병대 장교는 전쟁 후 비로소 임관했다.[15]

해군 군함에도 흑인 수병들이 있었지만 이들은 격리된 숙소에서 생활했다. 실제로 이들은 교육을 받았고 기술도 가지고 있었지만 장교 숙소에서 고작 취사병이나 잡역부로 근무했다. 매우 의미심장한 사건이 일어났는데 취사병 도리 밀러(Dorie Miller)가 사건의 주인공이었다. 1941년 12월 7일 그가 탄 전함(USS West Virginia)이 진주만에 주둔하던 중 일본 전투기의 공격을 받았다. 밀러는 갑판으로 나와 부상당한 함장을 사선(射線) 밖으로 옮겼다. 그리고 어떤 훈련도 받지 않았지만 전함을 포기하기 전에 기관총으로 무장하고 적어도 적기(敵機) 4대를 격추시켰다. 그럼에도 불구하고 해군은 밀러에게 사수(射手)가 되는 것을 허용하지 않았고 그는 취사병으로 계속 근무했다. 1년이 지나서야 해군 제독은 그 소작인의 아들에게 해군 십자훈장(Navy Cross)을 수여했다.

격려는 남성에게만 해당된 것이 아니었다. 어떤 흑인 병사가 기록했던 것처럼 군은 '인종과 성별이라는 두 가지 유형에 따라 격리'를 했다. 실제로 35만 명의 여성들이 여군단 WACs, 해군의 WAVES, 공군의 WASPS, 해안경비대 SPARS에 소속되었다. 거의 모든 여군은 백인이었고 군에서는 흑인 여성 병사를 기술학교에 보내 숙련기술을 익히도록 하지 않았다. 흑인 남성 병사들과 마찬가지로 흑인 여성 병사들도 취사, 제과, 세탁, 우편 담당으로 근무했다. 군간호지원단(Army Nurse Corps)에서는 흑인 간호병의 수를 제한하여 전체의 1%에 불과했다. 1만 1,000명의 해군 간호병 중 흑인 간호병은 단 4명에 불과했다. 매우 드물지만 특별한 예외가 있었는데 흑인 간호병들이 흑인 병사만을 간호하는 병원에 배치되었다. 실제 이 제도는 불가능하다는 것이 증명되었다. 전쟁 후반 육군은 일부 흑인 간호병들을 영국으로 파병했다. 이곳에서는 전투에 참가해서 부상당한 흑인 병사를 거의 찾아볼 수가 없었기 때문에 간호병들은 독일군 전쟁 포로만을 간호하도록 명령받았다. 그러나 이 정책은 분노를 야기했고, 이를 계기로 최고군의관은 흑인 간호병들에게 모든 군인들을 간호하도록 명령했다.

인종차별정책을 시행하는 군은 북부의 많은 백인들을 깜짝 놀라게 했다. 백인과 흑인 신병들이 훈련소에 도착하는 대로 격리되었는데 종교

예배에서도 격리정책을 적용했다. "가톨릭, 유대교, 개신교, 흑인." 뉴욕주 캠프 업튼(Upton)에 주둔한 어떤 백인 이등병은 "장교들이 병사들에게 검둥이와 물을 마시거나 악수하지 말라고 명령했다"라고 기록했다. 그는 계속하여 "흑인 응소병(應召兵)들은 캠프에 도착하는 시간부터 격리되었다. ……훈련소는 전체적으로 매우 부당하게 운영되었고 더러웠다. 마치 파시즘과 같은 냄새와 맛이 느껴졌다"라고 기록했다.

그럼에도 불구하고 대부분의 미국인들은 아프리카계 미국인에 대한 처우가 공평하다고 생각했다. 1942년 전쟁정보국(Office of War Information)이 실시한 여론조사 결과에 따르면, "백인의 60%가 흑인들의 지위에 만족했고 합당한 모든 기회를 누리는 것으로 생각한다"라고 발표했다. 남부 이외 대부분의 백인들도 흑인들이 학교, 식당, 이웃에서 격리되어야 하고, 흑인들이 낮은 사회적 지위를 차지하는 이유는 백인들이 만든 법과 관행이라기보다 흑인 자신들의 인종적 결함 때문이라고 믿었다. 군 당국의 조사 결과에 따르면, 다수의 흑인 병사들이 격리된 군부대를 반대했던 반면, 거의 90%에 이르는 백인 병사들은 격리정책을 지지하는 것으로 드러났다. 이런 조사 결과는 "군 전체 90%의 사기를 유지하기 위해 인종차별정책이 필요하다"라는 군의 주장을 뒷받침했다. 역사학자 리차드 달피움(Richard Dalfiume)은 "전쟁 초반 격리평등정책(separate-but-equal)은 군에서 소기의 성과를 거두지 못했다. 군대의 주요 목표인 능률성을 방해하지 않을 정도로 격리정책을 추진했기 때문이다"라고 기록했다.[16]

그러나 1943년 군은 심각한 인력부족난을 겪게 되었다. 헤스티(Hastie)가 주장한 대로 "'짐크로의 군대'는 지나치게 비능률적이기 때문에 전쟁에서 승리하기 위한 국가의 능력을 방해한다"라는 그의 의견이 옳았음이 증명되었다. 전쟁부가 짐크로를 종식시키길 거부했기 때문에 헤스티는 사임했다. 이 결과로 행정부는 육군항공단(Army Air Corps)에 흑인부대를 위한 숙련직 훈련을 확대하고 군에 더 많은 아프리카계 미국인 장교를 모집하도록 명령했다.

1944년은 아프리카계 미국인 부대의 전환점이 된 해였다. 이해는 대통령 선거가 예정되어 있었고, 공화당이 북부의 흑인 유권자들의 표심을 얻기 위해 군대에서 아프리카계 미국인들이 어떤 처우를 받고 있는지에 대해 조사하겠다는 공약을 내놓기도 했다. 그러나 더 중요한 것은 전쟁부가 '히틀러의 유럽방어선(Hitler's Fortress Europa: 제2차 세계대전이 막바지로 치달으면서 독일군이 대서양 방어를 위해 구축한 요새로서 프랑스의 마지노선보다 훨씬 더 견고한 것으로 알려짐 – 옮긴이)'에 대한 공격을 준비했다는 점이다. 행정부는 '흑인문제'를 재고했다. 어떤 위원회는 "군대가 흑인 부대의 활용에 대해 더 적극적이어야 한다. 그리고 초기의 실행 가능한 시점에……유색인 부대를 전투에 투입해야 한다"라고 주장했다. 전쟁부 장관 스팀슨은 마지못해 위원회의 권고대로 "우리는 이 전쟁에서 유색인종이 우리를 지원하는 방향으로 정책을 실행하겠다"라고 말했다. 결론적으로 군은 아프리카계 미국인으로 편성된 92사단과 93사단을 유럽과 태평양 전투에 참전시켰다. 해군은 취사 병과(兵科) 이외에 다른 특기로 훈련 받은 흑인 수병들을 25개의 보충함선에 파견했으며, 처음으로 흑인 여성을 하사관으로 흑인 남성을 장교로 임명했다.

이처럼 짐크로를 손질하게 된 것은 바로 총력전(總力戰)에서 필요로 하는 인력난 때문이었다. 1944년 12월 독일군은 프랑스의 아르덴 (Ardennes) 지역에서 벌지전투(the Battle of the Bulge: 1944년 겨울 제2차 세계대전 막바지 독일군 최후의 작전. 파죽지세의 독일군의 총공격으로 전선이 독일 쪽으로 '팽창(bulge)'했다는 뜻으로 '벌지 전투'라는 이름으로 불렸다 – 옮긴이)로 반격을 시작했다. 독일군의 전격대작전은 미군에 막대한 피해를 입었다. 첫 주 만에 5만 명의 사상자가 생겼으며, 한 달 만에 전투와 혹독한 겨울 기후로 12만 5,000명 이상의 사상자가 생겼다. 당황한 연합군 최고사령관 드와이트 D. 아이젠하워(Dwight D. Eisenhower: Ike) 장군은 노무와 지원부대에 배속된 흑인들이 전투훈련에 자원하는 것을 허용했고 실제 수많은 흑인들이 전투병에 자원했다. 자원병이 넘쳐 아이크(Ike)가 2,500명으로 제한할 정도였다. 훈련 6주 후 50개 이상의 흑인 소대가 백인 소대와 함께 싸울 준비가 되었다. 그리고 잠정적으로 흑백이 통합된 보병중대는 독일에 침투하여 제3제국(1933~1945년: 제1제국 신성로마제국은 962~1806년, 제2제국은 1871~1918년 – 옮긴이)을 분쇄하는 데 공을 세웠다.

아이젠하워 장군은 이 부대를 치하했다. 군 당국의 여론조사 결과에 따르면, 흑인 병사에 대한 새로운 여론을 형성하는 계기가 되었다. 흑인 병사와 함께 전투에 참가하기 전에는 백인 병사의 3분의 1만이 흑인 병사에 대해 호의적인 생각을 갖고 있었지만, 전투 후 약 80%가 아프리카계 미국인에 대해 더 호감을 갖게 된 것으로 밝혀졌다. 전쟁부도 "흑인들이 백인 동료만큼 용감하고 진취적으로 싸워 전투병으로서 위치를 굳혔다"라는 평가를 했다.

전쟁 막바지에 100만 명 이상의 흑인 남성들이 징병되었고 이와 별도로 8만 명은 자원했다. 비로소 군대에서 아프리카계 미국인이 차지하는 비율이 10%를 넘었고 전체 인구에서 흑인이 차지하는 비율에 도달했다. 역설적이게도 이 비율은 국방부가 전쟁 초기에 권고했던 '균형점(balanced force)', 달리 표현하면 인구 비례에 따른 인종 목표를 달성했다. 이 균형을 유지하기 위해 군은 대일전승기념일(V-J Day: Victory over Japan Day: 1945년 8월 14일) 직후 신병모집캠페인을 시작했다. 놀랍게도 수천 명의 흑인 병사들이 자원했고 흑인들이 재입대한 비율이 백인보다 훨씬 높게 나타났다. 군의 반응은 다시 공평성의 문제를 일으켰다. 1946년 병무국은 인종 균형을 유지하기 위해 군일반분류시험(AGCT)에서 99점 이상을 취득한 아프리카계 미국인에게만 입대를 허용했다. 백인들은 70점만 되어도 입대가 허용되었다. 전쟁에서 국가를 위해 싸웠던 많은 흑인 납세자들이 평화시에도 계속 국가를 방위하는 것은 허용되지 않았다.

군대에서 흑인들이 받았던 처우를 생각한다면 혹자에 따라서는 왜 아프리카계 미국인들이 재입대를 원했는지에 대해 의아하게 생각할 것이다. 어떤 저널리스트는 이 의문에 대해 "흑인 병사는 짐크로 민간인 생활보다는 짐크로 군생활을 더 좋아한다"라고 대답했는데, 이 답변은 미국 사회에서 흑인 병사의 귀향에 대한 현지의 반응을 예리하게 관찰한 논평이었다.[17]

흑인 병사들이 고향으로 돌아왔을 때 무례하고 난폭하고 심지어 사상자까지 발생하는 대접을 받았다. 산업도시가 많은 북부에서는 백인들이 전쟁터에서 돌아와 전쟁 전의 일자리를 요구함에 따라 흑인들을 해고함으로써 인종문제가 발생했다. 소규모의 폭동이 시카고, 뉴욕, 인디애나 주의 게리에서 일어났다. 경계 주에서는 KKK단이 다시 출현했다. 테네시 주 콜롬비아에서는 백인과 흑인 해군 참전 용사 제임스 스티븐슨(James Stephenson) 사이의 언쟁이 싸움으로 번졌다. 지역 경찰이 흑인 상업 지구를 공격하여 4명이 부상을 입었고 고속도로순찰대가 이 지역을 공격하여 100여 명의 흑인을 구타하고 체포했다. 감옥에서 석방을 기다리던 2명의 흑인들이 살해되었다.

남부의 사정은 더 나빴다. 제시 잭슨(Jesse Jackson) 목사의 아버지가 사우스캐롤라이나 주의 집으로 돌아왔을 때, 유럽 전장의 자랑스러운 참전 용사였던 그는 버스 뒤쪽에 앉으라는 지시를 받았다. 이 자리는 패배한 독일인 전쟁 포로 뒤쪽이었다. 일부 흑인 참전 용사들은 미시시피 주에서 유권자 등록을 하려다 구타를 당했다. 상원의원 빌보는 '용감한 앵글로 색슨인들'에게 흑인들이 투표하는 것을 막기 위해 '가능한 모든 수단'을 사용할 것을 요구했다. 조지아 주의 백인 인종차별주의자들은 자신들의 거주 지역에서 유일하게 유권자 등록을 한 흑인 참전 용사 마시오 스나입스(Macio Snipes)를 총으로 쏘아 살해했다. 또 다른 타운에서는 백인 폭도들이 2명의 참전 용사와 부인을 차에서 끄집어내 일렬로 정렬시킨 다음 60발의 총알을 난사했다. 이 섬뜩한 이야기는 전국적으로 신문의 헤드라인이 되었다.

더 섬뜩한 것은 많은 흑인 병사들이 군복을 입고 있는 중에 받았던 처우였다. 미육군 병장 이삭 우드어드(Issac Woodard)는 남태평양에서 3년 15개월간의 복무를 마친 후 퇴역증명서를 받고 노스캐롤라이나 주의 고향으로 돌아가기 위해 조지아 주 포트 고든(Fort Gordon)에서 버스를 탔다. 버스가 사우스캐롤라이나 주에 도착한 후 버스 운전사는 그가 '유색인 전용(colored only)' 화장실에서 너무 많은 시간을 썼다고 악담을 퍼부으면서 만취 혐의로 그를 체포하게 했다. 우드어드는 술을 마시지 않았지만, 경찰은 그를 구타하고 야경봉(棒)으로 그의 눈을 찌르고 독방에 가뒀다. 우드어드가 군 병원에서 치료를 받았을 때는 이미 영구적으로 시력을 잃고 난 뒤였다.

이 폭행 역시 전국적인 관심을 끌었다. 오르슨 웰레스(Orson Welles)와 같은 배우들은 이런 폭행을 비난했고, 어떤 흑인 학자는 신임 대통령 해리 S. 트루먼(Harry S. Truman)에게 "조국의 자유를 지키기 위해 자기 눈을 사용했던 한 인간의 눈을 도려낸 것은 세계 어느 나라에서도 들어

보지 못한 불명예입니다"라는 내용의 편지를 보냈다. 제1차 세계대전의 참전 용사이기도 한 트루먼은 '대통령직속민권위원회(the President's Committee on Civil Rights)'를 설치하여 폭력 사건을 조사하고 적절한 연방 입법을 권고하도록 했다. 이 사건을 보고 받은 뒤 트루먼은 NAACP 의장 월터 화이트(Walter White)에게 "오, 하나님! 이처럼 끔찍한 사건은 보지 못했습니다. 우리들이 이런 짓을 했습니다"라고 말했다.[18]

트루먼의 말은 선견지명이 있었다. 그는 많은 일을 했다. 그러나 종전(終戰)을 앞두고 벌어진 짐크로에 대한 도전(challenge)과 방어(defense)에 관련된 아래의 두 사건에서 보는 것처럼 차별철폐는 그렇게 쉽지 않은 일이었다.

첫째는 루스벨트가 임명한 대법관 7명이 포함된 연방대법원이 스미스 사건(Smith v. Allwright)에 대해 판결했다. 많은 남부 주와 마찬가지로 텍사스 주의회도 백인만의 예비선거(white primary: 남부 지방에서 백인만이 투표하던 민주당의 예비선거: 1944년 위헌 판결받음 - 옮긴이)를 시행하는 법을 제정했는데, 이 법은 민주당이 당원 자격을 결정하고 흑인 텍사스인들을 배제하는 사조직임을 선언한 것이나 다름없었다. 휴스턴의 치과 의사인 로니 스미스(Lonnie Smith) 박사는 선거관리인 S. E. 올라이트(S. E. Allwright)에 의해 투표를 방해받았다. 스미스는 헤스티와 서굿 마샬(Thurgood Marshall)을 변호인으로 선임하여 소송을 냈다. 1944년 스탠리 리드(Stanley Reed) 대법관은 다수의견서(8 : 1)를 작성했는데, "민주당은 사조직이 아닌 국가를 대신하는 것이기 때문에 텍사스 주는 수정헌법 제15조를 위반했다"라고 판시했다. 이 판결은 불공정한 투표 관행에 대한 대법원의 관심이 커지고 있음을 증명했다는 점에서 중요했다. 그러나 남부에서는 어떤 변화도 없었다. 백인들은 유권자를 통제하여 흑인들의 투표를 방해했다. 이들은 계속하여 인두세와 글을 읽고 쓸 줄 아는 능력, 그리고 이해력 검사와 같은 속임수를 써가면서 유권자의 등록을 제한했다.

또한 짐크로를 유지하는 전쟁은 1945년 멕시코계 미국인으로 처음 연방상원에 진출한 뉴멕시코 주의 민주당 출신 데니스 차베즈(Dennis Chavez) 의원이 전시의 잠정적 기구였던 FEPC(고용평등실천위원회)를 상설 연방위원회로 바꾸자는 법안을 제안했을 때 증명되었다. 새로운 FEPC는 평화 시 고용 실천에 역할을 하도록 계획되었는데, 의회 내 많은 보수적 친(親)기업 성향의 의원들, 특히 남부 출신의 의원들에게 그것은 하나의 저주였다. 미시시피 주 상원의원 빌보가 공격을 주도했다. 그는 "만약 FEPC가 상설 기구화되면 연방 정부가 기업가에게 누구를 고용할 것인가를 요구하는 등 성가시고 잡다한 일들이 생겨 큰 혼란이 일어날 것이다"라고 주장했다. 그는 전시의 FEPC는 "단지 몇 명의 백인들이 66명의 흑인, 12명의 유대인, 몇 명의 기독교인, 2명의 일본인"과 함께 일할 정도로 인종차별적이었다고 비난했다. 계속된 장황한 논쟁을 하는 동안 빌보는 FEPC의 실제 목적이 "인종이 혼합되고 잡종화되는 것을 지원하기 위해 인종차별을 철폐하는 것이었다"라고 주장했다. 그는 동료 의원들이 "어떻게 백인종의 피와 백인종을 희생시킬 수 있는지에 대해 이해할 수 없다. 이런 비미국적이고 위헌적이며 극악무도한 입법안을 지지하는 사람들은 공산주의적이고 한물간 소수민족 압력단체이다"라고 했다. FEPC에 대한 논쟁은 큰 소동을 일으켰다. 대부분의 남부인들은 빌보를 중심으로 연합했다. 어떤 조지아인은 빌보 의원에게 "만약 FEPC가 활동을 계속하게 된다면 미국인들은 흑인과 공산주의자 그리고 유대인들을 미국의 운명의 지배자로 인정해야 한다"라는 편지를 보냈다. 반면, 조지아 주의 신문들은 "FEPC가 기업, 학교, 교회에 누구를 고용할 것인가를 알려주는 것은 결국 백인들을 해고시키고 흑인들을 고용시키는 것이다. 결과적으로 FEPC가 모든 일자리를 국유화시키고 심지어 사기업체들에게 코카콜라와 같은 제품의 제조 비밀들을 공개하도록 강요하는 것이다"라고 보도했다. 대부분의 기업들이 반대했고 미국중소기업협회 회장은 "이 법안은 이제까지 발의된 법안 중 가장 사악한 것이다"라고 말했다.

그러나 많은 진보주의, 노조원, 교사, 북부의 언론인들도 반격에 나섰다. 특히 이들은 빌보 의원에 대해 섬뜩한 생각을 가졌으며 "그가 히틀러에게 파시즘과 인종차별을 설교했다"라고 주장했다. 일부 비판가들은 빌보에게 히틀러의 『나의 투쟁(Mein Kampf)』 사본을 보냈고 4명의 참전용사들은 그에게 히틀러의 서명이 들어간 나치의 무공십자훈장(Military Cross for Distinguished Service)을 본뜬 재갈을 보냈다.

역사학자 로버트 베일리(Robert Bailey)에 따르면 "FEPC의 상설 기구화 문제는 연방정부와 일상생활의 두 철학을 대표하는 하나의 상징이 되었다"라고 기록했다. 차베즈 상원의원은 연방정부가 불평등을 끝내고 사회적 불의를 바로잡는 입법을 제정할 수 있고 또 그렇게 해야 한다고 느꼈던 진보주의자들을 대표했다. 반면 빌보 상원의원은 짐크로는 실생활에서 벌어지는 일상적인 일이기 때문에 연방정부가 지역 전통에 반하는 법을 제정해서는 안 된다고 생각했던 보수주의자들을 대표했다.[19]

트루먼 대통령은 FECP의 상설화를 지지했지만, 1946년 초 빌보 의원은 차베즈 의원의 법안에 대해 24일간이나 의사 진행 방해(filibuster)를 계속했다. 이것은 남부 주 출신 의원들이 연방의 반린치법안에 대해 무려 30일 동안이나 의사 진행 방해를 했던 1938년 이후 가장 긴 기록이었다. 차베즈 의원은 그의 법안을 철회했다. 한동안 FEPC는 기능을 발휘할 수 없었다. 연방정부는 더 이상 소수민족 납세자, 심지어는 연방계약자들을 위한 일자리를 유지할 수 없는 것처럼 보였다.

그러나 선례가 이미 시작되었고 싸움은 계속되었다. 1945년 미국은

1941년 미국과는 다른 국가였다. 아프리카계 미국인들은 제2차 세계대전을 경험하면서 고양된 자부심과 이중승리(Double Victory: Ronald Takaki의 책 제목으로 하나는 국외전쟁이고 다른 하나는 국내의 인종차별을 가리킴 – 옮긴이)를 할 수 있다는 더 큰 소망을 가지게 되었다. NAACP 월터 화이트(Walter White)는 "제2차 세계대전이 미국인들의 공언(公言)과 민주주의 정신의 실현 간에 나타난 실제적인 불일치에 대해 흑인의 큰 자각을 불러일으켰다"라고 기록했다. 흑인 사회학자 E. 프랭클린 프레지어(E. Franklin Frazier)도 이런 견해에 동의하면서, "흑인은 더 이상 저항하지 않고서는……차별을 받아들일 수 없게 되었다"라고 말했다.

전쟁은 미래의 민권운동의 토대를 쌓았다. 아프리카계 미국인들의 군 경험이 짐크로에 타격을 주었다. '지배자 민족'을 자처한 독일이 전쟁에서 패배했다. 또한 전쟁은 연합군이 독일의 집단수용소를 해방시키고 많은 언론이 해방된 유대인과 다른 죄수들의 사진을 실었을 때 인종우월주의적 관념에 치욕을 안겨주었다. 영화에서 대학살(Holocaust)의 장면을 방영하고 뒤이은 뉘른베르크 전범재판 광경은 대부분의 미국인들에게 깊은 충격을 주었다. 연합국은 평화로운 미래에 이런 범죄와 사건을 방지하기 위해 '보편적 인권(universal human right)'을 선언한 UN을 설립했다. 더욱이 아시아 지역에서 영국과 프랑스는 일본의 침략에 대항하여 그들의 비백인 식민 국가를 보호하지도 못했다. 결과적으로 이후 10년 동안 아시아 국가의 독립운동을 지켜보게 되었고 아프리카의 식민국가에서도 민족주의가 부상했다. 정치적으로 전쟁은 남부 흑인이 대규모로 산업화된 북부, 동부, 서부 도시로 이주하는 계기가 되었다. 이것은 또한 투표권을 소유한 흑인들이 뉴욕, 펜실베이니아, 미시간, 일리노이, 캘리포니아 주와 같은 중요한 주의 선거에 영향을 줄 수 있음을 의미했다. 외교 관계를 보면 1947년 미국은 새로운 적으로 부상한 소련 공산주의의 위협에 맞서 싸웠다. 트루먼은 독트린을 발표하고,

미국은 '자유를 사랑하는 국민'들이 '공산주의 독재의 확산'에 대항해 싸우도록 지원하겠다고 약속했다. 국내의 인종문제는 이제 새로운 국제적인 양상을 나타냈는데, 미국이 전 세계의 동맹, 특히 아시아와 아프리카의 국가들에게 영향을 미치고 자기편으로 끌어들이기 위해 소련과 싸웠다. 소련은 흑인에게는 민주주의나 자유가 없다는 성명을 내면서 비백인 국가들에게 호소했다. 트루먼 행정부는 이런 외교문제를 이해했고, 국무장관 조지 마셜(George Marshall)은 "미국의 도덕적 영향력이 약화되어 우리 헌법이 공포한 민권이 실제로 완벽하게 준수되지 않을 정도이다"라고 언급했다. 마침내 많은 백인 진보주의자들은 "이제는 미국이 모든 시민들을 위해 헌법이 보장하는 평등권을 지지할 때이다"라는 결론을 내렸고 그중 한 사람이 트루먼이었다.

트루먼은 경계 주인 미주리에서 자랐다. "내게 보여주라"라는 별칭(別稱)을 가진 미주리 주(Show Me state)는 일부 「짐크로법」을 갖고 있었지만 흑인에게도 투표권을 주었다. 그리고 트루먼은 미주리 주에서 13만 명의 흑인 유권자들의 투표권 행사가 가진 잠재력을 확실히 알고 있었다. 그는 1940년 상원선거에서 "흑인들에게 권리를 주는 것이 대단한 것이 아니라 단지 우리가 진정한 민주주의 사상에 따라 행동하고 있음을 보여줄 뿐이다"라고 말했다. 그러나 트루먼은 아프리카계 미국인에 대해 약간 상반되는 감정을 드러냈다. 그는 KKK단을 증오했고 공개적으로 이 조직에 대해서도 반대 입장에 섰다. 그러나 개인적으로 그가 싫어했던 사람을 표현할 때는 '검둥이(nigger)'라는 말을 사용했다. 또한 그는 흑인의 사회적 혼합, 특히 인종 간 결혼에 반대했다. 그러나 그는 특정시민 — 제2차 세계대전 때 캘리포니아 주에 거주하는 일본계 미국인들

— 에 대한 법적 또는 정치적 금지조치 때문에 괴로워했다. 그는 전쟁 중 서부 해안의 일본계 미국인들의 유폐(幽閉) 소식에 섬뜩해 하며 이것을 불명예스러운 일이라 생각했고 "많은 우리 미국인들이 나치의 망령을 가지고 있다"라고 기록했다. 더구나 그는 모든 미국인들의 기회 평등을 지지했다. 매우 검소한 환경에서 성장했고 열심히 일해 상원에서 중요한 역할을 수행했던 트루먼에게 기회란 단순히 공평성의 문제에 불과했다.

1945년 대통령이 된 트루먼은 인종 관계에 관한 한 시대를 앞서간 사람이었다. 그는 친구에게 남부에서 흑인 참전 용사에 대한 폭력 사건에 대해 편지를 썼는데, 조지아 주에서 폭도들이 흑인 4명을 끌어내고 뒤에서 총을 난사했던 것에 대해 비난했다. 그리고 "사우스캐롤라이나 주에서 백인 폭도들이 흑인 병사를 버스에서 끌어내 구타하고 한쪽 눈을 실명시켰을 때, 시장과 시 경찰책임자를 비롯한 주 당국이 수수방관하는 시스템은 뭔가 큰 문제가 있다"라는 것을 방증하는 것이라고 주장했다. 대통령이 이삭 우드어드(Issac Woodard) 사건의 자세한 내용에 대해 잘못 알고 있었을 수도 있었지만 그는 남부에서의 문제를 이해했다. 그는 "남부인들은 80년 뒤진 시대에 살고 있다. ……나는 사회평등을 요구하고 있는 것이 아니다. 이것은 존재할 수도 없다는 것을 잘 알고 있지 않은가? 나는 모든 인간의 기회 평등을 요구하는 것이다. 그리고 내가 대통령으로 있는 한 이 싸움을 계속해 나갈 것이다"라고 천명했다.[20]

트루먼은 연방 「반(反)린치법」과 FEPC의 상설화를 지지했다. 그리고 전후(戰後) 폭도들의 폭력으로 감정의 상처를 입은 것을 계기로 민권위원회를 설치했다. 1947년 위원회는 조사 결과물을 『제(諸) 권리의 보장을 위하여(To Secure These Rights)』라는 이름의 책으로 발간했다. 이 책은 널리 읽혀졌고 영향력도 커서 이 시대에 유토피아로 간주되었다. 한 구절을 인용하면 다음과 같다. "우리 땅에서 사람들은 평등하지만 사람에 따라 얼마든지 다를 수 있다. 우리 국민들 사이의 '다름(differences)'에서 미국이라는 위대한 국민의 힘과 국력이 나왔다." 이 보고서는 기본적 자유, 교육, 공공시설, 개인 안전, 고용 기회에서 인종차별을 논의했고 실제 증명했다. 위원회는 "인종 관계를 고려했을 때 사건의 공개 여부를 놓고 고민했다. 전시 상황이라고 하지만 재판이나 공청회 한 번 거치지 않고 일본계 미국인들을 소개(疏開)한 사건도 포함시켰다. ……우리의 법체계의 근원은 범죄 행위란 개인적인 것이지 유전(인종)이나 소속(민족)의 문제가 아니라는 신념에 있다"라고 했다. 위원회의 권고 사항에는 급진적인 사항을 담고 있었는데 "연방 정책과 법률이 인종차별을 종식시키고 평등을 추구해야 한다. 우리는 태어날 때부터 지니고 있는 인종, 피부색, 종교, 사회적 지위와 같이 차별과는 상관없는 요인에 집착하여 개인을 차별하는 것은 용납할 수 없다"라고 지적했다. 책은 다음 세대를 위한 진보적 입법의제를 설정했으며, 실제 1964년 린든 B. 존슨(Lyndon Baines Johnson) 대통령은 「민권법(Civil Rights Act)」에 서명했다.

또한 『제(諸)권리의 보장을 위하여』는 군대의 차별철폐를 요구했다. "어떤 분야에서도 편견은 추하고 비민주적인 현상이지만 모든 사람들이 죽음의 위험을 무릅쓰고 군 복무를 하는 상황에서 편견이란 특별히 더 모순이다." 논거는 '공평성'이었다. "개인이 군 복무를 위해 입대할 때 그는 미국 시민에게 본래부터 부여된 권리와 특권의 일부를 포기하지 않을 수 없다. 그 보답으로 국가는 개인으로서 그의 고결함을 지켜주어야 한다." 그러나 짐크로 군대에서 국가가 이렇게 하기란 불가능하다. 그 이유는 "소수민족 집단이 국가의 방위를 위해 온전한 군 복무를 하는 것을 금지하는……어떤 차별도 이들에겐 열등감이이라는 모욕적인 기장(a humiliating badge of inferiority)을 달아주는 행위이기 때문이다." 따라서 이 책은 "군의 모든 분야에서……인종, 피부색, 신조, 국적에 기초한 모든 차별과 격리를 끝낼 것"을 요구했다.

트루먼 대통령도 동의했다. 또한 그는 이해에 소련에 대항하기 위해 전후 강력한 군대를 육성할 필요성을 실감했다. 따라서 1947년 대통령과 참모들은 대규모 상비군(Universal Military Training) 확보 계획을 세우고 이를 의회에 제출했다. 이 계획 중 놀랄 만한 것은 행정부가 전후 신(新)

Harry S. Truman Presidential Library
▲ NAACP에서 연설하고 있는 트루먼 대통령

군대의 모든 차별을 반대했다는 점이었다. "우리 국민의 미래의 자세를 위해서도 국가의 통합을 위해서도 계층이나 인종의 차이를 강조하는 시민군대보다도 비극적인 것은 없다."

6월 트루먼은 NAACP에서 연설한 첫 번째 대통령이 되었다. 그의 연설은 미국이 전통적인 인종 관계에서 벗어나는 의미심장한 출발이 되었다. 트루먼은 링컨 기념관 앞에 운집한 1만 명의 군중에게 그가 어떻게 민권을 위해 싸울 것인지에 대해 확신을 심어주었다. 그는 "미국은 오랜 역사에 걸쳐 모든 시민에게 자유와 평등을 보장하기 위한 국가적 노력을 기울여왔으며 이제 전환점에 도달했습니다. ……개인은 기회 평등을 보장받아야 합니다"라고 했다. 그런 다음 그는 흑인들이 요구해왔던 다시 말해 국가를 운영하는 연방 당국의 한층 고양된 역할을 제안했다. 그는 "연방정부는 '모든 미국인(all Americans)'의 권리와 평등을 지키며, 친근하고 경계를 늦추지 않는 수호자가 되도록 해야 합니다.

그리고 나는 거듭 '모든 미국인(all Americans)'을 강조하고자 합니다"라고 연설했다. 연설을 마친 대통령은 NAACP의 화이트(White) 의장 쪽으로 몸을 돌려 "내 마음속에 담고 있는 모든 생각을 말했습니다. 그리고 나는 내가 의미하는 것을 증명해 나갈 것입니다"라고 말했다.[21]

트루먼은 실제 이것을 증명하기 시작했다. 몇 달 후 그의 행정부는 모든 주의 인두세 폐지와 연방 「반린치법」의 통과, 투표권, 군대에서의 통합, FEPC의 상설 기구화, 그리고 법무부 산하 민권국과 민권위원회를 포함한 연방정부의 확대를 제안했다. 1948년 2월 대통령은 그의 민권법안을 의회에 보냈지만 갤럽 조사에 따르면 여론은 강한 저항을 보였다. 대부분의 사람들은 트루먼의 제안을 잘 알지 못했으며, 대통령의 제안에 대해 56%가 반대했고 단지 6%만이 찬성했다. 약 3분의 2는 군대에서 지속적인 격리를 지지했다. 선거 초반에 트루먼의 대통령 지지율은 36%에 불과했다.

1948년 대통령 선거가 시작되었다. 많은 이슈가 있었지만 소수민족의 미래 지위도 가장 중요한 이슈 중 하나였다. 공화당의 실질적인 대통령 후보인 뉴욕 주지사 토머스 E. 듀이(Thomas E. Dewey)는 주 FEPC를 설치하고 고용차별을 금지하는 법에 서명하는 등 민권법안에 대해 호의적이었다. 그는 북부 흑인 유권자들의 표심을 '링컨당(공화당)'으로 끌어오는 것에 관심을 두었다. 그는 인기가 높은 캘리포니아 주지사 얼 워렌(Earl Warren)을 부통령에 지명하여 막강한 진용을 구축했다. 민주당은 극도의 분열 양상을 보였다. 민주당 출신의 전 부통령이었던 헨리 A. 월리스(Henry A. Wallace)도 대통령 출마를 선언했다. 진보적인 월리스는 현직 대통령과의 경선에서 민주당 대통령 후보 지명을 받지 못할 것임을 알고 있었기 때문에 진보당으로 출마를 선언했다. 이런 정치적 환경은 트루먼의 민주당이 민권 옹호 발언을 하는 등 아프리카계 미국인을 껴안도록 하는 강한 동기를 부여했고, 당연히 대통령의 이런 정치적 행보는 남부 민주당원들을 화나게 만들었다. 이들은 트루먼에게 재건 시대 이래 민주당 출신 어떤 대통령도 '솔리드 사우스(Solid South)'의 지지를 받지 못하면 대통령에 선출되지 못한다는 점을 상기시켰다. 트루먼의 민권에 관한 연설 후 버지니아 주의 어느 정치가는 대통령에게 전보를 보내 "나는 당신이 남부 민주당을 폐허로 만들었다고 믿는다"라고 했다. 플로리다 주의 어떤 정치인은 "당신의 계획이 성공한다면 1948년 대통령으로 선출되지 못할 것이다"라고 했다.

또한 남부의 정치인들은 특히 많은 군사기지가 남부에 위치해 있다는 점을 고려하여 군의 미래에 대해서도 걱정했다. 의회는 대규모 상비군확보계획(Universal Military Training)을 통과시키지 못했다. 결국 트루먼은 선발징병제를 부활하지 않을 수 없었다. 이해 봄 의회는 청문회를 개최했으며 상원군사위원회는 아사 필립 랜돌프(Asa Philip Randolph)를 소환했다. 그는 "이번에 흑인들은 짐크로 징집에 응하지 않을 것입니다. 나는 개인적으로 백인과 흑인 젊은이들에게 짐크로 징집을 피하도록 상담, 교사(敎唆), 선동할 것을 서약합니다. ……나는 모든 참전 용사들에게 시민불복종운동(civil disobedience movement)에 참가하도록 요청할 것입니다"라고 밝혔다. 랜돌프는 "인종차별적인 징병법이 통과되면 대규모의 시민불복종운동이 일어나게 될 것이다"라고 위협했다. 이것은 논란을 불러일으켰다. ≪피츠버그 커리어(Pittsburgh Courier)≫는 랜돌프의 견해가 극단적이었다고 표현하고 "흑인들이 이제까지 징병을 거부한 적이 없었다"라고 보도했다. 그러나 할렘(뉴욕 시 맨하탄 섬 북동부의 흑인 거주 지구)에서 실시한 여론조사 결과를 보면, 흑인 중 70% 이상이 짐크로 군 입대의 거부를 지지했다. ≪뉴스위크(Newsweek)≫는 "랜돌프에 대한 강한 동정과 지지"를 보도했고, ≪시카고 디펜더≫도 "남부 연방군이 아니라 미국의 군대"를 요구했다.

아이젠하워 장군도 군의 입장을 공개했다. 그는 "이 나라에는 인종 편견이 있다. 당신이 어떤 사람에게 누군가를 좋아하도록 하는 법을 통과시킬 때 문제가 된다"라고 지적했다. 조지아 주 출신의 리차드 러셀(Richard Russell) 상원의원은 병사들이 소속될 인종을 선택하는 징병제 수정안을 제안했다. 그리고 사우스캐롤라이나 주 출신의 한 상원의원은 "백인 군인들이 이 나라의 전쟁에서 승리했다"라고 주장했다.[22]

6월 의회는 선발징병제 법안을 통과시켰다. 아이젠하워는 막강한 영향력을 발휘했다. 그의 증언이 결실을 거뒀다. 선발징병제가 군대를 통합한다는 언급은 하지 않았다. 소련에 대항하기 위해서는 군대 규모를 확대해야 한다는 압력에 놓인 트루먼은 이 법안에 서명했다.

그러나 보수주의자들은 피루스의 승리(Pyrrhic victory: 막대한 희생을 치른 보람 없는 승리 - 옮긴이)를 거두었다. 1948년 대통령 선거에서 아프리카계 미국인을 자신들의 편으로 만들려고 했던 공화당은 군대에서의 격리를 반대하는 정강정책을 채택했다. 월리스의 진보당(Progressive Party)은 "군대에서 격리와 모든 형태의 차별을 종식시키는 대통령의 선언"을 요구했다. 진보 성향의 민주당원들은 전당대회에서 이 요구에 부응했다. 연방 상원에 입후보한 미니애폴리스 시장 허버트 H. 험프리(Hubert H. Humphrey)는 "민주당이 주권(州權)의 그림자에서 벗어나 인권(人權)의 밝은 햇볕으로 걸어갈 시기가 왔다"라고 선포했다. 그는 "국가 방위를 위해 복무하는 모든 병사들에게 평등한 처우를 요청"하는 정강정책을 제안했고 민주당은 그의 제안을 채택했다. 적어도 상징적으로는 이제 전국 정당으로 부상한 민주당이 민권을 지지했지만, 남부 민주당원들에게는 감내하기 벅찬 일이었다. 앨라배마 주의 어떤 대표는 민주당과 결별을 선언했다. 많은 남부인들이 전당대회장 밖으로 퇴장했으며 주 권리당(States Rights' Democratic Party) 또는 민주당 탈당파(Dixiecrats: 트루먼의 정강정책에 반대한 남부의 민주당 이반파)를 만들었다. 이들은 대통령 후보로 사우스캐롤라이나 주지사 J. 스트롬 서몬드(J.

Strom Thurmond)를 지명했는데, 그는 '인종 격리'를 지지하고 트루먼 행정부의 '전체주의 정부'에 대항하기 위해 출마했다.

트루먼은 민주당 대통령 후보로 지명되었지만 중대한 정치적 문제에 직면했다. 민주당 탈당파들이 자신의 표밭을 누비고 있고 월리스는 통합을 요구하고 있었으며, 랜돌프는 흑인 징집 거부를 지지하고 있었다. 그리고 공화당은 뉴욕 주와 캘리포니아 주에서 높은 지지를 받고 있는 주지사 듀이와 워렌을 정·부대통령 후보로 지명했다.

트루먼은 민주당 전당대회 후 두 가지의 중요한 행정명령을 공포했다. 첫째, 7월 26일 대통령은 연방정부에서 고용차별의 종식을 명령했는데, 이것은 1941년 루스벨트의 행정명령을 재확인한 것이었다. 일부 부서는 흑백 통합을 이루었지만, 트루먼의 명령은 모든 연방부서가 인종 격리를 끝내야 하고 전국적으로 소수민족 납세자들에게 일자리를 개방해야 한다는 것을 의미했다. 대통령의 명령은 서서히 진행되었다. 둘째, 군 최고사령관으로서 대통령은 군대에서 인종, 피부색, 종교, 국적에 상관없이 "처우와 기회의 평등을 시행"할 것을 지시했다. 트루먼은 정부와 군대의 명령 이행 여부를 조사하기 위한 2개의 위원회를 설치했다. 그는 진보적이고 뉴딜의 신봉자인 조지아 주 출신의 찰스 파이(Charles Fahy)를 군조사위원회 위원장으로 선임했고 위원회에 2명의 흑인 위원을 임명했다. 2명의 흑인은 전국도시연맹의 레스터 그랜저(Lester Granger)와 ≪시카고 디펜더≫ 발행인 존 샌스태크(John Sengstacke)였다.

랜돌프는 트루먼 대통령이 기차역 선거 유세(whistle-stop campaign: 기차역마다 멈춰 선거 유세를 하는 방식)를 시작했을 때, 징집 거부 계획을 취소하고 트루먼의 '정치가로서 고귀한 성품과 용기'를 칭송하는 축하 전보를 발송했다. 트루먼은 기차가 소규모 타운에 도착하면 대통령을 직접 한 번 본 적도 없고 라디오 연설만을 들었던 평범한 보통 사람들을 상대로 연설을 시작했다. 트루먼은 승강단 뒤에 서서 즉석으로 쉽고

편안하게 연설했다. 또한 당면한 국내문제와 외교문제에 관해 말하기 전에 그의 아내(Bess)를 '대장(Boss)', 딸(Margaret)을 '보스의 보스(Boss's boss)'로 소개했다. 그는 꾸미지 않고 솔직하게 말하는 해리(Harry)로 통했는데, 대공황과 전쟁 기간에 민주당이 이룩한 업적을 술술 풀어 말하고 소련의 도전에 대해 언급하고 미국에 적합한 정치형태는 민주당의 방식이며 공화당과 '그들만의 특권층'을 위한 것이 아니라고 말했다. 트루먼은 "공화당이 지배한 의회[제80회기(1947~1949년)의 경우 상원은 민주 45석, 공화 51석, 하원은 민주 188석, 공화 245석으로 공화당이 상하원을 장악−옮긴이]가 의회 회기 80회째를 채우기도 전에 특권을 탐내는 폭식가로 돌변했다"라고 하면서, 이들을 쓸모도 없고 무위도식하는 의원들이라고 비난했다. 중서부 지역에서 옥수수 가격이 하락했을 때, 해리는 "공화당이 장악한 의회가 갈퀴로 농부의 등을 찔렀다"라고 비난했다. 인플레이션이 임금을 깎아내렸을 때, 그는 "거대 기업이 된 공화당이 소비자를 벽에 걸어놓고 탐욕의 긴 못으로 못질을 했다"라고 주장했다. 그가 공화당을 신랄하게 공격하고 청중들을 흥겹게 하면 곧 지지자들은 "대통령, 해리! 해리!"라고 환호했다. 그는 유쾌하게 말을 했고 공화당처럼 뉴딜정책을 파괴하는 것이 아니라 지속적으로 추진할 것이라고 약속했다. 시간이 지날수록 군중들은 불어났으며, LA에서는 약 8만 명의 군중들이 환호했고 흑인 지지자들은 "민권 프로그램에 감사합니다"라는 피켓을 들고 환대했다.

기차역 유세는 뉴딜정책을 신봉하는 민주당에 활력을 불어넣어 주었다. 반면, 공화당의 듀이 후보는 자신만만한 유세를 했지만 국가의 장래에 대한 구체적인 비전을 제시하지 않았다. 모든 여론조사 기관에서는 듀이의 승리를 예상했지만, 선거 당일에 트루먼은 루스벨트를 지지했던 노동자, 농민, 소수민족의 구(舊)민주당 연합을 재건할 수 있었다. 밤 12시에 트루먼이 100만 표 가량을 앞서나갔다. 새벽 4시경에는 200만

표를 앞섰다. 아침 10시가 되자 듀이가 패배를 인정했다. 아프리카계 미국인들은 남부 이외 지역에서 기록적으로 많은 투표를 했다. 이들은 캘리포니아, 일리노이, 오하이오 주에서 트루먼에게 간발의 승리를 안겨주었는데, 이것이 전체 선거에서 승리할 수 있게 했다. 워싱턴 D.C.에서 마가렛 트루먼 영부인도 "마치 전국에서 '해리'에게 열광하듯 연주하는 밴드를 기억했다." 축하편지가 쏟아졌지만 대통령을 가장 기분 좋게 했던 것은 아이젠하워 장군에게서 온 편지였다. 그는 편지에서 "어떤 점에서는 미국정치사에서 각하보다 더 위대한 업적을 쌓은 대통령은 없었습니다. 그 업적은 한 남자의 진솔한 용기와 투지에서 비롯되었습니다"라고 적었다.

대통령 선거에서 승리하고 2개월이 지난 1949년 1월 트루먼은 백악관에서 파이(Fahy)와 육군 장관, 해군 장관, 공군 장관, 국방 장관을 만났다. 군 최고사령관은 이들에게 퉁명스럽게 "나는 군대에서 흑백 통합에 대한 구체적인 결과를 원했다"라고 말했다. 또한 그는 "내가 누군가의 귀싸대기를 때리는 일이 없길 바라지만, 군의 통합을 위해 필요하다면 이런 일도 마다하지 않겠다"라고 말하면서 "통합 계획을 실행에 옮기라"라고 명령했다. 1949년의 전반기 동안 파이위원회는 청문회를 개최하고 조사를 수행했는데 새로 임명된 국방장관 루이스 존슨(Louis Johnson)에게서 많은 도움을 받았다. 위원회는 혼란스러운 많은 사실들을 발견했다. 해군이 통합을 시도했지만, 흑인 수병 중 약 3분의 2는 여전히 취사병으로 남아있었다. 장군들은 장교양성학교에 더 많은 흑인을 수용하고 다른 병과를 개방하고 이들의 기본 훈련을 통합할 것이라고 약속했다. 해병은 기본 훈련에 대해서는 통합했지만 여전히 해야 할 일이 많았다. 해병대의 8,000명이 넘는 장교들 중 단 1명만이 흑인이었다. 해병 사병 중 2%만이 흑인이었는데 모두 노무 부대 또는 용역 부대에 배치되었다. 육군에서 격리하여 신설된 공군이 가장 신속하게 대응하여 모든 부대와 조종사를 통합했다.

당연히 남부의 전통을 가장 많이 가진 육군은 거세게 저항했다. 백인에게는 약 500개의 전문직이 개방되었고 흑인은 180개 정도의 직종에서 일할 수 있었는데, 이것도 대부분은 비숙련 분야의 일이었다. 서비스학교 과정의 20% 미만이 아프리카계 미국인에게 개방되었다. 육군은 할당제(quota system)를 유지했다. 흑인은 전체 육군에서 10%만을 차지할 수 있었다. 육군장관 케네스 로얄(Kenneth Royall)은 반복해서 "군복무는 사회 진화를 위한 도구가 아니다"라고 말했다. 그는 "흑인들이 전투 자질은 없지만 육체노동에는 자질이 있다"라고 말했다. 장군들은 국방장관 존슨에게 편지를 보내 "우리는 위험할 정도로 육군의 전투 효율성을 약화시키고 있다"라고 불만을 나타냈다. 이들 장교들은 제2차 세계대전에서 흑인 부대가 보여준 전투 성과에 대해 잘 알고 있었지만, 백인 전투부대에 흑인 부대를 편입시키는 계획이 너무 앞서간다고 느꼈다. 따라서 대통령의 직접적인 명령이 내려진 1년 후 랜돌프는 ≪뉴욕타임즈≫에 "육군은 인종차별적인 할당제나 인종 격리를 폐지할 의지가 없으며……더 비통한 현실은 육군에서 짐크로가 여전히 횡행하고 더욱 힘을 얻고 있다는 것이다"라는 내용의 편지를 보냈다.

그러나 이번에는 대통령과 국방장관이 군과의 일전을 준비했다. 4월 존슨 장관은 "군대의 신정책은 처우와 기회의 평등정책이며 전 부대원의 입대와 임관, 승진, 임무, 군서비스학교의 입학 허가는 '개인의 특기와 능력'에 기초하여 시행될 것이다"라고 밝혔다. 그는 "신정책은 자격이 되면 흑인 부대원들도 인종에 관계없이……어떤 유형의 직위에도 배치되어야 한다"라고 요구했다. 장군들은 불만을 표출하고 고의적으로 시행을 늦추었다. 여름에 육군장관 로얄이 사임하고 고든 그레이(Gordon Gray) 장군이 부임했다. 대통령도 공개적으로 개입하여 그의 목표는 '흑백 통합'임을 재차 강조했다. 이해 가을 육군은 서서히 명령을 수행하기 시작했는데, 결국 1950년 봄에 이르러서야 장군들이 할당제를 폐지하기로 했다.[23] 육군이 통합에 찬성했지만, 실제 인종 격리는 여전히 남아있었다. 제2차 세계대전에서처럼 시스템을 바꾸는 것은 인력의 부족을 야기시켰는데, 북한 공산주의가 미국의 동맹국 남한을 침략했던 1950년 6월 이후 발생했다. 트루먼은 전쟁에 필요한 군대를 소집했는데 이번에는 병사를 징집하여 통합 학교에 배치했다. 일부는 자원입대했다. 전쟁이 발발하고 정확히 한 달 후의 통계를 보면, 할당제를 시행하지 않는 육군에 입대한 병사의 4분의 1은 흑인이었다. 1951년 말 한국 주둔의 모든 미국 부대가 통합되었다. 잔여 복무 기간도 연장되었다. 1952년 공군이 해병과 마찬가지로 흑인 부대를 폐지했다. 군단(軍團)은 한국전쟁 발발 바로 직전 약 7만 5,000명의 부대원으로 조직되었는데, 흑인은 1,000명에 불과했고 이들 중 반은 취사병이었다. 그러나 1953년 휴전 시 약 1만 5,000명이 해병이었고 전체의 6%는 전투병으로 통합되었다. 육군에서 흑인 부대의 숫자는 1950년 6월에 385개에서 1953년 8월에는 88개로 감소했다. 1954년 10월 마지막 1개 부대가 통합되었다. 같은 해에 국방부는 남부에 주둔하고 있는 육군과 해군 기지의 민간 시설을 통합했다.

1951년 5월 한국전에서 가장 뛰어난 장군 중 한 사람으로 평판이 좋았던 존 H. 미카엘리스(John H. Michaelis) 준장이 흑백 통합의 결과를 발표했다. 그는 "백인 병사가 전투에서 흑인 하사관 아래 복무하는데 아무런 문제가 없었다"라고 증언했다. 예하 부대의 실례를 들면서, 그는 "흑인들은 가장 낮은 전술부대의 분대에 통합되었는데 만족스럽게 능력을 발휘했다. 어떤 병사는 승급했고 또 다른 병사는 훈장을 받았다. 나는 참호 내에서는 어떤 인종차별도 없다는 것을 강조하기 위해 이런 예를 들었다"라고 밝혔다. 어떤 해병 소대장도 미카엘리스 준장의 발언에 동의하면서 "전투에서 병사의 피부색이 백색이든 홍색이든 흑색이든 녹색이든 아니면 청록색이든 간에 아무런 차이도 없었다"라고 설명했다. 그리고 남부 출신의 백인 보병도 "만약 어떤 병사가 총을 쏠 수 있고 그의 역할을 수행한다면, 그는 나의 친구이다. 피부가 어떤 색인지에 대해서는 개의치 않는다"라고 덧붙였다.

결국 보수주의자와 남부인들은 군대를 통합하는 것에 대해 잘못된 편견을 가지고 있었다는 것이 증명되었다. 이들은 "아프리카계 미국인들이 전투에서 싸울 인종적 기질이나 성격을 가지고 있지 않다"라고 말했다. 그러나 한국전쟁에서 7명의 장교 중 6명은 "백인과 흑인 부대원들이 똑같이 싸웠다"라고 생각했다. 이들은 통합 군대에서 인종 간의 대결을 예상했다. 그러나 통합 군대에서 약간의 악감정은 있었지만, 극단적인 갈등이나 폭동은 없었다. 이들은 흑백 통합은 군전투력을 저하시킬 것이라고 생각했지만, 한국전쟁의 종전(終戰)을 앞두고 장군들은 통합이 실제로 전투력을 향상시켰다고 진술했다. 이들은 백인부대가 흑인 병사와 함께 근무하지 않으려고 할 것이라고 예상했지만, 통합은 군 표준운영절차(standard operating procedure)로 수용되었다. ≪뉴욕타임즈≫는 "인종 통합은 20세기 가장 큰 사건 중 하나이다. ……더 이상의 설명이 필요없다"라고 보도했다.[24]

차별철폐정책의 기원은 루스벨트와 트루먼 행정부에서 시작되었다. 1933년 최초로 해롤드 이키스(Harold Ickes)가 연방공공사업국(PWA)에서 발주하는 공사에서 차별을 금지하는 명령을 공포했다. 그리고 이듬해 그의 참모들은 흑인 숙련노동자들을 고정비율로 고용하는 것을 목표로 하는 비례고용 시스템을 고안했다. 대부분의 계약자들은 명령과 시스템을 무시했고 효과는 없었지만, 최소임금제와 사회보장과 같은 다른 뉴딜

정책은 인종이나 성별에 관계없이 혜택을 부여했다. 사업진척국(WPA)은 남성과 동일한 일을 한 여성에게 동일한 임금을 지급했다. 더 중요한 것은 루스벨트가 잠정적인 FEPC(고용평등실천위원회)를 설치하여 연방재원의 지원을 받는 공공 기관과 사기업계약자들이 인종에 관계없이 모든 납세자들을 고용해야 한다는 계획을 진척시켰다는 점이다.

1941년 연방정부는 새로운 이슈, 즉 고용 관행에 개입했다. 이제까지 연방정부는 미성년 노동과 같은 극히 드문 예외를 제외하고 고용을 고용주에게 맡겨놓고 기업이 특정의 인종을 고용하도록 지시하지 않았었다. 루스벨트 행정부는 이 전통을 바꾸기 시작했다. 인종차별주의와의 전쟁 중 많은 진보주의자들은 연방정부가 전국적으로 차별 없는 고용을 장려해야 한다고 믿었다. 루스벨트의 행정명령은 1964년 기념비적인 「민권법」에 차별반대조항(제7편)을 만드는 토대를 쌓았을 뿐 아니라 진보적인 주들에게도 영향을 주었다. 1945년 20개 이상의 주는 주정부가 고용할 때 차별을 금지하는 법률을 제정했는데 인종과 종교를 언급한 법률이 반이 되었다. 그리고 주가 사기업과 체결하는 계약서에 차별반대조항을 두는 것이 더 보편화되었다. 같은 해 뉴욕 주는 최초로 주 FEPC를 설치하는 기회평등법을 제정하여 사기업의 고용과 승진을 규제했다. 1964년에는 전체 주 중 반이 공공 기관과 사기업의 고용에 대한 관할권을 가진 위원회를 설치했다.

또한 해리 트루먼은 군대를 통합하는 행정명령을 공포하여 인종차별 전통을 바꿨다. 1950년대 초 연방 관리와 장군들은 모든 납세자들이 정부이든 군대이든 간에 이들이 납부한 세금으로 운영되는 기관에서 근무할 권리를 갖고 이들의 직장에서 기회 평등을 가지며 다른 시민들과 함께 근무한다는 계획을 수용했다.

다른 사람들과 함께 근무한다는 것은 또 다른 의문을 낳았다. 정부의 권한이 사회적 관계를 바꾸는 데도 사용될 수 있는가? 1896년 연방대법원은 플레시 사건에서 "인간이 만든 법은 무기력하여 사회적 본능을 뿌리 뽑거나 신체적 차이에 근거한 차이를 없애지 못한다"라는 판결을 상기해 보라. 그러나 제2차 세계대전에서의 전투 경험과 한국전쟁에서의 통합 참호(integrated foxhole)는 이런 전통적인 사고에 도전했다. 아마도 정부가 제정한 법과 정책이 여론과 사회적 행위를 바꿀 수 있었다. 이런 생각은 1960년대에 다시 등장했다.

또한 루스벨트 행정부와 트루먼 행정부는 연방정부가 시민들을 위한 기회의 문 중 일부를 개방할 수 있다는 것을 보여주었다. 이 기회의 문을 통해 정부에서 직장 생활을 시작했거나 군대에서 경력을 쌓았던 많은 젊은 아프리카계 미국인들과 한국전에서 흑인 최초 해병 조종사로 활약했고 나중에 군단 최초의 흑인 장성이 된 프랭크 피터슨(Frank Peterson)과 4성 장군 출신으로 흑인 최초의 국무장관이 된 콜린 L. 파월(Colin L. Powell)과 같은 수많은 사람들이 들어왔다. 파월은 트루먼의 행정명령이 공포되고 10년 후 입대했는데, 그는 "이것은 역사적인 전환점이 되었다"라고 기록했다. 그는 "1950년대를 시점으로 군 내에서는 어떤 남부의 시청이나 북부의 기업보다도 더 적은 인종차별과 더 실제적인 능력중심체계와 더 평등한 경기장이 존재했다"라고 회고했다. 또한 파월은 "트루먼 대통령의 인종 통합에 대한 실제적 행동과 이에 따른 군의 궁극적인 변화가 미국이 가진 결점에도 불구하고, 나의 조국을 사랑하고 충심으로 조국을 위해 섬기는 일을 더 쉽게 만들었다"라고 말했다.[25]

국가적 비상사태인 대공황과 두 번의 전쟁을 겪으며 미국에서는 공평성(fairness)에 대한 개념이 바뀌기 시작했다. 많은 시민들은 당시 시대를 지배하고 있던 '짐크로'가 미국 헌법에서 구현하고자 하는 이상과 갈등을 빚는다는 것을 깨닫기 시작했다. 많은 사람들이 모든 납세자들의 세금으로 지원되는 일자리를 얻을 기회를 갖는 것이 공평하다고 생각하

기 시작했다. 이 개념은 실제 차별철폐정책으로 알려지게 된 정책의
토대가 되었다.

민권 투쟁과 차별철폐정책의 부상

• ○ •

1958년 콜린 파월(Colin Powell) 소위는 조지아 주 포트 베닝의 유격학
교에서 훈련을 마치고 떠나면서 옛 남부 시절의 생각에 잠겼다.

나는 조지아 주 콜럼버스의 울워쓰백화점(Woolworth)에 들어갈 수 있었다.
백화점에서 음식을 먹지 않으면 원하는 물건은 무엇이든 구입할 수 있었다. 화장
실을 사용하지 않으면 백화점에 들어가서 물건을 살 수도 있었다. 백인 여성을
쳐다보지 않는 한 거리를 따라 걸을 수도 있었다.

파월은 조지아 주 북쪽 능선에서 훈련을 받는 동안 일요일에는 교회에
가고 싶어했다. 매우 단순한 요구였지만 이렇게 하기 위해서는 부대에서
몇 마일 떨어져 있는 아프리카계 미국인 교회에 차를 타고 가야 했다.
부대에서는 백인 상병에게 흑인 소위를 가장 가까운 침례교회까지 차를
태워주게 했다. 어느 일요일 상병은 파월에게 그 자신도 교회에 가고
싶다고 했다. 파월은 상병의 요청을 목사에게 얘기했다. 나이는 많았지
만 친절한 목사는 이렇게 했을 경우 지역에 거주하는 백인들의 반응이

두렵다고 했다. 파월은 "내가 무시하고 싶었던 현실, 다시 말해 교회에서 두 사람이 함께 앉거나 식당에서 음식을 함께 나누거나 같은 목욕탕을 사용하는 것이 잘못되었다는 이 말도 안 되는 미친 규범이 나의 삶 속에 밀고 들어왔다"라고 기록했다.

파월은 "인종차별주의는 비단 흑인만의 문제가 아닌 미국 전체의 문제였다"라고 지적했다. 1950년대 남부 주들은 계속해서 속임수와 여러 검사를 통해 흑인 투표권을 제한했다. 1958년 앨라배마 주 흑인 중 9%, 미시시피 주에서는 4%만이 유권자 등록을 했다. 대부분의 거주 지역은 법으로 격리되었다. 교육 분야를 보면, 남부의 흑인 학교는 대개 판잣집이었고 교사의 봉급도 같은 남부 백인 교사의 3분의 1 수준이었다. 1950년 사우스캐롤라이나 주 클라렌든(Clarendon) 카운티의 경우, 백인 학생과 흑인 학생에게 각각 179달러와 43달러를 지출했다. 이로부터 14년 후 미시시피 주 홀리 블러프(Holy Bluff) 카운티의 경우, 백인과 흑인 학생에게 각각 190달러 이상과 1.26달러를 지출한 것으로 나타났다. '격리하지만 평등한(separate but equal)' 공립대학은 없었다. 텍사스 주는 연방무상토지불하기금(federal land grant funds: 1862년 「모릴(Morrill) 법」의 제정으로 각 주가 1개 이상의 주립대학을 갖게 됨으로써 국가는 농업, 공업, 군사 분야에서 필요한 고급 인력을 확보할 수 있게 됨 - 옮긴이) 중 약 4분의 3을 백인들이 다니는 텍사스 A&M대학에 지원했고 잔액은 흑인 자매학교인 프레리 뷰(Praire View) A&M대학에 지원했다. 남부의 인종 차별주의는 끔찍했다. 1955년 8월 시카고에서 온 14세의 흑인 소년 에메트 틸(Emmett Till)이 미시시피를 방문했다. 남부의 관습을 몰랐던 그는 아마도 백인 여성을 보고 휘파람을 불었던 것 같았다. 곧바로 이 여성의 남편과 다른 남성들이 그를 붙잡아 고환을 잘라버리고 총으로 머리를 쏘고 난도질해 시체를 강에 던져버렸다. 나중에 살인자들이 혐의를 자백했지만 백인 배심원들은 이들을 무죄 석방했다. 이러한 상황

속에서도 북부의 아프리카계 미국인들의 형편은 조금 나았다. 이들은 공립대학에 다닐 수 있었고 일부 기업과 노조는 통합되었고 더 많은 흑인들이 자신의 사업을 할 수 있었고 투표권도 가졌다. 그러나 여전히 제한이 따랐다. 시(市)의회 의원들이 사실상 거주지역조례를 제정했기 때문에 소수민족들은 환경이 최악인 지역에 격리되어 거주했다. 이렇게 거주민들이 거주 지역을 차별하는 관습을 따랐기 때문에 학생들도 대개 격리된 학교에 다녔다. 교외에는 백인 학교가 들어섰던 반면, 빈민 지역에는 흑인 학교가 들어섰다. 결과는 펜실베이니아 주 레빗타운(Levittown)의 거주민 실태와 거의 같았다. 1956년 약 6만 명이 이곳에 살았는데 흑인은 단 1명도 없었다.

이것은 1950년대 여론조사에서 나타난 것처럼 대부분의 백인에게는 공평한 것으로 받아들여졌다. 남부 백인의 4분의 3과 북부 백인의 2분의 1은 흑인을 이웃으로 두는 것을 반대했고, 남부 백인의 97%와 북부 백인의 90%가 인종 간의 교제를 반대했다. 여론조사 기관 갤럽에 따르면 "만약 미국이 고용주에게 피부색이나 인종에 관계없이 고용하도록 요구하는 법률을 제정하는 것에 대해 어떻게 생각합니까?"라고 질문했을 때, "응답자 중 3분의 1 미만이 지지했고 약 2분의 1정도는 각 주에 맡겨야 한다"라는 반응을 보였다.

아이젠하워 대통령도 비슷한 견해를 가졌다. 대통령 취임 후 그는 FEPC(고용평등실천위원회)를 "연방 차원의 강제적 성격의 기구"라고 규정짓고, 각 주에 적용되는 「주차별반대법」의 통과를 지지했다. 아이젠하워는 군대와 연방정부에서 통합작업을 계속해 나갔고, 리차드 닉슨(Richard Nixon) 부통령을 위원장으로 하는 연방정부 계약위원회(Government Contract Committee)를 설치했다. 위원회는 연방정부에 고용된 직원들의 인종 구성과 계약자가 세금 지원을 받으면서 운영하는 회사의 인종 구성에 대한 조사를 실시했지만, 별다른 성과는 없었고 해당 계약자에게 통합을 이행할 책임을 떠맡겼다. 이 위원회는 7년 동안 단 2명의 계약자들에게 차별 중지를 촉구했을 뿐이었다. 행정부는 워싱턴 D.C.에서 영업하는 식당, 호텔, 공원, 수영장에서 통합을 촉구했지만, 워싱턴을 제외한 전국의 나머지 공공시설에 대해서는 언급하지 않았다. 대통령은 각 주들이 인종문제를 포함해 지역문제를 통제할 권한을 가져야 한다고 믿었다. 인종문제는 지역문제였다.

대통령은 인종 관계보좌관으로 흑인 E. 프레드릭 모로우(E. Frederic Morrow)를 임명했다. 모로우는 행정부의 입장을 변호하려고 노력했지만 힘든 시간들을 보냈다. 3년 동안 그는 아이젠하워가 아프리카계 미국인 지도자들을 만나도록 주선할 수 없었다. 아이젠하워 대통령은 인종문제를 닉슨 부통령에게 위임했다. 아이젠하워와 수년 동안 함께 일해 왔던 모로우는 "민권(民權)에 대한 대통령의 견해는 남부적이었다. ……이 분야에서 대통령과 나눈 많은 대화를 통해 볼 때, 그는 지적으로나 정서적으로 인종 격리와 싸울 마음이 없다"라는 결론을 내렸다.[1]

그러나 연방대법원은 인종 격리와 싸울 준비가 되었다. 지난 60년 동안 대법원은 차별에 관련된 소송을 재판할 의향이 없었다. 그러나 대법원은 루스벨트와 트루먼이 진보적 성향의 대법관들을 임명한 뒤, 그리고 흑인 병사들이 참전해 공을 세웠던 제2차 세계대전 이후에 변하기 시작했다. 이제 소수민족의 교육을 제한하는 것은 국가의 안보문제와 명백하게 직결되었다. 미국은 읽고 쓸 수 있는 젊은 전투병을 필요로 했다. 제2차 세계대전 중 15만 명의 흑인 신병에게 글을 읽고 쓸 수 있는 훈련을 시킨 결과, 소수민족도 명령을 받고 따를 수 있다는 것이 증명되었다. 계속되는 냉전(冷戰) 시기 동안 교육에서 소수민족을 배제하는 것은 더 이상 지지를 받을 수 없었고, 연방대법원도 이런 여론에 부응해 짐크로(Jim Crow)의 힘을 약화시키기 시작했던 소송을 더 많이 수용했다. 한국전쟁이 발발(勃發)했을 즈음 대법원은 아프리카계 미국인들의 전문학교 및 대학원 입학을 거부했던 모든 주들에게 불리한 판결을 내렸다. 또한 대법원은 주 경계선을 넘나드는 공공버스에서 격리를 요구하는 버지니아 주 법령에 대해 무효 판결을 내렸다.

가장 중요한 사건은 한국전쟁이 종전되고 1년 후 발생했는데, 바로 1954년의 기념비적인 브라운 대 교육위원회(Brown v. Board of Education) 소송에서의 판결이었다. NAACP(전미유색인지위향상협회)가 흑인 학생 린다 브라운(Linda Brown)을 대신해 제소했다. 브라운은 자신의 집 근처에 소재한 백인 학교를 다니지 못하고 캔자스 주 토페카(Topeka)에 소재한 흑인 학교에 다니기 위해 버스를 이용해야만 했다. 연방대법원장 얼 워렌(Earl Warren)은 자신의 의견을 읽어내려 갔다. "물리적 시설과 기타 유형적인 요소들이 평등하다고 할지라도 인종이 다르다는 이유만으로 소수민족의 아동을 격리하는 것은 그들에게서 평등한 교육적 기회를 박탈하는 것인가, 우리 대법관 모두는 만장일치로 그렇다고 믿습니다." 연방대법원은 "교육 시설을 격리하는 것은 본질적으로 불평등하고 수정헌법 제14조를 위반한 것이다"라고 판결했다. 이듬해 연방대법원은 격리 지역은 "최대한 신중한 속도로" 통합하라고 명령했다.

연방대법원의 결정에 대한 남부의 반응은 분노로 격앙되었다. 버지니아 주 출신 해리 비어드(Harry Byrd) 상원의원은 연방대법원의 결정을 "주권(州權)에 대한 가장 심각한 도전"이라고 주장했고, 조지아 주지사는 연방대법원이 헌법을 휴지 조각으로 만들었다고 비난했다. 미시시피 주 출신 제임스 이스트랜드(James Eastland) 상원의원은 남부의 학교를 통합하려는 연방의 노력이 "엄청난 싸움과 혼란"을 가져올 것이라고 예측했다.

싸움은 이듬해 앨라배마 주 몽고메리에서 일어났다. 1955년 12월 1일 아프리카계 미국인 재봉사이면서 NAACP 회원인 로사 파크스(Rosa Parks)가 시내버스를 타고 백인이 앞 좌석을 모두 채울 때까지는 흑인도

앉을 수 있는 '중앙 줄의 좌석'에 앉았다. 다음 정거장에서 그녀는 백인 남성들에게 자리를 양보하라는 운전사의 말을 들었다. 그녀는 거부했고 시 법령을 위반한 혐의로 체포되었다. 이에 대응하여 지역의 흑인 지도 자들은 몽고메리시개선협회(MIA)를 조직하고 의장에 26세의 마틴 루터 킹 2세(Martin Luther King Jr.) 목사를 임명했다. MIA는 버스탑승거부운 동을 시작해 1년여 만에 끝냈다. 그리고 NAACP는 버스 회사를 고발했 다. MIA는 흑인 단체와 교회 사이의 연합을 강화해 나갔고 북부의 흑인과 진보 성향의 백인으로부터 재정 지원을 받았으며 마침내 더 큰 단체인 남부기독교지도자회의(Southern Christian Leadership Conference: SCLC)를 설립했다. 더욱이 처음으로 많은 백인 신문들이 첫 면에 기사를 보도했고 방송사에서는 전국에 걸쳐 방송되는 야간 뉴스의 15분 용 프로그램에 버스탑승거부운동을 다루었고, 마틴 루터 킹 목사를 시청 자들에게 소개했다. 더 중요한 것은 버스탑승거부운동이 승리했다는 점이었다. 이는 보통 사람들도 비폭력 직접행동(nonviolent direct action) 에 나설 수 있다는 것을 증명했다. 버스 회사는 수입을 올리지 못했고 연방법원은 시 조례에 대해 불리한 판결을 내렸다. 버스에서 흑인과 백인은 통합되었고 몽고메리 시의 짐크로에는 흠집이 생겼다.

대부분의 사람들에게 몽고메리 시 버스탑승거부운동은 지역문제였 지만, 브라운 판결은 전국적으로 함축된 의미를 가졌다. 남부는 브라운 판결을 따르지 않기로 약속했고, 통합을 반대하거나 제한하는 450개 이상의 법률이나 결의안을 통과시켰다. 루이지애나, 앨라배마, 텍사스 주 법무장관들은 자신들의 주에서 NAACP의 활동 금지를 명령했다. 루이지애나 주는 '인종불안(racial unrest)'에 관한 청문회를 개최해 "지금 남부의 공립학교를 통합하려는 움직임 뒤에는……스탈린 정권에서 유 래된 공산주의자들의 교묘한 음모가 도사리고 있기 때문이다"라는 결론 을 내렸다. 여론조사에 따르면 남부 백인의 80% 이상은 학교 통합에 반대했고, 4분의 1은 백인 우위를 유지하기 위해서는 폭력을 사용하는 것도 정당화될 수 있다고 생각했다.

아이젠하워 행정부는 학교를 통합하도록 주를 압박하지 않았다. 1957년 6월 경계 주에서는 극히 소수의 학교만이 통합되었고 노스캐롤라이나, 사우스캐롤라이나, 앨라배마, 플로리다, 조지아, 루이지애나, 미시시피 주는 통합 학교가 없었다. 남부 외 지역에서 브라운 판결을 시행하라는 정치적 압력이 비등했지만, 1957년 7월 아이젠하워는 "내가 연방법원의 명령을 시행하기 위해……어떤 지역에 연방군대를 파견해야 하는 일련의 상황을 상상할 수도 없다"라고 밝혔다.

두 달 후 아이젠하워는 아칸소 주 리틀록(Little Rock)에 소재한 센트럴 고등학교(Central High School)에 연방군대를 파견했다. 1957년 시는 브라운 판결을 준수할 계획을 세웠다. 9월 이 지역에 살았던 9명의 흑인 학생들이 고등학교에 통합되었다. 그러나 여론의 압력은 비등했다. 주지사 오벌 파우부스(Orval Faubus)는 아칸소 주 방위군에게 학교를 둘러싸고 통합을 방해하도록 명령했다. 학교에 도착한 흑인 여학생 1명은 "그 여자를 린치하라! 그 여자를 린치하라!"라고 고함을 지르는 성난 백인 군중들과 마주쳤다. 주지사의 행동은 연방정부에 도전한 것이었다. 브라운 판결을 승인하지 않았던 아이젠하워 대통령도 마지못해 1,000명의 연방군을 리틀록에 파견시켰다.

대통령은 1개의 격리된 고등학교를 통합시켰는데, 이것은 남부인들의 거센 분노를 불러일으켰다. 군인이 시위를 진압하는 과정에서 총검으로 시위자를 찔러 피가 흘렀을 때, 파우부스는 텔레비전에서 "애국적인 미국 시민들의 따뜻하고 붉은 피가 점령군이 뽑은 차가운 칼을 더럽혔다"라고 주장했다. 루이지애나 주의 한 신문은 "아이크 왕은 이렇게 말했다(Spake King Ike)"라고 보도했고, 또 다른 신문은 "아이젠하워가 민주주의를 끝내고 무서운 괴물, 즉 군사독재를 시작했다"라고 보도했다.

리틀록 사건은 남부학교를 통합시키려는 연방의 노력이 거센 저항, 심지어는 폭력에 직면할 수 있음을 증명했다. 또한 이것은 대통령이 통합에 대한 확고한 의지가 있다면, 주가 헌법을 준수하도록 강제할 수 있는 연방정부의 잠재력을 증명했다. 그러나 아이젠하워는 그렇게 하지 않았다. 그의 보좌관 셔먼 애덤스(Sherman Adams)는 아이젠하워 대통령에게 리틀록 사건은 "그가 대통령 재임 8년 중에 했던 행동 중 가장 내키지 않았던 헌법상의 의무였다"라고 설명했다.[2]

아이크는 경제에 더 많은 관심을 가졌다. 1950년대 대부분의 기간은 경제가 좋았다. 국민총생산은 10년 만에 2배가 되었으며 인플레이션은 낮았고, 소비는 베이비 붐 시기에 치솟았다. ≪타임(Time)≫은 "높은 출산: 기업에겐 노다지. 1955년 미국 자본주의의 꽃이 활짝 피었다"라고 보도했다.

그러나 소수민족에겐 관계없는 말이었다. 대부분의 흑인 남성들은 노동자였고 뉴욕 시에서 일하는 흑인 여성들의 3분의 1이 가정부였다. 1960년 노동부는 "흑인 근로자의 평균 생산성은 백인 근로자에 비해 60% 미만을 나타냈다"라고 발표했다. 마이클 헤링턴(Michael Harrington)은 "흑인으로 태어난다는 것 자체가 차별에 찬성하거나 반대하는 어떤 법보다 더 깊은 곳에 자리잡은 빈곤과 공포의 문화에 놓이는 것이다"라고 적었다. 많은 멕시코계 미국인들이 이주노동자로 일했는데 2분의 1 이상은 빈곤하게 살았으며 대개 하루에 1달러를 받았다. 음악가 보 디딜리(Bo Diddley)는 "우리들 중 일부는 아이스캔디(Popsicle)의 첫 할부금도 지불하지 못했을 정도로 대부분의 소수민족이 경제적 어려움을 겪었다"라고 회상했다.

소수민족들이 경제적 어려움을 겪었던 주된 이유는 많은 고용주들이 이들의 고용을 거부했기 때문이었다. 이런 관행을 변화시키기 위해 많은 주와 시가 차별반대법을 제정하고 고용평등실천위원회(FEPC)를 설치했다. 1945년 뉴욕을 시작으로 다른 주들도 뒤따랐다. 1964년에는 전체 주 중 약 2분의 1이 직장에서 차별을 반대하는 법률을 제정하거나 위원회를 설치했다. 이 중 뉴욕 주위원회가 모델이 되었다. 위원회는 공개청문회를 개최하고, 고용주의 차별 금지를 법적으로 강제할 수 있는 정지명령(cease and desist order: 부당 경쟁, 부당 노동 행위에 대한 행정기관의 권한 – 옮긴이)을 공포할 권한을 가졌다. 그러나 단지 위협만으로 끝났다. 시행되고 20년 동안 위원회는 약 9,000건의 고충 처리를 요청받았는데, 이 중 약 20%가 차별로 인정받았다. 그런 다음 관리들은 고용주와 이 문제에 대해 논의하면서 앞으로 차별하는 개인을 고용하지도 보수를 지급하지도 말고 다시는 차별하지 않을 것과 위원회의 포스터를 게시할 것을 약속하도록 명령했다. 그러나 20년 동안 위원회는 단 36회에 걸쳐 청문회를 개최했으며 단지 7건의 정지명령을 공포했을 뿐이었다. 그렇다면 위의 통계를 기준으로 가정할 때, 고용주의 99%가 고용 관행을 바꾸었으며 인종에 관계없이 고용하기 시작했단 말인가? 1966년 어느 전문가는 이렇게 비꼬았다. "이 놀라운 개혁의 성과를 생각하면 아무도 염세주의자가 될 필요가 없다. 현재의 위원회의 활동을 보면 많은 기업들이 불법적인 차별자로서 30년은 버틸 것이며……합리적으로 계산해 보면 차별반대위원회의 간섭을 받지 않고 차별 없는 고용을 하려면 세기말경이나 기대할 수 있을 것이다."

FEPC가 고용 관행을 규제하고 지시하는 것에 불만스러웠던 기업가들은 실제 대부분의 주정부와 지방정부를 두려워하지 않았다. 주 FEPC는 보통 청문회라는 한 가지 권한만을 가졌다. 그러나 주 FEPC가 청문회를 개최해 고용주를 당혹스럽게 할 수는 있지만, 대개 고용 관행에 대해서는 별다른 영향을 미치지 못했다. 1961년 13개 주위원회에 대한 조사 결과를 보면, 이들이 1만 9,400건 이상의 고충 처리를 의뢰받았지만 99.7%가 공식적인 청문회를 개최하지 않고 해결되었다. 단지 26회의 정지명령을 내렸고 기업이 자신들의 법을 위반한 혐의로 18개 기업체를 법원에 제소했다.

물론 1950년대 일부 고용주들은 여론의 압력 때문에 소수민족을 고용했다. 뉴욕의 은행과 보험회사는 특히 할렘에서 더 많은 아프리카계 미국인들을 고용하기 시작했다. 백화점은 물건을 팔기 위해 더 많은 흑인과 푸에르토리코계 여성들을 채용했다. 또한 뉴욕 주는 항공사, 특히 주 간(州間) 운항을 하는 항공사에 대해 직장을 통합하라는 압력을 넣었다. 1956년 도로시 프랭클린(Dorothy Franklin)은 "TWA가 흑인이라는 이유로 그녀를 고용하지 않았다"라고 주장했다. TWA는 "그녀가 고용되지 않은 이유는 그녀의 외모 때문이었다"라고 하면서 그녀의 주장을 반박했다. 그럼에도 불구하고 뉴욕 주는 주를 통과하는 18개 항공사에 대해 압력을 행사했고 고용 관행은 천천히 변화되기 시작했다. 1957년 뉴욕항공사(New York Airways)는 흑인 조종사를 고용했다. 모호크항공사(Mohawk Airlines)는 '귀엽고 매력적인' 간호사 루스 캐롤 테일러(Ruth Carol Taylor)를 고용했는데, 그녀는 미국의 상업 항공기 역사에서 최초의 흑인 스튜어디스가 되었다.

일반적으로 주 FEPC는 광범위하게 진행되고 있는 직업차별에 대해 많은 영향을 끼치지 못했다. 아프리카계 미국인은 거의 고용되지 않았으며 대학을 졸업한 흑인도 마찬가지였다. 전국적으로 흑인들은 전체 사무직 근로자의 약 1% 정도를 차지했으며 보통 노무직과 서비스 업종에 종사했다. 1959년 걸프 해에 소재한 30개의 정유 공장에 5만 8,000명의 근로자가 있었지만, 6% 미만이 아프리카계 미국인이었고 이들 공장 중 5곳은 단 1명의 흑인도 고용하지 않았다. 중서부의 앨리스칼머스(AllisChalmers) 농기구 공장 2곳과 캐터필러(Caterpillar) 일관라인 공장에서는 단 1명의 흑인 근로자도 찾아볼 수 없었다. 델라웨어의 국제 라텍스 합성고무 공장(International Latex synthetic rubber plant)에는 1,700명의 근로자가 있었는데 아프리카계 미국인은 1명도 없었다. 심지어 북부에서 소수민족을 고용해 좋은 평판을 얻었던 포드자동차도 대규모의 애틀랜타 공장에 흑인을 21명만 고용했다. 이 같은 현상은 공장책임자의 "우리는 지역 관행에 따라 생산 공장에 흑인을 고용하지 않기로 했다"라는 말을 들었을 때 이해가 되었다.

또한 대부분의 노조는 흑인들을 위한 견습훈련을 거부했다. 전국도시연맹(National Urban League)은 아프리카계 미국인들이 '인쇄와 배관공 노조'에서 완전히 배제되었음을 발표했다. 빌딩업에 대한 견습 프로그램을 보면 애틀랜타, 볼티모어, 밀워키, 미니애폴리스, 워싱턴에서는 단 1명의 흑인도 찾아볼 수 없었다. 1963년 ≪에보니(Ebony)≫는 "뉴어크(Newark)의 모든 직종에서 견습훈련을 받는 3,500명 중 2명만이 흑인이었고, 도시인구 4분의 1이 흑인이었던 시카고에서 흑인 견습 인원은 1% 미만이었다"라고 보도했다. 미국노동자총연맹(AFL) 소속의 뉴욕시 지부 판금(板金) 노동자들은 하나의 전형이 되었다. 지부의 승인을 받으려면 견습 프로그램을 통과해야 했는데, 이 프로그램에 참가하기 위해서는 노조원의 후원을 받아야 했고 노조원은 전통적으로 친구나 친척을 지원했다. 한 옵서버는 "간혹 비이태리인이나 비아일랜드인도 흑인과 마찬가지로 조합원에서 배제될 가능성이 높았다"라고 말했다.[3]

그동안 계속해 연방정부는 건축 사업에 납세자의 돈을 사용했다. 1941년 이후 모든 계약서에는 강제성이 없는 차별반대조항을 포함시켰다. 사실 1961년만 해도 연방정부가 계약자들이 소수민족의 고용을 거부했다는 이유로 계약을 종료시킨 경우는 1건도 없었다. 13년 전 트루먼 대통령이 군부대에서의 통합을 명령했지만, 일부 주는 여전히 예비군이나 해안경비대에 1명의 흑인도 입대시키지 않았다.

1960년 아프리카계 미국인들에게는 악순환이 반복되었다. 직업차별은 고용 기회를 감소시켰고 임금을 낮추었다. 악순환은 계속되어 교육과 훈련 프로그램의 이용을 제한했고 기술의 숙련도가 떨어지고 고용 기회와 임금을 감소시켰다. 결과적으로 이해에 백인의 평균 가구 소득은 5,800달러 이상이었지만 흑인의 경우에는 겨우 3,200달러를 넘었을 뿐이었다. 흑인 노동자들은 노무와 기타 천한 일을 도맡았기 때문에 1950년대 경제 활황기에도 불구하고 이들의 직업 발달은 비참할 정도로 낮았다. 1950년과 1960년 사이 실제 흑인 자영업자의 수는 1만 명으로 떨어졌고 흑인이 경영하는 기업은 3분의 1로 줄었다. 반면, 흑인 실업률은 백인 실업률에 비해 여전히 2배였다. 한 보고서에 따르면 "1950년대의 직업 경향이 변화하지 않는다면, 소수민족의 인구 비율에 따른 직업은 2005년까지 숙련직, 2017년까지 전문직, 2114년까지 판매직, 그리고 2730년까지는 기업의 관리인과 경영인을 기대할 수 없을 것이다"라는 전망을 내놓았다.

공화당과 북부 출신의 민주당 소속 의원들은 흑인의 정치적 지지에 대해 심사숙고하기 시작했고, 이들 중 한 사람이 믿기 어렵지만 텍사스 주 민주당 출신 상원 원내총무였던 린든 B. 존슨(Lyndon B. Johnson) 의원이었다. 그는 대통령 출마를 고려했고 이렇게 하기 위해서는 인종문제에 대해 전통적인 남부의 견해에서 벗어났다는 것을 국가에 증명해야 했다. 1948년 그의 상원 선거 유세를 보면, 그는 남부의 동료들과 견해가 같았으며 심지어 FEPC를 "경찰국가를 만들려는 어릿광대극이며 사기"라고 불렀다. 그러나 이로부터 10년이 지난 후 그는 이런 비난을 철회하고 1957년 의회에서 「민권법」을 제정하는 데 막후 역할을 했다. 법에 따라 법무부 내에 민권위원회와 민권국을 설치했다. 위원회는 소수민족이 이들의 권리, 특히 투표권을 박탈당했다는 진술을 할 경우 조사할 권한을 부여받았다. 존슨은 "위원회가……공상(空想)에서 진실을 가려낼 것이며, 법적으로 정당한 사람에게 도움이 될 것이다"라고 했다. 텍사스 출신답게 그는 "역사에서 가장 중요한 민권 조항이다"라고 떠벌

렸지만, 이것은 힘없는 타협이었다. 위원회는 사실을 수집했지만 권한이 별로 많지 않았다. 주는 자체적으로 흑인에게 투표를 금지했던 백인 관리에 대한 재판을 열었다. 한 흑인은 존슨에게 편지를 보내 "만약 남부의 배심원들이 에메트 틸(Emmett Till: 1955년 미시시피에서 백인 여성을 보고 휘파람을 불었다는 혐의로 린치를 당해 살해됨－옮긴이)의 시체가 발견된 후 범행을 자백한 살인범들에 대해 유죄를 선언하지 않는다면, 이들이 무엇 때문에 흑인에게 투표권을 주지 않는 선거관리를 기소하겠는가?"라고 반박했다. 이 흑인의 말이 옳았다. 남부에서 민권 조항은 아프리카계 미국인의 투표권 행사에 많은 도움이 되지 못했다.

1960년 2월 1일 노스캐롤라이나주립 A&T대학(North Carolina A&T State University)에 다니는 4명의 아프리카계 미국인 학생들이 그린스보로(Greensboro)에 소재한 울워쓰백화점 간이식당에 앉았다. 식당에는 '백인 전용'이라는 표지가 붙어 있었다. 웨이트리스가 다가왔을 때 이들 중 한 학생이 커피 한 잔을 주문했다. 웨이트리스는 대답하길 "미안합니다. 흑인에게는 팔지 않습니다"라고 했다. 오후 5시 30분 가게가 문을 닫았을 때, 학생들은 식당을 떠나면서 "내일 A&T대학 학생들과 다시 오겠습니다"라고 말했다. 이들은 '그린스보로 4인방'으로 알려지게 되었다. 이날 저녁 이들은 캠퍼스 전역에 걸쳐 연좌 농성을 제안했다. 이튿날 아침 약 30명의 흑인 남자와 여대생들이 울워쓰백화점의 간이식당에 앉았다. 또 1명의 학생이 주문을 했지만 거절당했다. 다음날에도 약 50명의 학생들이 자리를 차지하고 앉았다. 이때는 3명의 백인 학생들도 합세했으며, 주말에는 6개의 캠퍼스에서 수백 명의 학생들이 모여들었다.

1950년대 말에는 손에 꼽을 정도로 몇 안 되는 연좌 농성을 했지만 이번에는 사정이 달랐다. 연좌 농성은 남부의 전 지역에 빠른 속도로 퍼져 나갔다. 그린스보로 사건 후 몇 주 만에 흑인 학생들은 윈스턴-살렘(Winston-Salem), 더럼(Durham), 랄리(Raleigh), 그리고 노스캐롤라이나 주 다른 도시의 식당에서 연좌 농성을 시작했고, 봄에는 내슈빌에서 마이애미, 볼티모어에서 샌안토니오에 이르는 대부분의 남부 주에서 같은 전술(연좌 농성)을 사용했다. 또한 흑인들은 도서관과 같은 공공시설에서 책 읽기, 미술 전시장에서 그림 그리기, 해변에서 물에 들어가기, 백인 교회에서 무릎 꿇고 기도하기 등 다양한 농성을 전개했다. 4월 흑인 학생들은 사우스캐롤라이나, 조지아, 루이지애나, 앨라배마 주의 회와 여러 도시에서 시위행진을 했다. 1960년과 이듬해 약 7만 명이 13개 주에서 다양한 시위에 참가했다. 역사학자 레르온 베네트(Lerone Bennett)는 "거리에서 이렇게 많은 흑인들을 본 적이 없었다. 흑인들이 이렇게 대단한 열정과 인내를 보여준 적이 없었다"라고 기록했다. 랄리(Raleigh)의 한 신문은 "지금 흑인들의 항의 시위는 싸구려 잡화점에서 연방대법원에까지 이르고 있으며, 이제는 미국만이 아닌 전 세계의 여론에까지 확대되고 있다"라고 보도했다.

연좌 농성으로 생성된 열기는 서서히 또 다른 의미 있는 캠페인, 즉 일자리 요구로 나타나기 시작했다. 필라델피아에서 시위대들은 불매운동을 시작했다. 400명의 목사들은 신도들에게 아프리카계 미국인을 고용하지 않은 기업에서 만든 물건을 구매하지 말 것을 요구했다. 인종평등회의(CORE) 세인트루이스 지부는 울워쓰와 맥크로리(McCrory)백화점의 식당에서 연좌 농성을 시작했다. 식당에서 통합을 달성한 후 이들은 백화점의 고용 관행을 바꾸도록 압력을 가했다. 맥크로리백화점은 흑인 접시닦이를 식당 관리인으로 승진시키고 2명의 여자 조수를 웨이트리스로 승진시키기로 했으며, 그 후에 판매직 공석(空席) 두 자리를 확보해 두었다. 울워쓰도 일부 지역 매장에서 흑인 점원을 고용했다. CORE는 이와 같은 성공에 크게 고무되어 다른 지역 회사에도 압력을 가했다. 이해에 협상을 통해 아프리카계 미국인 20명이 사무직에 진출했는데, 세인트루이스에서 유일한 금융기관인 세인트루이스 은행에도 2명이 고용되어 인종차별의 장벽을 허물었다. 이와 같은 승리는 작았지만, 회사의 고용 방식을 바꾸도록 압력을 넣는 방식은 1960년대 민권운동의 주요 전략이 되었다.

1960년 5월 ≪뉴욕타임즈(New York Times)≫는 "남부를 휩쓰는 흑인 무력 투쟁의 물결"이라는 기사를 보도했고, 다음 몇 해 동안 왕성한 민권운동에 힘을 실어주는 몇 가지 요인들이 생겼다. 이제 미국에서 가장 크고 가장 영향력 있는 신문들이 사건들을 취재해 보도했고 전국의 흑인과 백인들에게 정보를 제공하고 교육시켰다. 또한 텔레비전은 미국의 모든 가정에 인종차별의 억압적이고 잔혹한 측면을 방영했다. 아프리카 국가들도 식민국가로부터 독립을 쟁취하고 UN에 가입하기 시작했다. 몽고메리 시내버스 탑승거부 투쟁은 개별 흑인들이 투쟁에서 능동적인 역할을 수행할 수 있다는 것을 증명했는데, 연좌 농성에서는 이런 모습이 더 강조되었다. 1960년대 초 브라운 판결의 의미심장한 함의와 법원이 명령하는 흑백 통합을 수용하길 거부하는 남부의 모습은 아프리카계 미국인들을 폭발시켰다. 마틴 루터 킹 목사는 "국가가 인종 격리는 잘못되었다는 점을 공식적인 기록으로 남겼다"라고 말했고, CORE의 제임스 T. 맥케인(James T. McCain)은 "노예해방선언이 흑인을 신체적으로 자유롭게 했다면, 연방대법원은 흑인을 정신적으로 자유롭게 했다"라는 의미를 부여했다.

민주당 존 F. 케네디(John F. Kennedy: JFK) 상원의원이 대통령 선거 유세를 했던 때는 이처럼 민권운동이 한참 고조되던 시기였다. 케네디는 연좌 농성을 용인했지만, 공화당의 대통령 후보이면서 현직 부통령인 닉슨(Nixon)은 침묵을 지켰다. 닉슨은 아이젠하워에게 여전히 충성을 다했다. 그는 아이젠하워 행정부가 미국 역사상 80년여 만인 1957년에 처음으로 민권법안을 지지했다고 자랑했지만, 연방에 FEPC를 설치하는 것을 반대했다. 사실 닉슨은 NAACP의 회원이었고 아프리카계 미국인들과 좋은 관계를 유지했지만, 진보 성향의 민주당은 흑인들이 링컨당(Party of Lincoln: 남부는 남북전쟁 이래로 공화당을 '링컨당', '깜둥이당' 등으로 부르며 줄곧 민주당을 지지해 왔음 - 옮긴이) 쪽으로 지지당을 바꾸는 것을 허용하지 않았다. 연좌 농성이 전국의 도시와 주에서 진행되는 동안 민주당은 강력한 민권 조항을 포함한 정강정책을 채택했는데, 조항에는 "투표소, 교실, 직업, 주택, 그리고 공공시설에서 동등한 접근"을 요구했다. 또한 모든 남부의 교육구는 1963년까지 흑백 통합 계획을 제출하도록 요구했고, FEPC의 상설 기구화를 지지했다. 케네디 후보는 아이젠하워 대통령이 연방 지원 주택 사업에서 차별을 종식하지 않는 것을 비난하고, 그가 대통령이 되면 "단숨에 서명하고(stroke of pen) 차별을 종식할 것이다"라고 선언했다. 대통령 선거가 있기 2주 전 케네디는 애틀랜타에서 백화점 연좌 농성을 주도한 혐의로 감옥에 수감된 킹 목사의 석방을 도왔다. 케네디는 코레타 스콧 킹(Coretta Scott King) 여사에게 전화해 위로의 말을 전했고, 동생 로버트 케네디(Robert Kennedy)는 킹 목사에게 형을 언도한 판사에게 전화해 그의 석방을 탄원했다. 다음날 킹 목사는 석방되었다. 이 뉴스는 흑인 언론과 교회에서 비중 있게 다루어졌다. 그리고 미국 역사에서 가장 근소한 차이가 벌어진 선거 중 하나였던 선거일에 아프리카계 미국인 유권자들이 케네디가 일리노이와 미시간 주에서 승리하는 데 결정적인 역할을 했고, 결국 케네디가 대통령이 되었다.

케네디 행정부는 의회에 16가지의 우선순위를 제시했지만, 민권 조항 통과는 포함되지 않았다. 새로운 의회는 이전보다 더 보수적인 색을

John F. Kennedy Library, Boston

▲ "저와 행정부는 계약자들이 고용 기회 평등의 대의(大義)를 위해 최선을 다하도록 노력할 것입니다." - 1961년 3월, 케네디

띠게 되었는데 민주당이 상원에서 2석, 하원에서 21석을 잃었기 때문이다. 케네디는 민주당 의석으로는 민권법안의 가결에 필요한 정족수가 되지 못한다는 사실을 알았다. 그리고 그가 민권법안의 통과를 시도한다면 국내 의제인 뉴프런티어(New Frontier)에 대한 남부의 지지를 잃게 될 것이라고 생각했다. 이런 이유로 케네디는 연방에 FEPC를 설치하는 행정명령을 공포하지 못했고, 1962년 11월 국회의원 선거까지 거의 2년여 동안 연방이 지원하는 주택사업에서 차별을 종식시키는 서명(대통령 선거 유세에서 대통령이 되면 차별종식을 하겠다고 약속했던 사항임 - 옮긴이)을 하지 못했다. 케네디가 여론의 반응을 두려워하면서 내린 최종 명령은 연방 주택 프로그램의 약 20%에 관련되었을 뿐이었다.

정치적 현실은 케네디가 전임 대통령들이 했던 것처럼 의회를 비켜가는 전략을 선택하게 했다. 그가 행정명령 제10925호를 공포했던 1961년 3월 텔레비전 기자회견에서 "저와 행정부는 계약자들이 고용 기회 평등의 대의(大義)를 위해 최선을 다하도록 노력할 것입니다"라고 밝혔다. 행정명령에 따라 존슨 부통령을 위원장으로 하는 대통령직속고용기회평등위원회(President's Commission on Equal Employment Opportunity: PCEEO)를 설치했다.

정부는 더 완전한 인종차별 없는 국가정책을 실현하기 위해 연방 행정부와 행정부서가 취해야 하는 추가적인 적극적 조치를 고려했고 권고하게 되었습니다. ……계약자는 구직자가 고용되고 고용인들이 고용 기간 중 이들의 인종, 신념, 피부색, 국적과 관계없이 처우 받게 하는 차별철폐정책(affirmative action)을 시행해야 할 것입니다.

이렇게 해서 'affirmative action'이란 단어가 인종과 관련해 처음으로 사용되었다. 그리고 'affirmative action'의 기원(起源)은 PCEEO를 설치하기 수개월 전 텍사스에서 존슨 부대통령의 취임 축하 무도회가 열린 가운데 만들어졌다. 신임 부통령은 손님들을 맞아 악수하면서 젊은 흑인 변호사 호바트 테일러 2세(Hobart Taylor Jr.)를 알아보았다. 존슨은 휴스턴에서 기업을 하는 그의 아버지를 알고 있었고, 테일러 2세에게 자신의 친구들인 아서 골드버그(Arthur Goldberg: 연방대법원 판사 1962~1965년), 아베 포타스(Abe Fortas: 연방대법원 판사 1965~1969년)와 함께 행정명령서 초안을 작성하도록 부탁했다. 이들은 다음날 명령서 초안을 작성했다. 테일러는 "행정명령에 따라 이루어진 성과에 대해 '적극성의 의미(a sense of positiveness)'를 제공하게 될 뭔가를 찾고 있었다. 'positive action'이란 단어와 'affirmative action'이란 단어 사이에 선택을 놓고 망설였다. ……나는 두운(頭韻) 법칙이 적용되는 'affirmative'를 택했다"라고 회고했다.

당시 이 의미는 모호했지만 민주당 의원과 진보 성향의 사람들은 자신들이 공화당과 비교해 소수민족에게 고용 기회의 문호를 개방하는 데 더 적극적인 전략을 가졌다는 것을 뜻하는 의미로 사용했다. 행정부는 이 의미를 '능동적 채용(active recruitment)'으로 사용했는데 연방과 관련되는 직업에서 적용하기로 했다. 따라서 민주당의 신행정부는 1960년대 초반 'affirmative action'을 정의내리기 시작했다. 그리고 행정부는 고용주들이 과거 고용 관행에서 벗어나 구직자들의 인종, 피부색, 신념과 관계없이 고용하도록 요구했다.

케네디와 진보 성향의 지지자들은 새 항해도를 짜고 있었기 때문에, 이들 자신도 '차별철폐정책(affirmative action)'이 나아갈 미래의 진로에 대해 알지 못했다. 한편으로 이들은 고용주들에게 하나의 집단, 즉 아프리카계 미국인들을 고용하기 위해 차별철폐정책을 시행해 줄 것을 요청했다. 오늘날 우리가 보고 있는 것처럼 이들이 소수민족을 위한 특별 우대라든지 특별 처우라든지 할당제를 요구한 것은 아니었다. 그렇다면 도대체 차별철폐정책은 무엇을 의미했는가? 이것은 이후 40년 동안 전개될 하나의 딜레마였다. 1961년 행정부가 지지했던 것은 직업차별을 종식시키기 위한 인종중립적인 고용이었다. 이것은 매우 간단한 요구처럼 보였지만, 명령을 실행하는 것은 미국의 직장을 근본적으로 바꿔놓은 일련의 문제와 이슈를 가져왔다.[4]

1961년 대통령이 무엇을 하고자 했든 간에 한 가지는 분명했다. 그는 자신감이 넘쳤다. "나는 행정명령을 적극적으로 시행해 나간다면 이런 차별을 종식시킬 수 있을 것이라는 데 의심의 여지가 없다." 기업 관행을 재조사한 결과에 따르면, '고용 기회의 완전한 평등' ─ 이듬해 '평등한 고용 기회'라는 용어를 사용 ─ 을 촉진하기 위한 노력을 확장하고 강화시킬 긴급한 필요성이 제기되었다. 따라서 행정부는 민권에 대해 더욱 적극적인 지지를 밝혔다. 트루먼 대통령과 마찬가지로 케네디 대통령도 "평등한 기회를 촉진하고 보장하는 것이 연방정부의 명백하고 적극적인 의무이다"라고 천명하면서 행정명령의 실천을 거듭 강조했다. 따라서 계약자들이 구인 광고를 낼 경우나 노동자를 견습, 훈련, 승진, 급여, 전근, 해고할 때 차별하지 말 것을 요구했다. 만약 존슨의 PCEEO가 차별을 발견한다면, "계약은 취소될 수 있고 해당 회사는 정부와 차후 계약에서 부적격자로 판정될 것이다."

사람들이 예측했던 대로 행정명령에는 많은 문제들이 내포되었다. PCEEO는 조사하고 불만사항을 접수하며, 청문회를 개최하고 노동자를 고용하고 계약을 체결한 연방부서에게 자문할 권한만을 가지고 있었다. 예산과 인원이 적었고 의회가 권한위임도 하지 않았다. 더욱이 존슨의 위원회는 노동조합이나 연방대여금 또는 연방보조금에 대해서는 권한이 없었다. 연방보조금의 규모는 상당했는데 주정부와 지방정부에 연간 75억 달러를 제공해 공립학교, 사회복지 상담소, 대학 연구에 기금을 제공하도록 할 뿐 아니라 고속도로, 공항, 공공 주택, 병원, 도시 재개발에 필요한 비용을 충당하도록 했다. 케네디 행정부는 행정명령의 적용 대상을 연방 보조금과 대여금을 제외한 수백 개의 방위산업 계약자로 제한했다. 반면, 전국과 남부─케네디가 1964년 재선을 위해 필요한 지역─에서 고용 관행을 타파하고 바꿀 수도 있었을 수천 개의 프로젝트에 대해서는 행정명령을 적용하지 않았다.

행정명령의 적용 대상 제한은 지역건축공사에 지급되는 연방지원금에서 나타났다. 1946년 트루먼 대통령이 「힐-버튼법(Hill-Burton Act)」에 서명했는데, 이 법은 병원과 다른 공공시설을 건축하는 데 필요한 기금을 제공하는 것을 골자로 했다. 실제 이 연방지원금에는 어떤 부대조건도 달지 않았다. 결과는 어떻게 되었을까? 1963년 경계 주와 남부 주는 89개의 병원 시설을 건축하거나 리모델링하는 데 3,700만 달러를 지원받았다. 이 병원들은 모두 철저히 인종을 격리했다. 아프리카계 미국인들은 단지 13개 병원에서만 진료를 받을 수 있었고(이 병원들에는 흑인 의사들이 근무했다는 뜻임), 나머지 76개 병원에서 흑인 의사들은 진료할 권리를 거부당했다. 민권위원회는 "결론적으로 전국의 흑인들이 백인과 동등한 조건으로 병원에 접근하지 못했는데, 연방정부도 이런 차별에 직접적으로 기여했다는 증거가 제시되었다"라고 기록했다.

케네디의 행정명령에 내포된 또 다른 문제점은 이전의 모든 평등 고용 명령과 마찬가지로, 차별을 정의내리는 노력이 없었다는 점이었다. 일반적으로 차별이란 인종, 피부색, 신념 때문에 구직자를 고용하지 않는 것으로 정의되지만, 정부는 어떻게 계약자가 고의적으로 흑인, 히스패닉, 유대인에 대한 고용을 거부했는지를 증명하겠는가? 미국에서는 어떤 시민이라도 유죄 판명이 날 때까지는 무죄이기 때문에 차별 여부를 증명하는 것은 정부에게 달려있었다. 정부는 계약자가 노동자의 안전과 임금에 대한 최소한의 연방 기준을 준수해야 한다고 밝혔지만, 케네디의 행정명령은 계약자의 입장에서 기회평등정책을 준수하는 것, 즉 고용될 소수민족의 숫자나 비율 또는 할당에 대해서는 규정하지 않았다. 임시방편으로 노동부 장관 윌라드 워츠(Willard Wirtz)는 견습 프로그램에 참가한 소수민족 가운데 유자격자에게 구직 신청을 하도록 독려할 뿐 아니라 회사와 기업도 "상징적으로 보여주는 체면치레가 아닌" 상당수의 소수민족을 고용해야 한다고 권고했다.

NAACP는 상징으로 보여주는 이를테면 '성의 표시'에는 관심이 없었다. 이들은 일자리를 원했고 NAACP는 즉각 공격에 나섰다. 행정명령이 발효되고 며칠 지난 뒤 NAACP 노동분과 위원장 허버트 힐(Herbert Hill)은 록히드항공사(Lockheed Aircraft Corp.)를 상대로 제소했다. 1961년 몇 달 동안 록히드사는 미국 정부와의 계약 역사에서 단일 항목으로 제일 큰 10억 달러 계약—10년 동안 공군에 제트수송기를 제작해 공급하는 계획—을 놓고 국방부와 협상 중이었다. 록히드사는 연방정부에 절대적으로 의존했고 납세자들이 사업비 중 약 90%의 재정을 부담했다. 1950년대 록히드사가 수송기 생산계획을 세웠던 조지아 주 마리에타(Marietta) 공장에서는 조금 앞서나갔다. 고용책임자는 흑인들을 고용했고 일부 사무직과 전문직, 특히 숙련직 분야에서 흑인들을 훈련시켰다. 280개의 직종에서 흑인들은 50개 이상의 직종에 고용되었는데, 당시 이 수치는 남부에서 매우 높은 편이었다. 1961년 대단위 시설은 1만 500명의 노동자를 고용했는데, 이들 중 약 450명이 아프리카계 미국인이었다. 관행대로 노조와 일부 시설은 여전히 격리되었고 화장실과 식수대에는 '백인 전용', '유색인 전용'이라는 표지가 붙어 있었다. 카페테리아와 심지어 시간기록계조차도 격리되었다.

31명의 흑인 노동자들이 '과잉 차별' 혐의로 록히드사를 제소해 방위산업 전체에 경종을 울렸다. 100개의 대규모 방위산업 계약자들과 하청업자들이 1,000만 명의 노동자를 고용했는데, 전국적이고 다국적인 회사들의 공장은 남부에 많이 위치했다. 예를 들어 1960년 연방정부는 남부의 10개 주에 소재한 방위산업회사들과 방위계약으로 약 20억 7,000만 달러를 지출했는데, 이런 엄청난 규모의 계약을 잘 활용했다면 행정명령의 시행으로 고용 관행을 바꾸고 짐크로를 타파할 수도 있었다.

록히드사에 대한 잠재적인 경제적 결과는 회사의 사장―조지아 주 공장을 조사하기 위해 캘리포니아 본사에서 비행기를 타고 갔던―에게 손실을 입히지 않았다. 사장은 곧바로 소수민족을 대상으로 직무 훈련을 시키는 계획에 대해 정부와 협의했다. 공장과 노조가 통합되고 한 달 후 '백인 전용', '유색인 전용' 표지는 제거되었고, 록히드사―엔지니어, 기술직과 숙련직, 행정직에 유자격의 소수민족을 적극적으로 찾아낸다는 것을 서약했다―의 사장은 존슨 부통령과 합의서에 서명하기 위해 워싱턴 D.C.에 갔다. 회사는 훈련 및 경력 개발 프로그램에 더 많은 흑인들을 채용하기로 동의했으며, 연간 진척 사항에 대해 심사를 받기로 했다.

그러나 진척도는 측정하기 어려웠는데 "구체적인 수치 목표를 설정하지 않는다"라는 협의서의 마지막 문장 때문이었다. 진척도의 의도는 "소수민족 출신의 훈련과 회사 내에서 책임 있는 자리를 차지하는 것을 포함해 고용과 승진에서 숫자가 증가하는 것을 평가하는 것이었다." 목표가 무엇을 의미했든 간에 중요한 것은 흑인 노동자의 '상당한 고용 비율'이었다.

행정부와 록히드사와의 합의서는 '진척 계획(plan for progress)'의 모델이 되었으며, 존슨과 그의 참모들은 다른 대기업들에게 자발적인 합의서에 협력하고 서명하도록 압력을 넣었다. 7월 보잉사, 더글라스항공사, 웨스턴일렉트릭, 제너럴일렉트릭, RCA의 사장단은 백악관을 방문하고 케네디 대통령 및 존슨 부통령과 기념촬영을 한 뒤에 진척 계획에 서명했다. 11월 12개 이상의 회사 사장들이 서약을 했다. 행정부 관리는 "1961년 말까지 50대 대기업이 전체 노동자의 20%를 고용하는 진척 계획서에 서명하겠다"라고 발표했다. 이 관료는 "우리가 이들 회사의 차별철폐정책 시행을 돕는 것이다"라고 말했다.

민권운동가들은 이듬해 내내 자신들의 주장을 행동에 옮겼다. 이들은 연좌 농성으로 인상적인 성과를 얻었고, 휴스턴과 애틀랜타 같은 대도시를 포함해 남부 약 200개 도시의 간이식당과 극장에서 통합이 일어났다. 다른 운동가들은 미시시피와 앨라배마에서 대중교통과 터미널을 통합하기 위해 자유 탑승자 운동[Freedom Riders: 1960년 연방대법원은 주 간(州間) 공공시설을 격리하는 것에 대해 위헌 판결을 내렸지만, 남부 지방에서는 여전히 격리정책을 고수함에 따라 많은 사람들이 버스, 기차, 비행기를 타고 남부 지역으로 여행을 하면서 흑인 민권 신장 운동을 전개함 – 옮긴이]을 전개하고 있었다. 반응은 참담했다. 백인들은 버스를 만나면 탑승자들을 구타해 의식불명으로 만들었다. 참혹한 장면들이 신문과 저녁뉴스에 보도되었고, 이런 일련의 사건들은 결국 케네디 행정부가 개입할 명분을 주었다.

케네디는 신중하게 행동하면서 주간통상위원회(ICC, 州間通商委員會: 1877년 철도회사의 횡포를 규제하기 위해 설치된 기구로 철도운임을 책정할 권한을 가짐 – 옮긴이)가 모든 주 간 시설에서 차별 금지 규칙을 공포하도록 했는데, 이는 남부의 일부 터미널에서 흑백 통합을 이루는 결과를 가져왔다. 많은 터미널이 이 명령을 무시했다. 행정부는 PCEEO와 함께 더욱 대담하게 행동했다. 이해에 존슨 부통령은 연방정부와 계약자들에게 소수민족을 고용하도록 압력을 행사했는데, 이것은 특히 연방의 노동

인구에 영향을 끼쳤다. 1962년 3월 《유에스뉴스 엔 월드 리포트(U.S. News and World Report)》의 조사 결과에 따르면, 전체 노동자의 13%를 차지하는 28만 명 이상의 흑인 연방 노동자가 이듬해에는 30만 명 이상으로 증가했다. 또한 신문은 케네디가 "고용기회평등정책의 일환으로 아프리카계 미국인을 위해 더 나은 일자리를 더 많이 만들 것을 명령했다"고 보도했다. 조사 결과 우체국 노동자의 20%에 이르는 숫자가 아프리카계 미국인이었는데, 이 비율은 연방정부 총무처 직원의 3분의 1에 해당했고, 국방부가 '세계 최대의 흑인 고용주'인 것으로 밝혀졌다. 더욱이 이전의 어떤 행정부보다 더 많은 고위직, 예를 들어 대사직과 연방판사직의 문호가 개방되었다. 《유에스 뉴스(U.S. News)》는 "이제는 흑인 각료가 나올 차례이다"라고 보도했다.[5]

그러나 민간인이 고용하는 전체 노동자의 기록은 좋지도 나쁘지도 않은 보통 수준이었다. 진척 계획은 자발적인 합의에 의해 이루어졌으며, 회사의 노동자 조사에 기초해 진행되었다. 정부는 어떤 수치 목표도 할당제도 시간 제한도 설정하지 않았다. 록히드, RCA, 크라이슬러, 포드, 제너럴모터스, 웨스팅하우스, 그리고 IBM과 같은 대기업들은 사무직을 포함해 더 많은 아프리카계 미국인들을 고용했던 반면, 경계 주와 남부 대부분의 회사들의 사정은 달랐다. 애틀랜타에서 24곳의 방위산업 계약 회사를 조사한 결과에 따르면, 단지 7개 회사만이 진척 계획을 준수하고 있는 것으로 나타났다. 《비즈니스 위크(Business Week)》는 "나머지 회사에게 진척 계획이……큰 의미를 주지 못했다"라고 보도했다. 더욱이 PCEEO는 카밋라이스제분(Comet Rice Mills)과 같이 과잉 차별을 일삼는 회사에 대해 압력을 가했지만, 단 1건의 계약도 취소하지 못했다. 텍사스, 아칸소, 루이지애나 주에 공장을 둔 카밋은 세 종류의 인종, 즉 백인, 흑인, 히스패닉으로 나누어 격리·수용했다. 실제 남부의 정유 회사들도 모두 격리되었다. 루이지애나 주 레이크 챨스(Lake

Charles)에 위치한 4개의 정유 회사들은 약 3,600명의 노동자들을 고용했는데, 이들 중 300명 미만이 흑인이었다. 또한 흑인들에겐 거의 모든 숙련직을 주지 않았고 심지어 주차장조차도 격리했다.

케네디의 행정명령을 시행하는 데 있어 문제는 자발적인 계획만으론 해결되지 않는다는 것이었다. 1962년 경제는 호황이었지만, 흑인의 실업률은 백인에 비해 여전히 2배였다. 기업과 연방정부와 계약으로 고용된 1,500만 명 이상의 시민이 있었지만, 이들 중 아프리카계 미국인들은 약간의 비율만을 차지했다. 애틀랜타 인구 중 약 23%가 흑인이었지만 정부 계약으로 고용된 흑인은 약 반 정도— 이 숫자는 시카고, 휴스턴, 뉴욕과 같은 도시와 비슷— 에 불과했다.[6]

고용 관행의 타파는 쉽지 않았는데 여성에 대한 차별도 마찬가지였다. 1961년 12월 대통령은 "편견과 낡은 관행"이 "여성 기본권의 완전 실현"을 방해하고 있다고 주장하면서 여성 지위 향상을 위한 대통령위원회(President's Commission on the Status of Women)를 설치했다. 케네디는 위원회에 연방정부와 계약을 맺은 계약자의 고용 정책과 관행을 조사할 권한을 부여했다.

성차별은 대단한 기승을 부렸다. 대공황기(Depression) 이후 많은 남성들은 일하는 여성들이 남성에게서 일을 빼앗아간다는 생각을 했지만, 1950년대 경제호황기에는 이런 생각을 하지 않게 되었다. 여성들은 대부분의 남성들이 원하지 않는 직업, 즉 비서, 공장 노동자, 판매직 사원과 같은 직업에 종사했다. 직장은 성별에 따라 격리되었다. 구직광고도 '남성 구함'과 '여성 구함'과 같이 성별에 따라 달랐다. '남성 구함' 광고는 관리직과 경영직에 근무할 남성, '여성 구함' 광고는 저임금의 직종에 근무할 여성을 위한 광고였다. 대부분의 회사들은 여성 고용인이 관리직에 지망하는 것을 허용하지 않았으며 결혼하면 퇴사를 요구했다. 특히 항공사 스튜어디스의 경우 결혼하면 곧바로 퇴사하지 않으면 안 되었다. 간호사와 교사를 제외한 전문직은 남성들의 독차지였다. 전문 대학원 학장들은 할당제를 시행했는데 보통 여성에게는 약 5%만을 허용했다. 결국 백인 남성들이 변호사, 의사, 교수의 약 95%를 차지했다. 그리고 여전히 연방정부 내에서도 차별이 있었다. 1959년 여성은 전체 연방 노동자의 4분의 1을 차지했지만, 여성공무원의 중간 등급은 GS-4였고 남성의 경우는 GS-9였다[연방공무원의 등급을 GS 1등급(사무보조직)에서 GS 15등급(최고위직)까지 구분함 - 옮긴이].

물론 케네디 시대는 여성해방운동(women's liberation movement) 이전이었고, 이런 정도의 차별에 대해서는 심지어 여성들조차도 공평하게 여겼다. 전통적으로 기업계는 남성이 가장으로서 돈벌이를 하고, 여성은 용돈이라든지 여유 자금의 마련이나 결혼 전에 자신을 돌보기 위해 일한다고 생각했기 때문에 남성과 여성에게 다른 임금체계를 적용했다. 더욱이 케네디 시대는 결혼 전성기였고 베이비 붐 시기였으며, 교외로 팽창되었던 시기였기 때문에 가장 이상적인 여성은 교외에 사는 가정주부였다. 베티 프리단(Betty Friedan: 페미니스트 작가로서 그녀의 저술 『여성의 신비(The Feminine Mystique)』는 페미니스트의 고전임 - 옮긴이)이 말했던 것처럼, "현모양처야말로 젊은 미국 여성의 꿈이었다. 그녀는 건강하고 아름답고 교양 있고 오로지 남편과 자녀, 그리고 가정에 대해서만 관심을 가졌다. 그녀의 여성상(女性像) 실현은 바로 이렇게 달성되었다." 여론조사도 프리단의 가정을 뒷받침했다. 1962년 조사에 따르면 "가정주부만큼 행복한 사람이 없다"라는 결과가 나왔다. 설문에 응한 2,300명의 가정주부 중 약 96%는 매우 행복하다고 응답했다. 이들은 전통적인 여성의 역할에 동의했다. 즉 "남성에게 복종하는 것은 여성다움의 일부이다. 그리고 평등을 요구하는 여성은 자연과 싸우는 것이다." 이런 생각은 도리스 데이(Doris Day) 주연의 영화나 준 클리버(June Cleaver) 주연의 <비버에게 맡겨줘(Leave it to Beaver)> 또는 1952년과 1966년 사이 텔레비전으로 인기리에 방영된 해리엇 넬슨(Harriet Nelson) 주연의 <오지와 해리엇(Ozzie and Harriet)>에서 다루어졌다. 클리버와 넬슨은 행복한 가정주부였고 좋은 엄마였고 항상 남편을 지지했다.

이 밖에도 전통적인 가족을 지지하는 이데올로기적인 이유가 있었다. 바로 이것은 냉전이었다. 소련의 여성들은 국가 건설을 위해 공장과 집단농장에서 남성들과 함께 일했다. 그래서 대부분의 미국인들은 노동부 차관 제임스 오코넬(James O'Connell)의 말에 동의했다. "공산주의 사회에서처럼 여성이 인력의 원천으로 여겨지는 것이 우선이고, 엄마로 여겨지는 것이 그 다음일 때……우리는 우리가 공산주의와 구별되는 많은 것을 잃게 된다. 여성에게 최고의 직업은 가정이다."

여성에 대한 의견들이 분분한 상황에서 민주당 대통령 후보 케네디는 여성문제에 대해 많은 말을 하지 않았으며 주변에 여성 참모도 극소수에 불과했다. 미시간 주 마가렛 프라이스(Margaret Price) 민주당전국위원회 부의장은 "케네디 측근에 전문 여성이 부족하다는 것은 그가 남성 중심적이라는 인상을 받게 했다"라고 말했다. 사실 케네디는 내각에 여성은 단 1명도 임명하지 않았는데, 이런 사실을 지켜본 언론인 도리스 플리슨(Doris Fleeson)은 "여성에게 뉴(new) 프런티어는 올드(old) 프론티어이다"라고 썼다.

그러나 케네디는 여성 지위 향상을 위한 대통령위원회의 위원에 많은 저명한 여성들을 임명했다. 위원 중에는 고령의 엘리너 루스벨트(Eleanor Roosevelt) 여사도 있었다. 1962년 2월 첫 회의에서 엘리너 여사는 "남녀 간의 임금차별이 미국의 평등과 정의 개념에 반대된다"라고 밝혔다. 물론 그녀는 남편 루스벨트 대통령이 사업진척국(WPA)에서 남성과 여성에게 동일한 임금을 지급했다는 것과 제2차 세계대전 기간 중 방위산업 계약자들에게 남성과 '필적할 만한 질과 양(comparable quality and quantity)'을 해낸 리벳공 로지(Rosie the Riveters)에게 동일한 처우를 하도록 명령했다는 것을 잘 알고 있었다.

위원회 회의에서 케네디 대통령은 여성 — 전체 노동력의 3분의 1 — 의 '일차적 의무'는 가족과 가정에 있지만, 행정부는 여성에 대한 '법적 또는 묵시적 차별'을 원치 않는다고 말했다. 곧이어 노동부 장관 아더 골드버그(Arthur Goldberg)는 수백 만의 여성들이 시간당 1달러 미만을 받고 있다는 점을 지적하면서, "여성은 오랫동안 남성보다 '나약한 성(性)'이란 이미지로 일해 왔고, 실제 구직 현장에서도 이런 낙인(烙印, stigma)이 찍혀 있습니다. ……이제는 여성 구직자도 능력과 적성으로 평가받을 때입니다"라고 언급했다.

위원회는 곧 공무원임용위원회 위원장 존 메이시(John Macy)로부터 도움을 받았다. 그는 정부 기관의 관리직 충원 요구 가운데 94% 이상이 남성들로 채워진다는 사실을 발표했다. 메이시는 모든 부서에게 고용 관행을 재심사할 것을 요청했고, 이제부터 부서 책임자에게 여성보다 남성을 요구하는 이유를 설명하게 할 것이라고 했다.

의회도 관심을 갖게 되었다. 오리건 주 에드스 그린(Edith Green) 민주당 의원이 하원에서 「동일임금지급법(Equal Pay Act)」을 제안했고, 미시간 주 패트릭 맥나마라(Patrick McNamara) 민주당 의원도 상원에서 동일한 법안을 제안했다. 기업계에서는 "여성을 고용하는 데 소요되는 추가 비용"을 이유로 이 법안에 반대했다. 반면, 노동조합은 고용주가 노조원보다 낮은 임금을 주고 여성을 고용할 가능성을 줄일 수 있기 때문에 찬성했다. 대부분의 의원과 여론은 이 법안을 찬성했고 1963년 쉽게 통과되었다. 「동일임금지급법」은 "동일한 기술, 노력, 그리고 책임을 요구하는……직무상의 동일한 업무"에 대한 임금 지급에서 차별을 금지했다. 법안에 따르면 선임자, 능력, 생산품의 질(quality of production)에 근거해 임금을 다르게 지급하는 것에 대해서는 예외를 두었고, 고용주가 여성의 임금을 남성과 동일하게 하기 위해 남성의 임금 수준을 줄이는 것을 허용하지 않았다.

초기 「동일임금지급법」은 대부분의 여성 노동자에게 큰 영향을 미치지 못했다. 법은 전문직, 관리직 또는 판매직, 가사 노동자 또는 농업 관계 노동자, 성별에 따라 격리된 직장에는 적용되지 않았는데, 여성은 '남성에 적합한 직업'에 거의 종사하지 않았기 때문에 여성 노동자의 약 4분의 1 정도만이 혜택을 보았다. 1년 후 ≪유에스 뉴스 엔 월드 리포트≫는 기업들을 조사한 결과를 발표했는데, "많은 고용주들이 남성과 여성을 더 이상 동일한 업무에 배정하지 않기 위해 직무와 직무내용설명서를 개정했다"라는 점을 지적했다. 또한 이 신문은 "규칙을 연구하는 회사들에겐 「동일임금지급법」의 법망을 빠져나갈 수 있는 규정상의 허점이 많다"라고 보도했다.[7]

실제 「동일임금지급법」은 매우 중요한 법이 되었는데, 이후에 개정안이 이 법을 더욱 강화시켰고, 특히 국가가 다음 10년 동안 여성해방운동을 목격했기 때문이었다. 법안에 대한 케네디의 서명으로 임금차별에 대한 전통적인 이유는 더 이상 통하지 않게 되었다. 이제부터 연방정부는 회사가 성별 때문에 임금을 차별하지 않아야 한다는 생각을 지지하기 시작했다. '동일 노동, 동일 임금(equal pay for equal work)'이 '필적하는 노동에 대한 동일 임금(equal pay for comparable work)'이 된 것은 연방정부의 지원 때문에 가능했고, 이것은 곧 미국의 직장 문화를 바꿔놓았다.

아프리카계 미국인들은 정부가 일터를 바꿔주길 기다리고만 있지 않았다. 1963년 봄 마틴 루터 킹 목사와 남부기독교지도자회의(SCLC)는 앨라배마 주 버밍햄에서 대규모 시위를 시작했다. 공공시설과 기업, 그리고 실제 모든 것들이 완전히 격리되어 있었는데, 도서관에서 하얀 토끼와 검은 토끼의 그림이 들어간 책을 치우기도 했다. 흑인들도 납세자이지만 투표하지 못했고 시 관리직에 근무하는 사람은 단 한 사람도 없었다. 경찰관이나 소방관도 없었다. 도시에 폭력이 난무하고 흑인들은 버밍햄을 "밤잉햄(Bombingham: Bomb+Birmingham)"이라고 불렀다. 시 경찰국장 유진 불 코너(Eugene 'Bull' Connor: 황소를 뜻하는 영어 'bull'을 연상시키듯 당시 남부에서 무자비하게 시위 진압을 지휘함-옮긴이)는 "검둥이들을 제자리에 돌아가게 하겠다"라고 공언하면서, "흑백 통합이 되기 전에 버밍햄 거리에는 검붉은 피가 흐르게 될 것이다"라고 말했다.

마틴 루터 킹 목사는 위험을 알고 있었지만, 시위를 통해 "전 세계가 지켜보는 가운데 남부의 폭력성을 백일하에" 드러낼 것으로 판단했다. 이것은 케네디 대통령이 행동하게 만들었다. 킹 목사는 "문제를 해결하는 열쇠는 연방정부의 완전하고 분명하며 지속적인 헌신에 달려있다"라는 점을 지적했다.

1963년 4월 3일 흑인 시위대는 식당과 가게에서 평화롭게 연좌 농성과 피케팅 시위를 시작했다. 경찰은 이들을 체포해 감옥으로 보냈다. 다음날 약 50명의 시위대가 시청으로 행진해 갔고 이들 역시 모두 체포되었다. 매일 더 많은 흑인들이 참여했고 시위대의 물결은 강이 되고 마침내 홍수를 이루었다. 4월 12일 킹 목사와 랄프 애버나시(Ralph Abernathy: 킹 목사의 최측근이었으며 그가 암살된 후 SCLC 의장직을 맡음-옮긴이), 그리고 수십 명의 시위대가 행진하면서 "버밍햄에 자유가 찾아왔도다!"라고 외쳤다. 그러나 자유는 찾아오지 않았다. 경찰은 다시 시위대를 체포해 감옥에 보냈다. 시위는 다음날에도 계속되었는데, 킹 목사가 "어린이들의 십자군 운동(children's crusade)"이라 불렀던 사건이 발생했다. 5월 3일 수천 명의 10대 흑인들이 시청을 향해 행진했다. 마침내 불 코너(Bull Connor) 경찰국장이 텔레비전 카메라가 이 광경을 찍는 가운데 시위대를 덮쳤다. 그는 부하들에게 평화시위대를 공격하도록 명령했다. 그의 부하들은 개를 풀어 시위대를 물게 하고 야경봉을 휘두르고 시위대를 땅에 엎드리게 해 곤봉으로 구타했다. 소방관들은 고압 호스를 틀어 시위대를 흩어지게 하고 물로 쏘아 넘어지게 했다. 다음날 수천 명의 흑인들이 거리로 쏟아져 나왔는데, 야만적인 장면이 다시 신문의 1면과 전국의 텔레비전에 드러났다. ≪타임≫은 "폭탄의 불길, 칼날의 섬광, 무시무시한 화염, 증오의 날카로운 외침, 밤중에 자행되는 테러의 난폭한 춤 등 이 모든 것이 앨라배마 버밍햄에서 벌어지고 있다"라고 보도했다.

버밍햄 사건으로 남부의 거의 200개 도시에서 연좌 농성과 시위가 가속화되었으며, 킹 목사의 평판을 위대한 흑인 지도자로 격상시켰고 민권 투쟁의 전환점이 되었다. 킹 목사의 전략은 주효했다. 다시 한 번 흑인 시위대들은 전국에 흑인의 고통을 알렸고, 연방정부가 행동에 나서도록 압력을 가했다. 대부분의 미국인들과 같이 케네디 대통령과 그의 형, 그리고 법무장관 로버트 케네디도 텔레비전에서 폭동을 보았고 경찰의 잔인한 진압에 '경악'했다. 킹 목사가 감옥에 수감되자 케네디 형제들은 버밍햄 관리에게 전화했고, 로버트는 법무부 차관보 버크 마샬(Burke Marshall)을 현지로 파견해 중재하도록 했다. 버밍햄도 사회적 해체와 경제적 붕괴에 직면해 있었기 때문에 관료와 기업인들도 대화에 동의했고, 마샬 차관보는 타협안을 이끌어냈는데, 이것은 실제 공공시설을 통합하고 흑인 납세자들에게 일자리를 제공한다는 것이었다. 타협안에 대한 반응은 잔혹했다. 복수심에 불탄 백인들은 킹 목사의 숙소 본부와 그의 형제의 집에도 폭탄을 던졌다. 폭동은 계속되었고 50명이 부상당했다. 케네디 대통령은 "행정부는 타협안에 대해 어느 한쪽의 소수 극렬분자가 방해하는 행위를 절대 용납할 수 없다"라고 발표했다. 케네디는 3,000명의 연방군을 버밍햄 근처에 배치하도록 명령했다.

대통령의 조치는 앨라배마 주지사 조지 월리스(George Wallace)가 감당하기 벅찼다. 그는 앨라배마대학을 통합시키려는 연방정부의 명령을 반대해 왔고, 연방정부의 관리가 명령의 이행을 요구했던 5월 "오늘도 격리, 내일도 격리, 영원히 격리"라고 말했다. 그러나 앨라배마 주에서 '영원히'라는 말은 통하지 않았다. 2주 후 케네디는 주 방위군을 연방군으로 편성했고 텔레비전이 방송하는 가운데 2명의 흑인 학생이 등록했는데, 주지사는 옆에서 이 광경을 지켜볼 수밖에 없었다.

케네디 대통령은 최남부(Deep South) 주에서 벌어진 사건을 보고 대국민 연설을 했다. 6월 11일 그는 백악관에서 텔레비전으로 중계되는 가운데 기념비적인 연설을 했다. 그는 미국이란 국가는 "모든 사람이 평등하게 태어났다는 원칙에 기초해 건국되었다"는 점을 국민들에게 상기시키고, "현재 국가는 끊임없는 도덕적 문제에 직면했다"는 점을 언급했다. "문제의 핵심은 모든 미국인들이 평등한 권리와 평등한 기회에 동의하느냐의 여부입니다." 이런 다음 그는 "링컨 대통령이 노예, 이들의 상속인, 이들의 손자들에게 자유를 준 이래 100년 동안이나 지연되었습니다. 이들은 완전히 자유롭지 못합니다. ……이들은 사회적으로나 경제적인 억압으로부터 자유롭지 못합니다. ……이제 국가가 약속을 실현할 때가 왔습니다"라고 강조했다.

8일 후 케네디는 의회 연설에서 의원들에게 미국 역사상 가장 포괄적인 「민권법」을 통과시켜 이 약속을 실현할 것을 요구했다. 대통령의 법안은 모든 공립학교에서 흑백 통합을 요구하고 법무장관에게 법을 준수하지 않는 공립 교육기관에 대해 법률적 행동을 할 권한을 부여하고 통합을 달성한 교육구에 대해서는 재정 지원을 해주자는 것이었다. 그는 연방선거에서 헌법상의 권리를 강제하는 것과 모든 시민들이 공공시설에서 이들의 권리를 행사하는 것을 지지했다. 제2차 세계대전 참전 용사였던 케네디는 "미국을 위해 싸우거나 목숨을 바치는 데 피부색은 문제가 되지 않는다"라고 말했다. "확실히……노예해방선언 후 100년이 지난 오늘, 어떤 미국 시민이라도 다른 손님과 같은 조건으로 호텔에 머물거나 식당에서 음식을 먹거나……영화관에 입장하기 위한 기회를 달라는 요구를 하기 위해 거리에서 시위하는 일은 없어야 합니다." 그리고 대통령은 직무 훈련과 공평한 고용을 지지했다. "흑인이 주머니에 현금과 직업이 없다면, 호텔과 식당에 입장할 권리를 가진다고 해도 이 가치가 떨어집니다." 이런 다음 케네디는 제2차 세계대전 이래 전개해 온 차별철폐정책의 기본 원칙을 천명했다.

> 단순한 정의(正義)는 모든 인종의 모든 납세자가 조성한 공적 기금(public funds)은 인종차별을 고무·옹호·지원하는 어떤 형태에도 사용해서는 안 된다는 것입니다.

대통령은 "「민권법(1963년)」이 경제와 외교정책 그리고 국내 안정에 유익할 뿐 아니라 무엇보다 이것이 옳기 때문에 제정되어야 합니다"라고 말했다.

케네디 대통령의 인상 깊은 연설과 그의 민권 방안은 국가를 분열시켰다. 마틴 루터 킹 목사는 케네디 대통령에게 편지를 보내 "대통령의 연설은 역대 어느 대통령의 연설보다 모든 인간의 정의와 자유에 대한 가장 웅장하고 심오하고 솔직한 호소였다"라고 평가했다. 그러나 남부의 많은 정치인들과 보수 성향의 많은 사람들은 케네디의 연설을 비난했다. 미시시피 주 제임스 이스트랜드(James Eastland) 상원의원은 케네디의 민권 제안을 "전체주의 국가를 위한 완전한 청사진"이라고 불렀다. 또한 텍사스 주 존 타워(John Tower) 상원의원은 "이 법안을 시행하는 것은 실제적인 경찰국가와 다름없다"라고 생각했다. 루이지애나 주 알렌 엘렌더(Allen Ellender) 상원의원은 또 다른 접근 방식으로 "흑인들이 피부색 때문에 차별받았다고 주장하는 직무에 자격이 되지 않을 때……자신들의 능력 부족을 감추기 위해 피부색을 이용한다"라고 주장했다.

2주 후 케네디는 차별철폐정책으로 되돌아왔다. 대통령은 행정명령 제11114호를 공포해 그의 1961년 행정명령을 대체했다. 케네디는 "차별철폐정책을 통해 고용차별을 타파하는 것이 미합중국의 정책이다"라고 선언하면서, "주정부와 지방정부에 지원되는 연방보조금, 연방대여금, 그리고 다른 형태의 재정 지원"을 포함해 모든 연방 재원과의 계약을 통해 만들어지는 일자리까지 차별철폐정책의 적용을 확대시켰다. 더욱이 납세자의 돈을 받는 노조와 고용주는 "유자격의 구직자는 인종, 신념, 피부색, 국적과 관계없이 취업 고려 대상이다"라는 표현이 들어간 광고를 실어야 했다. 계약자는 정부가 법안 이행 여부를 확인할 수 있도록 회계장부와 기록에 접근할 수 있게 해야 했다. 만약 회사가 법을 준수하지 않는 경우 연방 관리가 계약을 취소할 수 있고 추후 계약에서 이 회사는 부적격자로 분류될 수 있다.

버밍햄의 폭력 사태로 최고조에 이르렀던 민권운동이 3년째 되었을 때, 케네디의 행동은 아프리카계 미국인들의 고통을 새롭게 전국적으로 인식시키는 계기가 되었다. 맨 먼저 여론조사 기관들이 인종문제에 대한 실질적인 전국 조사에 착수했는데 민권운동이 영향을 미친 것으로 보였다. 제2차 세계대전 기간 대부분의 백인들이 흑인들은 열등한 인종이라고 생각하고 약 70%가 학교 격리에 찬성했고, 단 45%만이 흑인들도 취업하기 위해 평등한 기회를 가져야 한다고 생각했다는 점을 상기해 보라. 인종에 대한 태도는 1950년대에 조금 더 관용적이었다. 그러나 베이비 붐 시기에 대부분의 백인들은 여전히 민권에 관심이 없었다. 1960년대 초 다수의 백인들은 아프리카계 미국인에 대한 동시대적인 고정관념, 즉 흑인들은 야망도 작고 도덕관념도 약하고 많이 웃고 특이한 냄새가 난다고 믿었다. 그러나 버밍햄 사태와 케네디의 연설 이후 실시된 여론 조사에 따르면, 시민들은 냉전에서 승리라든지 외교정책보다도 민권문제를 국가의 최우선 과제로 생각한 것으로 나타났다. 시민들은 인종문제에 대해 상당한 변화를 보였다. 공공시설과 관련지어 "흑인들이 전차와 버스에서 별도의 칸에 타야 한다고 생각합니까?"라는 질문에 대한 조사 결과를 보면, 찬성율이 1950년대 50%에서 21%로 떨어졌고 반대율은 79%였다. '백인뿐 아니라 흑인에게 공공시설에서 서비스를 받을 권리를 부여하는' 법을 지지했던 북부 백인들의 비율은 1963년 6월 55%에서 의회가 「민권법」으로 논쟁하던 시기인 1964년 1월 70% 이상으로 올라갔다. 공평함과 관련지어 생각해볼 때, "흑인들도 어떤 종류의 직장을 얻기 위해 백인과 동등한 기회를 가져야 한다고 생각합니까?"라는 질문에 대해 1963년 여름 85%가 찬성했다. 그리고 민권운동에 대해 새로운 인식을 하게 했다. "흑인들이 차별을 받고 있다고 생각합니까?"라는 질문에 대해 70% 이상이 "그렇다"라고 응답했고, 남부에서조차도 56%가 "그렇게 생각한다"라고 답변했다. 그렇다면 실제로 "유자격의 흑인들이 당신의 지역사회에서 백인과 동등한 구직 기회를 가졌다고 봅니까?"라는 질문에 대해서는 단지 43%만이 "그렇다"라고 응답했고, 48%는 "그렇지 않다"라고 답변했다. 1964년 여론조사 기관들은 "다수 미국인의 마음과 가슴속에 통합의 원칙이 이미 승리했다"라고 기록했다. 짐크로는 임종(臨終)을 맞이했다.

▲ "나에게 꿈이 있습니다(I Have A Dream)." - 마틴 루터 킹 목사

≪뉴스위크(Newsweek)≫는 사설에서 "역사가 이것을 기록할 것이다. 1963년 여름은 혁명의 시기였고, 미국의 1,900만 흑인들이 노예해방이라는 1세기 묵은 약속어음(promissory note)의 지급을 요구했다"라고 보도했다. 여론조사 기관 해리스가 실시한 아프리카계 미국인에 관한 대규모 여론조사에 따르면, "흑인들은 모든 형식의 차별을 종식시키는 것만을 원하는 것은 아니다. 이들은 더 좋은 직업, 더 나은 임금, 더 나은 집을 원한다. 이들은 백인들과 함께 할 권리, 즉 이웃으로 살고……백인 옆에서 일하고 자녀를 백인 아이들의 학교에 보내고 백인들의 식당에서 음식을 먹고 백인들의 호텔에서 잠을 자고 백인들의 교회에서 기도하길 원한다"라고 보고했다.[8]

마틴 루터 킹 목사와 다른 흑인 지도자들은 이런 목적들을 공론화하고 케네디의 민권법안에 대한 지지를 얻기 위해 수도 워싱턴으로 행진을 선언했다. 8월 28일 약 20만 명의 흑인과 백인들은 링컨기념관으로 이어지는 의사당을 지나면서 노래를 불렀다. 복음송 가수 마하리아 잭슨

(Mahalia Jackson)이 흑인영가로 대규모 군중들을 이끈 후 포크 가수들이 「우리는 극복하리라(We Shall Overcome)」라는 노래를 부르면서 이들을 맞이했고, 이어서 NAACP, CORE, SLC, SNCC(학생비폭력조정위원회), 전국도시연맹의 지도자들이 짤막한 연설을 했다. 가장 고령의 정치가인 랜돌프는 아프리카계 미국인들에게 "우리들은 폭도가 아닙니다. 우리들은 직업과 자유를 찾기 위해 온 도덕 혁명의 당당한 선구자입니다"라고 역설했다. 이어서 참가 단체 중 가장 젊은 축에 속하는 SNCC의 신임 의장 존 루이스(John Lewis)가 "흑인들은 천천히 자유로워지는 것을 원치 않습니다. 우리는 자유를 원합니다. 이것도 지금 당장 원합니다"라고 말했다. 그러나 이날 집회에서 가장 주목을 받았던 사람은 바로 마틴 루터 킹 목사였다. 그는 시민들에게 노예해방과 독립선언서에서 약속한 '신성한 의무'를 상기시키면서, 국가의 희망찬 비전을 "나에게 꿈이 있습니다(I Have A Dream)"로 표현했다.

루이스는 "미국이 새로운 시대를 시작하는 것처럼 보였다"라고 했다. 케네디 대통령은 흑인 지도자들을 백악관에 초청했는데, 이 자리에서 랜돌프는 대통령에게 "집회는 민권법안의 승인을 얻기 위한 목적 외에 다른 뜻은 없습니다. ……각하가 아니고서는 어느 누구도 이끌 수 없는 개혁운동입니다"라고 말했다.

그러나 케네디는 이 운동을 결코 이끌 수 없게 되었다. 1963년 11월 22일 대통령은 암살된 것이다. 신임 대통령 린든 B. 존슨(Lyndon B. Johnson)은 케네디 대통령의 비극적인 죽음 후 곧바로 대국민 연설을 했다. 존슨 대통령은 "우리는 민권에 대해 충분히 대화했습니다. 이제는 다음 장(章)을 쓰고 법전에 이것을 기록할 때입니다"라고 말했다. 그는 계속해 "우리는 케네디 대통령을 명예롭게 기억해야 할 것입니다"라고 말하면서 전임 대통령에 대한 적절한 칭송을 아끼지 않았다.

곧바로 존슨 대통령은 케네디 대통령의 법안보다 더 포괄적이고 그래서 논란의 가능성이 더 높은 민권법안을 발의했다. 법안의 제2편은 모든 공공시설, 즉 모텔, 식당, 극장, 가게, 주유소와 같이 일반 공중을 상대하는 사(私)기업체를 포함해 모든 공공시설을 통합하는 것을 목적으로 했다. 제4편은 모든 공립학교, 병원, 도서관, 박물관, 운동장, 공원, 기타 공공장소를 통합하는 것을 목적으로 했다. 반면, 제6편은 연방 재원을 지원받는 모든 프로그램에서 차별을 금지하고, 정부가 차별하는 기업과의 계약을 거부할 권한을 갖게 하는 케네디 대통령의 행정명령 제11114호를 법제화하는 것이었다. 제7편은 25인 이상의 고용인을 둔 모든 기업체에서 고용차별을 종식시키는 것을 목적으로 했는데, 이 계획안은 케네디 법안에 들어 있지 않았던 것으로 보수 성향의 사람들과 많은 기업인들이 결사반대했다. 또 다른 조항은 고용기회평등위원회 (Equal Employment Opportunity Commission: EEOC)를 설치해 위원회에 전국의 직장에서 차별을 종식시킬 권한을 부여하는 것이었다.

1963년과 1964년 미국에서 '공평한 고용 관행'이란 무엇인가를 놓고 개최된 청문회와 토론회에서는 격렬한 언쟁과 계몽적인 증언이 있었다. 의회 청문회는 1963년 여름에 시작해 하원에서는 1964년 초에도 논쟁을 계속했다. 투표와 법안의 통과를 지연시키기 위해 의원들은 120개 이상의 개정안을 제출했는데, 일부 의원은 공산주의자와 무신론자를 보호하지 않는다는 개정안을 제출했고, 다른 의원들은 백인 개신교인에 대한 차별 금지를 목적으로 하는 개정안을 제출하기도 했다. 2월 하원은 법안을 통과시켰고, 봄에 상원에서 법안에 대해 논쟁을 시작했다. 상원에서는 반대하는 의원들이 법안을 개정하려 했고 통과를 지연시켰다. 버지니아 주 A. 윌리스 로버트슨(A. Willis Robertson) 상원의원은 2시간

동안 연단을 차지하고 남부연방의 작은 깃발을 흔들면서 의사진행을 방해했다. 조지아 주 리차드 러셀(Richard Russell) 상원의원은 연방정부가 15억 달러를 들여 50개 주에 동일한 수의 흑인을 배정하는 계획을 제안했다. 이들은 계속 논쟁했고 실제 남부 주 출신 의원들은 장시간 필리버스터(議事進行妨害, filibuster) 연설을 했다. 뉴욕 주 쟈곱 쟈비츠(Jacob Javits) 상원의원은 "우리는 행정부에 반대하기 위해 역사상 가장 크고 가장 오랫동안 상영하는 느린 동작의 쇼를 보여주는 매우 독특한 역할을 하고 있다"라고 했다.[9]

그러나 이 쇼는 미국과 차별철폐정책과 관련해 미래의 인종 관계에 대한 수많은 중요한 이슈들을 밝혀냈고 강조했다는 점에서 매우 의미심장했다.

첫째 이슈는 고용 우대였다. 만약 2명의 지원자가 기본적으로 동등하다면, 어떤 사람에게 기회를 주어야 하는가?

미국에서 우대에 대한 관념―한 집단(흑인)을 돕기 위해 법률을 통과시키는―은 익숙하지 않을 뿐이지 전혀 새로운 것도 아니었다. 1789년의 연방헌법은 부(富)와 토지를 소유한 귀족계층―이들 중 일부는 노예를 소유하도록 허가를 받음―에게 특권을 주었다. 이 점에서 헌법은 인종차별적이었다. 왜냐하면 헌법은 인종에 기초해 노예제를 허용했기 때문이다. 1789년의 아프리카계 노예들은 대부분 미국에서 태어났지만, 남북전쟁 이후 수정헌법 제14조가 제정된 뒤에 시민권을 부여받았다. 노예들이 해방되었을 때 연방 관리들은 곧 새로 자유를 얻은 대부분의 사람들이 문맹이고 숙련되지 않았으며 토지가 없다는 것을 알았다. 의회는 「해방흑인사무국법(Freedmen's Bureau Act: 해방 노예의 구제, 토지소유, 취직, 교육에서의 원조를 목적으로 함-옮긴이)」을 통과시키고, 다른 프로그램과 마찬가지로 연방정부가 전에 노예 신분이었던 흑인 군인들에게 약간의 토지를 불하하고 교육을 받게 하고 재원을 지원하고 늙고 가난한 여성과 아동을 지원하기 위한 다양한 특권을 제공했다. 남북전쟁 이후 지원은 아프리카계 미국인에게 국한된 것이 아니었고 백인 참전 용사에게도 실제적 지원이 주어졌지만, 일반적으로 말하자면 연방지원은 과거 2세기에 걸친 노예제도에 대한 보상 차원에서 해방된 노예에게 '우대조치(preferential treatment)'를 시행했던 것이다. 그러나 지원은 단기간이었고 성공적이지도 못했다.

20세기 들어 연방정부는 인종과 성별에 관계없이 혜택을 부여한 다른 우대조치법안을 제정했다. 1935년 제정된 사회보장법의 퇴역자 프로그램은 65세 이상에게 매월 수표를 지급했다. 1944년 「제대군인지원법(G.I. Bill of Rights)」은 제2차 세계대전 참전 용사에 한해 지원했지만, 민간인으로 전쟁 승리에 기여한 사람들은 제외했다. 미국 전체 인구 약 1억 4,000만 명 중 1,500만의 참전 용사들이 대학 진학에 소요되는 비용과 연방 보증 저리 주택마련 대부금, 그리고 공무원이 될 수 있는 다른 보너스 혜택을 받았다. 이 프로그램은 매우 인기가 좋았으며 절대 다수의 시민들이 공평하다고 여겼다.

그러나 국가가 민권법안에 대해 논의할 때 이제까지 공평한 것으로 여겨졌던 내용들이 논쟁 속에서 이리저리 밟혀져 버렸다. 일부 사람들 ─특히 소수민족과 진보 성향의 사람들─에게 과거 불공평과 차별에 대한 우대조치라는 것은 공평했다. 반면 다른 사람들─많은 백인과 보수 성향의 사람들─에게 이것은 역차별이었고 불공평한 것이었다.

CORE는 우대고용문제에서 주도적인 역할을 했다. 1962년 CORE는 고용주들이 구체적인 비율을 책정해 흑인들을 고용하고 일련의 우대고용지침서를 채택할 것을 요구했다. 또한 전국 조직인 CORE는 각 지부에게 고용주가 흑인들을 고용할 때 "상징성을 훨씬 뛰어넘는 매우 구체적인 요구"를 하고, 기업은 소수민족을 선발하고 훈련시킬 책임이 있다는 점을 주장하라고 촉구했다. 한 관리는 우리는 "단순히 능력 중심 고용에 대해 얘기해 왔는데 이제 CORE는 '보상적' 고용 측면에서 얘기를 하고 있다. 우리는 고용주들이 오랫동안 전체 노동자에서 실제 흑인들을 배제해 왔으며, 이제는 이들의 과거 죄를 보상하는 책임과 의무를 가지고 있다는 가정에 따라 일을 처리하고 있다"라고 말했다. 뉴욕 주 CORE는 1,400명의 노동자 중 흑인을 단 1%만 고용한 실테스트우유(Sealtest Dairy Co.)의 제품에 대해 불매운동을 전개했는데, 2개월 만에 회사는 10명의 흑인을 즉각 고용하기로 하고 1963년 결원이 생기는 자리에는 흑인과 스페인계 미국인을 우선적으로 고용하기로 했다. 이해에 CORE는 특정 기업에 대한 불매운동을 계속했고 덴버, 디트로이트, 시애틀, 볼티모어, 그리고 뉴욕과 캘리포니아 주 다른 도시들의 몇몇 고용주들로부터 흑인을 고용하겠다는 약속을 얻어냈다.

우대고용과 유사한 문제는 케네디 대통령이 민권법안을 제출하고 곧바로 수면에 떠오른 비례고용제, 보상제, 할당제였다. 남부의 일부 흑인 지도자들은 버스 운전사와 같은 공공 근로자에 대해서는 지역사회에서 차지하는 흑인 인구 비례에 따라 흑인을 고용하는 것을 지지했는데, 뉴욕 주 민권단체들은 시가 계약하는 건축직의 25%를 흑인으로 고용할 것을 요구했다. 이런 계획은 언론의 관심을 끌어 1963년 8월 기자회견에서 한 기자는 케네디에게 "이류 시민으로 고통당하는 흑인에 대한 특별 보상과 인종별 고용할당제에 대한 대통령의 견해"에 대해 질문했다. 대통령은 소수민족이 취업 훈련을 받는 데 특별 프로그램이 필요하다는 암시를 주면서 "잃어버린 기간에 적합한 약간의 보상이 특히 교육 분야에서 가능할 것입니다"라고 답변했다. 그는 이어서 "나는 할당제가 좋은 방안이라고 생각하지 않습니다. 종교, 인종, 피부색, 국적에 근거해 할당하기 시작하는 것은 실수라고 생각합니다. 우리가 이렇게 할 경우 많은 문제에 직면할 것입니다"라고 대답했다. 대통령은 노동자의 고용과 관련해 고용주가 "모든 사람에게 공평한 기회"를 부여해야 한다는 것에는 동의했지만, 엄격한 할당제에 대해서는 찬성하지 않았다.

또한 이들 이슈들은 이해의 여름 의회 청문회에서도 등장했다. 뉴저지 주 피터 로디노(Peter Rodino) 민주당 의원은 CORE 의장 제임스 파머(James Farmer)에게 할당제에 대해 질문했다. 파머는 "우리는 할당제를 믿는 단체들 중 하나가 아닙니다. 그러나 우리는 소수민족의 고용을 보장하기 위해서는 할당 방식이 아닌 차별철폐정책이 적합하다고 믿습니다"라고 답변했다.

로디노 의원은 계속 질문했다.

로디노 의원	"좋습니다. 그렇다면 고용이란 지원자의 교육 수준과 자격에 기초해야 한다고 생각합니까?"
파머 의장	그렇다고 생각합니다. 그러나 만약 한 사람은 흑인이고 다른 한 사람은 백인인데 이 두 사람이 하나의 일자리에 지원하고 똑같은 능력이 있고 대략 같은 자격이라고 한다면, 이런 경우 역사적으로 회사는 흑인을 고용하지 않았습니다. 그러나 이제는 이 회사가 과거의 불이익을 극복하기 위해 흑인을 고용해야 한다고 생각합니다.
로디노 의원	그렇다면 이것은 우대조치가 아닙니까?
파머 의장	의원님은 이것을 우대조치라든가 보상조치라고 말할 수 있습니다…….
로디노 의원	이것은 이 시대에 누구에게도 차별해 본 적 없는 백인에 대한 차별이 아닙니까?
파머 의장	의원님도 잘 알고 있듯이, 우리들은 인종 격리를 용납했던 사회체계 속에 있기 때문에 어느 누구도 무죄(無罪)일 수는 없습니다. 흑인들은 평생 동안, 아니, 350년 동안 이렇게 특별 처우를 받아 왔습니다. 우리가 요구하는 것은……과거의…… 결과를 극복하기 위한 약간의 특별 처우입니다. 저는 어떤 백인을 해고시켜야 한다고 요구하지 않습니다. 우리는 흑인들이 백인들을 쫓아내는 것을 원치 않습니다.

파머 의장은 현행 고용체계로 보았을 때, "우대조치는 백인에게 주어지게 될 것입니다"라는 결론을 내렸다.[10]

• ○ •

로디노 의원과 파머 의장 간의 공개적인 논쟁과 함께 수개월에 걸친 의회 청문회 기간 중에 벌어진 논쟁들은 판도라의 상자를 열었다. 이 상자 안에는 할당제, 우대, 보상, 역차별 등이 들어 있었다. 모든 것들이 존슨 대통령 임기 동안, 그리고 향후 수십 년 동안 언론 매체에서 다룬 민감한 주제이자 헤드라인이었다.

할당제 문제는 정치인들이 민권법안에 대한 청문회를 개최해 제7편에 대해 집중적으로 논쟁하면서 여러 차례 등장했다. 그리고 상원에서도 활발한 논쟁이 있었다. 보수주의자들의 주장은 단순하고 직접적이었다. 연방정부는 고용주가 누구를 고용해야 한다거나 누구를 고용할 수 있는가에 대해 명령하는 것을 포함해 기업을 규제할 권리가 없다. 이것은 전체 노동자를 규제하는 것이므로 위헌이다.

애리조나 주 골드워터(Barry Goldwater) 상원의원과 같은 일부 보수주의자들은 30년 전 뉴딜정책의 일환으로 통과된 「아동노동법」과 단체교섭권이 위헌이므로 폐지되어야 한다고 믿었다. 진보주의자들과 민주당, 그리고 공화당의 중도파들은 그의 견해에 동의하지 않았는데 노동조합도 마찬가지였다. 이들은 민권법안은 할당제와 관계없다고 주장했다. AFL-CIO 로비스트 앤드류 비에밀러(Andrew Biemiller)는 "이 법안은 일자리에서 '인종 균형(racial balance)'을 요구하지 않고 특정 인종에게 우대 받을 권리도 주지 않으며 선임자 권리도 박탈하지 않는다"라고 주장했다. 그에게는 정부가 새로운 잘못을 저지르면서 과거의 잘못을 바로잡으려고 하는 것은 상상할 수 없는 일이었다.

상원에서 법안 통과를 지휘한 미네소타 주 출신의 민주당 허버트 H. 험프리(Hubert H. Humphrey) 의원은 한술 더 떴다.

> 민권법안 제7편은 일부 반대자들의 주장과는 반대로 민권위원회나 법원에게 인종별 '할당제'를 충족시키거나 특정의 인종 균형을 달성하기 위해 고용인의 고용, 해고 또는 승진을 요구할 어떤 권한도 부여하지 않습니다.
> 의원 여러분께서 걱정하는 부분이 많겠지만 이런 것은 존재하지 않습니다. 사실 이 반대가 맞습니다. 제7편은 차별을 금지합니다. 실제로 제7편에서는 인종, 종교, 국적이 고용과 해고의 근거로 사용되지 말아야 한다고 규정하고 있습니다. 제7편은 인종이나 종교가 아니라 능력과 자격에 기초해 고용을 촉진하도록 설계되었습니다.

험프리 의원은 기업인들을 달래기 위해 "민권법안 제7편은 고용주가 차별할 의향이 있다는 것을 전제로 하는 것입니다"라고 밝혔다. 실제 제7편은 향후 법정에서 논쟁하게 될 매우 중요한 조항을 포함하고 있었다.

> 고용주가 인종, 피부색, 종교, 성별, 국적 때문에……개인의 고용 기회를 박탈하거나 그럴 의도를 가지거나 그렇지 않으면 고용인의 지위에 불리한 영향을 주는 어떤 방식을 사용해 고용인이나 구직자들을 제한, 격리 또는 분류하는 것은 불법적인 고용 관행이다.

• ○ •

마침내 제7편은 고용주, 고용 기관, 노동조합의 차별 관행 철폐를 요구했고, 이 법을 강제할 권한을 법원에게 주었다. '구제(救濟, remedies)'조항에 따르면, "판사는 복직(체불임금을 지급하거나 지급하지 않고) 또는 처벌적 손해배상(punitive damages: 가해자의 악의적 행위에 대한 처벌 성격으로서 가해자의 똑같은 불법 행위를 다시 반복하지 못하도록 하기 위해 추가해서 가하는 손해배상이다. 특히 거대 기업의 횡포를 방지하기 위한 조치

-옮긴이)을 제외한 모든 동등한 구제를 포함해 적합한 차별철폐조치를 명령할 수 있다. 동시에 제7편은 고용주에게도 보호 장치를 제공했다. 고용주는 서열이나 능력에 근거해 다른 기준 또는 임금 산정 방식을 적용할 수 있고, 고용과 승진의 근거로서 다양한 교육평가 또는 기술을 사용할 수 있게 허용했다. 특별한 경우에 예외도 인정했다. 인디언 부족과 비영리 시설, 그리고 컨트리 클럽과 같은 사설 회원 단체는 25인 미만의 고용인을 둔 소기업체와 마찬가지로 법 적용에서 제외되었다. 방위산업 계약자들은 신원 증명이 되지 않은 신청자들을 고용할 필요가 없고, 기업인들은 '공산당원 또는 공산당 계열 단체의 회원'을 고용할 필요가 없다. 만약 회사나 기관이 '진정으로(bona fide)' 직업상의 자격증을 필요로 하는 경우에는 특정의 국적, 종교, 성별을 가진 적격자를 고용할 수 있었다. 예를 들어, 프랑스식 식당은 프랑스인 요리사를 고용하기 위한 광고를 낼 수 있고, 가톨릭 계통 학교는 교사가 가톨릭 신도여야 한다고 명시할 수 있다. 또한 걸스카우트는 여성 캠프 지도자만을 고용할 수 있다.

당연히 보수 성향의 사람들은 제7편과 모든 민권법안을 반대했다. 1962년 존슨 부통령이 연방정부에서 흑인 고용을 증가시키려고 했을 때, 버지니아 주 출신 J. 보간 게리(J. Vaughan Gary) 의원은 의회에서 "정책이 처음의 의도와는 다른 방향으로 가고 있다. 우리는 다수 민족을 차별하면서 소수민족에게 혜택을 베풀고 있다"라고 말했다. 이듬해 ≪유에스 뉴스 앤 월드 리포트≫는 텍사스 주 댈러스(Dallas)에서 연하의 아프리카계 미국인 3명이 연상의 백인 직원들보다 먼저 승진했을 때 발생한 백인 우체부들의 항의를 보도했다. 신문은 "백인들이 차별받고 있습니까?"라고 질문했다. 1963년 이와 유사한 신문 헤드라인이 눈에 많이 띄었는데, 한 기자는 케네디 대통령의 기자회견에서 "민권을 지지하는 민주당에 대한 백인들의 반격이 있습니까?"라고 질문했다. 케네디는 이렇게 생각하지 않았지만 그의 생각이 틀렸다. 앨라배마 주지사 조지 월리스(George Wallace)는 이 메시지를 이용해 1964년 위스콘신, 인디애나, 메릴랜드 주의 민주당 대통령 예비선거에서 투표자의 30% 이상을 획득했으며, 1968년 대통령 후보 출마를 위한 정치적 발판을 마련했다.

1964년 제7편과 민권법안에 가장 중요한 반대자는 다가올 대통령 선거에서 공화당의 후보자가 될 베리 골드워터(Barry Goldwater) 상원의 원이었다. 골드워터는 왜 그가 민권법안에 반대하는가를 설명하면서 "「민권법」의 조항이 헌법에 위배되고 공공시설이나 고용 기회 평등과 관련된 연방 규정을 보아도 헌법적 근거가 없고, 정부가 이 법안을 시행하기 위해서는 거대한 규모의 경찰국가를 건설해야 한다"라고 주장 했다. 앨라배마 주 상원의원 엘렌더(Ellender)도 골드워터의 주장에 동의 하면서 "법안을 통과시키는 것은 생각 이상으로 엄청난 분쟁을 몰고 올 것이다"라고 예측했다.

그럼에도 불구하고 험프리는 민권법안 제7편에 대한 논쟁에서 승리 했다. 민주당은 공화당의 지지가 없이 민권법안을 통과시킬 수 없다는 것을 알고 있었기 때문에, 미네소타 출신의 험프리 의원은 일리노이 주 출신의 공화당 상원 원내총무 에버렛 덕슨(Everett Dirksen) 의원을 끈질지게 설득했다. 험프리 의원은 "나는 덕슨에게 내 아내 뮤리엘 (Muriel)과의 연애 시절에 했던 것처럼 끈질긴 구애 작전을 폈다"라고 설명했다. 민권법안은 할당제를 요구하는 것이 아니라 차별 금지만을 요구한다는 험프리 의원의 확고한 보장 때문에 친(親)기업 성향의 많은 공화당 소속 의원들이 제7편을 지지했다. 덕슨은 "민권, 이제 때가 왔고 멈출 수 없다"라는 입장을 표명했다.11)

그러나 보수주의자들은 법안 통과를 막기 위해 또 다른 전술을 시도했 다. 2월 하원이 제7편에 대해 논쟁하고 있을 때, 80세의 보수 성향을 가진 버지니아 주 출신의 민주당 하원의원 하워드 K. 스미스(Howard K. Smith)가 끼어들어 제7편이 보호하는 사람들의 목록에 '성별(sex)'이란 단어를 추가할 것을 요구했다. 그는 "이 법안은 매우 불완전합니다. 약간 수정한다고 해서 무슨 해악이 있겠습니까?"라고 말했다. 그는 계속해서 '권리(rights)'라는 관념을 조롱하면서, "전국적으로 여성 인구가 남성 인구보다 많음에도 불구하고 여성들이 '남편에게 권리'를 빼앗겼다"라고 주장하는 한 유권자의 편지를 읽었다. 그는 계속해서 의회는 "특히 선거가 있는 해에……이 중대한 불공평"에 관심을 가져야 한다고 주장했다. 웃음소리가 나왔고 또 다른 의원이 일어나서 그의 부부금실의 비밀을 털어놓지 않으면 안 되겠다고 하면서 "나는 보통 말의 끝에 두 단어 '오, 사랑하는 나의 부인'이라는 말을 붙인다"라고 했다.

진보주의자들은 이런 변덕과 지연 전술에 준비가 되어 있지 않았지만, 스미스 의원의 음모에는 준비가 되어 있었다. 보수주의자들은 민권법안의 각 편(篇)마다 성차별 금지를 추가하려고 시도했는데, 이들의 의도는 지지자들을 분열시켜 법안 통과를 저지하려는 것이었다. 이미 연령차별을 금지하는 수정안은 부결된 적이 있었다. 또한 보수주의자들은 여성들이 주장한 여성의 '완전한 평등(total equality)'이 달성되었을 때 예측할 수 있는 결론이란, 여성도 군대에 의무 복무해야 하고 강간법이 폐지될 것이며 가정은 파괴될 것이라고 말했다. 따라서 법무부 관리는 「동일임금지급법」을 발의했던 에디스 그린(Edith Green) 하원의원에게 도움을 요청했다. 그린 의원은 민권법안에 '성별'을 추가하자는 주장에 반대 입장을 보였지만, 미시간 주의 민주당 마샤 그리피스(Martha Griffiths) 의원은 "백인 남성이 백인 여성을 이렇게 불리하게 만드는 것은 믿을 수 없는 일이다"라고 말해 거의 모든 사람들을 깜짝 놀라게 했다. 그녀는 계속해 "여러분은 법안에 수정안을 추가하지 않고 한 바구니에 백인 남성, 유색인 남성, 유색인 여성을 넣고 이들에게 평등한 고용 권리를 주려고 하면서 목록의 맨 아래쪽에는 아무 권리도 없는 백인 여성들을 넣으려고 한다"라고 일갈했다.

결국 그리피스의 주장이 승리했다. 하원은 2시간 만에 수정안을 통과시켰는데, 이 통과 시간은 실제 미국의 직장 문화에 엄청난 영향을 주게 될 수정안치고는 믿을 수 없을 정도의 짧은 시간이었다.

이틀 후 2월 10일 하원은 290 : 130이라는 압도적인 차이로 민권법안을 통과시켜 상원에 보냈다. 상원에서 민권법안의 통과는 의사 진행 방해로 난항을 겪었다. 몇 달 후인 6월 10일 상원은 투표를 통해 71 : 29로 역사상 가장 길었던 필리버스터 ─ 근무일 기준으로 82일이고 시간으로는 534시간 1분 5초 ─ 를 끝내기로 했다. 6월 19일 상원은 73 : 27로 법안을 통과시켰는데, 케네디 대통령이 민권법안을 제안하고 1년이 지난 후였다. 6명의 공화당 소속 의원이 21명의 남부와 경계 주의 민주당 소속 의원과 합세해 법안에 반대했다.

상원에서 통과된 법안은 최종 승인을 위해 하원으로 돌려보내졌는데, 곧바로 스미스 의원으로부터 공격을 받았다. 그는 통과를 지연시키기 위해 "하원이 비극적인 재건 시대 이래……그 가혹함과 야만성에서 비교가 되지 않는 조항이 포함된 법안을 논의하는 데 시간이 터무니없이 부족하다"라고 주장했다. 그런 다음 그는 민권운동가들을 공격했는데, 그가 공격한 대부분의 사람들은 이해의 6월 '프리덤 서머(Freedom Summer)'에 참가한 백인, 즉 남부의 흑인 유권자들이 어떻게 투표하고 어떻게 시민권을 획득하는가를 가르치기 위해 참가한 1,000명의 북부 백인 대학생이었다. 스미스는 "이미 남부 지역에 두 번째 침략이 시작되었다. 공산주의자들의 공인된 지원과 함께 북부에서 온 비트족(beats: 비판가들은 조롱조로 beatniks라고도 부름. 젊은 시민, 작가, 예술가들이 미국적 상황의 순응성과 불모화, 미국 정치의 무의미성, 대중문화의 천박함에 대해 가혹하게 비판함 - 옮긴이), 사회 부적응아, 선동가들이 연방 보안관, 연방

기관, 연방 권력이 보호하고 지키는 남부 지역으로 몰려들고 있다"라고 말했다.

그러나 하원은 스미스 의원의 방해를 극복했다. 7월 2일 하원은 상원의 수정안에 동의하고 법안의 최종안을 통과시켰다. 존슨 대통령은 몇 시간 후 법안에 서명했는데, "그는 모든 미국인의 기회 평등을 향한 중요한 발걸음이며, 모든 미국 시민이 완전한 정의를 향해 전진하기 위한 이정표이다"라고 강조하면서 「민권법」의 의미를 부여했다.

민주주의가 승리했다. 이해의 봄 여론조사 기관 해리스(Harris)의 조사 결과에 따르면, 70%의 시민들이 「민권법」에 찬성하는 것으로 나타났다. 노예제도가 생긴 이래 약 250년 후, 그리고 「짐크로법」이 통과되고 100년 후 인종차별은 더 이상 '자유의 땅'에서 공평한 것으로 여겨지지 않았다.

「민권법」의 제정은 매우 중요하고 함축된 의미를 지녔다. 연방정부가 뿌리 깊이 고착화된 편견과 행동을 변화시키고 지속적으로 바꿀 수 있다는 것을 증명했으며, 실제 새로 「민권법」이 발표된 이후 공공연한 인종차별은 눈에 띄게 줄어들었다. 정치적인 측면에서 「민권법」은 남북전쟁 때부터 지속되어 온 흑인과 공화당의 오랜 연대(連帶, alignment: 흑인들은 링컨 대통령의 노예해방선언 이후로 공화당을 지지해왔음 - 옮긴이)에 KO 펀치를 날렸다. 흑인들은 링컨당을 떠나서 민주당을 지지했다. 남부의 백인 민주당원의 행보에 대한 존슨 대통령의 예측은 맞아떨어졌다. 존슨은 법안에 서명한 후 참모에게 "당신이나 내가 살아 있을 동안 남부는 공화당을 지지할 것이다"라고 말했다. 이해에 사우스캐롤라이나 주 출신의 민주당 스트롬 서몬드(Strom Thurmond) 의원이 공화당으로 당적을 바꾼 것을 시작으로 전통적인 남부의 여러 주들은 민주당에서 공화당으로 지지 성향을 바꾸기 시작했다. 그리고 이런 현상은 로널드 레이건(Ronald Reagan) 대통령의 첫 번째 임기 중에 완성되었다. 헌법과 관련지어 보았을 때 「민권법」은 주권원리(州權原理, state's rights doctrine)의 수명을 단축시켰다. 경제적 측면에서 보면 「민권법」 제7편은 일반적으로 미국에서 고용차별을 불법화시켰다.

「민권법」의 제정은 중요한 성취였지만 문제도 있었다. 「민권법」 제7편은 서서히 단계적으로 적용되었는데, 100명 이상을 고용한 대기업은 1965년 법 적용을 받고, 25명의 고용인을 둔 고용주는 1968년에 차별 금지를 시행하면 되었다. 더욱이 전국적으로 25명 이상을 고용하고 있는 기업이 10% 미만이었으며, 대기업은 전체 노동자의 40%를 고용하고 있었다. 다시 말해 「민권법」은 전체 노동자의 약 60%에 대해서는 영향을 미치지 않았음을 의미했다. 선임제(先任制, seniority) 조항은 첫 번째 경기후퇴기에 마지막으로 고용된 고용인이 맨 먼저 퇴사하게 되는 것을 의미하는데, 퇴사하는 대부분의 고용인은 소수민족이었다. 그리고 직무 검사에 근거해 고용하고 승진시키는 고용주의 권리는 모든 소수민족에게 불리하게 작용했는데, 일반적으로 이들의 점수가 백인 지원자의 평균 점수보다 훨씬 떨어졌기 때문이었다. 공립학교에서 흑백 통합을 요구했던 제4편은 간혹 지역 교육위원회가 강제하지 않았고, 마찬가지로 차별하는 공공사업이나 공공 기관에 연방 기금의 지원을 금지했던 제6편도 제대로 시행되지 않았다. 민권위원회는 남부에서 농무부가 완전히 격리된 특별 프로그램을 운영했고, 수천 개의 병원, 클리닉, 사회복지기관이 흑인을 격리된 층에 배치하거나 아프리카계 미국인의 입장을 거부하는 등의 차별을 계속하고 있다는 것을 밝혀냈다. 이러한 모든 사실들은 흑인들의 좌절감을 증폭시켰다. 즉, 「민권법」은 통과되었지만, 흑인들이 많은 일자리에 지원했을 때 거부당했거나 직무 검사를 통과할 수 없었거나 학교는 여전히 격리된 채 운영되는 이 모든 것들이 이들의 아픔을 가중시켰다. 이런 악감정들이 쌓여 1965년부터 1968년까지 4년에 걸친 길고 무더운 여름의 폭동으로 이어졌다. 마침내 그리고 역설적이게도 「민권법」의 통과는 민권운동의 쇠퇴를 가져오는 씨앗이 되었다. 「민권법」은 기념비적인 입법이었지만, 실제로 법을 실행하면서 공평성(公平性)의 문제를 일으켰으며 미국을 분열시켰던 고용 기회 평등과 차별철폐정책의 의미를 정의내리게 했다.[12]

• ○ •

분열이 일어나기 전, 그리고 국가적인 의제가 여전히 민권에 머물고 있는 동안 존슨 대통령과 지지자들은 남부에서 흑인의 투표를 제한했던 속임수들을 타파하려고 마음먹었다. 1965년 봄 이들은 「투표권법(Voting Rights Act: 흑인과 소수민족의 선거권 보장을 목적으로 함－옮긴이)」의 통과를 위해 압력을 넣기 시작했다.

이 사이 앨라배마 주 셀마(Selma)에서 폭동이 일어났다. 셀마는 최남부 지방의 전형적인 타운이었다. 「민권법」이 공공시설의 통합을 보장했지만, 모든 시설은 여전히 엄격하게 격리되었다. 수정헌법 제15조는 투표권을 보장했지만, 지역에서 등록이 허용된 흑인은 단지 2%에 불과했다. 1965년 3월 민권운동가들은 흑인들이 처한 현실에 항의하기 위해 셀마에서 주도(州都)인 몽고메리까지 54마일(약 87km) 행진을 시작했다. 600명의 시위대가 에드먼드 페터스 다리(Edmund Pettus Bridge)를 가로질러 행진해 나가고 있을 때, 다리 건너편에 주둔한 200명의 주 경찰들이 시위대에게 정지명령을 내렸다. 진압 경찰들은 명령에 따라 시위대들을 공격했다. 최루가스를 던지고 야경봉을 휘두르고 채찍으로 내려쳤다. 경관들이 존 루이스(John Lewis: SNCC 의장)를 땅에 넘어트렸고 5명의 여성을 구타해 의식불명으로 만들었다. 한 시위 참가자는 "나는 무장경찰이 곤봉을 들고 마치 수박을 깨트리는 것처럼 한 여성의 머리를 내리치는 것을 보았다"라고 회고했다.

시위자들은 이날을 "피의 일요일(Bloody Sunday)"이라고 불렀고, 국민들은 이날 저녁 텔레비전을 통해 이 광경을 보았다. 수십 명의 민권운동가들이 셀마로 급히 달려갔지만, 비참한 결과가 재연되었을 뿐이었다. 이 지역의 백인 4명이 곤봉으로 4명의 민권운동가들을 공격했는데, 이들 중 보스턴에서 온 백인 목사 1명은 머리의 두개골이 파손되어 결국 사망했다.

존슨 대통령을 포함해 국민들이 이 사건에 경악했는데, 대통령은 곧바로 양원합동회의에서 대국민연설을 했다. 약 7,000만 명의 국민들이 텔레비전을 지켜보는 가운데 존슨 대통령은 켄터키 주 렉스턴(Lexington), 매사추세츠 주 콩코드(Concord), 버지니아 주 애퍼매톡스(Appomattox), 그리고 앨라배마 주 셀마(Selma)에서 일어났던 폭동들을 회상했다. 그는 의회에 투표권법의 통과를 요청했으며, 미국인들에게 간절히 호소했다. "미국은 흑인들만의 국가가 아닙니다. 정말로 '편협'과 '불공평'이라는 절름발이 유산을 극복해야 할 사람들은 바로 우리 모두입니다." 그런 다음 존슨은 "그리고 우리는 극복하리라(And we shall overcome)"라는 민권운동의 표어를 사용했다.

의원들은 일어나서 일제히 기립 박수를 보냈다. 매스컴과 남부의 많은 신문들은 대통령의 연설에 환호했고, 몇 달 후 의회는 투표권법을 통과시켰다. 투표권법은 투표를 거부할 어떤 검사를 한다든지 도구를 사용할 수 없게 만들었고, 연방조사관들이 오랜 역사 동안 차별당해 온 주의 투표자들을 위해 선거인 명부에 등록해줄 수 있게 했다. 결과는 극적으로 나타났다. 즉, 연방이 개입한 뒤 실제 어떤 폭력도 일어나지 않았고, 이듬해 여름 남부의 흑인 성인 중 2분의 1이 선거인명부에 등록했는데, 이런 변화는 남부의 정치 지형을 영구적으로 바꿔놓았다.

1965년 여름 미국인들은 존슨 대통령의 진보주의 노선에 환호했다. 대통령 지지도는 약 70%에 달했고 대부분의 국민들은 국가가 앞으로 나아가고 있다고 느꼈으며, 존슨이 케네디의 이상주의보다 더 높은 이상을 실현하고 있다고 생각했다. 존슨은 1965년의 8개월 동안 무려 80가지 이상의 법안을 통과시켰는데, 이것은 누구도 능가할 수 없는 대기록으로 법안의 대부분은 그의 국내 정책, 즉 전국적으로 3,500만 명의 가난한 사람들을 지원하는 '가난과의 전쟁과 위대한 사회(War Poverty and the Great Society)'와 관련되었다. 정부는 빈곤선(poverty line: 최저 생활 유지에 필요한 소득수준-옮긴이)을 설정했고 의회는 사회복지관계법을 통과시켰다. 이것들은 교육법[educational acts: 「실업교육법」(1963년), 「초중등교육법」(1965년), 「고등교육법」(1965년) 등-옮긴이], 근로장학제도(work-study programs: 대학에서 제공하는 일자리에서 일하고 국가로부터 장학금을 받는 제도-옮긴이), 대학 학비 대부금(college loans), 직업공단(Job Corps: 실업 청소년을 위한 직업훈련센터의 운영 조직-옮긴이), 구호 대상용 식량 카드 (Food Stamps), 헤드스타트(Head Start: 영유아교육의 필요성을 강조한 교육정책으로 저소득층에 제공되는 공공 조기교육 프로그램-옮긴이), 의료보조제도 (Medicaid: 65세 미만의 저소득자와 신체장애자 의료보조제도-옮긴이)와 의료보장제도(Medicare: 65세 이상의 고령자를 대상으로 하는 노인의료보장제도 -옮긴이) 등이었다.

이들 법은 다수 국민들이 연방지원을 필요로 하는 것으로 생각하는 특정 시민, 즉 가난한 사람, 굶주린 사람, 병자(病者), 취학아동, 대학생, 노인 등을 대상으로 했다. 이들 프로그램은 인종에 상관없이 시민들을 지원했지만, 주로 최대 규모의 소수민족인 아프리카계 미국인에게 초점을 두었다. 그럼에도 불구하고 일부 흑인 지도자들은 국가에서 이들에게 보상이나 우대 형식으로 지원할 추가적인 의무가 있다는 생각을 하기 시작했는데, 이것 중 하나가 '마샬 플랜(Marshall Plan)'이었다.

제2차 세계대전 이후 미국은 국무장관 조지 마샬(George Marshall)의 이름을 딴 프로그램을 통해 서유럽 재건 비용으로 약 120억 달러를 원조했다. 이런 관대함이 일부 흑인 지도자들의 마음을 움직였고, 이미 1962년과 1963년 내내 휘트니 영(Whitney Young: 1961년부터 1971년까지 미국 도시 연맹의 사무국장을 역임했음 - 옮긴이)은 "아프리카계 미국인에게 영향을 주는 경제적·사회적인 모든 병을 퇴치할……전례가 없는 미국판 '마샬 플랜(Marshall Plan)'을 요구했다. 그의 주장은 『평등하게 되기 위해(To Be Equal)』라는 제목의 책으로 출판되었는데, 그는 열 가지 프로그램에서 '최고의 학교와 최고의 교사'가 하류층의 아동들을 가르치고 주택 기회를 개방하고 자격을 갖춘 흑인들을 모든 공공위원회에 임명하도록 촉구했다. 영은 과거의 불공평을 시정하기 위해 백인보다 먼저 흑인을 고용하는 것을 포함해 고용주들이 지난 수년 동안 흑인들을 배제하기 위해 사용한 관리 기법들과 같은 정도의 창의적인 열정과 상상력을 동원해 모든 단계에서 흑인 노동자들을 고용해야 한다고 생각했다.

대부분의 민권 지도자들은 이런 주장들이 오히려 백인들에게 민권운동을 반대할 명분을 줄 것이라고 생각한 반면, 레르온 베네트(Lerone Bennett)는 영의 주장에 동의하고 마샬 플랜을 지지했다. 1965년 작성한 글에서 그는 "만약 우리들이 재난을 피하려고 하면, 우리는 인종 격리와 차별의 즉각적인 중단과 수백 년 동안 영혼을 파괴하는 억압에 시달려온 흑인들을 위한 대규모의 범국가적인 차원의 프로그램, 즉 최소한의 요구조건으로서 수십 억 달러의 비용과 직업 창출이 필요하다. 이보다 적은 것은 거짓이다. 이보다 적은 것은 속임수, 사기, 침묵이다"라고 주장했다.

마샬 플랜에 소요되는 비용은 얼마이고, 기간은 얼마 동안이어야 하는가? 민권운동가들의 통찰로는 매우 낙관적이었다. 영은 다음과 같은 입장을 표명했다.

300여 년 동안 백인들은 '특별한 배려' 또는 '우대'를 받아왔는데, 흑인들에겐 어떻게 했습니까? 우리가 요구하는 것은 짧은 시간에 걸쳐 미국 생활의 주류 속에 흑인 시민들을 포함시키기 위한 사려 깊으면서도 엄청난 노력입니다. 더욱이 우리는 동일한 시간을 요구하는 것도 아닙니다. 정직하게 말하면 — 충실히 노력하는 것을 전제했을 때 — 10년 정도면 충분합니다.

• ○ •

영은 이어서 "우리가 권장하는 특별 프로그램은 향후 10년 동안 필요에 따라 단계적으로 폐지되어야 한다"라고 말했다.

랜돌프(Randolph)는 썩 낙관적으로 보지 않았는데, 1965년 11월 '자유 예산(Freedom Budget)'이란 명목으로 1,000억 달러를 요구하면서 그의 입장을 표명했다. 이듬해 그는 향후 10년간 매년 180억 달러를 요구하면서 출자금의 액수를 올렸다. "미국처럼 이제까지 인간에게 알려진 가장 부유하고 가장 생산적인 사회에서 빈곤의 응벌(應罰)은 먼 미래나 이 세대가 아니라 다음 10년 내에 퇴치될 수 있고, 또 그렇게 되어야 한다!"

1965년 마틴 루터 킹 목사를 비롯해 다른 아프리카계 미국인 지도자들도 '자유 예산'을 지지하는 발언을 하기 시작했다. 수년 후 일부 보수 성향의 사람들은 킹 목사가 차별철폐정책을 지지하지 않았다고 했지만 이것은 맞지 않다. 1968년 킹 목사가 암살되기 전에 '차별철폐정책'이란 용어는 대중적이지 않았고 그는 이 용어를 사용하지 않았다. 그는 아프리카계 미국인들만을 위한 프로그램을 요구함으로써 그의 백인 지지자들과 불화가 생기는 것에 대해 우려했다. 이런 점은 1965년 1월 킹 목사가 "흑인들을 위한 우대조치 프로그램 비용으로 수십 억 달러를 요구하는 것은 공평합니까?"라는 질문을 받았을 때, 그가 "그렇게 생각합니다"라고 말하면서 "프로그램에는 '약 500억 달러' 정도가 소요될 것으로 보이는데……이 정도의 예산이면 현재 1년 방위비도 되지 않을 것입니다"라고 언급한 것만 보아도 알 수 있다. 그는 계속해 "그의 프로그램은 2세기 동안 노예제에 대한 미지급 임금과 누적 이자를 계산한 것보다 훨씬 적습니다"라고 했다. 그는 수백 만의 제2차 세계대전 참전 용사에 대한 혜택을 포함한 보상 프로그램의 선례를 지적했지만, 그가 생각하는 프로그램은 "모든 인종들 가운데 불우한 환경에 놓인 사람들에게 혜택"이 돌아가야 한다는 점을 상기하면서 그의 의견을 철회했다. 8월 킹 목사는 새로운 메시지, 즉 "경제적 자유(economic freedom)"라는 메시지를 가지고 워싱턴 D.C.를 방문해서 흑인들을 위한 대규모 공공사업과 직무 훈련을 요구했다. 1년 후 많은 도시에서 인종 폭동이 발생했을 때, 킹 목사는 의회가 도시에서 '흑인 폭동과 불안'의 원인이 된 환경을 제거하기 위해 10년 동안 1,000억 달러를 지출하는 마샬 플랜을 통과시켜야 한다고 요구했다. 그는 "이런 지출은 존슨 행정부의 두 가지의 주된 노력, 즉 베트남전쟁과 우주 계획의 예산을 증액시키는 것보다 훨씬 중요하다"라고 말했다. "인간이 달에 발을 들어 놓는 것보다 땅 위에 두 발을 놓는 것이 훨씬 중요하다." 그런 다음 그는 모든 가난한 사람이 연간 소득을 보장받게 하는 캠페인을 집중적으로 시작했다. 또한 1967년 여름 소수민족들이 다시 폭동을 일으켰을 때, 그는 폭도들이 아닌 매우 무감각하고 무책임한 의회에 비난의 화살을 퍼부었다. 그는 존슨 대통령을 방문해 이러한 비상사태에 결연히 맞서고 루스벨트 대통령 시절의 WPA(사업진척국)와 같은 새로운 정부 기구를 신설하고 흑인 지역사회에서 대량 실업을 종식시킬 것을 의회에 요청하도록 했다.

또한 일부 진보 성향의 백인 정치인들도 마샬 플랜을 지지했다. 에드워드 케네디(Edward Kennedy) 상원의원은 "우리는 월남에서 1,400만 명의 자유를 지키기 위해 매달 2억 달러를 지출하고 있습니다. 왜 우리는

Lyndon B. Johnson Library, photo by Yoichi Okamoto

▲ 하워드대학 연설을 마친 존슨 대통령과 그를 환호하는 군중

바로 여기 미국에서 2,000만 명의 흑인들을 위해 그와 같은 노력을 하지 않습니까?"라는 입장을 표명했다. ≪뉴욕타임즈≫ 칼럼니스트 톰 위커(Tom Wicker)는 "이제 비용을 부담할 때가 되었다"라는 제목의 사설을 썼다.

그러나 대부분의 진보주의자와 대다수의 시민들은 특별 대우를 지지하지 않았다. 군나르 뮈르달(Gunnar Myrdal)은 "흑인들에게 이익을 주기 위해 역차별을 요구하는 것은 방향 설정이 잘못된 것이다"라고 경고했다. 이런 요구는 "흑인에 대한 증오를 가져올 것이다." 존슨 대통령도 "가난을 구제하기 위해 단지 한 인종만을 돕는 것은 좋은 생각이 아니다"라는 의견에 동의했으며, 의회도 마샬 플랜에 대해 투표하지 않았다.13)

그러나 1965년 여름 존슨 대통령은 아프리카계 미국인이 처한 고통과 이들의 특별한 환경에 대해 분명하게 알게 되었으며, 이것은 1965년 6월 4일 그가 하워드대학 졸업식에서 연설할 때 명백해졌다. 이 연설은 백악관 보좌관 리차드 굿윈(Richard Goodwin)이 노동부 차관 다니엘 패트릭 모이니한(Daniel Patrick Moynihan)의 도움을 받아 작성했다. 연설문은 수개월 전 완성된 모이니한의 연구 「흑인 가족: 국가의 행동이 필요한 사례」에 기초했다. 모이니한 보고서는 "지난 35년 동안 최악의 수준이 지속된 불법적인 출산, 이혼, 격리, 실업으로 특징지어지는 흑인 가족의 타락"에 대해 상세하게 설명했다. "가난이 흑인 청소년에게 미친 영향의 결과는 재난 수준의 비행과 범죄율이었다. ……흑인들이 이런 악조건을 극복하고 살아났다는 것이 오히려 놀라운 일이다." 모이니한은 "이런 병적 악순환을 끊기 위해서 연방 프로그램의 국가적 노력이 필요하다"라고 주장했다.

모이니한의 보고서는 대통령에게 충격을 주었고, 하워드대학에서의 존슨 대통령 연설은 1960년대 아프리카계 미국인들을 위한 가장 열정적이고 의미심장한 연설 중 하나가 되었다. 그는 "흑인들이 지금까지 너무나 많은 방식으로……자유를 박탈당했고, 증오로 절름발이가 되었으며, 희망이라는 기회의 문(the doors of opportunity)도 닫혀 있었습니다"라고 밝혔다. 존슨은 그가 「민권법」에 서명했던 것을 자랑스러워했다. 그는 "이제 자유를 가로막는 장애물이 무너지고 있습니다. ……그러나 지금의 자유로는 충분하지 않습니다. 여러분들은 수세기에 걸쳐 생긴 상처를 말끔히 씻어내지 못할 것입니다"라고 말했다.

> 이제 여러분은 원하는 곳이면 어느 곳이든 자유롭게 갈 수 있으며, 원하는 것은 무엇이나 할 수 있습니다. ……여러분이 오랜 세월 쇠사슬에 묶여 절룩거리는 사람에게 자유를 주고 다른 인종과 똑같은 출발선에 서게 한 다음 "당신은 다른 사람들과 자유롭게 경쟁할 수 있다"라고 말할 수 있습니다. 그리고 이렇게 하는 것이 완전히 공평하다고 믿고 있습니다. 따라서 기회의 문을 여는 것만으로는 충분하지 않습니다. 모든 시민들은 이 문을 통해 걸어갈 능력을 갖추어야 합니다. 이것은 민권 투쟁의 다음 단계이면서 더 심오한 단계입니다. 우리는 단순한 자유만이 아니라 기회 평등을 추구해야 합니다. 우리는 단순히 법률적

평등만이 아니라 인간의 능력을 추구해야 합니다. 우리는 권리와 이론으로서의 단순한 평등이 아니라 사실로서의 평등과 결과로서의 평등을 추구해야 합니다.

존슨 대통령은 '결과의 평등'을 의미했던 것인가? 몇 년 후 차별철폐정책의 반대자들은 "연방 정책이 개인의 자격이나 능력과 상관없이 모든 시민에게 똑같은 결과를 가져다주려 한다"라고 주장했다. 1965년 대통령은 그의 의미를 분명히 밝히면서 연설을 계속했다. "기회 평등은 중요하지만 이것만으로는 충분하지 않습니다."

남성과 여성은 같은 능력을 갖고 태어납니다. 그러나 능력은 출생부터 선천적으로 가지고 태어나는 부산물인 것만이 아닙니다. 능력은 여러분이 함께 사는 가족, 그리고 이웃, 다시 말해 여러분이 다니는 학교와 여러분의 이웃의 가난과 부유함에 의해 커지거나 방해받을 수 있습니다.

대통령은 그의 사회복지 프로그램을 홍보했다. 연설이 끝나고 그는 "미국의 정의는 각자가 어떤 종류의 정신과 영혼을 가졌다 하더라도 그가 할 수만 있다면, 그의 행복을 위해 노력하고 추구하고 찾는 것을 허용한다는 관념을 구체화했습니다"라고 밝혔다. 그리고 대통령은 아프리카계 미국인과 가난한 백인을 문이 없는 가난으로부터 끄집어낼 기회를 요구했다. 그는 계속해서 "흑인들은 대부분 자신들의 노력에 의지하게 될 것입니다"라고 말했다. 그러나 존슨은 "다른 소수민족과 이주민 집단과 달리 흑인들은 수세기에 걸친 오랜 세월 동안 증오와 절망 속에서 지내왔기 때문에 혼자서 해낼 수 없습니다"라고 덧붙였다.

따라서 행정부는 가난한 사람, 특히 아프리카계 미국인을 지원하기 위해 더 많은 것을 할 필요가 있었다. "우리는 가난 퇴치 프로그램, 교육 프로그램, 의료보장제도와 여타 보건 프로그램, 그리고 가난의 근본 원인을 제거하려는 목적으로 추진하는 수십 개 이상의 위대한 사회 프로그램을 통해 여러 악(惡, evils)들을 공격하고 있습니다."

존슨 대통령은 하워드대학의 우호적인 흑인 청중들 앞에서 정치적인 연설을 했다. 이해 여름에 대통령은 그의 주요 정책—대부분은 이해 여름 하워드대학에서 몇 마일 떨어진 의회에서 논쟁이 되었던—에 대한 지지를 끌어올리는 데 목적이 있었다. 연설 도중 대통령은 "누가 흑인 가족 구조의 해체에 대해 책임지겠느냐"는 질문을 하고, 이 책임에 대해 믿기 어려운 고백을 함으로써 청중들을 부추겼다. "이 문제에 대해서는 대부분의 모든 백인 미국인들이 책임을 져야 합니다."

어떤 점에서 행정부의 민권정책은 바뀌기 시작했다. ≪뉴욕타임즈≫가 사설에서 "새롭게 강화된 법적 권리를 진정한 평등으로 해석한다"라고 보도했던 것처럼, 이제 존슨과 일부 진보주의자들은 기회의 문의 개방을 지지하기 시작했다. 처음으로 평등(equality)이 존슨 행정부의 정책이 되었다.

그러나 도대체 평등의 의미란 무엇이었던가? 존슨 대통령에게 평등의 의미는 "흑인들이 다른 소수민족보다 다른 과거를 가졌기 때문에 이들을 출발문(starting gate)에 데려가려면 더 많은 사회복지 프로그램을 추가로 지원해 다른 시민들과 동등한 경주를 시작하도록 하는 것이다." 대통령은 결코 모든 경주자들이 같은 결과를 얻는 무승부로 경주를 끝내는 것을 언급하지 않았다. 존슨은 전 생애를 통틀어 진보 성향의 개인주의자였으며, 그는 모든 미국인들이 동일한 기회를 부여받아 그들 자신의 삶을 최대한 이용해야 한다고 믿었다. 이런 그의 신념은 2개월 후 백악관 로즈가든에서 대부분이 흑인이었던 청중들에게 재차 반복되었다. 「민권법」 제7편은 아프리카계 미국인들에겐 '희망의 열쇠(the key of hope)'였지만, 이것은 어디까지나 하나의 열쇠에 불과했다. "이 열쇠는 책임을 짊어질 의지를 가진 사람들을 위해서만 문을 열 것입니다." 진보주의자와 상업 매스컴은 존슨 대통령의 발언을 이해했다. ≪뉴리퍼블릭(New Republic)≫은 "이 과업은 2,000만 명의 흑인들에게 모든 다른 미국인들과 똑같이 배우고 성장할 기회를 제공하는 것이다"라고 보도했고, ≪비즈니스 위크≫는 특별 취재를 통해 "존슨 대통령의 하워드대학 연설은 아프리카계 미국인들에 단순히 자유가 아니라 기회를 제공하는 것을 의미했다"라고 보도했다. "기업은 지금 흑인들이 목표를 향해 나아가도록 돕기 위해 이들에게 훈련을 시키고 있다. 사실 많은 기업들은 지금 흑인 노동자들에게 특별한 배려를 하고 있다."

몇 개월 후 존슨 대통령이 '고용평등기회위원회(EEOC)' 위원장으로 임명했던 사람은 프랭클린 D. 루스벨트 대통령의 아들 프랭클린 D. 루스벨트 2세(Franklin D. Roosevelt Jr.)였는데, 그는 ≪네이션스 비즈니스(Nation's Business)≫에 보낸 편지에서 차별철폐정책에 대한 용어를 사용하고 정의하는 데 있어 막힘이 없었다. 그는 EEOC가 차별에 대한 제소(提訴) 내용을 조사하겠지만, "우리는 다른 접근 방식 ─ 차별철폐정책 ─을 법 위반의 교정……만큼이나 중요하게 생각합니다"라고 말했다. 그는 또 "우리는 능력 중심의 고용이 도덕적으로 옳고 대부분의 회사들이 「민권법」을 준수하고 있는 것으로 믿습니다. 그러나 법을 위반할 여지가 있고 또 그렇게 하는 것이 기업과 지역사회를 위해 유익할 수도 있습니다"라고 말했다. EEOC의 차별철폐 프로그램은 "사기업체가 고용 평등 기회를 촉진시키기 위해 좀 더 적극적으로 리더십을 발휘하고 참여하게 하는 것으로……법이 요구하는 것 그 이상을 해주기를 기대합니다. 그리고 이것은 '적극적 고용'과 소수민족에 대한 훈련을 의미합니다"라고 했다. 이렇게 함으로써 "우리는 잠재력 있는 고용인들을 찾아 나서고……기회의 문이 한 번 닫힌 곳에서 지금은 이들을 환영한다는 것을 알려주고……그리고 이들이 자격을 갖추도록 특별 훈련을 시킬 수 있습니다."

1960년대 중반 차별철폐정책의 성격은 흑인에 대한 '특별 배려(special consideration)'로 규정되었으며, 앞으로 헤쳐가야 할 도전(挑戰) 또한 만만치 않았다. 아프리카계 미국인의 평균 교육 수준은 백인의 평균 교육 수준의 3분의 2에 불과했으며 25세 이상 흑인 남성의 2분의 1 이상은 초급 중학교(8년제 초등학교의 5년부터 8년까지-옮긴이) 교육 수준 미만이었고, 놀랍게도 67%는 군 입대적격검사에서 탈락했다. 10년 전 백인 스포츠 아나운서가 텔레비전에서 흑인 선수를 인터뷰했을 때, 많은 사람들은 이들이 사용하는 언어를 이해하지 못했다. 크라이슬러사(Chrysler Corp.)가 직업훈련 프로그램을 실시한 후, 회사 사장은 일부 흑인들이 'X' 표시로 서명하는 것을 보고 매우 비통해 했다. "우리는 등록 작업을 하면서 흑인들 중 많은 사람들이 사회보장 번호도 없었고 인구조사에도 포함되지 않았고 선거인명부에도 등록되지 않았고 어떤 종류의 어떤 단체에도 가입되지 않았다는 것을 알았다. 어떤 점에서 보면 이들은 이 세상에 실제로 존재하지 않는 것이나 마찬가지였다."

존슨 행정부는 차별철폐정책에 대한 도전이 기업계의 지원만으로도 극복될 수 있을 것으로 생각했다. ≪비즈니스 위크≫가 보도한 것처럼, "정부는 지속적으로 새로운 방식을 모색하고 많은 기업이 새로운 개혁 운동에 참여했다." 캠벨수프(Campbell Soup)와 다른 회사들은 흑인 노동자를 위한 훈련 프로그램을 시작했다. 휴스턴 근처의 다이아몬드 알칼리(Diamond Alkali) 화학 공장과 시카고의 웨스턴일렉트릭(Western Electric)의 일관작업 공장은 흑인 노동자들에게 기초 수학과 영어를 가르치기 시작했다. 만약 이들이 20주 과정을 통과한다면 더 나은 자리로 승진시키는 특전을 부여했다. 체이스 맨하탄 은행(Chase Manhattan Bank)은 읽기, 수학, 언어기술반을 개설해 회사가 수강료를 보조하고 수료 후

행원으로 채용했다. 퍼시픽 전화전신(Pacific Telephone & Telegraph)은 회사 간부를 고등학교에 파견해 학생들에게 졸업하고 학위를 취득한 뒤 취업하고 싶으면 입사지원서를 제출하도록 했다. 텍스트론(Textron) 사장은 경기활황기의 노동력 부족에 대해 걱정하면서 "오늘 우리 모두는 불리한 처지에 놓인 사람들을 훈련시키기 위해 각별히 노력해야 한다"라고 밝혔다.

물론 1965년 여름 존슨 대통령도 훈련 프로그램을 실시하고 있었으며 수년 만에 처음으로 아프리카계 미국인은 법적·경제적·사회적·정치적인 측면에서 발전하고 있었다. 수많은 기업들이 재능 있는 흑인들을 발굴하기 시작했으며, 기업 간부들은 전국에 소재한 전통적인 흑인 대학에 구인담당자를 보내기 시작했다. 빌 코스비(Bill Cosby)는 인기 시트콤 <나는 스파이(I Spy)>에 출연해 흑인으로서는 처음으로 텔레비전 스타가 되었다. 존슨 대통령은 흑인 최초로 로버트 C. 위버(Robert C. Weaver)를 내각에 등용했고, 이듬해 대법원 판사에 서굿 마샬(Thurgood Marshall)을 임명했다. 또 매사추세츠 주 유권자들은 에드워드 브루크(Edward Brooke)를 연방 상원의원으로 선출했고, 클리블랜드에서는 노예의 증손자인 칼 스톡스(Carl Stokes)를 주요 도시의 첫 흑인 출신 시장으로 선출했다.[14]

1965년 여름은 1960년대의 진보주의가 절정을 이룬 해였지만, 사실상 내리막길이 시작되고 있었다. 8월 LA 흑인 거주 지역 와츠(Watts)에서 폭동이 일어났다. 폭동은 격렬했고 당국은 1만 5,000명 이상의 군인과 경찰을 동원했다. 진압 군인들은 긴장했고 폭도들을 향해 총을 쏘아댔다. 나중에 대통령진상조사위원회는 "몇 명이 실수로 사망했고, 많은 사람들이 부상을 입었다"라고 발표했다. 당국은 6일 만에 법과 질서를 회복시켰지만 비싼 대가를 치렀다. 약 4,000명이 체포되었고 1,000여 명이 부상하고 34명이 사망했다.

와츠 사태는 민권운동에 엄청난 손실을 입혔다. 흑인들은 미국이 여전히 차별로 얼룩져 있는 것으로 보았다. 「민권법」과 투표권법의 통과는 즉각 인종차별을 줄이지 못했을 뿐 아니라, 기회의 많은 문을 열지도 못했다. 이것은 흑인들에게 좌절이었다. 다가오는 1966년의 여름에는 더 많은 도시 폭동을 보게 될지 모르는 일이었다. 와츠 사태는 많은 백인 중도파와 보수파에게 충격을 주었으며 '백인 반격(white backlash)'의 명분을 주었다. 많은 시민들은 연방정부가 소수민족에게만 관심이 있고 백인에게는 관심이 없다고 생각하기 시작했다. 1966년 중반 여론 조사 기관 해리스에 따르면, 백인 유권자 중 75%는 흑인들의 민권 요구가 지나치게 앞선다고 생각했다. 와츠 사태는 진보주의자들을 혼란에 빠트렸다. 진보주의자들은 미국이 마침내 주요 입법을 통과시켜 약속을 지키려 노력하고 있는데 왜 이런 폭동이 일어나게 되었는지 이해할 수 없었다. 존슨 대통령은 "도대체 이들이 원하는 것이 무엇입니까? 나는 이들에게 어떤 사람이 했던 것보다 더 나은 시절과 더 나은 법을 만들어주고 있습니다. 그런데 이들은 지금 무엇을 하고 있습니까? 공격과 비웃음뿐입니다. 프랭클린 루스벨트 대통령도 이보다 더 잘할 수 있습니까? 누가 더 이보다 잘할 수 있겠습니까? 지금 이들이 원하는 것이 무엇입니까?"라고 물었다.

존슨 대통령은 와츠 사태에 대한 대응책의 일환으로 거주지 제한을 종식시키기 위해 의회에 도시재개발을 위한 「시범도시법」과 「주택개방법」을 통과시켜줄 것을 요청했지만, 시범도시법은 통과되지 못했고 주택개방법(주택매매에 있어서의 인종, 종교에 대한 차별 금지 - 옮긴이)은 상원에서 수년 동안 논쟁을 벌인 끝에 통과되었다. 더 즉각적인 반응은 와츠 사태가 발생하고 정확히 한 달 후에 나타났다. 9월 존슨 대통령은 행정명령 제11246호를 공포했다. 행정명령은 이전의 모든 명령을 대체하고 폐지했는데, 이것은 향후 수십 년에 걸쳐 차별철폐정책의 정관(定

款)이 되었다.

존슨 대통령은 연방정부의 공무원위원회(Civil Service Commission)에서 차별을 종식시키라는 명령을 내렸으며, 노동부는 이것을 시행하기 위한 집행기관으로 연방 계약 준수국(Office of Federal Contract Compliance: OFCC)을 신설했다. OFCC는 고용평등기회위원회(EEOC)가 사기업에서 차별을 조사하고 종식하도록 명령했다. 존슨 대통령의 행정명령은 케네디 대통령이 1961년 사용했던 것과 같은 단어를 사용했다.

계약자는 구직자의 고용을 위해 확실히 노력하고 고용인의 고용 기간 중 인종, 신념, 피부색, 국적에 상관없이 처우 받을 수 있는 차별철폐정책을 시행해야 한다.

• ○ •

행정명령에는 채용, 승진, 임금, 전근, 해고, 견습 및 훈련생의 선발에 적용되었다. 계약자는 명령을 준수하기 위해 "합리적인 시간 내에 합리적인 노력"을 해야 하며 만약 계약자가 명령을 준수하지 않는다면, 정부가 계약을 종료하거나 연기할 수 있고 해당 회사는 "추후 정부와의 계약에서 부적격자로 분류"될 수 있다.

따라서 1964년과 1965년에 걸쳐 존슨 행정부는 직장에서 차별을 줄이기 위해 필요한 입법과 행정명령을 서명 또는 공포했다. 그리고 흑인 사회는 연방정부의 새로운 법률들을 지지했다. 1965년 7월 EEOC가 업무를 시작하고 며칠 만에 NAACP의 허버트 힐(Herbert Hill)이 첫 번째 소송을 제기했다. 소송은 서던 벨(Southern Bell), 멤피스의 크로거(Kroger), 뉴올리언스의 여러 백화점뿐 아니라 세인트루이스의 달링케미컬(Darling Chemical)과 AFL-CIO의 지부인 회사의 흑백격리 노조를 대상으로 했는데, 이들은 주로 남부의 회사와 노조였다. 힐(Hill)은 루스벨트 2세 위원장이 위원회의 '전권(全權)'을 발휘해야 한다고 요구했다. 얼마 지나지 않아 EEOC는 민권단체들의 소송으로 업무가 마비될 지경이었다. 전문가들은 첫해 2,000건을 예측했지만 9개월 만에 5,000건이 접수되었고 위원회가 업무를 시작하고 1년이 된 이듬해 7월 8,800건 이상이 접수되었다. 루스벨트 위원장은 "우리의 업무는 완전히 마비되었다"라고 밝히면서 한숨을 내쉬었다.

소송 폭주는 새로 신설된 EEOC에게는 하나의 문제에 불과했다. 루스벨트 2세 위원장은 유능한 관리자가 아니었다. 그는 의회 청문회에 참석하는 것보다 요트를 더 좋아했고, 몇 달 후 뉴욕 시장으로 당선되어 직무를 떠났다. 리더십이 문제였다. 1966년 EEOC는 3개월 동안 위원장이 공석이었다. 존슨 대통령은 정부에서 노동과 민권 분야를 두루 경험한 33세의 백인 변호사 스티븐 슐만(Stephen Shulman)을 위원장으로 임명했다. 그는 더 많은 에너지와 결단력을 가졌고 위원회를 능률적으로 이끌었지만 고작 1년 만에 사직했다. 이번에 존슨 대통령은 33세의 젊은 변호사 클리포드 알렉산더 2세(Clifford Alexander Jr.)를 역사상 첫 흑인 위원장으로 임명했다. 이 밖에 EEOC는 직원도 부족했고 재정도 빈약했다. 명색이 국가의 직장에서 차별 금지를 명령하는 기관이 석탄연구소(Office of Coal Research)보다 재정이 더 빈약했으며 지역 사무소조차도 개설하지 못했다. 또한 수천 건의 소송 내용을 조사해야 하는 직원들조차 채용하지 못해 소송 중 일부는 1년 이상 조사하지 못하고 방치했으며, 일부는 2년 동안 조사를 진행하지 못했다. CORE의 제임스 파머(James Farmer) 의장은 "피해자가 구제받기 전에 또 다른 직장을 구하거나 굶어죽을 것이다"라고 불만을 표시했다.

폭주하는 소송으로 정신이 없는 EEOC가 해결해야 할 시급한 문제는 "소송을 어떻게 처리해야 하는가?"였다. 연방 EEOC가 고용 측면에서 공평하게 일을 처리하는 데 있어 주 기관보다 더 효과적일 수 있는가? EEOC는 새로운 법률을 어떻게 해석할 것인가? ≪비지니스 위크≫는 사설에서 "「민권법」 제7편은 좋은 의도로 꽉 차있지만, 법조항의 '작은 활자'에는 고용에서 불법적인 차별의 구성 요건이 무엇이고, EEOC가 권리침해에 대해 무엇을 할 수 있는가에 대해 아직 결정하지 않았다"라고 보도했다.

위원회의 내막을 들여다보면 그럴 수밖에 없었다. 5명의 위원 중 정당별로는 공화당 2명, 민주당 3명이었고 인종별로는 흑인 2명, 백인 3명이었는데, 이들은 다양한 이념적 배경을 가지고 있었고 차별에 대해서도 다른 견해를 갖고 있었으며 기업에 대해서도 다른 접근 방식을 주장했다. 결론적으로 이듬해 OFCC는 존슨 대통령의 행정명령에 대해 의견 일치를 확인했던 반면, EEOC는 제7편의 의미와 법적 강제성에 대해서는 토론회를 개최했다. 존슨 행정부의 임기 말 내내 연방의 행정 기관들과 고용주들은 향후 수십 년 동안 차별철폐정책에 관한 논쟁의 일환이 되었던 아래의 중요한 질문들에 직면했다.

> 도대체 차별이란 무엇이며, 차별을 어떻게 증명할 것인가?
> 정부는 존슨 대통령의 행정명령과 제7편의 준수를 어떻게 측정할 것인가?
> 대통령의 행정명령은 우대 또는 할당제를 명령했는가?

역사적으로 차별이란, 일부 사람들이 인종, 종교, 성별, 국적 때문에 불평등하게 처우하는 것과 같이 편견에 기초한 고의적 행위이거나 적대감을 의미하는 것으로 이해되었다. 정부가 주요 민권법안을 통과시켰을 때, 대부분의 회사들은 '흑인을 고용하지 말라는 문서 형식의 규칙'이나 소수민족을 최하층 직업에 고용해야 한다는 정책이 없었다. 대부분의 회사들은 단지 전통을 타파하고 백인 노동자를 화나게 할 기회가 없었을 뿐이었다. 한 회사의 사장은 "우리 회사만 해도 흑인 고용을 반대하는 공식 정책은 없지만, 현실을 보면 종업원 중 흑인은 1명도 없다"라는 점을 인정했다.

이제까지 기업에서 흑인을 고용하지 않는 것이 기업의 관행이었다고 하지만, 일부 관리와 민권단체들은 지역별 비율이나 통계적 접근 방식이 사용될 수 있다는 점을 권장했다. 예를 들어, 한 지역에 10%의 소수민족이 있는데 어떤 회사가 단지 2%만의 흑인 노동자를 고용했다면, 이것은 차별의 증거가 될 수 있다. 존슨 행정부는 지역 거주 비율에 따른 일정 비율의 고용 방식은 이치에 맞지 않다고 보았는데, 그 이유 중 하나는 소수민족의 교육과 훈련 수준이 백인보다 훨씬 뒤떨어졌기 때문이었다. 따라서 많은 흑인 구직자들의 자격을 측정하는 것은 어려웠다.[15]

또 다른 문제는 차별 의도와 관련되었다. 회사가 전체 노동자수에서 소수민족을 배제하려는 의도적인 노력을 했는가? 이것은 증명하기 어려웠기 때문에 의회는 「민권법」 제7편에서 EEOC에 이 결과를 조사할 권한을 부여했다. 즉, "회사의 고용정책이 특정 시민, 가령 소수민족 구직자에게 부정적인 영향을 주었는가?"를 따져보는 것이었다. 1960년대 중반 흑인 지도자와 일부 매스컴에서는 '구조적 인종차별주의(institutional racism)'라는 새로운 용어를 사용하기 시작했는데, 이 용어는 기업이 고용과 승진 정책에서 차별을 자행했다는 것을 인식하지 못할 정도로 인종차별이 사회 깊숙이 뿌리박혀 있음을 의미했다.

물론 구조적 차별주의가 아프리카계 미국인에만 관계되는 것은 아니었다. 1964년 미국계 유대인 위원회(American Jewish Committee)는 50개의 공기업을 차별 혐의로 고발했다. 위원회는 유대인이 전체 인구의 5%, 대학 졸업생의 8%를 차지하고 있는데, 이들 공기업의 6,300명이 넘는 간부 중 유대계는 1% 미만에 불과했다는 점을 지적했다. 크라이슬러의 경우, 1만 8,000명의 사무직 종사자 중 단지 100명만이 유대계였다. 회사의 대변인은 "기업의 입장에선 기업에 적합한 유형의 지원자를 선발해 왔다"라고 설명했다. 설사 그렇게 하는 것이 회사의 고용정책이라고 할지라도 일부 소수민족은 정부가 고용정책을 간섭하고 명령해야 한다는 점을 주장하기 시작했다.

기업계는 선발(選拔)문제로 잔뜩 긴장했다. 1963년 초 ≪유에스 뉴스 앤 월드 리포트≫는 헤드라인으로 "흑인의 강제적인 고용, 실제 어떻게 시행될까?"라는 충격적인 기사를 보도했다. 신문은 의회가 「민권법(1964년)」을 통과시키자마자 "정부는 백인 구직자 대신에 흑인의 고용을 명령하고 있다. 법에 따르면, 흑인은 고용되지 않았거나 임금 인상이 되지 않았거나 승진하지 못했을 경우, 고용주에게 임금 환급을 요구할 수 있다"라는 내용의 기사를 보도했다. 만약 기업인이 정부의 요구 조건을 준수하지 않는다면, 기업주는 벌금형과 감옥형을 포함하는 처벌을 받게 될 것이다.

두 번째 문제 또한 많은 경영인들을 혼란스럽게 했다. 정부는 행정명령과 「민권법」 제7편을 어떻게 강제할 것이며, 주와 기업은 어떻게 차별을 끝내게 할 것인가?

앞에서 언급했던 것처럼, 전임 대통령들은 물리적 힘에 의지했다. 이들은 연방 보안관이나 군대를 아칸소 주 리틀록의 센트럴고등학교나 앨라배마대학에 보냈다. 이런 행동은 법에 따른 정당한 행동이었고 결국에는 고등학교와 대학에서 흑백 통합을 이루었지만, 남부에서는 지지를 받지 못했고 전국에 걸쳐 각 기업체와 학교의 통합은 적절하지도 가능하지도 않았다. 1963년 민권위원회는 또 다른 아이디어를 제안했다. 위원회는 미시시피 주에 대한 보고서를 발간했는데, 대통령과 의회는 어떤 주가 계속 미국의 법률과 헌법을 준수하기를 거부할 경우, 해당 주에 연방보조 기금을 배정하지 않는 것을 고려해야 한다고 제안함으로써 많은 정치가를 놀라게 했다. 일부 시민들도 동의했다.

켄터키 주 ≪루이빌 커리어 저널(Louisville Courier-Journal)≫은 사설에서 "미국의 납세자들은 이들이 납부한 세금이 미시시피 주의 고유 브랜드가 된 인종차별정책(apartheid)을 영속화하는 데 사용되지 않는다는 것을 확인할 권리가 있다"라고 보도했다. 그러나 대부분의 신문과 정치인들은 신문 보도에 반대했다. ≪유에스 뉴스≫는 이런 의견을 "잔인하고 가혹한 처벌"이라고 보도했고, ≪뉴욕 타임즈≫는 이런 의견으로는 "불붙은 감정을 잠재울 수 없을 것이다"라고 보도했다. 케네디 대통령도 이 아이디어가 현명하지 못한 것이라면서 지지하지 않았다.

존슨 대통령 역시 이 아이디어는 현명하지 못하다고 생각했다. 대통령 자신도 국내 및 외교정책 이슈를 해결하기 위해 골몰하고 있었기 때문에 EEOC에 많은 관심을 가질 여유가 없었다. 그는 차별조사는 EEOC에 일임했고 법률적 강제는 법무부에 맡겼다. EEOC는 기업에 대한 불만을 조사했고 타협안을 중재했는데, 법률적으로 이행을 강제하는 정지명령(cease and desist order: 부당 노동 행위에 대한 행정기관의 조치)을 공포하지는 않았다. EEOC는 소송을 제기할 수 없었기 때문에 비판가들은 위원회를 "이빨 빠진 호랑이(toothless tiger)"라고 불렀다. 소송은 고소인이나 법무부의 몫으로 남았으며, 이듬해 법무부는 시소사건(試所事件, test case: 결정이 다른 유사한 사건에도 영향을 미치는 것 - 옮긴이)을 찾았다. 연방 당국과 법원은 차별철폐정책에 대한 새로운 법률적 토대를 세워야 했다.

법률적 강제에 따른 딜레마의 또 다른 면은 측정 또는 평가였다. 당시 정부와 많은 기업계는 소수민족 출신자의 숫자를 세지 않았다. 1명의 흑인 근로자도 없었던 남부 지역의 회사는 예외로 하더라도, 많은 기업들은 자신들이 인종차별주의자인지 책임있는 고용주인지에 대해 몰랐다. 국가 차원의 데이터베이스도 존재하지 않았다. 일부 민권 지도자들은 이런 자료의 목록화를 반대했는데, 남부 주와 많은 고용주들이 구직 신청 양식에 기록하는 출신 인종 자료를 이용해 오히려 흑인들을 일자리에서 배제하는 수단으로 이용했기 때문이었다. 그러나 이런 통계조차 확보하지 못한 정부가 기업이 인종을 차별하지 않고 고용하고, 「민권법」 제7편을 준수하고 있는가를 어떻게 측정할 수 있겠는가? 비슷한 문제가 학교 통합에도 나타났다. 정부는 각 교육구와 학교에서 백인 학생과 흑인 학생의 숫자를 세어보지도 않고 어떻게 학교가 통합을 실현했는지 알 수 있겠는가? 또 다른 측정의 문제가 있었다. 즉, 새로운 법률을 준수할 공장에서 소수민족의 적절한 숫자 또는 비율은 어느 정도여야 하는가? 기업은 어느 정도의 비율을 고용해야 하며, 정해진 비율을 고용하려면 어떤 근거를 적용해야 하는가? 지방과 주, 그리고 국가에서 소수민족의 비율은 어느 정도 되어야 하는가?

이런 혼란을 가중시킨 것은 바로 「민권법」의 각 편의 조항이었다. 조항에 따르면 EEOC는 기업에 과거의 차별적 관행에 대한 보상의 일환으로 고용을 요구할 수 없다. "본 편에서 언급되지 않은 어떤 것도 고용주에게 인종, 피부색, 종교, 성별, 국적 때문에 어떤 개인이나 집단을 우대하도록 요구할 수 없다." 따라서 직장에서 차별을 금지한 「민권법」은 차별로 고통받은 어떤 집단에 대해서도 우대조치를 금지했다.

「민권법」 제7편은 인종차별을 하지 않았으며 존슨 대통령의 행정명령도 마찬가지였다. 이것은 단순히 계약자들이 "인종, 신념, 피부색, 국적에 관계없이 구직자가 고용되고 고용인이 고용 기간에 대우받도록 하기 위해 적극적 차별철폐정책을 시행할 것을 요구했다." 법률이나 규정 어떤 것도 고용주가 특정 인종을 고용하라고 요구하지 않았다. 오히려 이와 반대로 법의 목적은 차별해 온 고용 관행을 종식시키는 데 있었다. 그리고 다음 문제는 "만약 정부가 아프리카계 미국인을 차별하는 불법을 저질렀다면, 고용주들이 전통적으로 차별로 고통받아 왔던 특정 인종을 고용하도록 어떻게 격려하고 심지어 요구할 수 있겠는 가?"라는 것이었다.

존 데이비드 스크렌트니(John David Skrentny)와 같은 학자는 이런 모순을 차별철폐정책의 아이러니로 명명했다. 만약 흑인과 백인의 학교가 격리된 시대에 기업이 직무에 가장 숙련된 근로자인 백인 지원자를 고용한다면, 이 기업은 「민권법」 제7편을 위반하지 않는 것이 된다. 기업경영은 단순히 전통과 능력에 기초한 고용정책을 따를 뿐이었다. 사정이 이런데도 연방정부는 어떻게 아프리카계 미국인에게 기회의 문을 열 수 있겠는가? 존슨 행정부는 차별철폐정책을 통해 가능할 것으로 보았고, 실제 행정명령을 통해 계약자들에게 직장을 통합하고 대부분의 회사들이 소수민족을 우선 고용할 것을 요구했다. 더욱이 정부가 '진척도(progress)'를 측정하려고 하면 — 사실상의 할당제(quota)에 해당할지라도 — 고용주에게 직장 내에서 흑인의 숫자를 세보게 하지도 않거나 더 많은 소수민족의 고용을 요구하지도 않으면서 어떻게 측정이 가능할 수 있겠는가? 차별철폐정책의 아이러니는 결국 1960년대의 남은 기간과 연방대법원이 그릭스 대 듀크전력회사 사건(Griggs v. Duke Power Co.: 소수민족과 여성에 대한 간접 차별의 개념이 「민권법」 제7편에 위반된다고 판결함 - 옮긴이)에서 판결했던 1971년까지 혼란을 초래했다.[16]

존슨 행정부는 1960년대 중반의 경제부흥기에 차별철폐정책의 아이러니를 설명하려고 시도했고, 1966년 3월 뉴포트뉴스조선소(Newport News Shipbuilding Co.)와의 싸움에서 초반 승리를 거두었다. 이 회사는 버지니아 주에서 가장 큰 회사로 조선소 사업의 75%가 납세자의 세금과 관련되었다. 2만 2,000명의 종업원 중 약 5,000명이 흑인이었고, 이들 중 40명이 회사를 상대로 EEOC에 제소했다. 흑인들은 백인과 동일한 일을 했음에도 임금은 적게 받았고 백인 부서로 전근도 허용되지 않았으며, 승진에서도 제외되었고 실습 훈련도 허용받지 못했다. 더욱이 회사는 유명한 아프리카계 미국인이었던 조지 워싱턴 카버(George Washington Carver: 불행한 과거를 극복한 흑인 농화학자이면서 '땅콩박사'로 이름을 날림)의 이름을 딴 핵잠수함을 건설하면서도 화장실, 샤워실, 라커실을 격리했다. EEOC는 OFCC, 법무부, 국방부와 연합해 뉴포트 뉴스를 공격했다. 회사는 재빨리 항복했다. 회사는 차별정책을 끝내기로 합의했으며, 약 4,000명의 흑인 근로자를 승진시키고 75명을 감독관으로 임명했다.

다른 방위산업체와 같이 뉴포트 뉴스도 사업의 대부분을 정부에 의존했기 때문에 결점이 많았다. 그러나 1966년과 1967년 EEOC의 다른 노력은 크게 성공적이지는 못했다. 대부분의 시민들과 정치 지도자들은 고용문제에는 관심이 없었다. 이들은 점차 다른 문제, 즉 대학 시위, 흑인 세력화, 새로운 문화를 자랑하고 다니는 히피족, 더운 여름 장기간에 걸쳐 일어난 도시의 인종 폭동, 그리고 장기전이 된 베트남전쟁에 관심을 갖기 시작했다.

베트남전쟁은 도시의 인종 폭동만큼 차별철폐정책에 영향을 미치지 못했다. 1966년 여름 게토 지역 거주자들은 클리블랜드, 데이튼, 밀워키, 샌프란시스코 등지에서 폭동을 일으켜 400명이 부상을 입고 최소 7명이 사망했다. 이듬해 여름의 상황은 더 나빴다. 보스턴에서 탬파에 이르기까지 거리에 불길이 번졌다. 뒤이어 뉴저지 주 뉴어크(Newark)에서 폭동이 터졌다. 주지사는 폭동을 "공개적인 반란(open rebellion)"으로 규정짓고 주 방위군에 폭동진압을 명령했다. 결국 도시는 불에 탔고 25명이 사망했다. 이어 디트로이트에서 폭동이 일어났다. 존슨 대통령은 총기와 탱크, 헬리콥터로 무장한 연방군을 소집했고, 결과적으로 2,000명이 부상을 입었고 43명이 사망했다. ≪뉴스위크≫는 "디트로이트 사태는 미국의 비극이다"라고 보도했다.

여름 폭동은 민권운동을 와해시켰고 백인들의 증오감을 강화시켰으며 연방정부의 행동을 자극했다. 존슨 행정부는 게토 지역 거주자를 위해 추가적으로 '가난과의 전쟁 예산'을 편성했고, 1967년 대통령은 참모들에게 문제 해결 방법을 찾을 것을 주문하는 한편, 일리노이 주지사 오토 커너(Otto Kerner)에게 소요 사태를 조사할 위원회를 맡도록 했다. 커너 보고서는 솔직하게 내용을 밝혔고 시사하는 바가 컸으며, 3개월 만에 100만 부 이상이 팔려나갔다. 조사위원회는 폭동의 비난을 흑인 폭동자들이 아닌 백인에게 돌렸다. 조사 보고서는 "폭동 사태는 본질적으로 백인들의 인종차별주의가 여러 도시에서 누적되어 온 결과이다. 백인 사회는 게토 지역과 긴밀히 관계된다"라고 보고했다. 더욱이 보고서는 '구조적인 인종차별주의'를 반복해 언급했다. "백인 고용주들이 반드시 의식적으로 차별하지 않았지만, 오랫동안 백인만을 고용한 것은 전통이 되어 왔다. 분명히 차별은 시스템을 바꿔줌으로써만 뿌리를 뽑을 수 있다." 조사위원회와 대통령 보좌관들은 지역 관리들에게 흑인 고용인의 숫자, 특히 경찰관의 숫자를 늘릴 것을 촉구했다. 뉴저지 주 뉴어크 인구의 절반은 흑인이었지만, 흑인 인구의 10%만이 경찰이었다. 약 1%의 아프리카계 미국인으로 구성된 주 방위군과 관련해 법무장관 람시 클라크(Ramsey Clark)는 대통령에게 "게토 지역 거주민의 감정을 완화시킬 수 있고 인종불균형(racial imbalance)을 즉각 교정할 수 있는 조치의 일환으로 흑인들을 주 방위군에 입대시켜야 한다"라고 건의했다. 분명한 메시지는 흑인들의 고용문제였다. 추가적인 폭동을 방지할 노력의 일환으로 많은 회사들은 흑인들을 고용했으며, 능력 중심의 전통적인 고용 기준을 폐지했다. 한 회사 간부는 "이런 조치들은 역차별에 해당하지만, 흑인들에게 우리가 진심으로 그들과 함께 일하기를 원한다는 것을 확신시키기 위해 필요하다"라고 설명했다.

게토 지역은 불타고 있었고 더 많은 흑인 거주자들을 고용하는 것이 실용적인 대안으로 보였다. 한 경제학자는 "교육을 더 많이 받고 더 많은 경험을 하고 흑인 노동자와 더 많은 통합을 이룰수록 긴장은 완화되고 이 나라에서 일어나는 문제는 더 줄어들 것이다"라고 말했다. 거리의 불길은 존슨 행정부의 정책에 변화를 가져오게 했다. 존슨 행정부는 1964년 싸워 성취했던 "「민권법」 제7편의 인종차별하지 않는 기준"을 포기하는 대신에, 더 많은 소수민족을 일터로 보내는 방식으로 차별철폐정책을 추진하기로 했다. 1966년 EEOC는 100명 이상의 근로자를 고용한 6만 명의 고용주들에게 EEO-1 보고서(해당 기업 본사의 고용이 일반적으로 어떤 경향이며 소수민족과 여성의 참여가 어떤 변화를 보이고 있는지를 기록-옮긴이)를 제출하도록 요구했다. 이 보고서에는 소수민족 출신(흑인, 동양계, 미국계 인디언, 스페인계 미국인) 고용인의 성별과 인종별 목록을 제시하게 했다. 또 다른 보고서는 정부가 근로자를 평가하고 분석하는 데 필요한 통계를 제공했다. EEOC가 자료들을 처리하고 있을 때, 시민들의 소송 제기가 폭주해 EEOC의 업무는 마비될 정도였다.[17]

• ○ •

놀랍게도 이들 소송 중 3분의 1 이상이 성차별과 관련되었는데 불평등한 부가급여(benefits), 차별적인 선임제도, 「주 노동법」으로 인한 불공평한 제한에 관한 것이었다. 그러나 EEOC 관리는 "입법의 역사를 보면 성차별 사건은 인종차별보다 우선순위가 낮기 때문에 성차별 사건에 전념할 시간이 많지 않다"라고 말했다. EEOC 위원 5명 중 유일한 여성은 아프리카계 미국인이면서 노조 간부를 역임한 아이린 헤르난데스(Aileen Hernandez)였다. 그녀는 "위원회의 우선순위는 인종차별에 두었으며, 그것도 흑인 남자와 관계될 때는 더욱 그랬다"라고 회고했다.

헤르난데즈는 여성해방운동 이전 시대 미국 사회의 일상적인 반응에 대해 언급한 것뿐이었다. 당시 국가적인 문제는 성차별이 아닌 인종차별이었는데, 「민권법」 제7편이 노동자의 성별과 관계된다는 주장은 기업체 사장들을 혼란스럽게 했다. 한 항공사 경영인은 ≪월스트리트 저널(Wall Street Journal)≫과 대담에서 "우리는 인종차별 금지에 대해 걱정하는 것이 아닙니다. 우리가 걱정하는 것은 성별에 관한 조항입니다. …… 자격증을 가진 한 여성이 우리의 사무실에 들어와 항공 조종사 자리를 요구하면 어떻게 해야 합니까? 또는 어떤 남자가 들어와서 스튜어디스를 원하면 우리는 어떻게 해야 합니까?"라고 물었다. 한 전자기업체의 사업가는 "깨지기 쉬운 전자 부품을 조립하기 위해 작은 손가락을 가진 여성만을 고용해 왔는데, 이제부터는 특별한 재능을 가진 남자 난쟁이를 고용해야 할 것 같다"라고 비아냥거렸다.

≪뉴욕타임즈≫는 헤드라인 기사로 "구직 시장에서 성차별의 철폐"라고 보도하면서, 기상천외하게도 이 문제를 인기있는 플레이보이 클럽(playboy club: 1953년 H.M. 헤프너가 월간 남성 잡지 ≪플레이보이≫를 발행하고 전국 주요 도시에 클럽을 개설함. 풍만한 유방에 토끼 모양의 옷을 입은 바니걸로 관심을 끌었음 – 옮긴이)을 인용해 바니걸 문제(Bunny Problem: ≪플레이보이≫의 표지 모델: 남성 잡지에 여성 모델만이 나오는 것이 아니라 남성 모델도 나올 수 있다는 의미로 직업에서 성차별이 금지된 것에 대한 문제를 부각함 – 옮긴이)로 명명했다. ≪뉴욕타임즈≫는 "만약 남성이 플레이보이 호스티스에 지원하거나 여성이 남성 목욕탕에 일자리를 요구한다면 무슨 일이 일어날 것인가?"라고 질문했다. 구인광고가 더 이상 성별로 분류될 수 없기 때문에 이제까지 전형적인 구인광고였던 '남성 구함'이란 광고는 끝이 났다. 그리고 언어도 중립적이어야 한다. 즉, "잘생긴 남자(handyman)는 사라져야 한다. ……당신이 필사적으로 이런 사람을 찾고자 할지 모르지만, 그는 이제 한물가버리고 없다. 더 이상 우유

배달원(milkman), 얼음 장수(iceman), 종업원(serviceman), 공장장(foreman)과 같은 단어를 사용하면 안 된다. ……걸 프라이데이(Girl Friday: 1940년의 코미디 영화)는 참을 수 없는 모욕이 되었다. 여성 판매원(saleslady)도 금지된다. 유감천만이지만 로켓츠(Rockettes: 뉴욕의 여성 댄스팀)는 양성(兩性)이 될 것이다." 신문은 "만약 의회가 '성별' 조항 자체를 폐지한다면 더 나아질 수도 있을 것이다. ……정말이지 이것은 '바니걸 문제'이다! 이것은 혁명이고 혼돈이다. 당신은 심지어 '아내 구함 광고'를 더 이상 안전하게 낼 수도 없다"라고 덧붙였다.

적어도 남성의 입장에선 흥미로웠다. EEOC 회의에서 남성 위원들은 여성의 고충을 진지하게 다루지 않고 이 문제에 대해 가볍게 농담을 주고받을 정도였다. 실제 이들은 '편평한 가슴을 가진 칵테일 웨이트레스'가 고용주를 「민권법」 제7편의 위반 혐의로 제소한 사건을 보고 웃음을 터트렸다. 이들은 "신문 구독자들의 편의를 위해 지면(紙面)을 '남성이 관심 있는 직업'과 '여성이 관심 있는 직업'으로 분리할 수 있다"라는 입장을 밝히면서 구인 광고를 성별로 분리하는 것을 비판하려 하지 않았다. 한 남성 위원은 "위원들 중에는 남성 비서를 고용하지 않을 것이라고 생각하는 사람들이 있다. 나도 이들 중 하나다"라고 설명했다.[18]

따라서 첫 2년 동안 EEOC는 인종차별보다 성차별을 강제하는 데 더 신중했다. EEOC는 여러 주들이 수십 년 전 제정했던 「주 보호노동법(protective labor laws: 여성과 연소년의 보호 의무를 다룬 법 – 옮긴이)」에 대해서는 판결을 하지 않고 각 주에 위임했다. 예를 들어, 유타 주는 여성이 직장에서 15파운드(약 6.8kg)를 들어 올리는 것을 금지했고, 오하이오 주는 금속 주조자부터 전기계량기 판독자에 이르는 19가지의 직업에서 여성의 취업을 허용하지 않았다. 텍사스 주는 '부도덕한 조건'의 자리에 여성의 고용을 금지했다. 텍사스 주의 한 여성은 "이것이 좋은 법이라면 남성도 보호해야 한다"라고 말했다. 다른 비판가는 15파운드는 한 살 먹은 어린아이의 평균 무게에 불과하며, 이런 보호는 여성이 빌딩업과 건축업에서 좋은 직업을 갖지 못하도록 제한했다고 불평했다. 그럼에도 불구하고 EEOC는 이런 불평불만에 귀를 기울이지 않았다. EEOC 간부는 "「민권법」 제7편의 성차별 금지조항은 결혼도 하지 않고 애를 가진 것처럼……실수로 만들어진 것이었다"라고 말했다.

EEOC 간부의 발언은 마샤 그리피스(Martha Griffiths) 의원을 발끈하게 했다. 그녀는 의회에서 EEOC 간부의 발언을 "의회에 대한 중대한 모독"이라고 공격하면서, EEOC가 법을 시행하지는 않고 성차별 금지조항의 시행을 주저하고 무효화하고 있다고 주장했다. 그녀는 유나이티드항공사(United Air Lines)에 편지를 보내 여성 승무원들이 결혼하거나 32세가 되면, 남성 승무원들은 해고하지 않으면서 여성들을 해고하는 관행에 대해 불만을 털어놓았다. 그리피스 의원은 "당신은 스튜어디스가 젊고 매력적이고 독신이어야 한다고 말하고 있지만, 당신이 운영하는 회사가 항공사입니까? 아니면 매음굴입니까?"하고 물었다.

다른 여성들도 대의명분에 참여했다. 베스트셀러 『여성의 신비(Feminine Mystique)』를 저술한 베티 프리단(Betty Friedan)은 전문직 여성들과 만나기 시작했고, 민권 조직이 아프리카계 미국인들을 위해 싸웠던 것처럼 여성 권리를 위해 싸울 수 있는 새로운 조직이 필요하다는 확신을 가졌다. 예일 법대의 흑인 교수인 폴리 머레이(Pauli Murray)와 법무부의 메리 이스트우드(Mary Eastwood)는 「제인 크로(Jane Crow: 흑인차별의 근거가 된 Jim Crow와 관련지어 'Jane'이라는 여성적인 이름을 사용 - 옮긴이)와 법: 성차별과 「민권법」 제7편」이라는 논문을 발표했다. 논문은 논란이 된 함축적인 용어를 소개했을 뿐 아니라 "여성의 권리와 흑인의 권리는 인권의 기본적이고 분리할 수 없는 동전의 양면과 다름없다"라고 밝혔다. 머레이는 EEOC가 법을 준수하도록 압력을 넣기 위해 여성들이 워싱턴으로 시위행진할 것을 제안했다.

　많은 여권운동가들은 1966년 내내 시위행진을 했지만, 이러한 시위들은 오히려 여권(女權)이 아닌 인종차별, 베트남전쟁, 학생운동에 대한 관심을 불러일으켰다. 대신, 연방정부는 워싱턴에서 여성 지위에 관한 전국회의를 개최했다. 대표단에는 회의 시작 전날 저녁에 프리단의 숙소에서 만났던 많은 여성들이 포함되었는데, 이들 중에는 동료들에게 "문제를 일으키는 것을 두려워하지 말라"고 말했던 위스콘신의 캐스린 클라렌바크(Kathryn Clarenbach)도 포함되었다. 다음날 성차별에 관한 주제 발표에서 일부 대표들은 결의안을 채택하려고 했지만, 이들이 정책을 권고하는 것은 허용되지 않았기 때문에 더욱 '분노'했다. 곧바로 프리단, 머레이, 이스트우드, 그리고 클라렌바크는 전국여성협회(National Organization for Women: NOW)를 결성했는데, 이 협회의 목적은 "지금 당장 여성들을 미국의 주류 사회에 완전히 참여시키고 남성과의 진정으로 평등한 동반자 관계를 형성해 특권과 책임을 함께 떠맡는다는 것이었다." 이들은 프리단을 초대 의장에 EEOC를 사임한 헤르난데즈를 사무국장에 선출했다.

　이것이 여성해방운동의 초창기 국면이었지만, 귀담아듣는 사람은 존슨 대통령을 포함해 극소수에 불과했다. 1964년 영부인 버드(Bird) 여사는 조용히 주요 의원들에게 자신은 「민권법」 제7편에 '성별'이라는 단어의 추가를 지지한다는 것을 알려주었으며 신중하게 부상하는 여성운동을 지지했다. 연방정부가 「민권법」 제7편에서 규정한 성차별 금지를 강제하려고 하지 않았을 때, 여권주의자들은 대통령의 리더십을 촉구했다. 대통령에게는 이것이 큰 문제가 되지 않았다. 1964년대 초만하더라도 존슨 대통령은 내각에 '미개발 자원(untapped resource)'인 여성 중 연방정부의 고위직에 적합한 인물을 찾아보도록 말했으며, 그는 계속해 "남성을 위해 고위직을 예비해 두었던 시대는 끝났다"라고 했다. 그는 공개적으로 여성 고용인이 「민권법」 제7편에 의해 보호받는 것을 지지했고, 최소 50명의 여성을 고위정책결정자 지위에 배치해 소위 '남성만의 정부(stag government)'의 종말을 약속했다.

1967년 10월 존슨 대통령이 1965년의 행정명령을 개정해 성차별금지를 차별철폐정책에 포함시키고, 노동부에 강제할 권한을 부여할 목적으로 행정명령 제11375호를 서명했던 것은 크게 놀랄 일이 아니었다. 또한 새로운 정책은 더 구체적이었는데 "연방정부와 연방 계약자는 고용에 있어 인종, 피부색, 종교, 성별 또는 국적 때문에 차별하지 않고 능력에 따라 평등한 기회를 제공한다"라고 규정했다. 따라서 '성별'은 차별철폐정책의 구성 요건이 되었고, 이것은 지속적으로 중요한 함의를 지녔다. 왜냐하면 이제 성차별 금지는 실수(앞에서 EEOC 간부가 "「민권법」 제7편의 성차별 금지조항은 결혼도 하지 않고 애를 가진 것처럼 실수로 만들어진 것이었다"라고 말한 것에 대한 공격임－옮긴이)가 아니라 준수하지 않으면 인종차별과 마찬가지로 불법적인 고용 관행이 되었기 때문이었다.[19]

반면, 1967년 존슨 행정부는 법의 강제와 준수에 관한 정책을 개발하면서 주춤했다. EEOC는 미래에 차별금지정책 추진의 정확한 목표를 설정하기 위해 견습 훈련 프로그램에 참여하는 소수민족을 대상으로 처음으로 인구조사를 실시했다. OFCC는 계약자와 노조에게 소수민족을 위해 일부 일자리를 개방하도록 강제하면서, 이와 연계해 연방보조금의 지급을 보류하기 시작했다. 법무부는 흑인 노동자를 차별한 노조를 상대로 수십 건의 소송을 제기했다. 그리고 이런 채찍과 함께 당근도 있었다. 노동부는 아프리카계 미국인들을 신규 채용하고 훈련시키는 데 소요되는 보조금을 지급했다. 노동부는 크라이슬러사가 50개 도시에서 3,000명의 흑인 실업자를 고용하고 훈련시킬 비용으로 약 600만 달러를 지원했다. 12주 과정을 졸업한 흑인들은 자동차 판매 대리점의 기계공으로 취업하거나 일관조립공장에서 일했다.

또한 이런 노력들은 행정부의 차별철폐정책에 대한 정의(定義)가 진화하고 있음을 드러냈다. 법무장관 클라크(Clark)는 고용차별을 종식시킬 수 있는 대통령 포고령 또는 법률개정에 관해 비망록을 작성했다. 법무부는 15개의 제안서를 목록으로 작성했는데, 비율이나 목표에 도달하기 위해 인종별 고용할당제를 도입하자는 제안은 하나도 없었다. 차별철폐정책은 기회의 문을 개방하고 기업계가 소수민족, 특히 아프리카계 미국인 남성을 고용하고 훈련시키도록 독려하는 것을 의미했다. 클라크의 첫 번째 제안은 법률적 강제에 관한 내용이었다. 즉, EEOC에 "소송을 재판하고 법원에서 강제할 수 있는 정지명령을 공포할 수 있는 권한을 제공하는 것"이었다.

차별철폐정책은 분명히 애매모호했다. 그래서 정부는 기업계의 도움을 받아 용어를 더 명확하게 정의하려고 했다. OFCC의 에드워드 실베스터 2세(Edward C. Sylvester Jr.) 국장은 기업인들에게 설명서를 보냈다. "차별철폐정책은 시간, 일자, 장소에 따라 바뀔 수 있습니다. ……차별철폐정책에 대한 확정된 정의는 없습니다. 일반적인 측면에서 차별철폐정책을 말하자면, 여러분이 결과를 보여주어야 하는 어떤 것입니다. 그러나 이것이 반드시 '우대 처우'를 포함하는 것은 아닙니다. 여기에서 핵심어는 '결과(result)'입니다."

행정부는 결과를 얻기 위해 일자리에 적용할 새로운 정책을 개발했다. EEOC는 항공사가 여성 승무원만을 고용할 수 없고, 기업은 성별에 따른 은퇴 연령을 설정할 수 없고 남성과 여성 채용 광고를 분리하는 것은 위법이라고 규정했다. 또한 EEOC는 여성이 결혼했다는 이유로 고용이나 승진에서 배제되었던 것과 마찬가지로 분리된 선임제도, 승진명부, 지역 노조도 「민권법」 제7편을 위반했다는 점을 지적했다. OFCC는 '사전포상제도'를 도입했다. 100만 달러 이상의 계약 입찰에 관심 있는 기업들은 소수민족을 고용하고 차별철폐정책의 준수를 증명하는 고용계획서를 제출해야 했다. 또한 OFCC는 세인트루이스, 샌프란시스코, 클리블랜드, 필라델피아 소재 건설업 계약자들이 "모든 업종과 모든 작업 단계에서 잠정적으로 소수민족 집단 대표제를 시행하는 특별 지역 프로그램"을 시작했다.

자연히 이들 특별 지역 프로그램에는 문제가 있었다. 대부분의 계약자들은 프로젝트에 노조원만을 고용한다는 방침을 세운 노조와 협의를 했기 때문에, 계약자들은 노조가 해당 직무에 누구를 보낼 것인가에 대해서는 별다른 영향력이 없었다(대부분의 소수민족은 노조원이 아니기 때문에 정부가 소수민족의 고용을 증진하겠다는 의도와는 맞지 않았다). 노조는 최상의 노동을 보장했지만, 지역에서는 소수민족을 배제한 견습 훈련 프로그램을 운영했다. 예를 들어, 세인트루이스에서 배관공, 전기공, 판금 노동자의 경우에 노조회원 5,000여 명 중 흑인 노조원은 단 3명에 불과했다. 세인트루이스와 샌프란시스코에서의 특별 지역 프로그램은 실패작이었다. 세인트루이스 프로젝트는 게이트웨이 아치(Gateway Arch: 서부로 가는 길목을 상징하는 기념비로 전망대가 있는 높이 192m의 대형 아치 ─옮긴이)를 건설하는 것이었는데, 노조가 보이콧해 장기간 법적 싸움을 하게 되었다. 샌프란시스코의 BART(Bay Area Rapid Transit: 샌프란시스코 만(灣) 지역 고속수송계획) 프로젝트에서 계약자들은 차별철폐정책 시행계획서를 제출했지만, 소수민족의 고용은 상징 수준으로 그쳤다.

행정부는 아프리카계 미국인 출신 칼 스톡스(Carl Stokes)를 시장으로 선출했던 클리블랜드에서 괄목할 만한 성공을 거두었다. 클리블랜드에서 가장 숙련된 건설 노조에 약 12명의 흑인만이 회원으로 가입되어 있었는데, OFCC는 소수민족 집단대표제를 시행하는 결과를 나타내는 '인력배치표(manning table)'를 제출한 회사를 입찰에 참여시켰다. NASA(미국항공우주국)의 한 계약자는 계약을 성공시키기 위한 일념으로 참신한 방식을 고안했다. 우선 그는 회사가 정부와 계약을 한다면 얼마나 많은 소수민족을 고용할 것인가에 대한 숫자 또는 '목표'에 대해 언급한 제안서를 OFCC에 제출했다. 깊은 인상을 받은 OFCC는 이 지역의 모든 건설업에 이 아이디어를 적용했으며, 계약자들이 적합한 계획서를 제출할 때까지 총계로 약 8,000만 달러에 이르는 보조금 지급을 보류했다. 따라서 1967년 6월과 11월 사이에 계약자들은 전체 475명의 노동자 중 110명의 소수민족을 고용했다. 마침내 결과(result)가 나타났다.

클리블랜드에서의 상당한 성공에 고무된 연방정부와 지역관리들은 필라델피아 플랜을 입안했다. 필라델피아 플랜은 계약자들의 입찰제안서에 "모든 업종과 건축 프로젝트의 모든 단계에서 소수민족 집단 대표제를 시행한 결과"를 첨부하도록 했다. 행정부는 계약자들이 적합한 계획서를 제출할 때까지 보조금의 지급을 보류했다. 1968년 5월 노동부는 중요하면서도 새로운 규정을 공표했다. 즉, 우선적으로 연방 재정지원을 받아 일을 하는 계약자와 노조는 차별철폐정책 프로그램을 시행함과 동시에, 소수민족의 고용과 승진 관행에서의 결함을 교정하기 위한 계획표(schedules)와 목표일(target dates) 또는 '구체적인 목표와 배치표'를 제출해야 했다.

놀랍게도 정부는 목표를 지시하지 않았다. 계약자 스스로가 계획을 입안했다. 이들 기업인들에게 계획의 규정은 너무 애매했는데, 일부 기업인들은 만약 소수민족을 고용해야 한다면 숫자 또는 비율을 적용해야 하는가—이런 이슈는 위험성을 많이 내포하고 있기 때문에—에 대해 정부에 문의했다.

행정부는 서서히 기회의 문을 열기 위한 기회를 엿보고 있었다. 1968년 1월 대통령은 15개 대기업 경영인들을 백악관에 초청해 스테이크 메뉴로 멋진 점심을 대접하고 나서 단도직입적으로 회의를 시작했다. 대통령은 포드, 코카콜라, 모빌석유, 세이프웨이 스토어(미국에서 가장

Lyndon B. Johnson Library, photo by Mike Geissinger

▲ 1968년 1월, 존슨 대통령이 대기업의 리더들과 회의를 가지고 차별 없는 고용과 직업훈련에 대한 그들의 협조를 구하고 있다.

큰 식품 및 의약품 유통업체 중 하나 – 옮긴이), 아메리카 알루미늄, 맥도넬 더글라스의 대표들에게 "우리는 모든 유형의 직업 프로그램을 모색하고 있습니다"라고 운을 띄웠다. "가장 좋은 성과를 내는 것은 여러분들이 최선을 다해주는 것입니다." 대통령은 게토 지역에 살면서 직업을 한 번도 가져보지 못한 '만성적 실업자(the hardcore unemployed)'를 위해 교육·훈련하는 기업에 대해 연방 기금을 지원하겠다고 약속했다. "여러분이 이들을 일하게 하면 이들이 뒤에 남기 때문에 혁명을 겪지 않을 것입니다. 만약 이들이 일한다면 여러분의 집과 공장에 폭탄을 던지지 않을 것입니다. 이들을 바쁘게 하면 여러분의 자동차를 불태울 시간이 없을 것입니다." 존슨은 "여러분이 어떻게 할 수 없다는 말은 저에게 하지 마십시오. 제가 알고 싶은 것은 여러분이 이것을 어떻게 할 수 있느냐 하는 것입니다. ……저는 여러분 모두를 필요로 합니다. 저는 납세자들의 세금을 축내지 않도록 하기 위해 여러분의 헌신적인 참여를 필요로 합니다."

"제가 하겠습니다. 대통령 각하, 제가 하겠습니다!" 하면서 맥도넬 더글라스의 회장 제임스 맥도넬(James McDonnell)이 대통령의 말을 중단시켰다. 존슨은 맥도넬 회장의 식탁을 훑어보고는 "맥도넬 회장님, 회장님이 제가 대접한 스테이크 한 쪽을 드시는 순간 이미 참여했습니다"라고 화답했다.

웃음이 터져 나왔고 후식을 든 후 참석자들은 '전미기업인연맹(National Alliance of Businessmen: NAB)'을 설립했다. 존슨은 북부 출신인 포드자동차 회장 헨리 포드 2세(Henry Ford Ⅱ)를 NAB의 의장으로 임명했으며, 남부 출신으로 코카콜라의 회장인 J. 폴 오스틴(J. Paul Austin)을 부의장으로 임명했다. 다음 달 대통령은 캠페인을 선언하고 50개 대도시의 슬럼가에 거주하는 사람들에게 직업훈련과 구직을 알선하는 데 필요한 '미국 역사상 최대'인 20억 달러 규모의 인력 프로그램을 의회에 요청했다. 대통령은 실업률이 15년 만에 최저로 떨어졌고 1961년 이후 100만 명의 흑인들이 고용되었다고 발표했지만, "우리의 지난 노력 — 비록 이것이 중요하지만 — 만으로는 '만성적 실업자'에까지 일자리가 효과적으로 돌아가지 못하고 있다"라는 아쉬움을 나타냈다.

포드 회장은 50개 주요 도시에서 NAB를 조직하기 위해 뛰어다녔고 기업 최고경영자들에게 고용 규칙을 개정하고 흑인들의 감옥 기록을 무시하고, 열등한 작업을 이해하고 게으름을 용서하도록 요구했다. 포드는 동료 기업인들에 "마침내 우리 미국인들은 역사에서 평등의 집을 짓든지 그렇지 않으면 아예 문을 닫든지 해야 할 시점에 도달했다. 침묵의 대가는 지구 상에서 가장 부유한 국가가 감당할 수 있는 것보다 훨씬 더 클 것이다"라고 말했다. 그는 1971년 50만 개의 일자리 창출을 목표로 훈련 및 고용서약(train-and-hire pledge)을 하도록 요청했다. 폭동을 목격한 15개 도시를 대상으로 한 조사 결과를 살펴보면, "이해에 기업의 86%가 흑인과 여타 소수민족 집단에게 고용 기회를 제공하기 위해 더 적극적으로 노력해야 할 사회적 책임을 지고 있다"라는 생각에 동의했다. 리바이 스트라우스(Levi Strauss)와 미국전신전화사(International Telephone and Telegraph: ITT) 회장들도 캠페인에 참여했고 민권단체들은 기업들과 함께 협력했다. 노동부가 교육과 훈련보조금을 약속했는데, 600여 개의 기업이 신청했다. ≪뉴스위크≫는 "이 계획이 순조롭게 진행될 것인가? 기업은 게토 지역의 생업자들이 자부심과 자존심을 내세우려 한다면 방대한—영구적인—기여를 할 수 있을까? 물론 기업에 돌아오는 보상은 보장할 수 없을 것이다"라고 자문자답했다.[20]

보상은 수년 동안 기대할 수 없을지 모르겠지만, 1968년 내내 고용문제에 대해 관심을 둔 사람은 거의 없었다. 행정부는 여러 사건으로 압도되었고 더 이상 차별 관행에 대해 집중할 수가 없었으며, 심지어는 수개월 동안 EEOC 위원을 새로 임명하는 데에도 뜸을 들였다. 대신에 미국인들은 역사에서 가장 중대한 시기에 벌어진 믿을 수 없는 장면들에 시선을 고정시켰다. 즉, 이런 사건들을 나열하면 다음과 같다. 북한이 공해상에서 미국의 첩보함 푸에블로호(USS Pueblo: 미 해군 최신예 전자첩보함으로 미군의 정보함이 타국군에 의해 나포된 것은 역사상 처음 있는 일이었으며, 미국에 커다란 수치심을 안겨준 사건–옮긴이)를 나포했다. 베트콩은 구정공세(舊正攻勢, Tet Offensive: Tet는 베트남인의 새해 첫날인 음력 1월 1일을 가리킴–옮긴이)를 시작했다. 미네소타 출신의 무명(無名)의 민주당 유진 매카시(Eugene McCarthy) 상원의원이 뉴햄프셔 예비선거에서 존슨 대통령을 근소한 차이로 위협했으며, 로버트 케네디 상원의원이 민주당 대통령 후보 예비선거에 출마했고, 존슨 대통령이 차기 대통령 선거에 출마하지 않겠다는 발표를 했다. 마틴 루터 킹 2세 목사와 로버트 케네디가 암살당했고, 민주당 전당대회에서 폭력 사태가 발생했다. 아프리카계 미국인 육상선수들이 올림픽에서 블랙파워 경례(200미터 메달 수상자인 흑인 육상선수 토미 스미스와 존 카를로스가 주먹을 움켜쥐고 경례를 하며 인종차별에 항의함 - 옮긴이)를 했다. 역사상 처음으로 군복을 입은 군인들이 반전시위를 했고, '여성 해방'을 주창하는 여성들이 미스 아메리카 야외 행렬에 반대시위를 했다.

대통령 선거일을 얼마 남겨놓지 않고 민주당의 허버트 험프리(Hubert Humphrey) 의원이 공화당의 리차드 닉슨(Richard Nixon)과 미국독립당 (American Independent Party)의 조지 월리스(George Wallace: 앨라배마 주지사를 4회 역임한 인종차별주의자 - 옮긴이)에 대항할 민주당 대통령 후보로 선출되었다. 월리스 후보는 백인 반격(white backlash)을 주도하며 유권자의 13%를 획득했다. 대부분의 식자들은 "간발의 차이였지만 닉슨 후보가 대통령으로 당선된 것은 국내의 민권 이슈가 그의 선거공약 중 하나였던 '법과 질서'로 대체될 것이다"라고 믿었다.

1969년 1월 존슨 대통령은 백악관을 떠났는데, 그가 떠날 때쯤 공평함의 의미가 격동의 지난 10년 동안 상당히 바뀌었다는 것을 알 수 있었다. 1950년대와는 다르게 대부분의 시민들은 모든 소수민족들이 정치적 평등과 일자리에서 기회 평등을 누릴 권리가 있다고 느꼈다. 대부분은 공평한 경쟁을 하기 위해 경기장의 노면을 평평하게 다지고, 가난한 사람들을 교육시키고 기술 숙련도가 낮은 사람들을 훈련시키려는 존슨 대통령의 노력을 지지했으며, 많은 기업들도 취지에 협력해 기업에서 직무 훈련 프로그램을 운영했다.

그러나 차별철폐정책이 나아졌다고 하더라도 공평함을 추구하는 데 있어서는 여전히 일정한 한계가 있음이 분명했다. 대다수의 시민들은 사회복지 프로그램이 모든 가난한 사람들을 지원하는 것을 목적으로 해야 한다고 생각했다. 미국인들 중 유일하게 하나의 집단 ― 과거의 차별과는 상관없이 ― 을 위해 우대 또는 특별 프로그램을 적용하는 것에 동의하는 사람은 거의 찾아볼 수가 없었다. 의회도 국내용 마샬 플랜, 즉 이 우대조치가 수세기 동안의 노예 생활과 차별에 대한 보상이고 시행 기간도 10년 동안만 지속된다고 하는 '비상사태타개책(crash pro-gram)'을 고려하지도 않았다.

케네디와 존슨 대통령은 특정의 한 인종만을 대상으로 하는 마샬 플랜을 선호하지 않았지만, 두 행정부는 평등한 고용 기회와 차별철폐정책을 연방 정책으로 만들려는 목적을 가지고 있었다. 케네디는 두 가지의 전통, 즉 소수민족 출신의 구직자를 배제하거나 방해했던 고용 관행과 동일한 일을 한 여성에 대한 낮은 임금 정책을 종식시키려는 트루먼 대통령의 유산을 이어받았다. 존슨 대통령은 더 적극적인 역할을 수행했는데, 「민권법」과 투표권법에 서명했고 다양한 빈곤 퇴치와 인력 훈련 프로그램에 예산을 지원했고 기업에 아프리카계 미국인을 채용하고 훈련시키도록 독려했다. 존슨의 말대로라면 그의 목적은 기회의 문을 열고 흑인에게 특별한 배려를 하는 것이었다. 존슨 대통령이 백악관을 떠날 시점에 차별철폐정책의 정의(定義)는 바로 이런 것이었다.

일반적으로 말하자면 사상 처음 OFCC와 EEOC는 전국적으로 차별금지고용정책을 강제하기 시작했지만, 이 일을 수행하는 것은 복잡했고 비효과적이었다. OFCC가 계약자들에게 요구했지만, 1969년 1월 말만 해도 OFCC는 차별 금지를 위반했거나 계획대로 실행에 옮기지 못했던 기업에서 보내온 1건의 계약도 처리하지 못했다. 또한 강제 집행은 모순을 드러냈다. 차별철폐정책의 아이러니는 바로 「민권법」 제7편의 "고용주에게 인종, 피부색, 신념, 성별, 국적과 상관없이 고용하도록 요구할 뿐 미국인들 중 특정 집단만을 고용하도록 요구하지 않는다는 본래 의도와 상충된다"라는 점이었다. 위대한 사회와 베트남전쟁 기간에 또 다른 변수가 있었다. 즉, 모든 납세자들이 건축 프로젝트와 방위산업에 세금을 내고 있었지만, 많은 노조와 일부 기업들은 소수민족과 여성 고용에 반발했기 때문에 모든 납세자들이 이들 프로젝트에 고용된 것은 아니었다.

해답은 무엇이었는가? 민주당이 선택할 만한 대안은 없었다. 민주당은 주요 주에서 흑인 유권자들에 의지했고 1963년에는 민권을 정치의제로 삼았다. 경제부흥기에 아프리카계 미국인들의 사회경제적 지위와 미국이 자신의 신념에 따라야 한다는 민권운동의 합법적 요구를 고려한다면, 케네디와 존슨 행정부는 고용차별을 종식시켜야 한다는 압박감을 느꼈다. 양 행정부는 고용주들을 독려했고 연방 기관과 계약자들에게 '결과', 즉 아프리카계 미국인과 여성을 고용— 이렇게 하는 것이 인종 및 성별과 관련된 고용이라고 할지라도— 하도록 요구했다.

역사적 환경을 고려했을 때 전혀 예상하지 못한 결과가 나왔고, 10년이란 기간에 고용차별을 성공적으로 끝내지 못했음에도 불구하고 민주당의 대응은 논리적이었다. 대부분의 사람들은 전통과 단절하는 데 여러 해가 걸릴 것으로 생각했다. 1960년대 말 미국은 도시 폭동, 시위, 베트남전쟁으로 어수선했다. 존슨 행정부는 한 번도 차별철폐정책에 대한 명쾌한 비전을 설정하지 못했으며, 동시에 비판가들은 '고용 목표와 이행 시간표'를 붙인 특별 지역 프로그램이 통상적인 입찰 관행을 위배했다고 말했다. 연방 관료 중 일부, 예를 들면 1968년 11월 필라델피아 플랜이 「민권법」 제7편을 위반했다고 지적한 연방 감사원장(U.S. Comptroller General) 엘머 스타츠(Elmer Staats)와 같은 이는 비판가들의 주장에 동의했다. 이것은 미래의 논쟁을 위한 무대가 되었다. 도대체 "차별철폐정책이란 무엇인가?"

노쇠한 존슨 대통령은 이 질문에 대한 대답을 법정(法廷)과 특히 후임

자 닉슨 대통령에게 물려줬다. 그리고 이 공화당 출신의 대통령은 모든
사람들을 깜짝 놀라게 했다.

3 차별철폐정책의 전성기

• ○ •

"우리 모두 화해합시다(Bring Us Together)"라는 구호는 1968년 대통령 선거에서 닉슨 후보가 내건 슬로건이었으며, 1969년 1월 그가 대통령으로 취임한 후 대부분의 미국인들은 국가의 치유와 화합의 시대를 기대했다.

그러나 이 기대는 이루어지지 않았다. 도시 폭동, 대학의 시위, 베트남전쟁, 그리고 ≪타임(Time)≫이 명명했던 '대항(對抗) 문화적인 젊은이의 반란(youthquake: 1960~70년대의 사회체제를 뒤흔든 젊은이의 문화와 가치관 - 옮긴이)'은 정치사회적 합의에 종지부를 찍고 국가를 분열시켰다. 한쪽에는 대통령과 기성체제, 그리고 1960년대의 문화를 반대하는 목소리 큰 소수민족이 있었고, 다른 쪽에는 닉슨 대통령이 "위대한 침묵하는 다수"라고 명명했던 기성체제를 지지하는 사람들이 있었다. 1970년 6월 오하이오 주 켄트주립대학의 비극(북베트남을 지원하던 캄보디아를 침공, 미국 내 반전시위가 고조되었는데 이 대학의 학생 4명이 주 방위군의 총격으로 사망한 사건 - 옮긴이)이 발생하고 한 달 후, 정부진상조사위원회는 국가의 분열이 "남북전쟁 이래로 가장 깊다"라는 보고서를 작성했다.

국가의 분열은 1960년대 말과 1970년대 내내 두 가지의 강력한 사회적 경향으로 나타났는데, 바로 임파워먼트(權限委讓, empowerment)와 해방(liberation)이었다. 1960년대 중반 이후 많은 젊은 흑인들은 백인들에게 자신들의 권리를 요구한다든가 진보 성향의 사람들이 점진적인 변화에 대해 얘기하는 것을 듣는 데 넌더리가 났다. 시간이 지나면서 이들은 더욱더 전투적이 되었고 블랙파워(Black Power: 주로 흑인 학생으로 구성된 반전 및 반차별 운동단체인 SNCC 의장 S.카마이클이 1966년 주창한 개념으로 1965년 암살된 말콤엑스의 영향을 받음. 흑인이 백인과 동등한 위치에 서려면 사회경제적 권력을 획득해야 하는데, 자위나 자기 해방을 위해 폭력도 불사함 – 옮긴이)를 외쳤다. 베트남전쟁은 또 다른 요소였다. 젊은 흑인 남성들은 왜 자신들이 남부의 경찰에게 두들겨 맞으면서 1만 2,000마일(약 1만 9,308km) 떨어진 베트남에서 싸우기 위해 징집되어야 하는지를 이해할 수 없었다. 흑인 운동가 스톡리 카마이클(Stokely Carmichael)은 "의무복무제(selective service)는 백인들이 적색인(red people: 아메리카 인디언)으로부터 약탈한 땅을 지키려고 황색인들과 전쟁을 하기 위해 흑인들을 전쟁터로 보내는 것에 지나지 않는 것이다"라고 비난했다. 카마이클과 같은 생각은 1969년 닉슨 대통령이 취임했을 때, 흑인 사회 내에서 힘을 얻고 있었다. 디트로이트의 일관작업 공장에서 일하던 아프리카계 미국인들은 도지혁명조합운동(Dodge Revolutionary Union Movement: DRUM)과 같은 조직을 만들었고 크라이슬러 공장을 폐쇄했다. 이해 젊은 남녀 대학생들은 전국 200여 대학에서 흑인학(black studies) 강좌의 개설을 요구하기 시작했다. 샌프란시스코주립대학에서 폭동이 일어났고, 코넬대학에서는 한 아프리카계 미국인 협회가 건물 한 동(棟)을 점거하고 대학이 더 많은 흑인을 뽑고 교수를 채용할 것을 요구했다. 대학 당국이 이들의 주장을 들어주기로 한 뒤 협회 회원들은 엽총과 소총으로 무장한 채 건물 밖으로 행진하면서 나왔다.

이런 사건들은 주류 아프리카계 미국인에게 충격을 주었다. ≪타임≫은 "흑인 분위기: 더 전투적이고 더 희망에 들떠 있으며 더 단호하다"라고 보도했다. 1970년 봄 실시된 여론조사 결과에 따르면, 흑인 중 85%는 고등학교와 학부 교육과정에 '아프리카계 미국인학'의 개설을 지지한 것으로 나타났다. 주류 언론은 '흑인(Negro)'이란 용어를 사용하지 않았다. ≪타임≫은 계속해 "흑인들의 입장에선 오랫동안 백인 우위 사회에서 질식당하면서도 끊이지 않고 이어져온 그들 자신과 문화에 대한 자부심이 이제는 보편화된 현실이다"라고 보도했다. 응답자들은 "앞으로 흑인들은 평등 추구를 위해 지속적으로 싸울 것이다"라는 데에 의견을 함께했다. 그리고 응답자의 3분의 2는 지난 5년 동안 생활이 향상되었다고 생각한 반면, 앞으로 발전되어야 할 분야는 교육과 고용 기회여야 한다고 생각했다.

흑인 임파워먼트의 팽창은 국가 전체에 영향을 주었다. 세사르 차베즈(Cesar Chavez)는 서남부 지역에서 브라운 파워(Brown Power: 멕시코계 미국인들의 정치운동)를 주장했다. ≪네이션(The Nation)≫은 "치카노의 반란(Chicano Rebellion)"을 보도했다. "이제부터 시위 현장에 나타나는 사람들은 캘리포니아에서 치카노로 불려지는 멕시코계 미국인이다." 아메리카 인디언들은 레드 파워(Red Power: 아메리카 인디언의 문화정치적 운동의 슬로건 - 옮긴이)를 선언하면서 앨커트래즈 섬(Alcatraz Island: 캘리포니아 주 샌프란시스코 만의 작은 섬으로 연방 교도소가 있었음 - 옮긴이)을 공격해 점령했으며, 경찰의 박해에 시달린 뉴욕 시 동성애자들은 자신들의 나이트클럽 스톤월 인(Stonewall Inn) 외곽 그리니치 빌리지(Greenwich Village: 뉴욕 시의 예술가, 작가, 학생 중심의 거주 지구)에서 폭동을 일으켰다. 경찰이 이들을 체포하자 성난 군중들은 게이 파워(Gay Power: 시민권 확대를 지향하고자 하는 동성애자의 조직적 시위)를 외쳤다.

거의 매일 일어나는 임파워먼트 시위와 함께 개인해방운동(personal

liberation)이 시작되었다. 개인해방운동은 1967년 샌프란시스코에 '서머 오브 러브(Summer of Love)'라고 불리는 히피족(hippie)들이 모이고 젊은이들이 잡지 표지에 등장하면서 전국적으로 확산되었다. 1970년 약 300만 명의 히피들이 부모의 주류 가치로부터 해방을 추구했고, 다양한 형태의 공동부락(commune)과 공동체를 조직하거나 모로코의 마라케시(Marrakech)에서 아프가니스탄의 카불(Kabul)과 네팔의 카트만두(Kathmandu)에 이르기까지 미국과 세계를 히치하이킹(hitchhiking)하면서 기존 질서에 도전하고 그들 자신만의 생활양식을 개발하려 했다.

여성 역시 미국의 가치와 문화에 도전했으며, 이들도 여타 단체 이상으로 임파워먼트와 여성 해방을 성공적으로 융합했다. 1960년대 중반 이후 일부 여성들은 남성 중심 사회에 문제를 제기하고 EEOC(고용평등기회위원회)가 여성차별금지법을 강제하도록 요구했다. 1970년의 여성해방운동은 국가를 발칵 뒤집어 놓았으며, 매스컴의 보도와 텔레비전의 특별 프로그램을 점유하다시피 했다. 매스컴의 프로그램과 '의식 있는' 단체의 회의에서는 고정관념과 성차별뿐 아니라 여권운동가 메리 킹 (Mary King)이 '여성 카스트제도'라고 명명했던 법적·교육적·경제적 차별까지도 부각시켰다.

따라서 닉슨이 대통령에 취임하고 첫 2년 동안 목소리 큰 많은 소수민족과 여성들은 과거로부터 개인 해방과 미래의 임파워먼트를 요구했다. 이들에게 가장 절박한 문제는 차별을 종식시키고 고용과 교육 기회를 개방하는 것이었으며, 이런 이슈들은 닉슨 대통령이 차별철폐정책에 대해 가졌던 입장에 영향을 주었다.[1]

• ○ •

닉슨 대통령은 복잡한 성격의 소유자였는데, 그의 참모 중 한 사람은 그가 '밝은 면과 어두운 면'을 동시에 가졌다고 말했다. 사인(私人)으로서 닉슨은 그의 정책을 비판한 사람에 대해서는 누구든지 의심했는데, 실제 이런 그의 기질은 그가 몰락한 원인이 되었다. 공인(公人)으로서 닉슨은 세 가지 과업, 즉 "존슨의 위대한 사회 이후 더 많은 권한을 주에 부여하는 신연방주의(New Federalism: 닉슨에 이어 레이건 대통령도 강조했던 공화당의 통치 이념으로, 연방 예산의 삭감을 통해 보건·교육·환경·사회복지 분야에서의 연방정부의 기능을 축소하고 규제를 완화하고 민영화를 장려하며 주정부의 권한을 늘리는 것－옮긴이), 법과 질서, 그리고 베트남에서 명예로운 평화"를 위해 대통령에 출마했던 정치인의 모습이었다.

몇 년에 걸친 민권 시위와 대학 소요 사태 이후 법과 질서는 교외 지역의 조용한 다수, 도농(都農) 지역의 백인, 그리고 대부분의 남부인들에게 높은 호응을 얻었다. 이들에게 민권 프로그램은 마치 폭동이 지나쳤던 것처럼 너무 멀리 나간 것으로 받아들여졌고, 닉슨은 지방경찰의 예산을 2배로 책정하면서 '범죄와의 전쟁(war on crime)'을 선포했다. 더 중요하게는 공화당의 닉슨 대통령과 존 미첼(John Mitchell) 법무장관이 1870년대 민주당이 남부 지역을 석권한 이래 처음으로 이 지역을 지배할 기회를 맞이했다고 생각했다는 것이다. 조지 월리스(George Wallace: 앨라배마 주지사이며, 철저한 백인우월주의자－옮긴이)가 1968년 선거에서 투표자의 13%를 획득했는데, 닉슨은 1972년 선거에서는 월리스의 득표율을 빼앗아 오겠다고 마음먹었다.

미첼 법무장관과 닉슨 대통령의 생각은 대통령 취임 첫해에 드러났던 '남부 전략(southern strategy: 전통적으로 남부는 민주당의 표밭이었다. 공화당은 1920년대 말 대공황 이후 40년간 아이젠하워 8년을 제외하고는 계속 민주당에 졌다. 닉슨은 민주당에 이길 수 있는 유일한 길이 보수적인 남부를 잡는 것이라 판단하고, 이를 위해 도덕성 회복과 연방에 대한 주의 권리 우위를 내걸었다－옮긴이)'으로 알려졌다. 얼 워렌(Earl Warren) 연방대법원장을 포함해 2명의 연방대법원 대법관들이 은퇴함에 따라, 닉슨은 신임 대법관들을 임명할 기회를 얻었다. 그러나 민주당이 장악한 상원에서 대법원장 자리—욕심은 나지만—를 놓고 싸움을 피하기 위해 중도파 연방판사출신의 워렌 버거(Warren Burger)를 대법원장에 지명해 쉽게 인준을받았다. 곧바로 아베 포타스(Abe Fortas) 대법관이 사임했을 때, 대통령은남부 전략의 일환으로 사우스캐롤라이나 주 출신의 클레멘트 헤인스워쓰(Clement Haynesworth) 연방판사를 지명했는데, 과거 그의 판결은 민권이나 노동문제에 대해 부정적인 것으로 밝혀졌다. 민권단체들은 헤인스워쓰가 연방보조금을 지원받는 병원의 시설 통합에 대한 법원의 판결을반대했다는 것에 경악했다. AFL-CIO 의장 조지 미니(George Meany)는헤인스워쓰 판사가 노동 사건에 대한 일곱 번의 판결에서 모두 노조를반대했기 때문에, 그를 대법관으로 지명한 것은 노조에 '전쟁 선포'를하는 것이나 마찬가지라는 입장을 표명했다. 40년 만에 처음으로 상원(상원은 행정부 고위 관리의 인준권을 가짐)이 공화당 소속 상원의원 17명의반대로 인준을 거부했다. 이번에 닉슨은 플로리다 주 출신의 판사 G.해롤드 카스웰(G. Harold Carswell)을 대법관으로 지명했는데, 과거 그는공공연하게 백인우월주의에 대한……확고하고 열정적인 신념을 밝히곤했다. 더욱이 그가 내린 판결의 60%는 상급법원에서 번복되어 판사로서 능력에 문제가 제기되었다. 이번에도 상원은 13명의 공화당 소속의원이 닉슨에 반대하면서 인준을 거부했다. 격노한 닉슨은 "상원이……그가 지명한 후보들이 불행하게 남부에서 태어났다는 이유만으로 '지역차별'이라는 '악의적인 공격'을 했다"라고 비난했다. 닉슨의이런 태도는 남부 주에서는 정치적 지지를 얻었지만 상원에서는 통하지않았다. 결국 닉슨은 중도파인 미네소타 출신의 해리 블랙먼(Harry Blackmun)을 지명해 인준을 받았으며, 이어서 버지니아 주 출신의 루이스 파월(Lewis Powell)과 애리조나 주 출신의 윌리엄 렌퀴스트(William

Rehnquist)를 대법관으로 지명하고 인준을 받았다.

닉슨 행정부는 계속해 1965년 「투표권법(Voting Rights Act)」의 확대를 반대하고 법 개정을 시도함으로써 남부 전략을 구사했는데, 의회는 닉슨의 제안을 거부하고 법을 확대했다. 법무장관 미첼은 교육구 통합에 반대하는 미시시피 주를 지지했으며, 행정부는 학교 통합을 달성하기 위한 '버스 통합(busing: 인종차별철폐정책의 일환으로 학교 내의 인종적 구성의 균형을 도모하기 위해 주로 대도시 내부의 소수민족 거주지 교육구와 교외의 백인 거주 교육구와의 사이에서 각각 교육위원회가 준비하는 버스로 어린이들을 상대 교육구로 통학시키고자 하는 정책 - 옮긴이)'을 반대했다. 닉슨 대통령은 버스 통합을 지역사회를 분열시키고 흑인과 백인 아동들에게 고통을 주는 '새로운 악(new evil)'이라고 불렀다. 연방대법원은 버스 통합은 합헌이라고 판결하고 즉각적인 학교 통합을 명령했다. 아칸소 주 리틀록에서의 아이젠하워 대통령과 마찬가지로 닉슨 대통령도 내키지 않지만 억지로 법을 시행했고, 보좌관 존 엘리크만(John Ehrlichman)에게 "법이 요구한대로 하지만, 그 이상은 조금도 하지 말라"라는 편지를 썼다.

닉슨이 취임하고 첫 몇 달 동안 그의 민권정책은 왔다갔다 변덕스러웠다. 취임 연설에서 닉슨은 커너 보고서(Kerner Report: 1966년 주요 도시에서 폭동이 일어났는데, 당시 조사위원장 일리노이 주지사 커너가 발표한 보고서로 폭동의 원인을 백인의 인종차별로 지적함 - 옮긴이)를 인용하면서 국가를 "함께 발전시켜 보자"고 했다. 이것은 흑인과 백인이 둘이 아닌 하나를 의미한다. 이런 다음 법무부는 남부 지역에서 최대 규모의 단일 교육구인 휴스턴을 강제로 통합시키기 위해 소송을 제기했고, 회사 주택에서 차별을 종식하기 위해 캐논밀즈(Cannon Mills) 회사를 제소했고, 시카고에서 부동산업자들이 백인보다 흑인에게 고리(高利)로 재산을 매매하지 못하도록 제소했다. ≪타임≫은 4월 "행정부가 약간의 정신분열증세를 나타내고 있다"라고 보도했다.

행정부가 차별철폐정책을 고려하기 시작했을 때는 분명히 그렇게 보였다. 존슨 행정부의 임기 말년 OFCC(연방 계약 준수국)는 연방 계약을 체결한 건설업자와 노조가 소수민족 집단비례제의 시행을 통해 소수민족에게 일자리를 제공할 목적으로 잠정적인 차별철폐정책인 "특별 지역 프로그램"을 시행했고, 1968년 5월 노동부가 계약자들에게 소수민족이 과거에 입은 손실을 보전하기 위해 이행 시간표와 목표 일자를 요구하는 규칙을 선포했던 것을 떠올려보라. 또한 1968년 존슨 행정부가 만약 계약자들이 차별철폐정책 프로그램을 이행하지 않는다면, 연방보조금 지급을 중단하겠다고 위협하기 시작했음을 상기해 보라. 1969년 그런 위협은 상당한 목적을 달성하는 데 기여했는데, 납세자들의 세금은 주간(州間) 고속도로 건설 비용에 소요되고, 많은 위대한 사회 프로그램 기금을 조성하고, 베트남전쟁 비용에 지출하고 있었기 때문이다. 달리 말하면 매년 건설업 분야에서 22만 5,000명의 계약자에게 300억 달러의 연방보조금을 지급하는데, 이 숫자는 연방정부가 전체 노동력의 3분의 1에 해당하는 2,000만 명의 노동자들에게 직접적인 경제적 영향을 미쳤음을 의미했다. 마지막으로 1968년 11월 연방 감사원장이 필라델피아 플랜은 「민권법」 제7편에 위배되었다고 지적한 것을 기억하라.

연방 감사원장은 새로 들어선 공화당 행정부에 민주당의 필라델피아 플랜을 포기하기 쉬운 구실을 주었다. 닉슨은 차별철폐정책을 포기할 것인가 아니면 폐지할 것인가? 이것도 아니라면 공화당 의원들은 이 정책을 어떻게 정의내릴 것인가?

•◦•

자연히 행정부와 차별철폐정책 사이의 첫 거래는 존슨 행정부의 유산이었던 '형제애의 도시(City of Brotherly Love)'라 불리는 필라델피아 시

— 1960년대에 이런 사랑을 조금도 보여주지 않았고 인종 폭동으로 고통을 받았던 — 와 관련되었다. 필라델피아 인구 중 약 30%는 흑인이었고, 연방정부는 5억 5,000만 달러의 예산을 들여 병원과 몇 개의 대학 그리고 연방조폐국(U.S. Mint)을 신축하기로 계획을 세웠다. 모든 납세자들이 고용될 것인가? 아마도 그렇지 않을 것이다. 케네디 대통령은 8년 전 차별철폐정책을 공포했는데 필라델피아 시에서 노조에 가입하고 견습 프로그램에 참여한 아프리카계 미국인은 일부였던 반면, 많은 지역 노조는 전통을 유지했고 통합에 반발했다. 제철소 노동조합원 850명 중 12명이 소수민족 출신이었고 배관 및 연관공 노조에는 560여 명이 노조원이었는데 3명만이 흑인이었다. 1,400명의 노조원을 가진 판금업자 노조, 600여 명으로 구성된 엘리베이터 건설업자 노조, 그리고 400여 명이 노조원인 석공 노조에는 단 1명의 흑인 노조원도 없었다.

≪뉴스위크(Newsweek)≫는 "국가에서 가장 숙련된 건축업 노조가 거만한 컨트리클럽에서처럼 인종차별을 일삼고 있다"라고 보도했다. 디트로이트의 한 노조 지도자는 지역 건축업에서 통합 상태를 조사했는데, "현재 상태라면 흑인의 완전한 평등은 2168년에나 달성될 것이다"라고 밝혔다. 이런 사정을 감안해 한 노동법 전문가는 "노조가 통합을 위해 재빨리 움직이거나 아니면 정부가 개입하는 것이 나을 것이다"라고 예측했다. 그러나 그는 "노동조합원들 중 극히 소수만이 이런 논쟁에 관심이 있어 보인다"라고 하면서 애석해 했다.[2]

노조가 시간을 끌고 있었지만 신임 노동부 장관 조지 슐츠(George Shultz)는 이것을 받아들일 수 없었다. 그는 아프리카계 미국인 아더 플레쳐(Arthur Fletcher)를 노동부 차관보로 발탁했던 중도적인 공화당원이었고, 플레쳐에게 존슨 행정부의 계획을 수정하는 책임을 맡도록 했다. 플레쳐는 평생 공화당원이었으며 흑인 자본주의(black capitalism: 정부의 지원으로 흑인 자신이 갖는 기업의 자본 소유 및 경영-옮긴이)를 요구

▲ 1969년 12월, 필라델피아 플랜을 지지하는 아더 플레쳐와 조지 슐츠

하는 닉슨의 캠페인을 듣고 지지했던 성공한 사업가였다. 그는 마샬 플랜과 같은 보상 요구나 "노예제와 이것의 쇠약해진 유산에 대한 쓸모없는 논쟁"에는 관심이 없었다. 필라델피아 건설 노조의 노동자들은 폴란드, 이탈리아, 아일랜드 계통의 성(姓)을 가졌다. 그는 "본질적으로 노조라고 불리는 가문을 돌보는 데 세금이 사용되어 왔다. 그래서 사업을 하는 우리는 가와스끼 가문(Kawaski family)을 돌보는가?"라고 썼다. 플레쳐는 필라델피아에서 "노조와 계약자가 자격을 갖춘 흑인을 찾지 못했다고 얘기한 반면, 영어를 말할 수 없는 녹색카드(green card: 영주권의 별칭으로 외국인이 받는 미국 내에서의 노동허가증을 말함 — 옮긴이)를 가진 이태리인은……연방 발주 계약과 관련된 직장에서 일하고 있다"라는 것을 밝혀냈다. 플레쳐와 슐츠는 닉슨 대통령이 취임하고 바로 몇 주 후 열린 내각회의에서 차별철폐정책에 대한 그들의 계획을 설명했다. 노동부 장관은 새로운 계획을 개괄적으로 설명하면서 "지금 흑인들에게

새로운 법이나 더 많은 사회복지보다 훨씬 더 중요한 것은 흑인들의 경제적 향상을 위한 기회 보장이며, 차별철폐정책은 이런 기회를 갖도록 지원한다는 것을 증명한다"라는 점을 강조했다. 플레쳐도 장관의 견해에 동의하면서 "흑인들의 경제적 향상을 위한 사례가 될 것이다"라고 주장했다. 두 사람은 "그들의 계획은 공화당의 이념에도 부합한다"라고 주장했다. 슐츠는 또한 "이 정책은 자립정신과 일치한다"라고 주장했고, 플레쳐는 "차별철폐정책을 시행하는 것은 사람들이 스스로를 돕는 일에 행정부가 헌신한다는 것을 증명하는 것이다"라고 강조했다.

더 긴급한 많은 이슈에 직면한 대통령은 6월 플레쳐가 '형제애의 도시'에서 발표했던 새로운 고용정책인 필라델피아 플랜의 입안을 승인했다. 이전의 민주당 행정부의 관리와 매우 흡사하게 플레쳐는 "소수민족들이 오랜 기간 격리와 차별을 받아왔기 때문에 이들을 위한 고용비율의 구체적인 목표나 기준이 필요하다"라고 말했다. 그는 목표를 요구하지 않는다면 더 나을 수도 있겠지만, "사실 오랜 차별의 역사는 분명한 불균형을 교정할 가시적이고 측정 가능한 목표가 중요하다"라는 것을 인정했다. 나중에 그는 "닉슨 행정부가 추구하는 민권의 일차적인 목적은 아프리카계 미국인이 처한 경제적 문제를 완화시키는 것이다"라고 밝혔다. 플레쳐는 평균적인 흑인을 대신해 "나는 호텔에 갈 권리가 있다. 나는 학교에 갈 권리도 있다. 나는 집을 살 권리도 있다. 이제 나는 돈이 필요하다"라고 말했다.

물론 계약자와 노조는 이 계획이 어떻게 시행될 것인가를 알고자 했다. 나중에 플레쳐는 필라델피아에서 청문회를 통해 이것을 분명하게 했다. 소수민족의 범주에는 명확히 아프리카계 미국인이 포함되었고 "동양인, 아프리카계 인디언, 스페인계 성을 가진 사람들도 들어갔다." 그는 여성을 언급하지 않았다. OFCC는 구체적인 숫자가 아니라 특정 지역에서 노동자의 비율과 관련된 계약자와 노조의 유연한 '목표 범위

(target range)'를 설정했다. 자연히 비율은 향후 5년 동안 고용해야 할 노동자의 숫자로 해석될 수 있었다. 필라델피아의 인구 중 30%가 아프리카계 미국인이었기 때문에 이 지역에서 계약을 성사시키려면, 매년 '소수민족 고용 목표'를 늘려야 하고, 1973년에는 노동력의 약 20%를 소수민족으로 채워야 할 것이다. 예를 들어, 1969년 판금노동자 중 1%가 소수민족 출신이었는데, 노조는 퇴직과 자연감소 때문에 매년 10%의 신규 노동자들을 고용했다. 노조가 1970년 말 소수민족 4~8%를 고용하고 1973년 말 19~23%의 소수민족을 고용하는 데 '성실한 노력'을 한다면, 계약을 체결할 수 있다. 이렇게 한다면 노조는 계약을 준수하는 것이 되었다. 만약 노조가 계약을 준수하지 않는다면, 계약자는 조사를 받게 되고 앞으로 연방보조금 지급 대상에서 부적격자로 낙인이 찍힌다. 1969년 7월 플레쳐는 미국이 달 착륙에 성공하고 한 달 후 가진 기자회견에서 "우리는 고용 목표와 대상을 설정하고 이행 시간표를 짜야 합니다. 인간이 시작한 지 10년도 채 되지 않아 달에 착륙할 수 있었던 것은 목표와 대상, 그리고 이행 시간표가 있었기 때문에 가능했습니다"라고 말했다.[3]

물론 고용 목표와 이행 시간표가 더 많은 소수민족을 고용하고자 하는 차별철폐정책의 목적을 실현하는 데는 기여했지만, 비판가들에게 이것은 특정 인종에게 우대 고용을 적용하는 것이기 때문에 「민권법」 제7편에 위배되는 것이라고 지적받았다. 바로 이것이 차별철폐정책의 아이러니였다.

이것은 공평했는가? 필라델피아 시 플랜을 관찰하는 데는 두 가지 방법이 있다. 첫째는 4~8%든지 심지어 19~23%든지 간에 1%(1969년 필라델피아 소수민족 출신 판금 노동자 비율)보다 높지만, 시 인구의 30%가 흑인이란 점과 노조화된 노동은 배우기에 가장 빠르고 중산층으로 이동하기에도 가장 빠른 방법 중 하나라는 점을 고려하면, 사실상 낮은 수치라고 주장할 수 있다. 둘째는 필라델피아 플랜의 목적은 「민권법」 7편을 위배한 불법이었음에도 불구하고 실제 할당제를 시행했다는 점이다. 오늘날 독자들이 용어를 어떻게 사용하든 간에 1968년 민주당의 존슨 행정부가 처음으로, 그리고 1969년 다시 민주당과 공화당 행정부가 기본적으로 동일한 계획을 채택했다는 것을 알면 흥미로운 일이다.

왜 민주당과 공화당은 이렇게 했을까? 국가의 목적은 소수민족의 고용을 증진하고 전통적인 고용 관행을 변화시키고 도시 폭동의 가능성을 줄이고 연방 발주 사업을 모든 납세자에게 개방하려는 데 있었다. 민주당과 공화당 행정부는 이 목적들을 달성하는 유일한 방법이 연방정부의 경제력을 사용하는 것이라고 판단했고, 이렇게 입안된 것이 필라델피아 플랜이었다. 1960년대 내내 시민들에게 '민권당(party of civil rights)'의 이미지를 각인시켰던 민주당에게는 이 방법이 분명한 것처럼 보였지만, 1964년 대통령 선거에서 공화당 대통령 후보였던 베리 골드워터(Barry Goldwater) 상원의원이 주권(州權)을 지지하고 「민권법」을 반대했던 공화당에겐 불분명했다. 공화당은 민권 의제에 몰두하지 않았으며, 닉슨 대통령은 오히려 '남부 전략'을 구체화했다. 그렇다면 왜 새로 정권을 잡은 공화당 행정부가 필라델피아 플랜을 승인했는가?

해답은 상당 부분 미스터리로 남아 있다. 20년이 지난 후 역사학자 휴 데이비스 그라햄(Hugh Davis Graham)이 전 노동부 장관 슐츠에게 이것에 대해 질문했을 때, 그는 행정부가 왜 필라델피아 플랜을 부활시켰는가에 대한 이유를 생각해낼 수 없었다. 몇 년이 더 지난 후 슐츠는 역사학자 딘 코트로우스키(Dean Kotlowski)에게 "우리는 건설업 분야에서 흑인 노동자를 위한 할당제를 시행하고 있다는 것을 알아냈다. 그러나 할당제를 시행하고 있었지만, 한 사람의 흑인도 찾아볼 수가 없었다"라고 말했다. 1969년 슐츠 장관은 과거의 인종 관계를 뛰어넘고 싶었고, 이렇게 하기 위한 핵심적인 열쇠가 고용이라고 믿었다. 슐츠는 ABC

텔레비전의 <이슈와 해답(Issues and Answers)> 프로그램에 출연해 "나는 민권문제에 깊은 관심이 있습니다. 그리고 노동부는 모든 미국인에게 평등한 기회를 보장하는 데 중요한 역할을 담당할 수 있고 또 그렇게 해야 한다고 생각합니다"라고 밝혔다. 닉슨 대통령도 동의했다. 신임 대통령은 국가의 다른 긴박한 이슈에 몰두하고 있었음에도 불구하고 노조 임금에 대해 불만이 있는 주택산업에서 인플레이션을 억제하고 아프리카계 미국인의 고용을 촉진하고 흑인 자본주의를 활성화시키고 심지어 소수민족에게 약간의 보상을 제공하는 것에 관심이 있었다. 1965년 하워드대학에서 연설한 존슨 대통령의 모습을 조금 내비치면서 민권의 도덕성이 미국의 주류였다는 것을 증명한 닉슨은 "모든 사람에게 평등한 기회를 약속한 다음, 수백 년 동안 기회를 거부당했던 사람들이 진정으로 평등하기 위해 필요로 하는 '약간 특별한 시작(little extra start)'을 제공했다." 닉슨의 '약간의 특별한 시작'이 바로 필라델피아 플랜이었다.

나중에 닉슨은 회고록에서 "필라델피아 플랜은 필요했고 옳았다. 우리는 할당제를 고정시키려 하지 않았지만, 연방 계약자가 소수민족의 고용 증진 목표에 부응하기 위해 '차별철폐정책'을 보여주길 요구했다"라고 기록했다.

닉슨이 차별철폐정책을 촉진한 것은 그가 임기 첫 2년 동안 진보주의에 빠졌다는 것을 보여준 또 다른 사례였다. 그는 소수민족기업국(Minority Business Enterprise Office: MBEO)을 설립하는 행정명령에 서명했고, 또 다른 행정명령을 통해 중소기업청(Small Business Administration: SBA)을 설립하고 "기업을 하고 싶어하는 소수민족의……요구와 관심을 배려하도록 지시했다." 닉슨의 이런 행동은 '사회적으로 불리한 환경에 놓인 기업(소수민족 소유 기업)'에게 변덕스럽긴 했지만 서서히, 처음에는 게토지역에서 나중에는 전국적으로 소수민족 기업을 '배려(set-asides)'하고 계약을 체결하는 기업 개발 프로그램[8(a) program: 일정한 자격을 갖춘 흑인과 소수민족의 기업이 미국 시장에서 경쟁력을 갖추도록 중소기업청에서 일정한 지원을 받고 9년 후 졸업하게 됨. 현재도 6,000여 기업이 참여하고 있음—옮긴이]을 시행하는 계기가 되었다. 닉슨은 연간 임금을 보장하는 가족원조계획(Family Assistance Plan)을 제안했는데, 경악한 의회의 보수주의자들이 법안을 부결시켰다. 그는 연방 규정을 강화하고 관료제를 확대하는 민주당의 제안, 즉 연방직업안전위생국(Occupational Safety and Health Administration: OSHA), 연방마약단속국(Drug Enforcement Agency: DEA), 연방관리예산국(Office of Management and Budget: OMB), 연방환경보호국(Environmental Protection Agency: EPA)을 설립하는 법안에 서명했다. 그는 징병제를 더 공정한 추첨제로 개정하고 실제 징병제를 폐지했으며, 수정헌법 제26조가 된 투표 연령을 18세로 낮추는 법안을 지지했다.

공화당 출신의 대통령이 이렇게 많은 민주당의 제안을 수용한 데에는 정치적인 이유가 있었다. 닉슨은 현실주의자였다. 그게 아니라면 전기 작가 조안 호프(Joan Hoff)가 썼던 것처럼 "원칙 없는 실용주의자(aprincipled pragmatist)"였다. 1968년 닉슨은 1912년 이래 가장 적은 43%의 득표율로 대통령에 당선되었으며, 1848년 이래 상하 양원을 민주당이 지배했던 시기의 첫 대통령으로 정치적으로도 기댈 만한 힘이 없었다. 따라서 닉슨은 그의 주요 관심사인 외교정책에 중점을 두고 국내정치에서는 진보주의자들과 타협해야 한다는 것을 알고 있었다. 더욱이 6월 필라델피아 플랜을 발표하기 전 진보 성향의 민주당 소속 의원들이 행정부의 고용정책을 공격했다. 신임 교통부 장관은 고속도로 건설업자들이 계약 입찰에 참여할 때, 더 이상 연방 차별 금지 기준을 맞출 수 없다는 성명을 발표했다. 그 성명은 철회되었지만, 이임하는 EEOC 위원장 클리포드 알렉산더(Clifford Alexander)가 선제공격을 퍼부었다.

"공적인 결과는 피할 수가 없다. 이 정부의 목표에는 고용에 관한 법을 집행하려는 헌신적인 노력이 없다." 의사당에서 에드워드 케네디 (Edward Kennedy) 상원의원은 "행정부가 고용 평등에 관한 규칙의 강제를 느슨하게 하고 있다"라고 주장했다. 그는 "행정부가 차별철폐정책 프로그램을 채택하지 않은 3곳의 남부 섬유 회사에 900만 달러의 계약을 허용했고, EEOC 규칙을 준수하지 않는 일부 기업들이 수백 만 달러에 이르는 납세자의 돈을 빼가고 있다"라고 주장했다.

이런 공격들에 대해 행정부는 격앙되게 부인했고 슐츠와 닉슨을 자극해 필라델피아 플랜을 채택하게 만들었다. 더욱이 이 계획은 또한 민주당의 핵심 지지층인 노동계와 아프리카계 미국인 2곳의 지지 기반에 영향을 주었기 때문에 민주당에게는 정치적 딜레마가 되었다. 닉슨 대통령의 보좌관 존 엘리크만(John Ehrlichman)은 "NAACP가 더 강력한 요구를 했다. 노조는 모든 것을 반대했다. 곧 AFL-CIO와 NAACP는 최근 가장 뜨거운 이슈 중 하나를 놓고 꼼짝없이 싸우게 될 것이고, 행정부는 굿이나 보고 떡이나 먹으면 된다"라고 설명했다.[4]

그러나 실제 행정부는 심각한 반대에 직면했고 차별철폐정책에서 기대했던 것만큼 점수를 얻지 못했다. 노동계는 분노했다. 한 노조 간부는 "이것이 필라델피아 플랜이든 그 무엇이라 불려지든 간에 우리는 할당제를 100% 반대한다"라고 밝혔다. AFL-CIO의 조지 미니(George Meany)는 필라델피아 플랜을 찬성했다. 그러면서 그는 닉슨 대통령이 연방대법원 대법관으로 노조에 부정적인 헤인스워쓰를 지명했고, 노동부 장관이 '할당제'를 지시했다는 불평을 늘어놓았다. 노조 회의에서 그는 닉슨 행정부의 소수민족에 대한 공격에 구역질이 났고 경악했다고 발표했다.

여러분! 얼마나 적은 흑인과 여타 소수민족이……이 나라의 은행과 언론, 즉 신문과 매스컴 분야에 고용되어 있는가를 생각해 보십시오. ……나는 닉슨 대통령이 그의 내각을 돌아볼 때, ……그가 어떤 흑인의 얼굴도 찾을 수 없을 것이라 생각합니다. 그러나 건축업에 종사하는 우리는 '차별의 마지막 요새'로 선정되었습니다. ……나는 건축업을 '매 맞는 아이(whipping boy: 『왕자와 매 맞는 아이』라는 작품 속에서 왕자를 대신해 매 맞는 소년. 여기서는 대신에 희생당하는 자를 뜻함 - 옮긴이)'로 만들려는……정부 관료의 행동에 분개합니다.

•○•

이해 가을 새로운 규칙은 소요의 원인이 되었다. 전국의 건설 현장에서 아프리카계 미국인은 "흑인들이 일하지 않으면 아무도 일하지 않는다"라는 구호를 외쳤다. 시위는 백인 전용 노조의 노동자들이 흑인 전용 거주 지역에서 진행되는 연방발주 프로젝트에서 일할 때 연달아 발생했고, 위스콘신대, 터프츠대, 뉴욕주립대(버팔로)에서 흑인들이 연방 지원 공사를 중지시키려고 했을 때 절정에 달했다.

또한 흑백(黑白)의 대치는 백인의 반격을 키웠다. 피츠버그 시장이 노조가 더 많은 흑인들을 고용해야 한다고 주장했을 때, 4,000여 명의 화난 백인 노동자들이 "1972년에는 월리스(앨라배마 주지사, 철저한 인종 차별주의자)를 백악관으로 보냅시다. 우리가 다수입니다"라는 피켓을 들고 시청으로 시위행진을 했다. 폭력 사태가 발생해 약 50명이 부상을 입고 200여 명이 체포되었다. 플레쳐 노동부 차관보가 시카고의 회의 장소에 나타났을 때, 500명의 백인 노조원들이 회의실에 강제로 밀고 들어가 조소와 야유를 퍼부으면서 회의를 지연시켰다. ≪시카고 트리뷴(Chicago Tribune)≫은 "다음날 2,000명의 건설 노동자들이 400명의 경찰들과 대치하면서 도심지를 완전히 파괴했다"라고 보도했다. 한 백인 노조원은 "나도 내 차례를 기다려야만 한다. 왜 흑인들이 특별 대우를 받아야 하는가? 그들이 흑인으로 태어났다는 이유 때문인가?"라는 불만을 털어놨다.

2년 임기를 두 번째 시작하는 연방 감사원장 스타츠(Staats)가 워싱턴에 돌아와 "필라델피아 플랜은 「민권법」 제7편에 위배되었다"라고 판결함으로써 다시 행정부와 의회가 서로 싸우게 되었다. 노동부와 법무부는 재빨리 반대 의견을 내놓았다. 법무장관 미첼(Mitchell)은 "이 새로운 계획은 단지 목표만을 설정하고 할당제를 시행하는 것이 아니기 때문에 합법적이다. 이 계획은 단지 연방정부와 계약을 체결하는 고용주, 즉 연방 재정 지원을 받는 건설 계약에 적용된다"라고 밝히면서 감사원장의 판결을 간단히 번복했다. 여하튼 행정부는 계약자들이 일부 시민에 대해 차별하지 않았음을 보증하는 권한을 갖고 있었다. 결국 닉슨 행정부의 필라델피아 플랜이 「민권법」 제7편을 위배한 것이 아니라 실제 그 법을 준수하고 있다는 주장을 폈다.[5]

또한 의회에서도 반대가 있었는데 가장 완강한 비판자 중 한 사람은 공화당 상원의원 에버렛 덕슨(Everett Dirksen)이었다. 그는 닉슨 대통령, 슐츠 노동부 장관, 미첼 법무부 장관 앞으로 편지를 보내, 이 계획이 「민권법」 제7편에 위배됨을 항의하면서 공화당 정권의 행정부가 기업에 추가적인 규칙을 강제할 것인가에 대해 경각심을 가지고 있다고 했다. 덕슨은 대통령에게 "나는 당신의 '이 발상 나쁜 계획'에 대해 당신을 지지할 수 없습니다. 공화당은 상원에서 이 계획에 맞서 싸울 것입니다"라고 말했다.

닉슨 행정부는 덕슨 의원보다 더 오래 건재했다. 덕슨 상원의원은 한 달 후 암으로 사망했고, 슐츠 장관이 기자회견에서 이 계획은 단지 목표를 요구했다는 것을 설명하면서 공격을 계속했다. 슐츠는 "할당제가 사람을 내보내는 제도라면, 우리가 추구하는 것은 사람들을 들어오게 하는 데 목적이 있다"라고 말했다. 그러나 어디에서 사람이 들어온단 말인가? 동시에 행정부는 버스 통합과 학교 통합을 지연시키려 했다.

9월 대통령이 그의 목표를 밝혔을 때 명확해졌던 것처럼, 행정부가 사람을 들어오게 하려는 곳은 학교도 일터도 아니었다. 이것은 건설 노조였다. "흑인을 포함해 모든 미국인들이 건설 노조에 가입할 평등한 기회를 갖게 하는 것이 중요하다. 왜냐하면 결국 우리는 모든 미국인의 권리를 거부하는 건설 노조를 용납할 수 없기 때문이다."

대통령이 노조를 공격했던 반면, 의회는 행정부를 공격했다. 10월 노스캐롤라이나 주 출신의 민주당 샘 어빈(Sam Ervin) 상원의원이 청문회를 개최했고, 의사진행(議事進行)의 일부는 세출예산안(appropriations bills)에 대한 여러 부가 조항(附加條項 또는 補則, rider: 의회에서 법률안 심의 중에 新조항을 부가하는 경우 그 신조항을 가리킴 – 옮긴이)과 관계되었다. 부가 조항은 복잡했고 닉슨 행정부나 의회도 원치 않았던 차별철폐 정책에 대한 직접 투표를 피해갈 수 있는 하나의 방법이었다. 허리케인 카밀(Camille: 1969년 발생한 5등급의 초강력 태풍으로 많은 피해를 입힘 – 옮긴이)의 피해자를 지원하기 위한 부가 조항은 행정부 산하기구가 아닌 연방 감사원장(U.S. Comptroller)이 연방지원금이나 연방보조금을 받을 사람 또는 계약을 체결할 사람을 결정해야 한다는 의견이 제시된 반면, 또 다른 부가 조항에서는 필라델피아 플랜을 공격했던 「민권법」 제7편이 국가의 유일한 고용관계법이 되어야 한다는 의견이 제기되었다.

의회 청문회는 조명을 받지 못했다. 비판가들은 직장에서 소수민족 노동자의 범위를 설정하는 것이 불법적인 할당제라고 주장했다. 행정부의 한 관리가 "이것은 할당제가 아닙니다. 계약자들이 소수민족을 고용하기 위해 '성실한' 노력을 하게 하는 것입니다. 비율은 할당제가 아니라 '목표', '대상', '범위'에 불과합니다"라고 답변했다. 이런 대답은 사전을 꺼내 'quota', 'goal', 'range'에 관한 사전상의 정의를 읽어 내려갔던 어빈 상원의원에겐 무의미했다. 어빈 의원은 "당신은 필라델피아 플랜이란 계약자가 사람을 고용할 때 인종을 고려할 것을 적극적으로 요구한다는 점을 구름 한 점 없는 오후의 태양처럼 분명하게 말해주었습니다"라고 말했다. 슐츠 장관에게도 어빈 의원의 발언은 무의미했다. 슐츠는 "행정부는 계약자가 사람을 고용할 때 다양한 인종을 고려한다든지 고용기회를 평등하게 제공하는 등의 적극적 조치를 취해줄 것을 요구한 것이다"라고 말했다. 어빈 의원을 똑바로 쳐다보면서 슐츠 장관은 "저도 필라델피아 플랜이 인종에 관심을 둔다는 의원님의 지적에 전적으로 동의합니다"라고 밝혔다.

어빈 상원의원	달리 말해 필라델피아 플랜과 같은 차별철폐정책 프로그램에 따르면, 계약자가……인종문제와 관계없는 고용을 하기 위해서는 고용 시 인종을 고려해야 한다는 것입니다.
슐츠 장관	의원님의 말씀대로라면, 계약자는 고용 과정에서 납득할 만한 선택의 범위를 제공해야 한다는 점에서 인종문제를 고려해야 합니다. 그러나 이것이 사람을 고용하는 것과 관련지어 보면, 의원님의 말씀처럼 인종을 근거로 A와 B 중 하나를 결정해야 한다는 점에서는 같지 않습니다.

당혹해진 어빈 의원은 다시 'range', 'quota', 'goal'의 정의를 상기시키면서, 새로운 필라델피아 플랜에서는 세 용어들 간에 어떤 차이점도 찾아낼 수 없다고 말했다. 슐츠 장관은 "여하튼 의원님의 의견을 존중합니다"라고 하면서 그를 확신시키려 했다.

그렇다면 도대체 할당제란 무엇인가? 슐츠 장관은 할당제가 어떤 것을 억제하는……한계라고 정의했다. 그는 "행정부가 하려고 하는 것은 소수민족 집단에게 더 폭넓은 구직 기회를 주는 것이다"라고 말했다.

어빈 상원의원과 슐츠 장관 사이에 오고간 대화를 통해서는 어떤 것도 명확해지지 않았으며, 오히려 많은 미국인들이 차별철폐정책에 대해 더 혼란스럽게 생각하게 되었다. 12월 8일 상원은 부가 조항—「민권법」제7편을 「국가고용관계법」으로 삼는 것—을 52 : 37로 통과시켜 연방정부의 속임수(10월 청문회에서 세출예산안에 대한 부가 조항에 끼어넣어 직접 투표를 피해 가려고 한 것 - 옮긴이)에 반응했는데, 결국 이것은 필라델피아 플랜을 위험하게 했고 행정부를 긴장시켰다. 다음날 노동부와 백악관은 언론 매체에 보도자료를 내보냈다. 슐츠 장관은 "미국 상원이 국가가 오랫동안 추진해 온 평등한 일자리의 기회 제공을 위한 차별철폐정책을 중대한 위험에 빠트렸다"라고 밝혔다. 슐츠에게 "부가 조항은 숙련직과 고소득의 일자리가 흑인과 여타 소수민족에게 돌아가게 하는 적극적 조치를 막기 위해……일부 노조가 벌여온 노력의 일환으로 보였다." 닉슨 대통령은 그가 차별철폐정책의 정의를 언급한 것처럼 무뚝뚝했다. "세금을 납부하는 똑같은 미국인이 어떤 형태의 차별 관행 때문에 연방예산이 지원되는 건설 현장에서 평등하게 일할 기회를 박탈당하는 것보다 불공평한 것은 없다." 그는 계속해서 "필라델피아 플랜은 할당제를 시행하는 것이 아니라 목표를 강조하는 것이다"라고 말했다.

이 이슈는 상원에 이어 하원에서도 논쟁이 되었다. 행정부는 친공화당 의원들에게 도움을 요청했고, 미시간 주 출신의 하원 원내총무 제널드 포드(Gerald Ford) 의원이 책임을 맡았다. 포드 의원은 "부가 조항을 승인하는 것은 의원 여러분이 연방 발주 계약에서 일자리의 차별을 영속화하는 것입니다. 반면, 부가 조항을 부결시키는 것은 일자리를 찾는 개인들이 연방정부의 보호를 받는다는 것을 의미합니다"라는 입장을 표명했다. 다른 의원들은 그렇게 생각하지 않았다. 일부 의원들은 투표를 감사원장, 의회, 대통령 사이의 권력분립 이슈로 간주했다. 또 다른 의원들은 연방정부가 EEOC에 의해 차별 고용주로 판명된 섬유산업과 대규모 계약을 체결하면서 왜 필라델피아 플랜은 단일 산업, 즉 건설업에만 관계되는가에 대해 의문을 가졌다. 캘리포니아 주 출신의 한 민주당 의원은 닉슨의 전체 민권 프로그램에 대해 의문을 가졌고, NAACP에서 보내온 편지를 읽었다. 편지에는 "투표권법을 파기하려

했고 터무니없이 학교 통합을 질질 끈 것에 대해 책임져야 할 공화당 행정부가 이제 와서 갑자기 필라델피아 플랜을 살리기 위해 위대한 순례의 길에 올랐다는 것은 놀라운 일이다"라는 내용이 담겨 있었다.

닉슨은 가까스로 구조되었다. 12월 22일 의회 휴회가 임박했을 때, 대통령은 의회가 부가 조항을 통과시키고 행정부의 정책을 부결시키려면 회기(會期, session)를 계속하라고 위협했다. 이 전술은 대가를 지불했다. 이튿날 공화당 중도파와 진보 성향의 민주당 소속 의원들이 연합해 부가 조항을 208 : 156으로 부결시켰는데 상원에서도 39 : 29로 번복했다(앞서 12월 8일 상원에서 52 : 37로 부가 조항을 통과시킴). 의회는 필라델피아 플랜을 대통령에게 성탄절 선물로 주고 휴회(休會)에 들어갔다.

이 기상천외한 투표는 중요했다. 연방의회가 차별철폐정책에 대해 투표를 한 것은 사상 처음 있는 일이었다. 워싱턴의 미국 정치인들은 다양한 형태로 차별철폐정책에 대해 논쟁했지만 이 중요한 공공정책, 즉 "연방정부가 모든 연방 발주 계약에 따른 고용에서 차별철폐정책을 적용해야 하는가? 또는 그렇지 않은가?"에 대해 솔직하게 투표할 용기가 없었다. 대신 차별철폐정책의 이슈가 제기된 초창기에 허리케인으로 입은 피해를 지원하기 위한 부가 조항과 관련해 당파 간의 이해관계에 따른 간접투표문제로 난장판이 되었다. 그래서 취임 초기 연방대법원 대법관 인준을 받지 못해 정치적 패배를 당했지만, 이제 의회에서 필사적인 승리를 원했던 대통령이 투표를 요구했다. 투표 결과는 믿지 못할 정도였다. 대다수의 민주당 의원은 민주당 소속 대통령이 처음 발의한 민권단체와 정책에 대해 반대했던 반면, 대부분의 공화당 소속 하원의원들은 대통령이 추진하는 일에 대해 3 : 1 정도 반대표를 던졌다. 1969년 말 미국인들은 닉슨 대통령이 대선(大選)에서 내걸었던 "우리 모두 화해합시다"라는 슬로건을 잊어버렸다.

우여곡절을 겪었지만 필라델피아 플랜은 어떤 면에서 「민권법」 제7

편을 능가했고, 연방정부의 공식 정책이 되었다. 닉슨 행정부는 차별철폐정책을 할당제가 아닌 인종별 고용 목표(racial goals)와 이행 시간표(timetables)로 정의내리고, 1970년 2월 슐츠 노동부 장관이 필라델피아 플랜을 확대시킨 '명령 제4호(Order No. 4)'에 서명했다. 모든 기업—5만 달러의 연방 발주 계약을 체결한 50인 이상 고용인을 둔 건설업과 노조—은 차별철폐정책 프로그램의 적용 대상이 되었다. 이것은 기업들이 고용의 '모든 단계'에서 '소수민족의 과소활용(underutilization of minorities)'을 교정할 목적으로 해당 도시에서 소수민족 노동력이 차지하는 비율에 근거해 고용 목표와 이행 시간표를 작성해야 한다는 것을 의미했다. 이 정책은 전국적으로 25만 명의 계약자와 전체 노동력의 3분의 1에 해당하는 2,000만 명의 노동자의 고용에 영향을 주었다.

명령 제4호는 매우 중요한 시사점을 가졌다. 이것은 연방 발주 계약과 관련해 일하는 지역의 소수민족 비율과 직접 연계가 되었고, 연달아 차별철폐정책의 준수를 증명하는 방법으로서 비례대표 고용 방식을 도입하는 계기가 되었다. 이는 차별철폐정책의 시행으로 구제받을 수 있는 4개의 소수민족 집단, 즉 흑인, 동양인, 아메리카 인디언, 스페인계 성(姓)을 사용하는 미국인들을 보호했다. 노동부는 이 모든 일을 하면서 어떤 집단이 연방 보호를 받아야 하는가에 대해 공개 토론 한 번 개최하지 않았으며, 아프리카계 미국인을 지원하기 위해 차별철폐정책의 본질적인 의도를 확대하는 것에 대해 어떤 의문도 갖지 않았고, 용어에 대한 정확한 정의도 내리지 않았다. "스페인계 성을 사용하는 미국인들"이란 무슨 뜻인가? 그 범주에는 스페인 또는 포르투갈 출신의 시민도 포함되는가? 왜 푸에르토리코, 멕시코, 모든 라틴 아메리카 출신만을 대상으로 하는가? 왜 동양계는 포함시켰는가? 과거의 차별로부터 고통을 받았지만, 1970년 평균 시민보다 더 높은 소득을 올리는 일본계와 중국계 미국인들은—특히 가난한 백인들과 비교할 때—보호를 필요로 하는가? 사실 민족과 인종이 혼합된 조상(祖上)을 둔 국가에서 '소수민족'이란 무슨 뜻인가? 이런 것들은 매우 중요한 질문이었지만 답변을 하지 않은 채 남겨두었다. 나중에 이런 의문점들은 국가를 분열시키는 논쟁을 촉발시킬 것이다.6)

• ○ •

닉슨 행정부 출범 첫해 차별철폐정책이 크게 확대되었지만, 건설 현장에서 즉각적인 결과는 나타나지 않았다. 정부는 약 36개의 도시에서 '홈타운(home-town) 플랜'을 통한 자발적인 고용 목표의 설정을 허용한 반면, 필라델피아, 세인트루이스, 애틀랜타, 샌프란시스코, 워싱턴 D.C.에서는 소수민족 고용 계획을 시행했다. 1970년 내내 실질적인 결과는 실망적이었다. 필라델피아의 경우, 행정부는 건설업에서 흑인들을 위한 1,000개의 일자리 창출을 목표로 했지만, 8월 건축 시즌이 끝났을 즈음 계약자들은 단지 60명의 흑인만을 고용했다. 노동부가 4,000개의 일자리 창출을 목표로 소수민족 훈련 소요 예산 50만 달러를 지원했던 시카고에서는 단지 75명의 흑인만이 취업했다. 애틀랜타, 버펄로, 뉴욕, 여타 도시에서의 홈타운 플랜도 실패로 끝났고, NAACP는 행정부의 무기력한 추진력을 비난했다. 플레쳐 노동부 차관보도 "필라델피아 플랜과 여러 도시의 홈타운 플랜은 성과를 거두지 못했다"라는 유감을 표명했다.

주된 이유는 노조와 일부 기업들이 연방정부를 상대로 제소해 차별철폐정책에 대한 법원의 판결을 기다리고 있었기 때문이었다. 소송의 이유는 이 계획이 「민권법」 제7편에 위배되고 노동부 장관과 대통령이 권한을 남용했으며, 수정헌법 제5조와 제14조를 위반했다는 것이었다. 첫 번째 중요한 사건은 존슨 행정부의 오하이오 주 클리블랜드 시 계획에 대한 반발로 시작되었다. 연방정부는 클리블랜드 큐야호가지역초급대 (Cuyahoga Community College) 프로젝트에 보조금을 지급하고 있었다. 대학 당국은 계약자 하이만 와이너(Hyman R. Weiner)가 프로젝트에서 일하게 될 소수민족의 대략적 숫자를 포함한 고용 목표와 이행 시간표를 첨부한 입찰 의뢰서를 제출해야 하는 연방 가이드라인을 따르지 않았기 때문에 그동안의 전통을 깨고 최저 입찰을 거부했다. 사실 입찰 조항에는 소수민족을 고용할 와이너의 의무는 지역 노조에 가입된 노동자의 이용가능성에 달려있다는 단서조항이 있었다. 실제 클리블랜드 지역 노조에는 거의 모든 흑인들이 회원으로 가입되어 있지 않았기 때문에 와이너는 차별철폐정책을 시행할 의무가 없었다. 그럼에도 대학 당국은 최저 입찰 의뢰자인 와이너를 선정하는 대신, 계획서에 프로젝트에서 일할 흑인들의 숫자를 작성한 차순위 입찰의뢰자를 선정했다.

와이너는 큐야호가대를 상대로 소송을 제기하면서 고용 목표와 이행 시간표가 경쟁적인 입찰의 표준 규칙을 위반했으며, 「민권법」 제7편을 위배한 '비율할당제'에 해당하고 인종별 균형을 달성하기 위한 목적으로……우대 처우를 요구했다고 주장했지만, 오하이오 지방법원에서 패소 판결을 받았다. 그는 항소했고 1969년 7월 오하이오 주대법원은 와이너 대 큐야호가지역초급대학(Weiner v. Cuyahoga Community College) 사건에서 원고 패소 판결을 내렸다. 그는 다시 연방대법원에 상고했으며, 이듬해 연방대법원은 사건을 심리하지 않고 주대법원의 판결이 유효함을 인정했다.

또한 1969년 연방법원은 '할당제'를 정의내리기 시작했다. 연방정부 대 몽고메리 시 교육위원회(United States v. Montgomery Board of Education) 사건에서 법원은 "할당제는 고정된 불변의 숫자의 참여 또는 소수민족의 비율을 제한하거나 요구하는 제도이다"라고 정의내렸다. 이 정의는 필라델피아 플랜이 유연한 목표제라는 행정부의 주장을 지지한 것이었다.

1970년 연방법원은 닉슨 행정부의 필라델피아 플랜을 더 직접적으로 판결하기 시작했다. 동부펜실베이니아 계약자연합회(The Contractors Association of Eastern Pennsylvania)는 필라델피아 플랜이 우대 처우(preferential treatment) 금지뿐 아니라 연합회와 노조 간의 단체교섭협약을 금지한 「민권법」 제7편에 위배되었기 때문에, 이 계획이 위헌적인 행정 행위라고 주장하면서 슐츠 노동부 장관을 제소했다. 연합회 자신도 차별의 역사로 피해를 입었다는 불만을 나타냈다. 3월 연방법원에 이 사건이 송부되었고 판사는 "필라델피아 플랜이 격리된 계층을 효과적으로 유지해왔던 시스템을 강화시키고 영속화했던 고용 관행의 종식을 위한 필요성으로 제정된 것이다. 만약 내가 강한 어조의 단어를 사용한다면, 연합회의 개념은 모순되고 가치도 없으며 현행 국가정책에도 맞지 않는다. 필라델피아 플랜은 이런 바람직하지 않은 상황을 정화시켜 오염되지 않은 신선한 공기를 호흡하게 할 것이다"라고 판결했다.

계약자들은 항소했고 1971년 연방판사 존 J. 기본스(John J. Gibbons)는 차별철폐정책의 아이러니를 인정했던 판결문을 통해 항소를 기각했다. 재판부를 대표해 만장일치의 의견서를 작성한 그는 "필라델피아 플랜은 1961년 케네디 대통령의 행정명령이 공포된 이래 유효했던 차별철폐정책의 의무를 더욱 구체적으로 다룬 것뿐이다. 연방정부는 의회가 「민권법」 제7편에서 의도했던 차별 금지를 통한 고용 효과를 가져올 목적으로 고용 기회 평등에 합법적인 관심을 두었다. 만약 의회가 다른 의도를 가졌다면 「민권법」 제7편의 개정안을 통과시켰을 것이다"라고 기술했다. 법원은 "필라델피아 플랜이 명백히 인종의식적 정책이다. 또한 인종의식이란 차별철폐정책이 가진 본래적 특성이지만, 전체 노동력에서 소수민족의 고용을 확대하는 데 필요하다. 더욱이 필라델피아 플랜은 강제적 의미를 지니고……계약자들을 입찰에 초대한 것에 불과하다. 따라서 차별철폐정책 계약은 입찰 초청장에서 구체화된 여타 계약 조항과 별반 다르지 않다. 필라델피아 플랜은 과거의 비행에 대해 처벌하지 않았다. 현재의 성과에 대한 계약을 요구한다"라고 판시했다.

1971년 연방대법원은 그릭스 대 듀크전력회사(Griggs v. Duke Power Co.) 사건에서 1964년 「민권법」 제7편에 대해 처음으로 판결을 내렸다. 노스캐롤라이나 주 듀크전력회사의 댄 리버 지사(Dan River Station)에 근무하는 13명의 흑인들은 회사가 그들을 1964년 「민권법」 통과 이전의 소수민족 노동자로 대우했던 것에 대해 집단소송을 제기했다. 「민권법」이 통과된 이후 아프리카계 미국인은 석탄 광부로 승진을 요구했지만, 회사는 이들에게 새로운 요구 조건을 제시했다. 회사는 노동력의 질을 향상시키기 위해 흑인과 백인 광부에게 고등학교 졸업장을 취득하든가 적성검사(실제 검사문항을 보면 IQ 검사의 성격을 나타냄)에 통과해야 된다고 요구했다. 평가 기준은 많은 기업에서 사용하는 도구를 개발했던 다른 회사가 작성했다. 백인들은 평가를 환영했던 반면, 단 1명도 고등학교를 졸업하지 못했던 흑인들의 사정은 정반대였다. 1960년 말만 해도 노스캐롤라이나 주 흑인 남성 중 12%만이 중등학교를 졸업했던 것으로 나타났다. 흑인들은 시험을 보았고 "B.C.는 예수 이전(before Christ)을 의미하는가?"와 "adopt(채택하다)와 adept(숙련된)는 유사한 의미인가?"와 같은 문제를 풀어야 했다. 시험에 응시한 모든 흑인 노동자가 탈락했으며, 12명의 동료 노동자들이 소송을 제기했다. 이들을 변호하는 NAACP 변호사는 「민권법」 제7편의 위반을 주장했다.

하급법원은 전문가가 적성검사 문항을 개발했고 흑인과 백인 모두를 대상으로 했으며 차별할 의도 없이 시행되었기 때문에 「민권법」에 위배되지 않는다고 판시했다. 그러나 연방대법원은 이 판결을 8 : 0으로 번복하고 EEOC가 주장하는 법의 해석, 즉 불평등효과이론(不平等效果理論, disparate impact: 간접 차별과 유사한 개념으로 중립적 기준이 특정 소수자

집단에게 불이익한 결과를 야기하는 경우를 차별로 보며, '업무상 필요'와 기업의 경제적 이익이나 편리라는 차원의 '업무상 편의'를 구분하고, 업무수행에 있어서 특정 기준을 선택하지 않으면 그 업무의 본질이 심각하게 훼손되는 경우에만 합리적 차별로 인정함 - 옮긴이)을 지지했다. EEOC는 여러 해에 걸쳐 적성검사는 업무 수행에 필요한 능력을 검사할 경우에 한해 시행되어야 한다고 주장해 왔다. 자연히 원고(原告)가 되는 흑인들은 EEOC의 주장에 동의했다. 주의 격리된 학교 역사를 고려한다면, 검사를 시행하는 것은 "얇게 감추어진 인종차별의 모습을 드러내면서 실질적으로 흑인의 고용 기회를 줄이는 강력한 도구였다." 사실 이 회사가 적용한 적성검사 결과를 보면, 흑인 노동자가 백인 노동자에 비해 탈락률이 9배나 많았다. 따라서 이 적성검사는 소수민족에게 근본적인 차별이나 불평등 효과를 나타냈다. 버거(Burger) 대법원장은 "만약 흑인을 배제하는 고용 관행이 직무 성과와 관련된다는 것을 보여줄 수 없다면, 이 관행은 금지되어야 한다"라고 판결했다.

그릭스(Griggs) 사건에서 연방대법원은 「민권법」 제7편을 해석하기 시작했고 차별철폐정책에 대한 행정부의 입장을 지지했다. 버거 대법원장은 "「민권법」 제7편을 시행함에 있어 의회의 목적은 명확하다. ……고용 기회의 평등을 달성하고 과거에 놓여졌던 장애물을 제거하는 것이다"라고 밝혔다. 「민권법」은 어떤 사람이 차별의 대상이거나 소수민족의 구성원이기 때문에 고용되어야 한다고 명령하는 것은 아니었다. 그러나 버거 대법원장은 계속해 법원은 구직자의 자세와 조건을 고려해야 한다고 말했다. 이것은 마치 하워드대학에서의 존슨 대통령과 1969년 1월의 닉슨의 모습과 같았다. 버거 대법원장은 선임권[先任權, seniority: 선임제라고도 부르며, 근무 연한이 길고 선임 순위가 높은 노동자일수록 우선적으로 직장이 보장되고 퇴직연금과 유급휴가 등의 부가급부문제에서 더욱 좋은 조건의 혜택을 받을 수 있다. 우리나라의 연공(年功)에 해당함 - 옮긴이]에 대한 이전의 연방법원 판결인 쿼레스 대 필립 모리스(Quarles v. Philip Morris: 「민권법」 제7편에 따라 선임제에 대해 연방법원이 최초로 판결한 사건 —옮긴이) 사건에 대한 판결에서 사용되었던 단어와 닮은 투로 "외형상, 심지어 의도에 있어 중립적으로 보이는 고용 관행, 절차, 평가라 할지라도 이것이 이전의 차별적 고용 관행이 초래했던 상태를 유지시킨다면 허용될 수 없다"라고 말했다. 버거 대법원장에게 "의회의 「민권법」 제정 취지는 고용 관행의 결과에 있었다."

이것은 존슨 행정부에서 유효했던 결과(result)를 의미했고, 이제 닉슨 행정부가 고용 목표와 이행 시간표—대법원도 고려하지 않았던—를 얻기 위해 사용한 전술은 할당제였다. 1971년 차별철폐정책에 대한 이런 정의(定義)는 미국의 법이 되었다.

그릭스 판결은 향후 20년 동안 차별철폐정책의 성격을 규정했다. 행정부와 마찬가지로 연방대법원도 '인종에 관계없이 고용한다'라는 「민권법」 제7편의 문구에 대해서는 관심이 별로 없었고, '인종과 관계해 고용'하는 소수민족의 고용에 더 관심이 있었다. 실제로 그릭스 판결은 차별철폐정책의 아이러니를 해소했다. 비로소 1965년 존슨 대통령의 행정명령과 「민권법」 제7편은 하나가 되었다. 연방대법원은 기본적으로 개인의 권리보다 집단에게 공평한 고용정책을 승인했으며, 고용인은 더 이상 고용주가 차별할 의도가 있었다는 것을 증명할 필요가 없게 되었다. 달리 말하면, 이제부터 기업은 그들의 고용 관행이 집단, 이 경우에는 아프리카계 미국인이며 나중에는 모든 소수민족과 여성에 대해 차별하지 않았다는 것을 증명해야 했다. 버거 대법원장은 차별을 "단순히 동기가 아닌 고용 관행의 결과"로 규정지었다. 고용 관행 또는 검사 결과는 무엇이었는가? 그리고 이것은 한 시민 집단에 대한 불평등 효과였던가? 연방대법원은 소수민족에 대한 뿌리 깊은 차별의 현 상태를 유지하기 위한 검사나 직무능력 평가와 무관한 어떤 형식의 검사도 용납하지 않았다. 민주당과 공화당 행정부는 계약자에게 연방보조금의 지급을 보류함으로써 준수를 강제하는 것이 가장 효율적이었고, 일부 지역에서는 전통적인 고용 관행을 변화시키고 소수민족을 위해 기회의 문을 개방하도록 하는 유일한 방법이라는 것을 알았다.[7]

그러나 워싱턴 D.C.에서 보듯이 전통을 바꾸고 연방 지원 프로젝트에 더 많은 소수민족을 고용하는 것은 어려운 일이었다. 워싱턴 D.C. 인구 중 약 25%가 흑인 인구였으며 특별 지구는 약 70%에 달했다. 연방정부는 최고 시설의 지하철(Metro)을 건설하기 위해 30억 달러의 예산을 배정했다. 노동부는 '워싱턴 플랜(Washington Plan)'을 수립하고 프로젝트에서 일하는 11개 노조에 최소한의 소수민족 고용 계획을 채택하도록 했다. 행정부의 관료에게 이것은 닉슨 대통령의 또 다른 목표인 흑인 자본주의와 기업 성장을 촉진시키는 것이었다. 그러나 1971년 여름 연방보조금 지급 보류와 계약 지연에 대한 위협과 고소 사건은 도시를 심각하게 분열시켰다. D.C. 시의회 의원 제리 무어(Jerry Moore Jr.) 목사는 흑인 건설 회사에 대한 '공개적인 적대감', 다시 말해 소수민족에게 비숙련의 '삽질과 곡괭이질'만을 시켰던 지하철 공사 측을 상대로 소송을 제기했다. 지하철 공사 책임자인 칼톤 시클스(Carlton Sickles)는 격노해서 "이런 소송은 '워싱턴 플랜'이 담고 있는 큰 목적에 부합하지도 않고 오히려 부정적인 영향을 끼친다"라고 말했다. 언젠가는 어느 저명한 아프리카계 미국인들의 단체가 흑인 기업의 건설 작업 몫으로 총예산 30억 달러 중 4분의 1에 해당하는 7억 5,000만 달러를 요구한 적도 있었다. 시클스는 "이런 요구는 비현실적이다. 더 많은 소수민족 노동자를 지원하려 했지만, 흑인 계약자들은 대규모 프로젝트를 건설하는 데 필요한 경험이 부족해 감당할 능력이 없다"라고 말했다. 이해 말 지하철 공사 입찰에 참여한 흑인 계약자는 거의 찾아볼 수가 없었고, 지출된 3억 달러 중 200만 달러만이 흑인 소유 기업에게 돌아갔다. 일부 아프리카계 미국인들이 지하철 공사 현장에서 시위를 계획하는 등 분위기가 심상치 않은 가운데 시클스는 "우리는 흑인 사회와 심각한 의사소통의 문제를 안고 있다"라는 유감을 표명했다.

• ○ •

미국은 이 시절이 어려웠다. 새로 결성된 많은 단체들이 임파워먼트를 요구하고 나선 것처럼, 모든 사람이 화가 난 것처럼 보였다. 1971년 라틴 아메리카계 미국인들이 처음으로 불평등에 항의하는 전국적인 시위를 시작했으며 연방정부를 제소했다. 시민 중 약 7%가 스페인 계통의 성(姓)을 가졌지만, 라틴 계통의 인구는 연방 노동자의 3% 미만이었으며 대부분은 미천한 직업에 종사했다. 캘리포니아 주 출신의 에드워드 로이발(Edward Roybal) 의원은 "정부가 부도덕하고 불법적으로 행동해 카스트제도를 영속화시켰고, 고용 평등의 이상을 다른 미국의 신화로 둔갑시켰다"라고 말했다. 고소인은 정부가 그들에 대한 차별을 제거할 계획을 수립하는 90일 동안 모든 연방정부의 고용과 승진의 동결을 요구했다. 미국 시민자유연맹(ACLU)은 처음으로 "과거 동성애자로 알려졌거나 현재 동성애자로 알려진 사람과 공개적으로 교제했다"라는 이유만으로 해고되었다고 주장하는 4명의 고용인을 대신해 연방정부를 상대로 집단소송을 제기했다. ACLU은 연방정부가 고용한 고용인의 성적(性的) 관행이 "정부의 필수불가결한 이익과는 무관하다(no compelling governmental interest)"라고 주장하면서 고소인들의 복직(復職)을 요구했다.

여러 집단 중에서도 여성이 차별 종식을 위해 가장 많은 요구를 했다. 1970년 8월 여성들은 대규모 연합체를 결성하고 '평등 실현을 위한 여성 파업 투쟁(Women's Strike for Equality)'을 전개했다. 수십 만 명의 여성들은 "파업이 한창 중일 땐 그냥 놔두고 지켜보라(Don't Iron While the Strike is Hot)"라는 슬로건을 내걸고, 직장에서 보이콧하고 남편의 사무실에 처들어가 아이들을 맡기고 페미니스트 시위 역사상 반세기 만에 처음으로 주요 도로를 따라 시위행진을 했다. 이들은 탁아소의 운영과 낙태 권리와 함께 동등한 임금, 교육, 구직 기회를 요구했다. 케이트 밀레트(Kate Millet: 작가이고 페미니스트이며 그녀의 저서 『성의 정치학(sexual politics)』이 유명함-옮긴이)가 뉴욕 시에서 4만 명의 군중에게 밝혔던 "오늘은 새로운 운동의 시작이다"라고 선언했던 것처럼 여성들의 메시지는 분명했다.

연구에 따르면 여성에 대한 광범위한 차별이 있었다. 각 「주 보호노동법」에 따르면, 17개 주에서 여성은 광산에서 일할 수 없었고, 10개 주에서 여성이 술집에 출입할 수 없었으며, 여타 주에서 여성들이 야간에 일할 수 있는 직업이란 간호사나 전화교환원에 불과했다. 베이비붐 세대의 여성들이 대학을 졸업하고 직장을 찾아 나섰을 때, 전문직과 관리직은 남성을 위해 예비되었고 장래에 여성이 가질 수 있는 직업이란 가르치는 교사, 타이프 치는 비서, 체온 재는 간호사에 국한되었다는 것을 깨달았다. 직장에서 일하는 1,000명의 남성 관리자를 대상으로 한 하버드 경영대학원 조사에 따르면, 여성에게 관리직에서 일할 기회를 주겠다는 관리자가 3분의 1에 불과하다는 결과가 나왔다. 법률사무소에서도 마찬가지였다. 여성으로서는 컬럼비아대학 법과대학원을 최초로 졸업한 루스 베이더 긴스버그(Ruth Bader Ginsberg: 1993년 클린턴 대통령에 의해 연방대법원 대법관으로 임명됨-옮긴이)는 취업 의뢰를 받은 적도 없었고 법원 서기 자리도 구할 수 없었다. 연방대법원 펠릭스 프랑크프루터(Felix Frankfurter) 대법관은 그녀를 고용하려는 과정에서 "그녀가 치마를 입습니까?"라고 질문했다. 그는 "나는 바지 입는 여자 옆에 설 수 없습니다"라고 하면서 불합격시켰다. 이런 태도는 전국의 대학에서도 역시 마찬가지였다. 남성 납세자와 여성 납세자가 내는 세금 보조를 받는 공사립대학도 여전히 "'남성 교수' 구함"이라는 광고를 냈다. 따라서 대학원에서 여성에게 수여하는 박사학위 취득자는 전체의 25%를 차지했지만, UCLA는 7%만이 여성 교수였고 컬럼비아대는 단지 2%가 여성 교수였다. 대부분의 전문직에 진출이 봉쇄된 여성들은 봉급도 낮았다. 1950년대 여성 노동자들의 수입은 남성 1달러 기준으로 64센트였는데, 1960년대에는 58센트로 낮아졌다. ≪타임≫은 "미국 여성의 지위가 여러 방면에서 떨어지고 있다"라고 보도했다.

마릴린 살즈만 웹(Marilyn Salzman Web)은 "여성 해방이란 무엇인가?"라고 질문했다. 이것은 "쉽게 말하면 실질적 억압에 대항하는 조직적인 분노"이며, 이런 감정들은 여성단체들이 수십 건의 소송을 제기한 법원에서 나타났다. '여성평등권쟁취를 위한 행동연맹(Women's Equity Action League: WEAL)'은 캘리포니아, 플로리다, 뉴저지, 뉴욕 주의 모든 주립대학, 전국의 모든 의과대학과 법과대학을 포함해 350개 대학을 성차별 혐의로 제소했다. 이들은 "모든 대학들이 납세자의 세금 지원을 받고 연방과 계약을 맺었지만 입학, 재정 지원, 고용 관행, 봉급, 승진 등에서 여성 납세자들을 남성과 동등하게 대우하지 않았다"라고 주장했다. NOW(전국여성협회)도 이들의 주장에 동의하고 모든 공립학교가 봉급, 승진, 출산 수당 지급에서 차별했다는 근거에 따라 집단소송을 냈다. 페미니스트들은 연방보조금을 받고 연방 계약을 체결한 1,300개 주요 기업을 상대로 제소했는데, 평등고용을 위한 고용 목표와 이행 시간표를 요구했다. 또한 이들은 서던퍼시픽(Southern Pacific), 제너럴모터스(General Motors), 콜게이트 팔모리브(Colgate-Palmolive), 아메리칸항공사(American Airlines)와 같은 대기업과 많은 노조를 제소했다.

분노는 의사당에까지 이르렀다. 1971년 3월 하원은 '남녀평등권수정안(Equal Rights Amendment, ERA: 1920년 통과된 수정헌법 제19조로 21세 이상의 여성은 남성과 동등한 참정권을 행사할 수 있음 – 옮긴이)'에 대해 20여 년 만에 처음으로 청문회를 개최했다. ERA는 여권운동가들이 주장하는 차별적인 주 법률과 연방 관행을 제거하는 데 목적을 두었으며, 동시에 남녀평등을 기술하고 있다. 뉴욕 주 출신의 벨라 알저그(Bella Alzug) 민주당 의원이 여성운동을 주도했는데, 그녀는 여성 의원이 의회의 권력 지위에서 배제된 '현실적인 분노'를 터트렸다. "불행이 잇따르고 있지만, 여성평등권문제를 다루는 법사위원회(Judiciary Committee) 위원 중 우리의 이익을 대표할 여성 의원이 단 1명도 없다는 것은 절대 용납할 수 없다." 마샤 그리피스(Martha Griffiths) 의원은 수많은 연방차별을 사례별로 묶은 목록을 작성했는데, 예를 들면 공군에서 남성 지원자보다 여성 지원자에게 더 높은 기준을 요구한다든지 FBI가 여성 요원을 고용하지 않는다든지 여성은 주택 구입 시 정부가 보증하는 은행대부금에서도 차별을 당했다는 내용이었다.

당연히 ERA에 저항이 따랐다. 샘 어빈 상원의원은 "사소한 차별문제로 헌법을 수정하는 것은 쥐 몇 마리 잡자고 원자폭탄을 사용하는 것이나 마찬가지다"라는 입장을 밝혔다. 그러나 대부분의 정치인들은 "남녀평등문제는 오래전부터 대두된 현안이다"라는 ≪로스엔젤레스 타임즈(Los Angeles Times)≫와 "ERA는 때가 무르익은 현안이다"라는 ≪뉴욕 타임즈(New York Times)≫의 보도에 동의했다. 이해 봄 하원에서는 ERA를 압도적으로 통과시켰고, 이듬해 상원에서 84 : 8로 통과되어 비준을 위해 각 주에 이송되었다(헌법 수정 절차는 연방의회 각 원 3분의 2의 의원의 찬성에 의하거나 또는 각 주 중 3분의 2의 주의 요청으로 연방의회가 소집한 헌법 회의에 의해 헌법 수정 발의를 할 수 있다. 이 수정안이 연방헌법의 일부가 되려면, 각 주 중 4분의 3의 주가 주의회 또는 4분의 3의 주의 주헌법회의에 의해 비준되어야 함 – 옮긴이).[8]

ERA에 대한 의회의 압도적인 지지에 닉슨 대통령도 "그가 1951년 상원의원이었던 시절은 물론이고 1968년 대통령 후보가 되었을 때도 이 법안을 지지했다"라는 편지를 썼다. 대통령은 더 긴급한 이슈로 바쁜 와중에도 행동을 취했다. EEOC는 1969년 가이드라인을 공포해 「주 보호노동법」이 「민권법」 제7편과 상충된다고 했으며, 1970년 6월 OFCC는 성차별에 관한 새로운 가이드라인을 만들었다. EEOC는 양성(兩性), 즉 독신이든 기혼자이든 광고, 채용, 구직 기회, 봉급, 선임제, 부가급부, 임신의 경우에 동등한 처우를 요구했다. 만약 계약자가 소수민족 또는 여성의 활용 가능성에서 기대하는 것보다 적게 고용했다면 법을 준수하지 않는 것이 되며, 신임 노동부 장관 제임스 핫슨(James Hodgson)은 모든 연방 계약자들에게 여성의 '과소 활용(under-utilization)'을 끝내기 위한 조치를 취하도록 명령했다. 행정부는 항공교통 관제관에서 마약단속반과 공원순찰 경비대원에 이르기까지 정부의 모든 직종에서 여성을 고용하기 시작했으며 하버드, 시카고, 미시간대를 포함해 조사가 진행 중인 40개 대학에 대해 보조금 지급과 계약 체결을 지연시켰다.

또한 법무부는 처음으로 성차별과 관련된 소송을 제기했다. 1969년 약 7,500명의 여성들이 EEOC에 성차별 혐의의 소송을 제기했는데, 이 사건을 계기로 리비오웬사(Libby Owen)와 AFL-CIO(미국노동총연맹-산업별노동조합회의) 노조에 대한 대규모 조사를 시작했다. 여성들은 이 회사가 오하이오 주 톨레도(Toledo) 소재 5곳의 공장 중 단 1곳에서만 여성을 고용하고 저임금의 직무에 배정해 「민권법」 제7편을 위배했다고 주장했다. 리비오웬사는 오하이오 주 법이 여성들의 근로시간과 들 수 있는 무게에 대해 특별 처우를 요구했기 때문에, 연방법의 준수를 막은 것은 바로 오하이오 주라고 주장했다. 연방법원은 위크스 대 서던벨전화전신(Weeks v. Southern Bell Telephone & Telegraph) 사건에서 "이런 변명은 낭만적인 온정적 간섭주의(romantic paternalism)에 불과하다. 「민권법」제7편은 비낭만적인 일을 할 것인지 그렇지 않을 것인지에 대해 여성 자신이 결정할 권한을 부여했다"라고 판시했다. 주사위는 던져졌다. 1970년 사건이 법원에 이송되었을 때, 리비오웬사는 재빨리 법무부와 화해하고 여성에게 일자리를 개방하고 즉각 관리직에 여성을 승진시키는 것에 동의했다. 이런 결과는 기업들에게 경각심을 심어줬다.

여성들이 ERA 관철을 위해 시위행진을 할 때, 노동부는 조용히 또 다른 이슈인 고용 평등 기회에 대해 진지하게 생각하고 있었다. 1971년 12월 초 토요일 노동부는 개정명령 제4호(Revised Order 4)를 공포했다. 새로운 명령은 언론에 의해 알려지지 않았지만, 여성 다수를 '영향을 미치는 계층'이라고 선언했기 때문에 후세 역사학자들이 '여성 고용의 마그나카르타(Magna Carta)'라고 불렀다. 개정명령 제4호에 따르면 건설산업을 제외한 모든 기업, 즉 5만 달러 이상의 연방 계약을 맺는 기업들은 소수민족과 여성을 고용하기 위한 차별철폐정책계획서(고용 목표와 이행 시간표)를 제출해야 했다. 더욱이 이제는 계약자가 모든 직무단계에서 여성과 소수민족의 정당한 숫자를 고용한다는 것을 확인하는 '활용분석' 계획을 수립해야 했다. 계획서에는 구체적인 숫자나 목표, 즉 엄격하고 고정적인 할당제를 언급하지는 않지만, 성실한 노력을 통해 합리적으로 도달할 수 있는 고용목표계획서를 제출해야 한다. 그렇지 않으면 회사는 계약 취소에 직면할 수 있다. 따라서 페미니스트 운동가들은 아프리카계 미국인들이 오랜 시간에 걸쳐 얻어냈던 것과 동일한 차별철폐정책 가이드라인을 상대적으로 빠르게 조용히 얻어낼 수 있었다.

연방정부는 명령을 효과적으로 집행하기 위해 더 강력한 강제성을 필요로 했다. 이로부터 한 달 후 1972년 1월 의회가 「민권법」제7편 수정안에 대해 논쟁을 시작했을 때, 이 이슈가 제기되었다. 이것은 대개 「고용평등기회법(Equal Employment Opportunity Act)」이라 불려지는데, 그동안 수정안은 해리 트루먼 대통령이 1948년 발의하고 1967년 커너

위원회가 권고하고 1968년 존슨 행정부가 EEOC에 정지명령(cease and desist) 권한을 부여하자고 의회에 촉구한 이래 진보주의 진영을 빙빙 돌고 있었다. 청문회에서 진보 성향의 조셉 라우(Joseph Rauh) 의원은 "만약 한 가지 분명한 것이 있다면, 민권에 찬성하는 사람들은 정지명령을 찬성하고……민권을 반대하는 사람들은 정지명령을 반대한다"라고 밝혔다. 이 밖에 새 법안은 「민권법」 옹호자들이 1964년 「민권법」의 구멍이라고 하는 부분을 막을 것이다. 이 구멍이란 바로 교육기관 종사자 400만 명 이상의 고용인 및 주정부와 지방정부의 1,000만 명 이상의 고용인에 대해서는 「민권법」을 적용하지 않는다는 면제 조항을 말한다. 주정부와 지방정부의 고용인에 대한 면제 때문에 많은 남부 주들은 여전히 흑인 시민들의 고용을 거부했다. 또한 새 법률은 적용 대상을 8~25인의 고용인을 둔 기업에까지 적용함으로써 기존의 숫자에 약 1,000만 명의 고용인을 추가하게 되었다. 연방정부 250만 명의 고용인에 대한 책임을 공무원위원회(Civil Service Commission)에서 EEOC로 이관했다.

민주당과 닉슨 행정부는 1969년 다른 법안을 발의했지만, 국가의 관심은 '법과 질서' 그리고 베트남전쟁에 쏠려있었다. 반대파들은 지연전술을 사용했고, 법안은 1972년 1월까지 통과되지 못했다. 진보 성향의 민주당 의원과 북부의 공화당 의원들이 법률의 원안을 밀어붙였지만 닉슨은 EEOC의 정지명령 권한을 반대했다. 공화당에겐 기업을 공격하는 새롭고 강력한 규제 기구는 악몽이었다. 대통령은 H. R. 홀드먼(H. R. Halderman) 보좌관에게 "EEOC 수정안에 대해 거부권을 행사하고, 이 문제에 대해 더 이상 논의하지 않을 거야"라고 말했다. 행정부는 EEOC가 고소당한 계약자들과 타협하는 대신에 이들을 법원에 제소할 권한을 주자고 제안했다. 보수주의자들과 남부의 민주당 의원들은 어빈 상원의원 주도 아래 EEOC에 어떤 새로운 권한을 부여하는 것에 반대했다. 과장법에 익숙한 어빈 상원의원은 "엉터리 법안이 모든 미국 시민의 기본적인 자유를 도둑질하고, 이 나라 역사를 통틀어 미국 의회에 부여된 전제적 권한에 가장 큰 위협이 된다"라고 밝혔다. 나중에 어빈은 수정법안을 내놓았는데 이 중 하나는 차별철폐정책에 대한 의미 있는 공격이 되었다. 즉, "합중국의 어떤 부서, 기관, 간부도 고용주에게 역차별을 시행하도록 요구해 고정적이거나 유동적인 숫자, 비례, 비율, 할당, 목표 또는 범위의 형태로 특정의 인종, 종교, 국적, 성별을 가진 사람을 고용하면 안 된다"라는 것이다.

상원은 어빈 의원의 수정안을 44 : 22로 부결시켰다. 일부 지지자들은 환호하면서 상원이 차별철폐정책을 지지했고 차별철폐정책이 의회의 승인을 받았다고 주장했다. 그러나 1969년 허리케인 부가 조항과 마찬가지로 이것 또한 간접 투표였다. 상원의 3분의 1이 결석했고 수정안이 너무 빨리 입안되어 많은 의원들은 어떻게 투표해야 할지 혼란스러웠다. "역차별이란 무엇이고, 합중국의 간부란 내각의 장관이나 판사 또는 우체부와 같은 고용인을 의미하는가?"

다시 한 번 의회는 닉슨 대통령이 제안한 '고용평등기회법안'을 통과시킴으로써 차별철폐정책에 대한 직접 투표를 피해 갔다. EEOC는 정지 명령 권한을 갖지 못했지만, 이제부터 차별 혐의에 대해 계약자를 제소할 수 있게 되었다. 반면, 고용주의 차별 및 법률 위반 여부에 대한 결정은 법원의 몫으로 남겨두었다. 의회와 행정부는 다른 이슈에 대해 타협했다. 법안의 적용은 15인의 고용인(25인 또는 8인이 아님)을 둔 모든 기업과 노조, 주정부와 지방정부의 고용인(선출직과 자문위원은 제외), 그리고 교육기관(종교기관은 제외)에 종사하는 고용인을 대상으로 했다.

일반적으로 이 타협안은 EEOC가 정부 발주 계약으로 일하는 계약자에게 고용 목표와 이행 시간을 요구할 수 있게 했으며, 닉슨은 1972년 대통령 선거 기간에 차별철폐정책이 '고정된 엄격한 할당제'가 아니라는 것에 만족했다. 사적으로 대통령이 쓴 편지 내용을 보면, 그는 "과거 차별의 결과를 구제하는 진척도를 평가하는 도구로서……수치적인 목표를 지지했지만, 결과적으로 사실상의 할당제를 시행하게 하는 이런 방식이 허용되어서는 안 된다"라고 했다. 이것은 의회도 명확하게 정의 내리지 못한 민감한 사안이었다.[9]

1972년 EEOC는 증액된 예산을 배정받았고 수십 명의 변호사를 포함해 직원도 늘어났으며 고용주를 상대로 소송을 시작할 새로운 권한으로 무장했다. 이제는 호랑이가 이빨을 가졌고 물 준비를 시작했다. 아프리카계 미국인으로 공화당원인 윌리엄 브라운 3세(William Brown Ⅲ) 위원장은 "EEOC가 매 2주마다 10건에서 15건의 소송을 하게 될 것이다"라고 말했다. 그리고 실제로 그렇게 했다. EEOC는 마이애미와 디트로이트에서 노조를 제소했고, 애틀랜타의 운송회사를 인종차별 혐의로 제소했다. EEOC는 기업의 고용에 따른 새로운 가이드라인을 만들었는데, 이것을 보고 ≪비즈니스 위크(Business Week)≫는 "전통적으로 '남성의 일'로 여겨진 일에 여성을 제외시키거나 전통적으로 '여성의 일'로 여겨진 일에 남성을 제외시킨 회사의 법률적 근거를 유명무실하게 만들었다"라고 보도했다.

EEOC는 일벌백계를 보이기 위해 제너럴모터스(GM) 세인트루이스 공장을 여성차별 혐의로 제소했지만, 가장 중요한 사건은 국가 최대 규모 사기업인 미국 전신 전화 회사(AT&T, 보통 Bell System으로 부름)를 상대로 소송을 냈다는 것이었다. 벨(Bell)은 적절한 대상이 되었다. 이 거대 기업은 80만 명을 고용했고 퇴직과 자연 감소를 감안하면 매년 20만 명을 고용했는데, 이것은 회사가 상대적으로 다양한 일자리를 만들기 쉽다는 것을 의미했다. 이 사건은 AT&T가 비율증가문제로 정부의 요구에 대해 제소함으로써 시작되었다. 계속된 청문회에서 EEOC가 손을 걷어 부치고 나서게 되었는데, 당시 EEOC에 제소된 사건의 5%는

AT&T 고용인들이 제기한 상황이었다. 1971년 여름 50만 명의 노동자들이 벨에 대해 파업을 선포했다. 여성해방운동이 전국을 휩쓴 것을 상기하면서 위스콘신 주 매디슨에서 페미니스트들은 "여성들이 가장 보잘것없는 일에 배치되고 기준 이하의 임금을 받고 마치 어린이들과 노예와 같이 처우를 받는다. ……벨은 싸구려 엄마다!"라고 말했다.

1972년 여름 EEOC는 "벨이 여성, 흑인, 스페인 성을 사용하는 미국인, 그리고 여타 소수민족들에 대한 광범위하고 전 회사에 걸쳐 지독하게 불법적인 고용차별을 저질렀다"라고 밝혔다. EEOC는 5,000쪽에 달하는 증거와 통계 자료를 제시하면서 "회사 고용인의 반 이상이 여성들인 반면, 관리직에서는 단 1%만을 차지했다"라고 밝혔다. EEOC는 보통 때와는 다른 강한 어조를 사용하면서 "AT&T는 미국의 여성 노동자들을 학대하는 가장 큰 회사이다"라고 발표했다.

AT&T도 1만 쪽에 달하는 증빙 자료와 도표를 제시하면서 "회사가 여러 해 동안 더 나은 상위 직위에 더 많은 여성들을 고용하고 있다"라고 주장했다. 그러나 AT&T는 항복했다. 회사는 1973년 1월 미국 역사상 최대 규모의 체불임금을 지급하기로 EEOC와 합의한 동의 판결(同意判決, decree consent: 두 적대 당사자들 사이에 합의된 화해가 이서된 법원명령으로 합의를 한 양 당사자에게 구속력을 가짐 – 옮긴이)에 서명했다. AT&T는 차별을 인정하지는 않았지만, 1만 3,000명의 여성과 2,000명의 소수민족(남성)에게 1,500만 달러를 지급하고 매년 3만 6,000명의 고용인에게 2,300만 달러의 임금 조정금을 지급하기로 합의했다. 이들 여성의 범주에는 「민권법」제7편이 통과된 이후 AT&T에서 일했지만 관리직 훈련을 받지 않은 약 1,500명의 대학 졸업자들도 포함되었다. ≪뉴스위크≫는 "이 지급금은 보상금이다"라고 보도했다.

≪뉴스위크≫는 "갑작스럽게 EEOC가 단 1건의 결정적인 사건을 해결함으로써 전례가 없는 체불임금 이슈를 전면에 등장시켰고, 기업의

임원들을 법률자문으로 바쁘게 움직이게 했다"라고 보도했다. AT&T의 부사장이 한숨을 내쉬었던 것처럼, "이제는 게임의 규칙이 바뀌었다."[10]

• ○ •

행정부가 직장 문화에 영향을 미치기 시작했지만, 닉슨 대통령은 반대 방향으로 움직이고 있었다. 닉슨의 차별철폐정책과 민권에 대한 지지는 항상 미약했고 잠정적이었으며, 1972년 대통령 선거 유세가 시작되기 오래전에 없어지고 있었다. 1,000쪽 분량의 회고록을 썼던 사람이 차별철폐정책에 대해 두 쪽만을 할애했으며, 대통령 자신도 민권 지도자들이 그와 행정부를 불신한다는 것을 알았다. 1970년 ≪타임≫ 에서 발표한 여론조사 결과에 따르면, 닉슨이 "내각에서 흑인을 완전히 격리시켰다"라고 보도했다. 흑인 응답자 중 약 3분의 2가 케네디와 존슨 대통령 시절 인종문제에 대한 연방정부의 리더십을 인정했고, 닉슨 행정부의 리더십에 대해서는 단 3%만이 긍정적인 반응을 보였다.

1970년 대통령은 인종문제가 아닌 베트남전쟁에 몰두했다. 1970년 4월 30일, 즉 전쟁을 '종식'하고 '명예로운 평화'를 추구하겠다고 주장한지 16개월 후 닉슨은 캄보디아 침공을 명령해 갈등을 증폭시켰다. 반전시위자들이 거리에 쏟아져 나와 교통을 막고 연방건물 앞에서 연좌 시위를 벌였고 60개 대학의 학생들이 동맹휴업에 돌입했다. 그리고 켄트주립대 사건이 터졌다. 오하이오 주 방위군은 학생 시위대를 향해 60여 발의 실탄을 발사해, 9명이 부상당하고 4명이 사망했다. 이런 결과는 전국적인 시위와 동맹휴업의 원인을 제공했으며, 500개 대학이 폐쇄되고 봄 학기가 끝날 때쯤 50개 대학이 추가로 폐쇄되었다. 폭동을 진압하기 위해 16개 주의 주지사들은 주 방위군을 동원해야 했다. 달리 말하면 정부는 캠퍼스를 점거하고 젊은이들의 폭동을 잠재우기 위해 군대를 동원하지 않을 수 없었다.

닉슨은 시위자들을 "부랑아"라고 부르면서 비난했다. 보수주의자들과 놀랄 정도로 많은 노조원들이 닉슨의 견해에 찬성했다. 이들 노동자 중 대부분은 제2차 세계대전 참전 용사들이었고, 이들은 자신의 나라에 대해 시위하는 젊은 대학생들의 행동에 분노했다. AFL-CIO 의장 조지 미니(George Meany)는 캄보디아 침공을 환호했고, 5월 20일 AFL-CIO 뉴욕 시 건설노조위원장 피터 J. 브레난(Peter J. Brennan)을 비롯해 약 10만 명에 이르는 많은 노조원들이 안전모(hard hat: '보수강경주의자'라는 의미로도 쓰임 - 옮긴이)를 쓰고 대통령을 지지하는 시가행진을 했다. 노동자들은 브로드웨이에서 월스트리트까지 뉴욕 시를 행진했는데, 인도(人道)에는 반전시위자들이 피켓을 들고 있었다. 결국 양측은 충돌로 혼란상태에 빠졌다. 노조원들은 70명의 반전(反戰) 시위자에게 부상을 입혔으며, 한 관찰자의 지적처럼 "셔먼 장군(General Sherman)이 애틀랜타를 거쳐 전진했듯이(남북전쟁 당시, 북군의 셔먼 장군은 서부 전선에서 애틀랜타를 점령해 북군이 승리하는 데 크게 기여했는데, 이것을 '셔먼의 대행진'이라고 부름 - 옮긴이) 노동자들도 시위자들을 밀어제치고 앞으로 나갔다." 시위는 닉슨에게 깊은 인상을 남겼으며, 대통령은 건설 노동자들을 백악관에 초청했다. 닉슨은 안전모를 쓰고 카메라 촬영을 하고 이들의 지지에 대해 치하했다.

노조의 지지가 더욱 강해지면서 —아프리카계 미국인으로부터의 지지는 없었다— 닉슨은 그의 차별철폐정책에서 점점 멀어졌다. 윌리암 사파이어(William Safire: 닉슨 대통령의 연설원고담당 - 옮긴이) 보좌관은 "작업 안전모를 쓴 노동자들이 전쟁에 대해 닉슨을 지지한 이후 흑백 통합의 노력은 끝났다"라고 하면서 필라델피아 플랜을 회고했다. 행정부는 노조에 대한 압력을 줄였고 자발적인 홈타운 플랜에 더 많은 지원을 했다. NAACP의 허버트 힐(Herbert Hill)은 "닉슨 행정부가 필라델피아 플랜을 파괴하면서 이 계획에 들어갈 비용을 인도차이나 전쟁을 지지하는 건설 노동조합에게 퍼주고 있다"라고 말했다. 그는 이어서 "필라델피아 플랜은 닉슨의 속 다르고 겉 다른 속임수에 불과했으며, 엉터리와 사기로 뒤범벅이 되어 이제는 의미가 없게 되었다"라고 말했다. 이제 행정부는 필라델피아 플랜의 가장 영향력 있는 옹호자인 플레쳐를 포함해 인적쇄신을 단행했다. 대통령은 AFL-CIO 뉴욕 시지부 건설노조위원장 브레난 (Brennan)과 면담한 후 플레쳐를 노동부에서 내보냈다. 닉슨과 행정부 관리들은 조용히 노조 지도자들을 만나 대통령 선거 이후 차별 금지에 대한 노력을 완화할 것이라고 약속했다. AFL-CIO 의장 미니(Meany)는 민주당 대통령 후보 조지 맥거번(George McGovern) 상원의원에 대한 지지를 거부했다.

1972년 대통령 선거 운동 기간 내내 닉슨은 완전히 자신의 정책을 버렸으며, 민주당을 비비 틀어서 "할당제당(quota party)"이라고 부르기 시작했다. 닉슨 대통령은 행운도 따랐는데, 맥거번 후보가 그의 공격에 대해 그럴듯한 반론 한 번 펼쳐보지 못했다. 그는 고작 "제가 할당제를 승인한 것이 아닙니다. 흑인과 여타 소수민족 집단에게 이들이 인구 비례에 기초해 연방과 관련되는 일자리를 부여받아야 한다고 반복해서 말했을 뿐입니다"라고 주장했다. 닉슨은 맥거번을 "할당제 후보(quota candidate)"라고 이름 붙여 그를 공격하면서, 할당제는 미국인의 생활 방식에는 낯설다고 주장했다. 공화당 전국대회에서는 '능력중심제'를 채택해야 한다고 말했다.

모든 남성과 여성, 그리고 어린이는 자신의 재능, 에너지, 야망이 이들을 인도하는 한에 있어서는 자신의 꿈을 펼치는 데 자유롭습니다. 이것이 미국의 꿈입니다. 그러나 이 꿈속에 '할당제 민주주의'라는 유령(specter)이 들어왔습니다. 이 유령은 남성과 여성이 자신의 능력이나 특기가 아니라 단순히 인종, 성별, 피부색, 신념에 따라 이 꿈을 이루게 합니다. 여러분은 새로운 잘못을 범함으로써 과거의 잘못을 바로잡을 수는 없습니다.

또한 8월 17일 닉슨은 연방 발주 계약에 소수민족을 고용하는 할당제의 사용을 금지하는 명령서에 서명했는데, 이런 대통령의 행동은 사람들을 당혹스럽게 만들었다. 백악관에서 사파이어 보좌관은 필라델피아 플랜의 "명확한 정의"와 "이 모든 것이 우리가 반대하는 할당제와 어떻게 다른가?"라고 물으면서 의문을 제기했다. ≪워싱턴포스트(Washington Post)≫는 더 직접적으로 진지한 질문을 던졌다. "만약 할당제를 적용하지 않으려고 했다면, 왜 대통령이 행정명령을 공포했는가? 왜 3월 법무부는 미시시피 주 고속도로 순찰대원 중 2분의 1을 소수민족 집단으로 채우게 하는 연방법원의 명령을 요구했는가? 1971년 7월 왜 연방정부는 워싱턴 D.C.와 필라델피아 플랜과 함께 세인트루이스 건설 산업에서 인종할당제를 강제했는가? 왜 경제기회국(Office of Economic Opportunity)은 1년 이내에 전국 직장의 모든 단계에서 최소 37%의 여성과 38%의 소수민족 노동자들을 고용하는 데 동의했는가?"

9월에도 행정부는 자신의 과거로부터 도망치고 있었다. 한 관료는 "노동부가 55곳의 홈타운 플랜과 말썽 많은 필라델피아 플랜의 재조정을 심사숙고하고 있다"라고 말했다. 노동부 장관 핫슨(Hodgson)은 "이전의 '고용 목표(goals)'는 계약자들이 잘못 해석했거나 잘못 적용했으며, 이제부터 목표란 것은 단순히 '도달 목표(targets)'에 불과하고 이것을 달성하지 못했다고 해서 법위반이 되는 것은 아니다"라는 비망록을 썼다. 존 데이비드 스크렌트니(John David Skrentny)는 "남아 있는 사람들은 이전에 마음에도 없는 의회를 구슬려 인종별 할당제를 밀어붙였던 사람이 바로 공화당의 닉슨이었다는 것을 망각했다"라고 썼다.[11] 대통령 선거 운동의 열기 속에서 망각하기란 어렵지 않았으며, 유권자들은 다른 문제를 더 걱정했다. 경제는 치솟는 인플레이션과 높아지는 실업률로 침체 국면을 벗어나지 못했다. 여성들은 해방을 부르짖고 평등을 요구하며, 구직 기회와 ERA를 밀어붙이고 있었다. 민주당 대통령 후보 맥거번은 워싱턴 워터게이트 빌딩에 있는 민주당 본부의 낯선 침입자들과 닉슨 행정부의 공모(共謀, complicity)를 주장했지만, 당시 귀담아듣는 사람은 거의 없었고 대부분의 사람들은 계속되는 베트남전쟁의 종식을 갈망했다. 선거 실시 2주 전 닉슨의 국가안보보좌관 헨리 키신저(Henry Kissinger)가 파리협상에서 돌아와 "평화가 눈앞에 있습니다"라고 발표했다. 이 발표는 선거용(실제 평화협상 체결은 1973년 1월이었음 – 옮긴이)이었지만, 시민들이 오랫동안 고대했던 메시지였다. 여론조사에서 닉슨 후보는 맥거번 후보를 압도했다. 몇 달 후 닉슨은 신임 노동부 장관에 피터 J. 브레넌(Peter J. Brennan)을 임명했다.

그러나 승리의 달콤함은 오래가지 못했다. 1973년 초 상원은 샘 어빈(Sam Ervin) 의원을 위원장으로 해 워터게이트 빌딩(민주당 본부) 침입에 대한 청문회를 시작했다. 이후 청문회는 계속되었고, 결국 리처드 닉슨 대통령은 중도 사임했다.

워터게이트는 닉슨과 미국을 오랜 시간 괴롭혔지만, 차별철폐정책에 더 미묘한 영향을 주었다. EEOC는 비록 위원장이 공석 상태였지만, 기업을 법원에 제소할 권한도 가졌고 예산도 늘어났으며, 더 많은 변호사를 고용해 사기가 올라갔고 AT&T와의 대결에서 승리한 후 낙관적이 되었다. 뿐만 아니라 기구 설치 이후 가장 공격적인 정책을 펼쳐나갔다. 접수된 엄청난 사건이 남아 있었지만, 위원회는 수백 명의 개인 고소인을 통합해 1973년 4월과 5월 90건의 차별 관련 소송을 냈다. 9월 위원회는 미국자동차노동조합(United Auto Workers)을 포함해 차별 혐의가 있는 많은 주요 노조를 상대로 제소했으며, 시어즈백화점(Sears), 제너럴일렉트릭(GE), 제너럴모터스(GM), 심지어 그동안 공정한 고용 관행을 자랑해 온 포드자동차(Ford Motor Co.)에 대해서도 소송을 제기했다. 이듬해에는 미쉘린 계열 타이어 회사(Goodyear Tire & Rubber & Uniroyal)에 대한 중요한 소송을 포함해 더 많은 소송을 제기했다. 한 법대 교수는 "소송의 양상이 너무 가혹하다"라고 하면서, 잘 알려진 주요 대기업들을 상대로 한 조직적으로 계획된 줄 소송이 계속될 것으로 예측했다. EEOC 의 한 간부는 "직무차별은 회사가 현행 관행을 지키기보다는 체불임금과 소송으로 들어가는 비용이 훨씬 더 많다는 것을 배울 때 끝나게될 것이다"라고 말했다.

이것은 맞는 말이었다. EEOC는 메릴랜드 주 베들레헴 제철소 (Bethlehem Steel) 스패로우즈(Sparrows Point) 공장에서 여러 해에 걸쳐 시행되어 온 차별적 관행을 중단할 것을 명령했다. 「민권법」 제7편이 통과되고 3년이 지났는데도 공장에서 일하는 아프리카계 미국인의 80% 이상이 낮은 임금을 받고 격리된 노동 현장에서 일했다. 이 회사는 모든 직무를 개방하기로 동의했음에도 전직(轉職) 흑인 노동자들에게 근속 연수를 인정하지 않았기 때문에, 노동부가 연방 계약 대상자에서 탈락시킬 것이라고 위협했다. 이것은 제철산업의 고용인 약 70만 명의 임금을 재검토하는 계기가 되었고, 1974년 9개의 회사와 '아메리카연합 철강노조(United Steelworkers of America)'는 225개 시설에서 4만 명의 여성과 소수민족 노동자에게 체불임금으로 3,100만 달러를 지급했다. 노동부의 한 고문변호사는 "이것은 처음이면서 전 산업 분야에 걸쳐 영향을 미친 가장 큰 규모의 협약이다"라고 말했다. 또한 협정서에는 숙련직 공석 중 2분의 1은 소수민족과 여성으로 채워지고, 이들 중 25%는 관리직으로 진출하게 되는 이행 시간표를 작성하기로 했다.

또한 노동부는 운송산업에 눈을 돌려 250여 개 회사를 상대로 제소했다. AT&T 사건에서와 마찬가지로 법무부와 EEOC는 200만 명 이상의 노동자들을 고용한 회사들에 대해 고용 목표와 이행 시간표를 포함하는 동의 판결을 신속하게 얻어냈다. 이것은 기업계에 충격을 주었고, 많은 기업들이 고용 절차를 재검토하기 시작했다. ≪비즈니스 위크≫는 "기업들이 한 가지 중요한 사실을 이해했는데, '차별하면 엄청난 돈이 들어간다'라는 것이다"라고 보도했다. ≪뉴스위크≫는 "이런 규칙과 동의 판결은 미국 기업에 매우 급진적인 변화를 가져오고 있으며, 이것은 「고용평등기회법(Equal Employment Opportunity Act)」과 40세에서 65세 사이의 노동자를 보호하기 위한 연령차별금지법수정안(Age Discrimination Act), 그리고 장애인에 대한 차별을 불법으로 간주하는 「재활법(Rehabilitation Act of 1973)」을 제정한 결과였다"라고 보도했다. 이전에 차별금지의 관심 대상은 대개 사회의 작은 부분을 차지하는 아프리카계 미국인과 히스패닉계 남성 집단에 불과했지만, 1970년대 중반 정부는 소수민족, 여성, 노인, 특히 의무 퇴직에 대해 불만이 있는 운전사와 조종사에 이르기까지 이들로부터 제기된 수천 건의 소송을 조사하게 되었다. 백악관의 한 관리는 "규칙은 우리 사회에 엄청난 시사점을 던져주고 있다"라고 말했다.

실제 1970년대 중반 소수민족과 여성은 중요한 승리를 얻었는데, 이런 사례들은 워싱턴 D.C. 지하철 건설에서처럼 건설 현장에서 나타났다. 월터 E. 워싱턴(Walter E. Washington) 시장은 극적인 조치를 취했는데, 시청과 거래를 하거나 계약을 체결하는 모든 사기업들은 강력한 차별철폐정책 프로그램의 시행을 위해 소수민족과 여성의 고용을 증진하기 위한 고용 목표를 포함한 계획서를 제출하게 했다. 1974년 소수민족 기업들은 지하철 건설과 관련된 계약 체결 실적이 거의 없었으며, 이런 사실은 지하철건설위원회에서 활동하는 D.C. 위원들을 괴롭혔다. 결국 소수민족 기업들은 새로운 건설 계약을 거부하기로 했다. 이것은 중요한 많은 지하철 역, 즉 캐피털 사우스(Capital South), 유니온 스테이션(Union Station), 스미스소니온(Smithsonian), 앙팡 플라자(L'Enfant Plaza), 펜타곤(Pentagon) 역의 건설을 위태롭게 했는데, 연방정부는 1976년 미국 독립 200주년 기념에 맞춰 이들 역들을 완공할 계획이었다. 집중적인 협상 끝에 시 관리들은 만장일치로 지하철의 대규모 구조 건축 프로젝트를 건설하는 데 10%의 소수민족 참여를 목표로 하고, 약간의 숙련도를 필요로 하는 마무리 공사에 20%의 소수민족을 참여시키기로 했다. 이런 계획은 백인과 소수민족 기업 간 제휴(partnership)와 합작 투자(joint venture)를 가능케 하는 계기가 되었다. ≪워싱턴포스트≫는 "지하철을 건설하면서 흑인의 경제적 능력을 향상시키는 방식을 바꾸기 위한 지하철 공사 측의 결단을 시험할……기념비적인 프로그램으로 획기적인 진전이다"라고 환영했다.

또다시 임파워먼트 문제가 부각되었다. 20여 개의 주는 신속하게 ERA를 비준했고, 연방대법원은 로 대 웨이드(Roe v. Wade: 1973년 임신부가 6개월까지 낙태할 수 있는 헌법상의 권리가 있다는 판결. 오늘날까지 예민한 사법적 판결로 논란이 많음 - 옮긴이) 사건에서 낙태를 합법화하고, 처음으로 1963년 「동일임금지급법」을 지지하면서 고용주는 남녀가 본질적으로 동일한 일을 할 경우 동일한 임금을 지급해야 한다고 판결했다. 이 판결로 코닝유리(Corning Glass Works)는 100만 달러의 체불임금을 지급해야 했다. 연방의회는 교육 프로그램에서 성차별을 금지하고 대학에서 여성 스포츠 발전의 발판이 된 「민권법」 제9편을 통과시키고 대통령이 서명했다. 1974년 AT&T는 동성애자에 대한 고용차별을 없애겠다는 발표를 해 사람들을 깜짝 놀라게 했다. 회사는 노동자의 성적 성향이나 선호는 엄격히 개인적인 것으로 받아들였는데, 게이 태스크 포스(Gay Task Force)는 게이 고용차별 반대에 대한 중요한 성과로 환호했다.[12]

연방정부는 또한 대학과 전문대학원에서의 고용 관행을 심사했다. 정부의 한 관리는 "대학은 그들이 직면한 변혁을 이해조차 하지 못했다"라고 말했다. 여성단체가 제기한 차별에 대한 소송을 계기로 해 연방보건·교육·복지부(Department of Health, Education, and Welfare: HEW)는 연방보조금을 받는 대학—군사학교와 일부 종교학교는 제외—이 더 이상 할당제에 따라 성별을 제한할 수 없을 뿐 아니라 입학, 교과목 부여, 시설, 기타 서비스에서 여성을 차별할 수 없다는 새로운 규칙을 공포했다. 또한 HEW는 이들 기관이 교수 채용을 공개적으로 홍보하고 부부(夫婦)가 같은 대학에서 교수 활동을 할 수 있게 허용하고 여성과 소수민족 출신 교원의 채용 목표를 수립해 차별철폐정책을 시행하도록 요구했다. HEW는 힘이 있었다. HEW는 미시간대에만 6,000만 달러, 그리고 캘리포니아대학(UC)과 7,000만 달러 이상의 연방 계약을 체결했는데, 실제 대학들이 적절한 '고용 평등 기회' 플랜을 수립할 때까지 수십 개의 대학에 지원할 2,000만 달러 이상의 연구보조금을 지연시킴으로써 대학들을 깜짝 놀라게 했다.

≪뉴스위크≫는 "교수들의 대반격"이라고 보도했다. 위급해진 남성 교수들은 '대학차별금지와 성실위원회(Committee on Academic Nondiscrimination and Integrity)'를 조직했는데 약 500명이 가입했다. 위원회는 뉴욕대의 시드니 훅(Sidney Hook), 예일 법대의 유진 로스토우(Eugene Rostow), 하버드대의 나단 글레이져(Nathan Glazer), 그리고 UC(버클리)의 폴 시베리(Paul Seabury) 등의 학자들이 이끌었다. UC 버클리의 정치학 교수 시베리는 "HEW의 명령에 따르기 위해서는 모든 학과가 최상의 교수 후보를 선발하는 것이 아니라 최상의 자격을 갖춘 여성이나 비(非)백인 교수 후보를 고르는 것이다. 이 명령 때문에 최상의 자격을 갖춘 많은 학자들은 그들이 남성이고 백인이라는 단순한 이유로 그들의 경력을 써보지도 못할 것이다"라고 말했다.

특히 유대계 단체와 교수들은 위기감을 느꼈고 차별철폐정책에 대해 점점 더 우려했다. 1972년 대선 기간 중 '미국유대계위원회(American Jewish Committee)'는 민주당과 공화당 양 후보에게 편지를 보내, 이 위원회가 할당제로 생각했던 '소수민족을 위한 이행 시간표와 고용 목표'를 지지하지 말 것을 촉구했다. 윌리암 J. 맥길(William J. McGill) 컬럼비아대 총장은 "유대계 교수 중 많은 이들은 미국의 일류 대학들이 유대인들의 입학과 고용을 제한한 할당제를 비롯 '반유대주의(anti-semitism)'가 극성을 부린 1930년대를 회상했다"라고 말했다. 그는 계속해 "지금의 상황은 현저하게 좋아졌고, 유대계 출신 대학 교수의 비율은 이들이 전체 인구에서 차지하는 비율을 훨씬 뛰어 넘어 오히려 역전되었다. 차별철폐정책의 목표 또는 할당제 또는 무엇이라 부르든 간에……이런 정책들은 대학에서 유대계 출신 교수들을 배척하려는 또 다른 노력이 진행되고 있다는 것과 약간 우수하다는 것만으로는 대학 교수로 임용되지 못한다는 것을 확신시킬 뿐이다"라고 밝혔다.

"여성으로서 지나치게 개성이 강했기 때문에 메릴랜드 대학으로부터 교수직을 거절당했던" 베르니스 샌들러(Bernice Sandler)는 "말도 안 되는 소리다"라고 대답했다. UC 버클리의 콜레트 세이플(Colette Seiple) 교수는 "이제까지 백인 남성은 누구와도 경쟁할 필요가 없었는데, 이들은 갑자기 흑인과 여성과 경쟁을 해야 했다. 백인 남성은 이것을 역차별로 본다"라고 말하면서 샌들러의 주장에 동의했다. 샌들러는 "차별철폐정책에 대해 우려하는 많은 유대계 남성들이 유대계 여성들을 걱정해주면 좋을 것이다"라고 덧붙였다.

전쟁은 상아탑에서 계속되었다. 시베리는 "학문적 업적이 아닌 통계적 '과소대표집단(under-represented group)'에 기초해 대학 교수를 충원한다는 것은 말도 안 되는 엉터리이다"라고 불만을 털어놨다. 그는 "흑인, 아일랜드인, 이태리인, 그리스인, 폴란드인, 여타 모든 슬라브족(슬로바크, 슬로베니아, 세르비아, 체코, 그리고 크로아티아)은 과소대표집단이다. 또한 가톨릭 신자와 심지어 공화당원도 마찬가지이다"라고 말했다. 그의 학과는 "38명의 교수 중 단 2명만이 공화당원이다. ……그러나 심지어 결과의 평등을 위한 닉슨의 HEW 순례자들이 너무 앞서간 불평등의 지뢰밭을 밟고 갈 것인지 의구심이 든다"라고 말했다. 다른 사람들은 "당시 박사학위 취득자 중 흑인이 1%, 여성이 13%를 차지하는 통계적 수치를 고려할 때, 대학이 HEW의 요구를 준수하고 여성과 소수민족 출신의 지원자 중 우수한 교수를 고용하는 것은 어렵거나 불가능했다"라고 덧붙였다. 어빙 크리스톨(Irving Kristol)은 "간단히 그러나 정확하게 말하면 인종, 피부색, 종교, 성별, 국적에 기초한 차별적인 할당제가 대학 교수직에 강제되었다"라고 말했다. 크리스톨은 이어서 "HEW의 관료들이 범인이었는데, 이들은 '고용 목표(goal)'에 '이행 시간표(timetable)'를 더하더라도 '할당제(quota)'가 되지 않는다고 우겼다. 최근 워싱턴에서 나온 모든 거짓말 중……이것은 가장 사기를 떨어트리는 뻔뻔스러운 거짓말이다. 누가 들어도 거짓말이고 기본 논리로도 거짓말이며, 기록상으로도 거짓말이다"라고 말했다.

HEW의 J. 스탠리 포팅거(J. Stanley Pottinger)는 "이런 주장은 허튼소리에 불과하다. 내가 이제까지 들었던 거짓말 중 가장 지독한 거짓말이다"라고 응수했다. 그는 "할당제는 없다. 고용 목표만 있을 뿐이다. 노동부의 가이드라인에 따르더라도 고용 목표는 충족시켜야 하는 엄격하고 고정된 할당제가 아니라고 한다"라고 밝혔다. 뉴욕시립대는 이 문제의 전형을 잘 보여주었다. 영어과는 104명의 교수가 있었지만, 여성은 15명에 불과했으며 이들 중 단 1명만이 정년 보장을 받았다. 전국여성협회(NOW)의 앤 스콧(Ann Scott)은 "캠퍼스에서의 저항은 남성 우월의 고용체계를 통합하려는 움직임에 불과했다"라고 말했고, 메리 M. 리퍼(Mary M. Leeper)는 "만약 대학공동체가 차별철폐정책 프로그램을 비판하는 데 들어가는 에너지의 10분의 1을 우리의 문제를 해결하는 데 도움을 준다면, 우리는 훨씬 더 앞으로 나갈 수 있을 것이다"라고 덧붙였다. 많은 학자들이 동의했으며 곧이어 '대학차별철폐위원회(Committee for Affirmative Action in Universities)'를 결성했다.[13]

대학에서 고용정책에 대해 논쟁하고 있을 때, 닉슨 대통령은 불명예사임을 하고 포드 부통령이 백악관에 입성했다. 불행히도 신임 포드 대통령은 대공황 이래 가장 최악의 경제 침체를 물려받았다. 실업률은 높아지고 생산은 정체되고 인플레이션은 거의 14%에 이르렀는데, 경제학자들은 이런 경제 현상을 '스태그플레이션(Stagflation: 불황기에는 물가가 내려가고 호황기에는 물가가 올라가는 것이 일반적인데, 불황과 호황에 상관없이 물가가 계속 올라 불황과 인플레이션이 공존하는 경제 현상－옮긴이)'이라 불렀다. 포드 대통령은 "합중국의 상태가 좋은 편은 아니다"라고 인정하면서도 낙관적 전망을 버리지 않았다.

포드 대통령의 짧은 재임 시기에 차별철폐정책은 관심 밖이었고 시행도 미진했다. HEW가 전국의 대학에 여성과 소수민족의 기회 향상에 관한 규칙을 발표했을 때, 비판가들은 당치도 않은 계획이라고 주장하면서 공격했다. 예를 들어, 캘리포니아대(버클리)에서 이후 30여 년 동안 100명의 여성과 소수민족 출신 교수를 채용했는데 그 분포를 보면, 사회복지학과에 1.38명의 흑인, 공학과에 0.19명의 여성, 극예술학과에 0.05명의 미국계 인디언, 그리고 건축학과에는 1.40명의 동양계가 차지했다. HEW는 규칙을 철회하고 많은 대학들이 차별철폐정책 계획의 승인을 받지 않고서도 연방보조금을 지급 받도록 허용했다. 하버드대의 한 인사담당자가 말했던 것처럼, "이것은 워싱턴의 차별철폐정책에 대한 분명한 철회였다."

포드 행정부 시절의 사정은 이랬다. 12만 4,000건의 소송을 접수받은 채 해결하지 못한 EEOC는 "고소인들이 아직도 관심이 있는지? 생존해 있다면 이사를 했는지? 또는 직업은 구했는지?" 등을 파악하는 작업을 했다. OFCC(연방 계약 준수국)는 6개월 동안 책임자가 공석이었고 규칙이 서로 겹쳐 혼선을 빚었다. 정부는 1,800명의 연방 계약 준수 담당관을 두었지만 이들은 전국 18개 지부에 흩어져 있었다. 따라서 국방부는 일부 산업체를 단속했고 보건교육복지부는 대학을 감독했고 재무부는 은행의 채용 및 승진을 통제했다. OFCC의 신임 국장은 "우리 조차도 우리가 얼마나 많은 고용주를 담당하고 있는지 모른다"라고 고백했다.

≪비즈니스 위크≫는 "차별철폐정책을 자동차로 비유하자면, 저단 기어로 간신히 움직이고 있다"라고 보도했으며, 주된 이유는 경제 침체 와 국가적 관심이 1976년 대통령 선거에 쏠린 때문이었다. 포드 대통령 은 공화당 대통령 후보 지명을 받았지만, 경선 과정에서 전 캘리포니아 주지사 로널드 레이건(Ronald Reagan)과 전투를 벌여 상당한 상처를 입었 다. 공화당의 보수주의자들과 부딪쳤을 때, 포드 대통령은 "우리가 원하 는 모든 것을 우리에게 줄 정도로 큰 정부는 우리가 가진 모든 것을 빼앗아갈 정도로 큰 정부이다"라고 말하면서 '큰 정부(big government: 1930년대의 세계적인 대공황과 함께 정부의 역할이 커짐에 따라 기능과 구조 및 예산이 팽창한 정부를 말함 – 옮긴이)'에 반대했다. 포드 대통령은 취임 초 미국에서 가장 진보적인 공화당원 중 한 사람인 전 뉴욕 주지사 넬슨 록펠러(Nelson Rockfeller)를 부통령으로 임명해 많은 사람들을 놀라 게 했다. 그러나 1976년 대선에서 포드 대통령은 부통령 후보로 록펠러 대신 보수 성향이 강한 캔자스 주 밥 돌(Bob Dole) 상원의원을 지명했다.

• ○ •

민주당의 대통령 후보는 전 조지아 주지사 지미 카터(Jimmy Carter)였 다. 식자(識者)들은 대통령 선거 운동이 시작되었을 때 "지미가 누굽니 까?"라고 물었지만, 곧 타 후보와 차별되는 그의 귀중한 자산(資産) 때문 에 널리 알려지게 되었다. 그는 워터게이트 사건과는 무관했고 워싱턴의 '지저분한 것'하고도 거리가 멀었다. 남부의 주지사로서 그는 통합 및 인종관용정책을 폈으며, 스스로를 "땅콩 농부(peanut farmer)"로 자칭한 이 "보통 사람(Mr. Everyman)"은 당시 유행에 뒤떨어진 가치 덕목에 대해 반복해서 말했다. 그는 "저를 믿어주십시오. 저는 거짓말 하지 않습니다"라고 말했는데, 이것은 닉슨 대통령의 사임 이후 신선하게 받아들여졌다. 더욱이 그는 직감이 뛰어난 정치인으로 낙태, 버스 통합, 베트남전쟁 병역 기피자에 대한 사면, 경제 등 선거 운동 기간에 가장 논란이 되는 이슈들을 살짝 비켜감으로써 정치적 스펙트럼의 모든 분야에 호소하는 뛰어난 능력을 증명했다. 따라서 여론조사 결과에 따르면, 진보 성향의 유권자들은 그가 진보주의자라고 생각했고 중도 성향의 유권자들은 그를 중도파로 믿었고 보수 성향의 유권자들은 그를 보수주의자라고 생각했다. 그의 경쟁 상대들이 "지미 카터가 누구입니까?"라고 물었을 때, 한 작가는 농담으로 "그는 카마수트라[Kama Sutra: 산스크리스트어로 쓰인 인도의 성애(性愛)에 관한 최고의 경전이며 중요한 교과서임 － 옮긴이]보다 더 높은 지위에 있다"라고 말했다.[14]

포드와 카터 후보는 대접전을 벌였다. 카터는 52%의 득표율을 기록했는데, 그가 승리하게 된 주된 이유는 흑인 유권자 중 무려 94%가 그에게 표를 던졌기 때문이다. 당락(當落)은 오하이오, 펜실베이니아, 텍사스 주에서 결정되었고 버지니아 주를 제외한 남부의 모든 주들이 그에게 승리를 안겨주었다. 전국도시연맹의 버논 조단(Vernon Jordan)은 "흑인들은 카터에게 요구할 권리 － 그것도 강력하게 － 가 있다"라고 말했다. 흑인 실업률은 백인의 2배였고 일부 도시의 실업률은 25%에 이르렀기 때문에, 조단은 일자리와 국내용 마셜 플랜(domestic Marshall plan: 존슨 대통령 시절 흑인 단체들이 요구한 보상대책 － 옮긴이)을 통해 낡고 슬럼화된 도시의 문제를 해결할 것을 요구했다.

그러나 마셜 플랜은 없었다. 시간은 이미 지나갔고 경제침체가 심각했으며 '석유수출금지조치(oil embargo: 1978년 말 이란의 국내 혼란과 1979

년 초의 이슬람혁명을 계기로 1973년 1차 석유파동에 이어 2차 석유파동이 일어나게 되었다. 세계 석유 공급의 15%를 차지한 이란은 석유의 전면 수출금지 조치를 취했다. 석유업자들의 매점매석과 투기성 시장 조작까지 횡행하면서 국제 석유 시장은 급격히 혼란에 빠져들었다 - 옮긴이)'가 내려져 석유 가격이 치솟고 시민들은 주유소에서 오래 기다려야 했다. 카터 행정부는 적자 예산을 물려받았고 대규모 예산 지출 프로젝트에 대해서는 지나치게 보수적이었다. 더욱이 카터 대통령은 경제와 에너지 위기, 인권, 베트남 난민(boat people), 중국의 인정(1979년 1월 1일, 미국은 중화인민공화국을 중국의 유일한 합법국가로 인정하고 1년 이내에 대만과의 상호방위조약을 끊겠다고 통보했다 - 옮긴이), 파나마운하조약(1977년 9월, 파나마 정부와 2000년 운하를 반환하기로 하는 새 운하조약을 체결하고 이듬해 4월 비준했다 - 옮긴이), 중동문제와 뒤이은 캠프데이비드협정(1978년 9월, 이스라엘과 이집트 간에 이루어진 평화협정으로 이스라엘이 1967년 중동전쟁으로 점령한 시나이 반도를 이집트에 돌려주고 가자 지구와 요르단 강 서안 지대에서 팔레스타인의 자치 지구를 허용함 - 옮긴이)과 관련된 외교적 이슈에 몰두하게 되었다. 카터 대통령은 전임 대통령보다 더 많은 소수민족과 여성을 행정부의 주요 보직에 임명했는데, 이들 중에는 37명의 연방판사 — 역대 행정부를 모두 합친 숫자보다 많음 — 와 첫 아프리카계 미국인 출신 내각 장관 패트리시아 해리스(Patricia Harris: 카터 행정부에서 주택·도시개발 장관과 보건·교육·복지부 장관을 역임함 - 옮긴이), 그리고 EEOC 위원장 엘리너 홈즈 노튼(Eleanor Holmes Norton)이 포함되었다. 대통령은 실제로 전국 도시 계획을 제안했지만, 이것은 너무 제한적이었고 의회에서 통과되지도 못했다.

더 성공적이었던 것은 카터가 1977년 서명한 「공공사업법(Public Works Act: PWA)」이었는데, 이 법의 목적은 경제 쇠퇴를 회복시키기 위해 40억 달러를 쏟아 붓는 것이었다. PWA는 관심을 거의 끌지 못했지만, 나중에 논란이 되었던 '배려(set-aside)' 조항을 포함했다. 즉, 매년 공공사업에 투자되는 연방보조금의 10%는 지방에서 활동하는 '소수민족계 기업(minority business enterprises)'에 할당하자는 것이었다. 소수민족계 기업의 자격은 '흑인, 스페인계, 동양계, 인디언, 에스키모, 알류샨 열도인'이 소유 또는 관리하는 비율이 최소 50%를 차지해야 했다. 또한 중요한 것은 이듬해 카터 대통령이 EEOC가 공포한 금지령을 성문화한 「임신차별금지법(Pregnancy Discrimination Act)」에 서명하고 행정명령 제 12067호를 공포했다는 것이다. 행정명령은 OFCC를 연방 계약 준수 프로그램국(Office of Federal Contract Compliance Programs: OFCCP)으로 재조직했으며, 더 중요하게는 EEOC의 위원장을 임명하고 모든 연방 정책과 규칙 — 인종, 피부색, 종교, 성별, 국적, 그리고 이제는 연령 또는 장애에 상관없이 평등한 고용정책을 요구한 — 을 조정하도록 조치했다.

차별철폐정책에 대한 카터 행정부의 초기 행보는 신중했고 약간 혼란스러웠다. 1977년 6월 신임 보건·교육·복지부 장관 조셉 캘리파노 2세(Joseph Califano, Jr.)는 '할당제'라는 용어를 사용했지만, 그는 소란을 일으킨 후에 "'적절하지 못한 단어'를 사용하는 실수를 범했다"라고 사과했다. 그는 나중에 "임의적인 할당제는 우리가 시행하는 프로그램의 일부분이 아니다"라고 말했다. "우리는 차별에 반대하며 최종 대열에 함께 참여하는 모든 사람의 신의와 특별한 노력에 의지하길 원한다. 그러나 우리는 또한 진척도의 잣대로서 수치적인 목표에도 의지할 것이며 또 그렇게 해야 한다." 카터는 상황을 분명하게 하지 않았다. 대통령은 기자회견에서 "나는 능력 중심의 선발 개념을 무시하는 소수민족이나 여성 또는 어떤 사람을 위해 할당제를 적용하는 것에 반대한다"라는 견해를 밝힘으로써 진보 성향의 지지자를 깜짝 놀라게 했고 흑인들을 실망시켰다. 카터 대통령은 정부, 기업, 대학이 과거 차별에 대해 보상해야 한다고 생각했지만, 나중에 그는 "기업이나 교육에서 인종별 할당제는 '위헌'이다"라고 말했다. 대통령의 이런 견해는 카터와 행정부 내에서 '고용 목표', '기준(benchmark)' 또는 '수치적인 평가(numerical measure)'를 지지하는 흑인 출신의 해리스 장관, 앤드류 영(Andrew Young: 카터 행정부에서 유엔 주재 미국 대사 역임, 마틴 루터 킹 목사의 측근 — 옮긴이), 캘리파노 장관과 활발한 논쟁을 벌이는 계기가 되었다. 법무부 장관 그리핀 벨(Griffin Bell)은 캘리파노의 견해에 동의하면서, "우리가 '목표'를 설정하지 않는다면, 국가는 과거의 차별을 제거할 수 없을 것이다"라는 의견을 덧붙였다. 8월 해리스는 내각에 소수민족들이 정부의 민권에 대한 방침에 대해 불안해 하고 불만족스러워 한다는 점을 알려주었으며, 영은 대통령에게 흑인 지도자들과 백악관 회의를 개최해 흑인들의 미래 방향과 우선순위에 대해 논의할 것을 촉구했다. 행정부 내에서조차 차별철폐정책에 대해 혼란을 겪고 있을 때, HEW의 한 관료는 "우리는 수만 건의 차별철폐정책 계획에 대해 협상하고 있다. 갑주(甲冑, armor) 속의 약점 — 차별철폐정책에 대해 의심의 눈길을 보내는 내부의 분열 — 은 우리에게 치명적인 방해를 줄 뿐이다"라고 말했다. 실제 카터 대통령도 전임 닉슨이나 존슨 대통령과 마찬가지로 고용 목표를 요구했다.

≪네이션≫은 "새 행정부의 첫 6개월은 흑인들에겐 회비 모금 기간이었다. 그러나 지미 카터는 회비를 완납하지 못했다"라고 보도했다. 카터 대통령이 백악관에 들어가고 4개월이 지난 후 여론조사 기관 갤럽은 시민들에게 다음과 같은 중요한 질문을 했다. "일부 사람들은 과거의 차별을 보상하기 위해 여성과 소수민족 집단이 취업과 대학 입학에서 우대조치를 받아야 한다고 주장합니다. 또 다른 사람들은 시험 점수에 따른 능력이 주로 고려되어야 한다고 주장합니다. 당신은 어떻게 생각합니까?" 조사 결과는 전국적으로 보도되었는데 놀라운 일이었다. 53%가 소수민족이 시험 점수를 높일 수 있도록 무료교육이나 직업교육 과정을 제공하는 연방 프로그램을 지지했던 반면, 미국인들은 평가를 우대조치

보다 8 : 1의 비율로 선호했다. 구체적으로는 여성의 82%와 비백인의 64%가 시험(평가)을 선호했다. 갤럽은 "단 하나의 인구집단도 차별철폐정책을 지지하지 않았다"라는 결론을 내렸다.[15]

이런 결과가 나온 한 가지 주요 이유는 사회학자들이 나중에 발견했던 것처럼, 응답자들이 간혹 논란이 되는 주제—일반 공중을 위해 분명하게 정의되지 않은—에 대한 질문을 오해해 생길 수 있지만, 1977년 갤럽의 여론조사는 전국적으로 보도되었고 차별철폐정책—이제는 더 불길한 어조를 띤—에 대한 더 많은 논쟁을 불러일으켰다. ≪유에스 뉴스(U.S. News)≫는 "역차별, 이것은 너무 멀리 갔는가?"라고 보도했고, 시카고의 한 신문사는 백인 여성에게 "우리는 이제 당신을 위한 빈자리가 없다. 우리는 라틴계와 흑인만을 채용한다"라고 말했다.

신문과 잡지들이 이런 기사를 보도할 때, 대학에서도 이 논쟁에 가세했다. 헌터대학의 벤자민 링거(Benjamin Ringer)는 '차별철폐정책, 할당제, 그리고 능력중심제(Affirmative Action, Quotas, and Meritocracy)'에 대해 썼고, 시카고대학(로욜라)의 알란 어언스타인(Allan Ornstein)은 '할당제가 아닌 질(Quality, Not Quotas)'을 요구했다. 여타 사람들은 책을 발간했다. 알란 골드만(Alan Goldman)은 『정의와 역차별(Justice and Reverse Discrimination)』, 그리고 베리 그로스(Barry Gross)는 『역차별: 보복이 공평한 게임인가?(Discrimination in Reverse: Is Turn-about Fair Play?)』를 저술했다. 나단 글레이져(Nathan Glazer)는 정부의 정책을 "적극적 차별(Affirmative Discrimination)"이라 명명했다.

≪포브스(Forbes)≫는 "기회 평등이 마녀사냥으로 바뀌었는가?"라고 질문했고, 다른 신문들은 "차별철폐정책 프로그램이 끝나고 있는가?"라는 의문을 제기했다. ≪유에스 뉴스≫는 "키 작은 사람들—이들은 차별받아 왔는가?"라는 보도에 이어, "이제는 '추한 사람들'에 대한 차별을 끝낼 때이다"라는 제목의 보도를 했다. ≪뉴스위크≫에서는 "중

차대한 문제"라는 보도를 내보냈고, ≪유에스 뉴스≫는 "뚱뚱한 사람들이 반격한다"라고 보도했다.

어떤 잡지의 편집인은 "인종차별 반대가 미친 듯이 설치며 행패를 부린다"라고 썼고, ≪타임≫은 "차별 대우를 하지 않는 것에 대한 상식적인 한계"를 요구했다. 실제로 흥미로운 사건이 일어났다. 로버트 에드워드 리(Robert Edward Lee) ─ 퇴역 해군 대위 ─ 가 그의 이름을 로베르토 에듀아르도 레온(Roberto Eduardo Leon)으로 바꾼 후, 그의 고용주인 버지니아 주 몽고메리 카운티에 우대조치를 요구했다. 카운티는 그의 요구를 거절했고, ≪워싱턴포스트≫는 "세계에서 가장 멍청한 일부 사람들이 나타났거나 사라졌다는 것을 알게 된 것은 매우 고무적이다"라고 썼다.

심지어 일부 아프리카계 미국인들도 차별철폐정책에 대해 문제를 제기하기 시작했다. 보수적인 경제학자인 토머스 소웰(Thomas Sowell) 교수는 소위 "보상 교육"에 대해 반대하면서, "할당제가 흑인에게 유익합니까?"라는 질문을 던졌다. 그는 그렇게 생각하지 않았다. ≪워싱턴포스트≫ 칼럼니스트 윌리엄 랩스베리(William Raspberry)는 목표와 할당제 간의 차이에 대해 의구심을 갖고 "차별철폐정책: 얼마나 해야 충분한가?"라는 질문을 했다.16)

이런 질문들에 대한 답변은 차별철폐정책의 정의를 계속 다듬어 왔던 연방대법원이 해야 했다. 1976년 대법원은 런연 대 맥크레이(Runyon v. McCrary) 사건에서 7 : 2의 판결로 아프리카계 미국인들에게 1866년 수정헌법 제14조(공민권) 제1절에 따라 손해배상을 받을 권리를 부여했다. 모든 원고들은 「민권법」 제7편에 따라 소송할 수 있고 승소한다면 체불임금만을 받을 수 있다. 런연 사건에서 연방대법원은 사실상 흑인들을 특별 지위로 격상시켰지만, 이것은 또 다른 문제인―경기 침체 기간에 더 많은 시민들에게 영향을 주는―선임제(先任制)나 ≪타임≫이 질문했듯 이 "누가 해고통지서(pink slip)를 받느냐?"라는 문제와는 별개의 지위였 다. 규칙은 "후입선출(後入先出), 즉 나중에 고용된 고용인이 먼저 해고된 다"였지만, 소수민족과 여성은 1960년대 이래 큰 혜택을 봤다. 이들은 경기 침체기에도 자신들에 유리한 선례들―전통적인 노동 규칙이 시행된 다면 그렇지 않아야 할―이 없어지는 것을 원치 않았다. NAACP는 '인종 별 비율(racial ratios)'을 주장했는데, 이것은 공장에서 해고 이후에도 흑인 노동자는 같은 비율을 유지하는 것으로 자연히 백인 남성의 선임 노동자들을 분노하게 했다. 1970년대에는 왓킨스 대 로컬(Watkins v. Local No. 2369) 사건, 도킨스 대 나비스코(Dawkins v. Nabisco) 사건, 베일스 대 제너럴모터스(Bales v. General Motors) 사건과 같은 많은 소송 사건들이 제기되었는데, 마치 기업과 노조는 여성과 소수민족 앞에 줄을 서고 있는 것 같았다. 1977년 6월 연방대법원은 팀스터스 대 합중국 (Teamsters v. United States) 사건―트럭 운전사와 관련된 복잡한 사건― 에 대해 의견이 엇갈린 판결을 내렸다. 다수 의견을 대표해 포터 스튜어 트(Potter Stewart) 대법관은 "선임제가 불가피하게……차별의 결과를 영속화하는 경향이 있지만, 연방의회의 판단은 「민권법」 제7편이 현행 선임자 목록의 사용을 법적으로 무효화하지 않으면서 고용인에게 이미 부여된 선임권을 소멸시키거나 그 효력을 약화시켜서는 안 된다"라고 썼다.

선임제는 노동 현장에서 지지를 받았는데, 일부 진보주의자와 민권 옹호자들은 좌절감을 느꼈다. 1년 후 연방대법원은 차별철폐정책이 대 학 입학에 얼마나 영향을 미치는가에 대해 판결을 내렸다. 다름 아닌 공학 기사 출신인 알란 박키(Allan Bakke)라는 의학박사 지망생과 관련된 사건이었다.

박기 사건은 흑인 전문가와 중산층을 더 많이 양산하고자 하는 욕구에서뿐 아니라 흑인 자신들과 같아 보이는 교수들이 자신들의 문화, 문학, 그리고 역사를 강의해 줄 것을 요구한 아프리카계 미국인, 멕시코계 미국인, 아메리카 인디언, 아시아계, 그리고 여학생들의 요구에서 비롯되었다. 교수 모집은 계속되었지만, 대학원생을 훈련시키는 데에는 여러 해가 걸린다. 1970년 전체 박사학위 취득자 중 단 1%만이 아프리카계 미국인이었다. 많은 전문대학원 학장들은 전문대학원에 흑인과 갈색인을 입학시켜 더 많은 소수민족 출신의 의사, 치과의사, 그리고 변호사를 양성하려는 노력을 했다. 일부 대학은 유연한 입학정책을 개발해 지원자의 평점, 시험 성적, 성격, 출생지, 부모의 출신 학교, 그리고 소나타를 작곡하고 각본을 쓰거나 풋볼을 패스하는 능력과 함께 인종을 고려했다. 이런 정책 시행 결과를 보면 1950년대 하버드대학의 졸업반 전원이 백인이었는데, 1970년대 말에는 여성 40%, 흑인 8%, 아시아계 6%, 히스패닉계가 5%를 차지했다. 여타 대학들은 소수민족의 입학을 위해 엄격한 수치적 목표를 설정한 입학정책을 수립했다.

이런 프로그램을 시행하는 대학 중 한 곳이 캘리포니아대(데이비스) 의과대학이었다. 의학 및 법률협회는 교육자들에게 이들 프로그램에 참가하는 흑인의 비율을 1970년 약 3%에서 흑인 인구에 비례하는 비율까지 늘려달라고 요청했다. 예를 들어, 이해에 아칸소 주에 약 12명의 흑인 의사가 있었고 전국적으로 인디언 출신 변호사의 숫자는 12명 정도였다. 많은 전문대학원과 마찬가지로 UC(데이비스)도 차별철폐정책 입학정책을 수립했다. 캘리포니아 주 인구의 4분의 1 이상은 소수민족으로 구성되었고, 매년 데이비스 의과대학은 100명의 신입생 중 16명의 자리를 불리한 환경에 놓인 소수민족 지원자에게 할당했다. 교육평가원(ETS)은 "특별 우대 프로그램이 없다면, 전문대학원에 등록한 소수 학생 중 약 3분의 1 정도가 자격이 되고 입학 허가를 받게 될 것이다"라고 보고했다. 그러나 특별 우대 프로그램을 시행함으로써 1977년 전국적으로 흑인 학생이 의과대학에서 차지하는 비율은 9%, 법과대학원에서 차지하는 비율은 8%에 이르렀다. 재학 중 소수민족 학생의 높은 탈락률이 문제가 되었지만, 심지어 보수적인 대학행정가들조차도 1970년대에는 이런 프로그램을 지지했으며, 오하이오주립대학의 어느 학장의 "대학이 다양하지 않다면 대학이라 부를 수 없다"라는 주장에 동감했다.

다양성은 유행이 되었지만, 알란 박키(Allan Bakke)는 이 유행에 맞지 않았다. 사실 그는 미네소타에서 성장한 노르웨이 계통의 전형적인 미국인이었다. 금발의 파란 눈에 180cm 정도의 큰 키를 가진 그는 미네소타대학에서 공학사 학위를 취득했으며, 베트남전에서 해병대위로 복무한 경력을 가지고 있었다. 그는 제대 후 캘리포니아로 이사해 NASA 연구실의 엔지니어로 근무했다. 그러나 그의 진정한 관심은 의학이었으며, 야간대학에 진학해 의과대학의 선수 과목인 화학과 생물학을 수강했다. 그는 32세가 된 1972년 데이비스를 포함해 11개의 의과대학에 원서를 접수했는데, 지원서에 "이 세상에서 그 어떤 것보다도 의학을 공부하고 싶다"라고 썼다.

이해에 데이비스에 지원한 2,400여 명의 다른 지원자들도 역시 박키와 같은 포부를 갖고 있었다. 박키의 성적은 좋았는데 4.0만점에 평균평점이 3.45점이었고 의과대학 입학 시험(MCAT)에서도 평균 이상의 성적을 나타냈다. 결국 그는 84명을 뽑는 데이비스 의대뿐 아니라 다른 11개 의대에서도 탈락했다. 이듬해 그는 더 일찍 원서접수를 시켰는데 3,700여 명이 지원을 했고 다시 낙방의 고배를 마셨다.

그에게 동정적이었던 입학담당관의 도움과 끈질긴 노력으로 그는 1972년 지원 과정에 대한 중요한 사실들을 알아냈다. 의과대학은 30세 이상의 지원자가 입학하는 것을 좋아하지 않았는데, 이들은 더 짧은 경력을 갖게 될 것이기 때문에 학교 측에서는 "이들이 합격하기 위해서는 특별히 뛰어난 자격을 갖추어야 한다"라고 했다. 일반 전형의 합격자를 보면 흑인은 1명도 없었고 히스패닉은 2명, 아시아계 미국인은 13명이었다. 반면, 불리한 환경에 놓인 학생들(disadvantaged students)을 위한 특별 전형의 합격자를 보면, 6명의 흑인, 8명의 히스패닉계, 2명의 아시아계 학생이었다. 특별 전형의 지원자들은 평균 평점이 2.88점이었던 반면, 일반 전형의 경우에는 평균 평점이 3.49점이었다. 평균 평점이 2.5점 이하인 모든 백인들은 자동으로 탈락되었다. 그리고 특별 전형 대상자에게는 최저 점수 기준이 없었던 반면, 최소 1명의 소수민족이 평균 평점 2.1점으로 입학했다. 박키의 MCAT 점수는 359점이었는데 일반 전형 지원자의 평균 점수는 309점이었고 특별 전형 지원자의 경우는 평균 점수가 138점이었다. 더욱이 의대 학장은 별도의 특별 입학 프로그램을 운영했는데, 이것은 주(州)의 중요한 정치인이나 대학에 실질적인 재정 기여자의 자녀를 위해 다섯 자리를 확보해 놓았다. 일반 전형의 경쟁률은 29 : 1이었고 소수민족의 경쟁률은 10 : 1이었다.

박키는 캘리포니아대를 상대로 소송을 제기했다. 그는 입학전형위원회에서 "일부 지원자들은 분리된 기준으로 판정을 받았다고 확신한다. 그 기준이란 소수민족을 위한 — 그것이 공개적이었든 감추었든 간에 — 할당제를 의미한다. 이들 할당제의 논거는 과거 인종차별에 대한 보상 차원의 일환이라는 것을 알고 있지만, 소수민족을 우대하는 새로운 인종차별주의적 편견이란 것은 정당한 방법이 아니다"라고 주장했다. 박키와 그의 변호사에게 차별철폐정책은 수정헌법 제14조가 보장하는 평등보호를 그에게서 박탈한 것이었다. 이전에 소송을 냈던 민권시대의 개인(흑인)과는 다르게 박키는 백인이었고, 그의 소송은 역차별(reverse discrimination) 사건으로 명명되었다. 카운티 법원은 대학이 특별 전형 방식으로 1명의 백인도 입학시키지 않았기 때문에 백인에 대한 차별을 드러냈다고 판결함으로써 박키의 주장에 동의하고 그의 승소를 판결했다.

대학 측은 캘리포니아 주대법원에 항소했지만, 주대법원도 박키의 승소를 판결했다. 6 : 1의 판결을 통해 다수의 판사들은 "대학은 사람을 가려가면서 입학을 허용하거나 탈락시켜 차별할 수 없으며, 어떤 백인도 특별 전형으로 입학하지 못했기 때문에 이 제도는 인종에 기초한 할당제였다"라고 주장했다. 캘리포니아 주대법원은 "수정헌법 제14조의 숭고한 목적은 일부 인종이 다른 인종보다 불평등한 처우에 대한 보호를 더 높은 수준에서 받을 수 있다는 전제와는 양립할 수 없다"라고 판시했다. 인종은 입학 전형 과정에서 사용될 수 없다. 캘리포니아대학 측은 연방대법원에 상고했다.[17]

연방대법원은 사건을 접수하고 1977년 10월 22일 구두변론(oral argument)을 심리했다. 수백 명의 군중들이 연방대법원 청사 밖에 줄지어 서있었다. ≪워싱턴포스트≫는 "그들은 플래카드와 깃발을 들고 줄이 불어날 때마다 환호했으며, 시간이 지나면서 청사 밖 대리석 계단을 가득 메웠고 구석구석까지 발 디딜 틈이 없을 지경이었다"라고 보도했다. "하나의 오래된 이유와 감정적인 대의명분인 인종에 찬성해" 청사 안의 방청석 400석이 눈 깜짝할 사이에 가득 찼고, 밖에 있는 더 많은 군중들은 "차별철폐정책을 보호하라, 확대하라!"라는 구호를 외쳤다. 모든 언론 매체가 취재에 나섰는데 1974년 연방대법원이 닉슨 대통령에게 워터게이트 테이프를 건네주라고 명령해 그에게 불리한 판결을 내렸던 사건 이래 가장 많은 90여 명의 기자가 몰려들었다. CBS 기자 에릭 세베레이드(Eric Severeid)는 텔레비전 시청자들에게 "박키 판결은 1950년대 초 학교 통합 사건만큼이나 중요하다"라고 보도했으며, NBC의 앵커 존 챈슬러(John Chancellor)는 "헌법의 해석을 바꾸는 위대한 판결의 하나로 '명예의 전당(Hall of Fame)'에 들어가게 될 것이다"라고 예측했다.

박키 사건은 국가를 갈라놓았는데 약 150개의 이익단체들이 연방대법원의 사건 심리 개최 전에 무려 58개나 되는 법정조언서(amicus briefs)

를 제출했다. 박키 사건은 '능력 중심 대 평등(Merit v. Equality)' 또는 '시험 점수 대 사회정의(Scores v. Social Justice)'로 부를 수 있었다. 많은 백인들은 "그들은 차별하지 않았는데 왜 그들이 과거 차별의 결과를 보상해야 하는 것인가?"하고 생각했다. 미국교사연맹(AFT) 의장은 "여러분이 한 번 특정 인종에게 우대 처우를 시작하면, 계속해서 같은 인종에 대한 차별의 문을 다시 열게 된다"라고 썼다. 이태리계미국인재단(Italian-American Foundation), 폴란드계미국인협회(Polish-American Affairs), 그리고 일부 유대계 그룹과 같은 민족단체들도 논쟁에 동참했다. 유대인문화교육촉진협회 명예훼손방지연맹(Anti-Defamation League of B'nai B'rith)의 고문변호사는 "인종차별 그 자체를 뿌리 뽑으려는 사회가……여전히 더 심한 인종차별을 자행함으로써 일자리 평등을 달성하려 한다"라고 비난했다.

당연히 캘리포니아대학은 이들 단체의 의견에 반대했으며, 수십 개의 대학과 진보주의 단체들, 즉 전국교회평의회, 미국변호사협회, 미국의대협회, 그리고 NAACP는 캘리포니아대학의 입장에 대해 지지 성명을 발표했다. 이런 정책들은 수세기에 걸쳐 진행된 차별을 극복하고 흑인 중산층을 양산하기 위해 필요했다. 또한 대학은 "소수민족 출신 지원자가 최고의 시험 성적은 올리지 못하지만, 이들은 대학원에 진학해 전문가가 되기에 충분하다"라고 주장했다. 광범위한 논쟁을 거친 후 카터 행정부는 캘리포니아대학을 지지하는 법정조언서류(amicus brief: 재판 당사자가 아닌 제3의 인물들이 자기에게 유리하거나 지지하는 쪽에 유리한 판결을 내려달라고 요청하는 변론서-옮긴이)를 제출했다. "우리는 할당제를 반대하지만 소수민족에게 불리한 판결을 하지 않을 것으로 믿는다." ≪뉴욕타임즈≫와 같은 신문들은 박키 사건에 반대해 '캘리포니아대 시스템[California System: 9개 캠퍼스가 있는데 UC Berkeley, UC Davis, UC Irvine, UC Los Angeles, UC Riverside, UC San Diego, UC San Francisco,

UC Santa Cruz, UC Barbara이다. 이 9개 대학은 캘리포니아 주 내 공립고등학교 졸업생의 상위 12.5%만이 진학할 수 있고, 고졸자의 상위 3분의 1은 19개의 캘리포니아 주립대학(California State University) 중 어느 한 대학에 입학할 수 있다 - 옮긴이]' 방식을 "보상, 미국의 방식(Reparation, American Style)" 이라 명명하고 사설을 실었지만, '편집장에게 보낸 편지(letters to the editor)'에서는 신문들의 견해에 15 : 1로 반대했음을 인정했다. ≪타임즈(Times)≫는 "양쪽의 주장이 옳다. 그러나 박키 씨가 소송에서 져야 하는 이유는 바로 국익 때문이다"라고 보도했다.

판결의 방향을 놓고 여러 가지 예상이 분분했다. 그리고 마침내 8개월 후 1978년 후덥지근한 6월 아침에 판결이 내려졌다. 연방대법원 9명의 대법관들이 검은 가죽의자에 자리를 잡고 앉아 2건의 다른 사건을 신속하게 해결하고 나서, 워렌 버거(Warren Burger) 연방대법원장은 "루이스 파월(Lewis Powell) 대법관이 캘리포니아대 이사회 대 알란 박키 사건 (Regents of University of California v. Allan Bakke)에 대한 판결문을 낭독할 것입니다"라고 발표했다. 파월 대법관은 "저는 우리들이 이 문제에 대해 어떻게 의견이 엇갈렸는지에 대해 설명하고자 합니다"라고 웃으면서 말했다. "이것은 자명하지 않을 수도 있을 것입니다."

사실 판결은 ─ 국가의 여론이 엇갈린 것처럼 ─ 자명하지 않았다. 연방대법원 대법관들의 의견도 심각하게 나누어졌다. 버거 대법원장과 렌퀴스트 대법관을 포함한 4명의 대법관은 "대학이 입학정책으로 소수민족을 위한 자리를 할당하는 것은 수정헌법 제14조와 연방보조금 수혜기관의 인종차별 금지를 규정한 「민권법」 제6편에 위배되었다. 박키는 단지 '인종' 때문에 공립학교의 의대 입학에서 제외되었는데 이것은 위헌이다"라고 생각했다. 해리 블랙먼(Harry Blackmun)과 유일한 아프리카계 미국인 대법관 서굿 마샬(Thurgood Marshall)은 "대학의 입학정책은 과거의 차별에서 비롯된 결과를 극복하기 위해 수용되어야 한다"라고 생각했다. 블랙먼 대법관은 "차별철폐정책이 불필요할 그날을 희망했지만, 지금은 인종차별주의를 극복하기 위해 우선 인종을 고려해야 한다. 그리고 일부 사람들을 동등하게 처우하기 위해서는 우리가 그들을 다르게 대우해야 한다"라고 생각했다. 마샬 대법관은 블랙먼 대법관의 견해에 동의하면서 "수정헌법 제14조에 근거해 흑인을 위한 더 나은 보호를 요구했다." 마샬 대법관은 "수백 년간 흑인 계층에 대한 차별이 자행되고 난 후에 계층에 근거한 구제가 허용 가능하게 되었다"라고 썼다.

박키 사건에 대해 찬성도 반대도 하지 않고 중도적인 입장에 있었던 파월 대법관은 버지니아 주 출신으로 닉슨 대통령이 임명했는데 "법이란 사회정의와 안정에 기여해야 한다"라고 믿었다. 이 남부 출신의 신사는 그의 다수 의견에서 "캘리포니아 주가 확인된 차별의 쓸모없는 결과를 제거하는 데 있어 '합법적인 이익(legitimate interest)'을 가지고 있으며, 고등교육기관이 다양한 학생을 구성하는 것은……헌법상 분명히 허용 가능한 목표이다"라고 말했다. 그러나 그는 "헌법의 평등 보호 보장이란 어떤 특정 개인에게 적용되었을 때와 다른 인종에게 적용되었을 때가 달라져서는 안 된다. ……이것은 헌법이 금지하는 것이다"라고 밝혔다. 그런 다음 파월 대법관은 논조를 바꿔 "대학 입학생 선발 과정에서 단순히 인종이나 민족적 배경이 하나의 요인 — 다른 요인에 대해 불리하게 작용하더라도 — 이 된다는 점에서 캘리포니아대 입학정책을 허용한다"라고 말했다.

≪뉴스위크≫는 "우대는 찬성, 할당제는 반대"라고 보도했다. 연방대법원은 5 : 4로 "할당제는 위헌이다"라고 판시했다. 또한 연방대법원은 5 : 4로 "인종은 대학입학정책에서 여러 고려 사항 중 하나로 사용될 수 있다"라고 판결했다. 칼럼니스트 안소니 루이스(Anthony Lewis)는 "박키 씨가 승리했지만, 차별철폐정책의 일반적인 원칙도 살아났다"라

고 썼다. 연방대법원은 박키의 UC(데이비스) 입학 승인을 명령했으며, 앞으로 대학이 입학정책으로 엄격한 할당제를 시행하려면 존슨 대통령 이래 연방 정책이 되어왔던 유연한 '목표(goals)' 또는 '대상(targets)'을 수립해야 할 것이다. 법무장관 벨(Bell)은 "최종 결론은 우리가 법이라고 생각하는 것을 따르기만 하면 된다"라고 말했다. ≪워싱턴포스트≫는 "대법원은 소수민족에 대한 과거 차별에 대한 보상요구문제와 관련해 대학의 입학정책이 융통성을 발휘하는 경우에 한해 소송당사자인 박키, 정부, 민권단체, 그리고 대부분의 대학에게 승리—비록 이것이 작은 것이라 할지라도—를 안겨준 판결을 통해 이 요구에 부응했다"라고 썼다. 박키 판결은 대학 입학에서 차별철폐정책을 정의내렸을 뿐 아니라 국가의 법이 되었다는 점에서도 중요했다.[18]

그러나 고용과 관련해서는 판결이 달랐다. 1년 후인 1979년 6월 연방대법원은 또 다른 백인이 제기한 소송에 대해 판결을 내렸다. 한 저널리스트는 "박키 사건이 공장으로 이동했다"라고 보도했다. 브라이언 웨버(Brian Weber)는 루이지애나 주 그라머시(Gramercy) 소재 카이저 알루미늄화학(Kaiser Aluminum and Chemical Co.) 공장에서 일하는 백인 노동자였다. 과거 회사는 숙련직을 고용할 때 인종차별을 해왔으며, 1974년의 경우 290곳의 숙련직 중 단 5곳만을 아프리카계 미국인들이 차지했다. 회사는 잠재적인 소송을 피하고 상황을 교정할 목적으로 '아메리카연합철강노조(United Steelworkers of America)'와의 합의에 따라 흑인들을 숙련직 훈련에 참여시키는 차별철폐정책 프로그램을 수립했다. 웨버도 지원했는데 거부되었다. 그는 노조가 훈련 인원의 50%를 흑인 고용인을 위해 예비해 두었다는 것을 알고 깜짝 놀랐다. 13개의 공석 중 흑인은 일곱 자리, 백인은 여섯 자리를 차지했는데 흑인 중 2명은 웨버보다 연공이 낮았다. 그는 회사와 노조가 할당제를 계획했다고 주장했다. "나는 백인이기 때문에 차별받았다."

웨버는 역차별을 주장하면서 제소했다. 그에게 카이저사의 정책은 「민권법」제7편에 위배되는 것으로 받아들여졌다. 그는 하급법원에서는 승소했지만, 연방대법원에서는 패소했다. 다수 의견을 작성한 윌리엄 브레넌(William Brennan) 대법관은 "「민권법」제7편의 어느 곳에서도 자발적으로 '인종의식 차별철폐정책(race-conscious affirmative action)'을 금지하지 않았다"라고 밝혔다. 회사의 계획은 공장에서 흑인 숙련노동자의 비율이 지역 노동력에서 차지하는 흑인의 비율과 동일할 때 끝나는 잠정적 조치였다. 이 계획은 어떤 노동자에게도 훈련 받는 것을 금지하지 않았고 백인 고용인의 이익을 구속하지도 않았다. 회사의 목적은 이전에 인종차별이 자행된 공장에서 명백한 인종별 균형을 단순히 제거하려는 데 있었다. 브레넌 대법관은 "만약 수세기에 걸쳐 진행된 인종차별에 대한 국가적 관심으로 제정되었으며, 오랜 기간 아메리칸드림에서 배제된 사람들의 운명을 향상시킬 의도를 가진 법이 인종 격리의 전통적인 방식을 없애기 위해 자발적이고 사적이며 인종을 의식한 모든 노력을 법적으로 금지한다면, 이것은 정말로 아이러니한 일이다"라고 말했다.

웨버는 "나는 매우 실망했다"라고 말했다. '유대인문화교육촉진협회의 명예훼손방지연맹(Anti-Defamation League of B'nai B'rith)'은 고용주들이 연방대법원의 판결을 "인종별 할당제의 금지"로 이해하지 않기를 희망했다. 그러나 NAACP의 벤자민 훅스(Benjamin Hooks)는 "연방대법원이 웨버의 주장에 동의했다면, 차별철폐정책의 대의(大義)는 10년 뒤로 후퇴할 것이다"라고 말하면서 다른 견해를 나타냈다. 멕시코계 미국인으로 구성된 한 단체는 "이 결정은……너무 오랫동안 닫혀 있던 문을 열 수 있게 했다"라고 덧붙였으며, 전국여성정치회의(National Women's Political Caucus) 대표는 '일찍이 경험하지 못한 기쁨'을 맛보았다고 말했다. 이 결정으로 여성과 소수민족은 고용에서 평등한 기회를 꿈이 아닌 현실로 만드는 데 한걸음 더 다가갔다.

따라서 연방대법원은 "기업은 여성과 소수민족에게 '우대', 심지어는 '잠정적 할당제'를 적용하는 자발적인 차별철폐정책을 수립할 수 있다"라고 판결했다. 그러나 곧 이와 관련된 의문점들이 생겼다. "연방정부는 1977년 「공공사업법(Public Works Act: 매년 공공사업에 투자되는 연방보조금의 10%는 지방에서 활동하는 소수민족계 기업에 할당함 - 옮긴이)」에서 그랬던 것처럼, 모든 지방 공공사업 발주 계약에서 10%의 배려조항(set-aside)을 명령할 수 있는가?" '일반계약자연합회(Association of General Contractors)'의 대변인은 "우리는 10% 기준이……결코 할당제가 아니라고 지적하는 어떤 증거도 찾을 수 없다"라고 밝혔다. 연합회 회원 중 한 사람인 H. 얼 풀리러브(H. Earl Fullilove)는 뉴욕에 거주하는 백인 계약자였는데 이 법에 맞서 대항했다. 풀리러브 대 클루츠닉(Fullilove v. Klutznick) 사건의 핵심은 "의회가 계약보조금에 배려조항을 제정할 권한이 있는가? 또는 이것이 수정헌법 제14조의 평등보호조항에 위배되는가?"였다.

연방대법원은 6 : 3의 판결로 공공사업법을 지지했다. 버거 대법원장은 "과거 차별의 결과를 제거하는 것은 의회의 적절한 기능이다. 배려조항은 유자격의 소수민족 소유 기업이 해당 지역에서 존재하지 않거나 경쟁 입찰에 참여하지 않을 경우, 이 조항이 철회될 수 있기 때문에 고정된 할당제가 아니다"라고 썼다. 마샬 대법관은 더 광범위하게 주장했다. "연방대법원은 인종을 의식한 이런 구제 방식을 지지함으로써 우리 사회가 의미 있는 기회 평등의 국가를 향해 나아가는 과업을 수행하는 데 필요한 권한을 의회에 부여하는 것이다." 풀리러브 사건은 연방대법원 내에는 의회에서 위임한 대부분의 차별철폐정책 프로그램을 지지하는 6명의 대법관이 있다는 것을 증명했다. ≪네이션≫은 사설에서 "9명의 대법관 중 7명의 대법관은 과거 차별의 결과를 극복하기 위한 '인종의식 프로그램'을 합헌이라고 생각할 것이 분명하다"라고

보도했다.[19)]

• ○ •

풀리러브, 웨버, 그리고 박키 판례는 차별철폐정책 전성기의 본보기를 보여주었다. 1969년과 1980년 사이 행정부, 입법부, 사법부는 삼각진용(三角陣容)을 갖추고 차별철폐정책을 지지했다. 의회는 배려조항을 제외하고 차별철폐정책에 관한 직접 투표를 피했다. 이것은 행정부와 사법부가 차별철폐정책을 정의내리고, 한 저널리스트가 "관료적 처녀 수태(bureaucratic virgin birth)"라고 명명했던 것을 시행하게 했다. 닉슨 대통령과 카터 대통령은 존슨 대통령과 같은 딜레마에 직면했다. 즉, "어떻게 흑인 고용 — 인종에 상관없이 채용하고, 「민권법」 제7편을 준수하면서 인종에 상관해 채용하는 일 — 을 증대시킬 것인가?"라는 문제에 직면했다. 대안은 거의 없었고 소수민족의 불평등은 명백했으며 대다수의 시민들은 기회의 문을 여는 것을 찬성했기 때문에, 역대 행정부는 일부 보상 방식을 수용하는 동일한 기본 정책을 채택했다. 민권 지도자들이 이것을 알고 있었든 그렇지 않든 간에 1970년대 내내 이들은 자신들의 최후의 요구 사항, 즉 보상을 받고 있었고 다음 질문은 "얼마만큼?" 그리고 "얼마 동안?"이 되었다. 존슨 대통령은 필라델피아 플랜으로 보상을 시작했고, 닉슨 대통령은 그것을 개정해 전국적으로 확대시켰고 대학과 많은 기업들은 자발적인 프로그램을 수립했으며, 카터 행정부는 1977년 공공사업법에서 배려조항을 제정했는데 연방법원은 이 모든 것들을 지지했다.

시간이 흐르면서 차별철폐정책의 정의는 1961년 케네디 대통령의 행정명령 이래 단순히 차별을 끝내고 모든 시민들에게 일자리를 개방하는 것에서부터 고용, 대학 입학, 소수민족 소유 기업에서의 '결과(results)'

에 이르기까지 상당한 변화를 겪었다. 정부는 정부 발주 계약자에게 고용 목표와 이행 시간표를 수립케 하고, 차별한 고용주에게 잠정적 할당제를 시행하는 동의 명령을 받고, 소수민족 소유 회사에 대해 배려 조항을 적용하고, 대학입학정책에서 특별 배려를 하면서까지 일차적으로 과거 차별을 극복하기 위해 '인종 및 성별의식 구제조치(race and eventually gender-conscious remedies)'를 지지했다.

≪뉴스위크≫는 박키 판례에 대해 "마침내 이 이슈는 미국인들이 자신의 내부를 들여다보고 '공평한 것은 무엇인가?'에 대해 질문하게 했다"라고 보도했다. 만약 백인이 여성과 소수민족에 대한 과거의 차별을 보상하기 위해 형벌을 받는다면 — 그리고 실제 벌을 받는다면 — 이것은 무슨 유형의 우대조치인가?

이 질문에 대한 답변은 1979년 여론조사에서 부분적으로 해결되었는데, 조사 결과는 다시 한 번 전국을 깜짝 놀라게 했다. ≪뉴욕타임즈≫는 여론조사 기관 해리스의 조사 결과를 1977년 갤럽의 조사 결과와 비교했는데, "박키 판결은 차별철폐정책에 대한 백인의 태도를 바꾸는 데 결정적인 역치 사건(閾値事件, threshold event: 자극에 대해 반응이 시작되는 분계점 – 옮긴이)이었다"라고 보도했다. 여론조사에 따르면 "백인들 중 71%(1977년 21%)가 엄격한 할당제가 시행되지 않는 한, 오랜 차별에 대한 보상 차원으로 여성과 소수민족이 고용과 교육 분야에서 평등한 기회를 갖도록 특별 입학 프로그램을 수립하는 것은 공평하다"라고 생각했다. 차별철폐정책에 대해 백인의 67%가 일자리와 고등교육 분야에서 이런 프로그램 시행을 찬성했다. 300명의 기업체 대표에 대한 별도의 조사 결과에 따르면, "이들 중 70%는 차별철폐정책에 대해 긍정적이었고 생산성을 방해하지 않을 것이다"라고 생각했다. 더욱이 여론조사 결과에 따르면, 인종에 대한 태도가 극적으로 바뀌었다고 보고했다. 1963년과 1979년 사이 흑인 가족이 이웃으로 이사 오는 것을 걱정하는 백인의 비율은 27%로 1963년에 비해 반으로 떨어졌고, 흑인들이 열등 인종이라고 생각하는 백인의 비율은 15%로 떨어졌다. 백인의 대다수가 버스 통합에 반대했지만, 자녀에게 버스통학을 시켜 만족했다는 백인과 흑인의 비율은 약 60%로 높아졌다. 흑백 통합도 영향을 미쳤는데 백인 중 90%는 흑인과의 접촉은 사교적으로도 직무상으로도 "즐겁고 문제없다"라고 생각했다. 백인의 이런 생각에 흑인들은 아직도 인종차별이 없어지지 않고 있으며, 좋은 직장이 부족하다는 말을 하면서 반드시 동의하지는 않았다. 그럼에도 불구하고 전국기독교·유대교회의(National Conference of Christians and Jews)는 "진정한 진보의 시기가 다가왔다"라고 선언했다.

이 같은 성명은 특히 경기 침체기에 지나치게 긍정적이었지만, 1970년대 차별철폐정책이 영향을 미쳤다. 록히드(Lockheed)의 인사책임자는 "대담하게 밀고 나가라. 차별철폐정책이 그 역할을 해냈다. 정부의 감시가 없다면, 우리는 여성과 소수민족을 채용하기 위한 우리의 정책에도 혼선이 왔을 것이다"라고 말했다. 포토맥 연구소(Potomac Institute)와 OFCCP(연방 계약 준수 프로그램국)의 연구 결과는 이 주장을 뒷받침했는데, 특히 연방정부와 계약을 체결한 7만 7,000개의 기업체와 건설 노조에서 '실질적인 고용 이득'이 발생한 것으로 밝혀졌다. 일자리는 개방되고 있었다. 1970년과 1980년 사이 흑인 노조원과 견습생의 비율은 2배가 되었다. 구체적으로 살펴보면 아프리카계 미국인의 관리직, 전문직, 숙련직 종사자는 70% 증가했는데, 이 비율은 동일한 직군(職群)에서의 전국적인 증가율과 비교하면 2배에 이른다. 백인 여성의 경우에는 더 긍정적인 측면이 생겼다. ≪워싱턴포스트≫는 "여성들이 재빨리 기술직과 숙련직으로 진입함에 따라 '최대의 승리자'가 되었다"라고 보도했다.

법적 강제성도 새로운 단계에 접어들었다. 카터 행정부 시절에 EEOC

는 약 7만 5,000건의 차별관련 고소 사건을 접수받아 매년 약 5,000건에 대해 제소했는데 대기업 중 거의 반 정도의 이름이 거명되었다. 1979년대 말 위원장 엘리너 홈즈 노튼(Eleanor Holmes Norton)은 "EEOC에 접수되어 누적된 소송의 40%가 줄어들었고, 기업들은 차별에 대한 보상과 부가급부로 3,000만 달러를 지급했다"라고 발표했다.

또한 차별철폐정책은 캠퍼스에도 영향을 주었다. 노튼 위원장은 "우리는 고무되었다"라고 말했다. 그녀는 브라운, 럿거츠, 미네소타, 뉴욕시립대 등 많은 대학들이 소송을 해결하고 국가고용정책에 협조하고 소수민족과 함께 여성학 및 민족학 분야에서 신교육과정을 가르치는 많은 여성 교수에게 정년을 보장했을 때, "마침내 우리는 몇 가지 분야에서 승리하고 있다"라고 말했다. 여성들은 그동안 계속 전문직의 문을 두드렸다. 1970년대 10년 동안 대학의 여학생 등록률은 치대는 2%에서 19%, 의대는 1%에서 28%, 법대는 9%에서 35%로 증가했다. 교육 분야에서는 호우튼 미필린(Houghton Mifflin)과 같은 교과서 발행인이 교과서 저술자와 편집자에게 새로운 가이드라인을 공포하면서 초·중등학교의 인적 구성을 바꾸어 가고 있었다. 가이드라인이란 "20%의 소수민족 비례대표제, 50% 남성, 50% 여성의 균형을 맞추는 것이었다." 여성의 역할은 주방장과 버스 운전사뿐 아니라 의사, 변호사, 회계사까지도 포함하며 남성들은 초등학교 교사, 간호사, 그리고 '여성의 고용인' 으로서 역할을 했다.

카터 행정부 말 차별철폐정책은 전성기에 도달했지만, 공적인 지지는 항상 보잘 것 없었다. 차별철폐정책에 대한 정치적 선언은 이치에 맞지 않은 경우가 많았고 정의는 이해하기 어려웠다. 지나치게 많은 소송 ─ 이 중에는 우스꽝스러운 내용도 포함되어 있었지만 ─ 이 제기되었는데, 이 모든 것이 시민들을 혼란스럽게 했고 여론조사원들을 난처하게 했으며 '역차별'이라고 주장하는 비판 세력을 고무시켰다. 더욱이 정책을 강제할 권한을 위임받은 여러 기구들은 항상 최상의 모범이 되지 못했다. 1980년 OFCCP는 가이드라인에 따라 화이어스톤(Firestone) 타이어 제조 공장이 여성 화학 기사의 최소 10분의 9, 소수민족 감독의 10분의 55, 소수민족 숙련공의 10분의 2를 채용하도록 요구했다. 화이어스톤사는 OFCCP의 요구 준수를 거부해 소송을 내고 정부 규칙과의 싸움을 유리하게 이끌기 위해 보수주의자들에게 정보를 제공했다. 반면, EEOC는 정부 관료에게 능력이 아니라 지역 내 소수민족의 비율에 따라 고용인을 채용하도록 촉구하기 시작했고, 자체 내에서 완전고용모델을 만들기 위해 노력했지만 결과는 뜻대로 되지 않았다. 사실 미국에서 소수민족의 비율은 EEOC 내 전체 종업원, 즉 흑인 49%, 여성 44%, 히스패닉 11%, 백인 20% 하고는 거의 무관했다. 1979년 EEOC는 기구를 개편하기로 결정하고 89명의 남성과 15명의 여성 지원자 중 19명의 지부장(district director)을 선발하고 최종적으로 11명의 남성만을 임명했는데, 이 11명의 남성들은 남성만이 선발된 것에 대해 소송을 제기했다. 판사들은 EEOC가 ''「민권법」 제7편의 숭고한 목표'를 혼란에 빠트려 본연의 업무를 망각했다고 지적하면서 이 남성들의 편을 들었다. "쉽게 말해서, 이것은 소(牛)가 양동이 속에 걸어 들어가는 경우처럼 일의 근본을 망치는 것이다."[20]

1970년대 말 대다수의 시민들은 국가도 역시 양동이 속에 걸어 들어가고 있거나 카터 대통령이 대국민연설에서 시인했던 것처럼 "국가적인 불안"이 커지고 있다고 느꼈다. "우리 국가의 진정한 문제는 주유소에 길게 늘어선 줄이나 에너지 부족난, 심지어는 인플레이션이나 경기 침체보다 훨씬 더 깊습니다. ……이것은 자신감의 위기입니다." 계속해서 대통령은 "우리가 무엇을 해야 합니까? 우리는 무엇보다도 진실을 직시해야 합니다. 그런 다음 우리는 우리의 방향을 바꿀 수 있습니다"라고 말했다.

많은 사람들이 동감했다. 이 사람들 중에는 1980년 내내 국가의 방향을 바꾸기 위해 공격적인 대통령 선거 운동을 펼쳤던 캘리포니아 주 출신의 로널드 레이건(Ronald Reagan)도 포함되었다.

4 반격

• ○ •

≪유에스뉴스 앤 월드리포트(US News and World Report)≫는 1980년 대통령 선거에서 공화당 후보 로널드 레이건(Ronald Reagan)이 승리를 거두자 "레이건 혁명"이라고 보도했다. 큰 키에 잘 생긴 캘리포니아 주 출신이 백악관에 입성했을 때, 대통령과 지지자들은 1970년대 말의 비관론을 끝내고 레이건이 주장하는 "미국의 아침(Morning in America)" 의 찬란한 부활을 실현시키고자 했다.

선거 캠페인의 쟁점은 1980년 '스태그플레이션 경제'였는데, 당시 경제지표를 보면 실업률이 7% 이상이었고 인플레이션은 12%, 우대금 리는 15%를 기록했다. 레이건은 "천정부지의 연방지출증가를 통제하 고 경제를 질식시키는 '세금 역인센티브(tax disincentives)'를 제거하고 경제를 숨 막히게 하는 각종 규제를 개혁하기 위해 대담하고 단호하며 신속하게 움직일 것이다"라고 약속했다(레이거노믹스: 경제를 재건하기 위한 소득세의 대폭 감세, 기업에 대한 정부 규제의 완화, 안정적인 금융정책 등 '공급 측면'을 강조해 파급효과가 수요의 증대로 이어지게 하는 '공급경제학' 이다. 한편에서는 사상 최대 규모의 군비 증강과 모순되는 면이 있었고, 재정

적자 급증의 한 원인이 되었다 - 옮긴이). 그는 '경제적 혼란'으로부터 나라를 구하겠다고 약속했다. 그의 선거 캠페인 슬로건은 효과적이었다. "오늘 당신은 4년 전보다 형편이 좋아졌습니까?"

또한 레이건은 대부분의 국민들이 필요하다고 느꼈던 '국방력 강화'를 약속했다. 1979년 11월 이란의 과격분자들은 테헤란의 미국대사관에서 미국인 53명을 인질로 삼았다. 호전적인 이슬람 투사들은 텔레비전 카메라 앞에서 성조기를 불태웠고, 소련은 아프가니스탄을 침공해 남부 국경선에 친(親)공산정권을 세우려 했다. 대통령 선거 기간에 카터 행정부는 국내 및 외교 정책 분야에서 연이은 실수를 범했다. 헬리콥터로 이란에 억류 중인 인질을 구출하려 했지만 참담한 재앙으로 끝났고, 텔레비전은 사막에서 불타는 헬리콥터의 장면을 비춰주었다. 소련의 아프가니스탄 침공에 대해서는 징집제를 부활시켜 캠퍼스를 분개시켰고, 러시아에 곡물판매금지조치를 취하자 곡물 가격이 떨어져 농부들을 화나게 만들었다. 또한 모스크바 하계올림픽에 불참해 스포츠 팬들을 분노케 했다.

레이건은 44개 주에서 승리하고 51%의 득표율을 기록했는데 조지아 주를 제외한 남부의 모든 주를 석권했다. 그의 열렬한 지지자들은 백인 남성과 카터를 버린 놀랄 정도로 많은 노동자 계층이었는데, 이들은 "레이건 민주당원"으로 알려지게 되었다. 더욱이 텔레비전에 잘 어울리는 레이건은 공화당 의원들을 대거 당선[1981년 기준으로 양 당의 양원 점유율을 보면, 상원에서 공화당(53석), 민주당(46석), 하원에서 공화당(192석), 민주당(243석) - 옮긴이]시키는 데 공헌했다. 공화당은 1952년 선거 이후 처음으로 상원에서 다수당이 되어 남부 출신 민주당 의원과 협력 관계를 형성했고, 하원에서도 보수주의자들이 다수가 되었다.

공화당은 린든 존슨과 프랭클린 루스벨트의 진보주의적 사회정책으로부터 개인의 자유를 회복하기 위해 사회 프로그램을 억제하는 정당

강령을 채택했다. 레이건은 "정부가 우리들의 문제를 해결해 줄 것을 기대할 수 없습니다. 문제는 바로 정부입니다"라고 주장했다. 그는 규제를 철폐하고 교육부와 환경보호국(EPA)을 포함해 80개의 프로그램을 폐지해 "우리의 등 뒤에 버티고 있는 정부의 규제를 완화하겠다(주에 권한을 대폭 이양하고 연방규제를 완화하는 조치 – 옮긴이)"라고 약속했다. 레이건의 도덕적 의제는 1970년대의 게이 파워, 성해방운동, 그리고 여성해방운동에 전율해 점점 세력을 키워가는 기독교 근본주의자들로부터 지지를 받았는데, 그는 낙태 금지와 "성(性, sex)을 학교 밖으로 내보내는 대신, 학교에서 기도하기" 등의 헌법 개정을 포함한 아젠다를 제시하며 "진정한 미국인의 가치"로의 복귀를 요구했다.

레이건은 운이 좋았다. 그의 취임식 날 아침에 이란은 인질들을 석방했다. 인질들은 444일 동안 억류되어 있었는데, 이로써 가장 긴박한 이슈였던 인질문제를 해결했다. 그러나 이날 대부분의 시민들에게 중요한 것은 희망이었다. 그는 취임 연설에서 전혀 동요되지 않고 당당하게 준비된 모습으로 전 국민에게 "지금은 앞으로 나아가야 할 때입니다. 미국은 작은 꿈을 꾸기에는 너무 위대한 나라입니다. ……자! 우리의 결단, 우리의 용기, 우리의 힘을 다시 일으켜 세웁시다. 그리고 우리의 성실과 우리의 희망을 새롭게 다져 나갑시다. 우리 모두는 영웅적인 꿈을 꿀 권리가 있습니다"라고 말했다.

레이건의 새 내각은 보수주의자와 중도파 인사들로 혼합되었다. 이들 중 많은 인사들은 레이건이 캘리포니아 주지사 시절 그를 보좌했거나 닉슨과 포드 행정부에서 일했던 경험이 있었다. 캐스퍼 와인버거(Casper Weinberger)는 국방장관, 데이비드 스토크먼(David Stockman)은 예산관리국(OMB)의 국장, 도날드 리건(Donald Regan)은 재무장관, 윌리엄 프렌치 스미스(William French Smith)는 법무장관이 되었다. 레이먼드 J. 도노반(Raymond J. Donovan)은 노동장관, 조지 H. 부시 부통령과 가까운 친구인 제임스 A. 베이커 3세(James A. Baker Ⅲ)가 대통령 비서실장이 되었다. 대통령은 유일하게 흑인인 샤무엘 피어스 2세(Samuel Pierce Jr.)를 주택·도시개발 장관으로 지명했다. 새 내각은 피어스를 제외하고 상위 100개의 직위에 단 1명의 흑인도 지명하지 않았다. 가장 중요한 400개의 직책 중 단지 19개 자리에 흑인을 지명했다. 레이건은 내각에 여성을 1명도 지명하지 않았는데, 비판가들을 무마하기 위해 유엔 주재 미국 대사로 진 커크패트릭(Jeanne Kirkpatrick)을 지명했다.

1981년 봄 행정부는 경제 회복을 위한 프로그램인 "미국의 새로운 시작(America's New Beginning)"을 제시했다. 대통령은 연방정부의 낭비와 부정을 "국가의 스캔들(national scandal)"로 명명하면서, 개인과 기업의 세금을 3년 동안 30% 삭감하는 것과 기업과 환경을 규제하는 기구의 축소를 명령했다. 그는 사회복지 프로그램, 즉 식량배급표(저소득자에게 연방정부가 발행하는 식권 - 옮긴이), 건강관리, 학교 급식, 주택 보조, 후생 복지비 등 400억 달러를 삭감하고 각 주에 이들 프로그램의 이양을 촉구했다.

의회는 레이건 대통령이 취임한 지 70일 만에 저격을 당해 그의 대통령직이 위태롭게 되었을 때 대통령의 제안을 검토하기 시작했다. 정신질환을 앓았던 존 힝클리(John Hinckley)가 워싱턴 D.C. 한 호텔 밖의 군중 속에서 걸어나와 대통령을 표적 사격(標的射擊, point blank: 당시 저격범은 22구경 자동권총을 6발 발사했는데 만약 45구경의 위협적인 권총이었으면 또 다른 상황이 되었을 것이라고 한다 - 옮긴이)했다. 총알 1발이 대통령의 허파를 관통했지만, 다행히 심장에서 1인치 떨어진 곳에 박혔다. 공보 담당 비서관 제임스 브래디(James Brady)가 중상을 입었다. 미국인들이 숨을 죽이고 지켜보고 있을 때, 대통령은 병원 응급실로 실려 가면서 낸시(Nancy)에게 "여보, 내가 좀 더 날렵하게 피했어야 했는데"라는 조크를 했다. 외과 의사들에게도 "여러분은 공화당원입니까?"라고 물었고, 의사들은 "오늘만큼은 우리 모두가 공화당원입니다"라고 대답했다.

레이건은 빨리 회복했고 그의 따뜻한 유머 감각과 자신감은 많은 미국인들을 취임 첫해만이 아니라 임기 내내 자신의 지지자로 만들었다. 그의 개인적인 호소력은 영화 스타로서의 외모, 미래에 대한 낙관적인 비전, 그리고 뛰어난 대중 연설 능력의 결과였다. 전기 작가 로우 캐논(Lou Cannon)이 지적했던 것처럼, 레이건은 자신이 '위대한 커뮤니케이터(대단한 소통자 또는 전달자라는 의미 - 옮긴이)'라는 것을 믿지 못했다. 사람들이 그를 믿었기 때문에 그는 위대한 커뮤니케이터가 될 수 있었다.[1]

대중적인 지지에 편승한 의회는 곧바로 대통령이 제안한 두 가지의 긴급한 목표, 즉 국방 지출을 확대하고 세율을 삭감하는 안건을 통과시켰다. 그리고 행정부는 여러 개의 연방기구를 폐지하고 규제를 완화하는 계획을 검토하고 있다고 발표했다.

일부 시민들, 특히 차별철폐정책과 같은 정부 주도 프로그램을 통해 혜택을 받아왔던 사람들은 레이건 혁명을 의심하기 시작했다. 카터는 흑인 투표자의 93%를 획득했고, 레이건 후보가 낙태와 남녀평등권수정안(ERA)을 반대했기 때문에 여성들로부터 훨씬 더 많은 표를 얻었다. 따라서 처음으로 유권자들은 '성별 격차(gender gap)'를 목격했는데, 백인 남성들 중 상당한 비율이 동일한 사회경제적 지위에 있는 여성과는 다르게 투표했다.

•○•

대통령 선거 운동 기간 중 민주와 공화 양당은 인종문제에 대해 큰 시각 차이를 드러냈다. 민주당은 버스 통합을 지지했고, 공화당은 버스 통합을 반대하는 대신에 통합 학교구를 시행하고 1980년 인구조사 이후 요구된 국회의원 선거구 재조정 시 인종 고려를 반영하자고 했다. 당연히 민권단체들은 1960년대 「민권법」을 반대했던 레이건 대통령 후보의 견해를 듣고 싶어했다. 여름철 선거 운동 기간에 NAACP(전미유색인지위향상협회)는 레이건 후보에게 연차총회 초청 연설을 요청했지만, 레이건은 그의 참모들이 초청 일자를 잘못 표시해 일정이 중복되었다는 변명과 함께 초청을 거절했다. NAACP의 초청을 거절한 것에 압력이 거세지자 레이건 후보는 8월 중 1주일을 할애해 아프리카계 미국인들에게 환심을 사려고 했다. 그는 하루를 뉴욕 시의 사우스 브롱스(South Bronx: 뉴욕의 대표적인 할렘 지구) 지구의 소수민족 거주지에서 선거 운동을 하고, 제시 잭슨(Jesse Jackson) 목사와 토론을 하고, 전국도시연맹(National Urban League)에서 연설을 하는 데 썼다. 그러나 성과는 불확실했는데, 레이건 후보가 미시시피 주 필라델피아(Philadelphia) ― 1964년 8월 민권 운동가 3명이 총에 맞아 살해되었던 곳 ―에서 연설을 하면서 주권(州權)에 대한 지지를 밝혔기 때문이다. 또한 그는 남아프리카공화국의 억압적인 인종차별 정권에 대해서도 강경한 입장을 보이길 거부했다. ≪뉴스위크(Newsweek)≫는 "흑인들이 레이건 후보에 대한 마음을 바꾸는 데 1주일의 시간으론 턱없이 부족할 것이다"라고 보도했다.

민주당과 공화당은 차별철폐정책에 대해서도 큰 견해 차이를 확인했다. 민주당 정강정책에는 "효과적인 차별철폐정책은 민권을 신장시키려는 우리의 약속에 중요한 구성 요소이다"라고 밝힌 반면, 공화당은 닉슨 대통령이 1972년 대통령 선거 이전에 민권(民權)에 대한 지지를 포기한 이래로 보수 노선으로 움직이고 있었다. 1980년 보수주의자들이 공화당을 장악했는데, 이들은 정강정책에서 "다른 사람의 편을 들어 일부 개인을 배제하는 할당제, 비율, 그리고 수치적인 요구 조건에 의지하는 관료적 규제와 결정을 비판했다." 레이건 후보는 "우리는 능력과 자격보다는 오히려 인종, 민족, 성별을 채용 또는 교육에서 중요한 요인이 되도록 요구하는 연방의 가이드라인이나 할당제 때문에 기회 평등의 숭고한 개념이 왜곡되게 허용해서는 안 된다"라고 덧붙였다.

레이건의 이런 견해는 그의 행정부가 "출범에서부터 아프리카계 미국인으로부터 지지를 거의 받지 못했다"는 것을 의미했는데, 떠나는 카터 행정부가 새로 들어선 레이건 행정부의 곤경을 더욱더 어렵게 만들었다. 대통령 직무 마지막 날에 법무부 차관 존 쉐네필드(John Shenefield)는 1979년 정부를 상대로 제소했던 소수민족 출신 연방 노동자들과 합의서에 서명했다. 이들은 정부가 주관하는 중간 전문직 및 관리직 경력 시험(PACE)이 문화적인 편견(cultural bias)을 깔고 있다고 주장했다. 합의서에 따르면, 이들은 향후 3년 동안 PACE를 보지 않아도 되는 대신, 해당 부서가 더 높은 비율의 흑인과 히스패닉을 합격승진시키기 위한 새로운 시험제도를 마련해야 했다. 사실 합의된 새로운 가이드라인은 결과를 중시했는데, 상위 직위를 차지하는 소수민족의 숫자는 새로 시험을 보는 숫자와 거의 비례해야 했다. 따라서 만약 시험을 본 50%가 소수민족이라면, 각 부서에 흑인과 라틴계 미국인 20%가 채워질 때까지 일자리의 최대 50%에서 최소 40%는 소수민족의 몫으로 돌아가야 한다. 만약 신규 시험이 더 많은 소수민족을 승진시키지 못한다면, 각 부서는 신규 시험을 폐지하고 PACE 없이 소수민족을 채용하거나 또는 최소한 시험에 어떤 숨겨진 편견도 포함되지 않았다는 것을 증명해야 했다. 정부의 일부 고문변호사들은 유대인문화교육촉진협회(B'nai B'rith)와 마찬가지로 "그 합의서는 할당제이다"라고 밝혔지만, 쉐네필드는 "현행 시험은 직무에 필요한 지식을 평가하는 것이 아니며, 새로운 계획은 할당제로 정의되는 엄격한 수치적 요구를 강제하지 않았다"라고 대답했다.

세네필드의 대답이 레이건의 정권인수팀 — 카터 행정부에 이 계획을 시행하지 말고 차기 행정부에 맡겨놓으라고 요청했던 — 에겐 충분히 납득되지 않았다. 연방판사는 "이 합의서가 법률에 따라 공평하고 정당하고 형평에 맞고 적절하다"라고 평가하면서 합의서를 잠정적으로 승인했다.

신행정부는 백악관에 들어가자마자 곧바로 차별철폐정책에 대한 입장을 결정했다. 레이건 대통령은 취임 후 가진 첫 기자회견에서 "차별철폐정책을 철회합니까?"라는 질문을 받고, "그렇지 않습니다. 철회하지 않을 것입니다. 이 행정부는 '평등 이념'의 실현을 위해 전력을 경주할 것입니다"라고 답변했다. 그러면서 대통령은,

> 가령 차별철폐 프로그램이 할당제가 되는 것과 같이 한때 유용했던 것이 그렇지 못하게 되거나 실제적으로 왜곡까지 되는 그런 정책이 있다고 생각합니다. 저는 미국에서 언제 할당제가 차별의 목적으로 존재했던가를 기억할 수 있을 정도로 나이를 먹었습니다. 그리고 저는 이런 일이 다시 반복해 일어나기를 바라지 않습니다.

라고 말했다. 레이건의 성명은 차별철폐정책에 대한 '반격(反擊, backlash)'의 신호탄이었다. 처음으로 행정부는 차별철폐정책에 반대하면서 다른 비판가들을 참여시켰다. 곧바로 백악관의 한 관리는 인종차별을 하지 않은(colorblind) 고용으로 되돌아가는 것이 최종 목표라고 언급했으며, 그해 봄 행정부는 "차별철폐정책의 규칙이 '규제완화(規制緩和, regulatory relief)'의 첫 목표 중 하나가 될 것이다"라고 말했다.

신행정부의 입장에서 보면, 정부의 각종 규제는 경제를 악화시키고 효율성을 저하시키며 기업에 부담을 주었다. 그리고 이들 '기업 간의 경쟁억지적(anticompetitive)'인 규칙들이 개인주의와 경제 회복에 필요한 자유기업을 질식시켰다. 이런 생각으로 무장한 행정부는 규제 — 이들이 여러 해 동안 반대했던 진보주의 정책 중 상당 부분을 포함해 — 를 공격했는데, 공격 대상에는 노동자와 소비자의 안전, 환경 보호와 보존,

▲ 1980년대, 차별철폐정책에 반격을 가한 사람들: (좌로부터) 존 스반, 에드윈 미즈, 레이건 대통령, 윌리암 B. 레이놀즈

고용주가 차별하지 않았다는 것을 증명하도록 하는 규칙―달리 말하면, 차별철폐정책―을 위임했던 연방 규칙들이 해당되었다.

이것은 차별철폐정책을 찬성하는 사람들에게 위기감을 불러일으켰다. ≪블랙 엔터프라이즈(Black Enterprise)≫는 "레이건이 거짓말을 했다"라고 보도했다. 많은 사람들은 ≪워싱턴 포스트(Washington Post)≫의 "마침내 차별철폐정책의 반대자들은 법정에서가 아니라 레이건 후보를 대통령으로 당선시켰던……투표에서 승리했다"라는 보도에 동의했다.[2]

레이건 혁명은 의회에서 그 진가를 더 발휘했다. 하원에서 펜실베이니아 주의 공화당 소속 로버트 워커(Robert Walker) 의원은 1964년 「민권법」 수정안을 제안했는데, 수정안의 내용에는 할당제, 고용 목표, 이행 시간표의 사용을 금지할 뿐 아니라 고용주에게 노동자의 채용을 요구하고, 대학이 인종 또는 성별에 기초해 학생을 선발하게 하는 연방 규칙을 금지하는 것이 포함되었다. 상원에서 유타 주의 공화당 소속 오린 해치(Orrin Hatch) 의원은 주정부 및 연방정부가 인종, 피부색, 국적 때문에 차별하는 것을 금지하고 보수주의자들이 말하는 '인종차별을 하지 않는 사회'를 실현하기 위해 노력하자는 내용의 헌법개정안을 제안했다. 이 해에 해치 의원은 헌법과 관련되는 많은 주제 — 특히 차별철폐정책 — 에 대해 법사소위원회 청문회를 개최했다. 그는 차별철폐정책은 미국에 대한 공격이며 거짓으로 잉태했다고 주장했기 때문에 위원장으로서 그의 목적은 분명했다. 5월 청문회에서 해치 상원의원은 "이 정책이 사법부와 행정부의 결정만으로 전개되어……입법부의 제재가 전혀 없는 상태에서 우리의 체제 안에 뿌리를 내리기 시작했다는 것에 놀랐다"라고 말했다. 그는 계속해 "이제는 이 격렬한 논란이 된 주제에 대해 대화할 때이다. 나를 괴롭히는 것은 우리 사회의 많은 사람들이 인종차별주의자로 불려지는 것에 대한 공포심 때문에 이 문제를 논의하는 것조차 무서워한다는 점이다"라고 말했다.

해치 의원은 증인들을 불렀다. 모리스 아브라함(Morris Abram) — 많은 민권 관련 소송에서 승소했던 — 은 "차별철폐정책이 민족 집단의 위험한 '발칸화(Balkanization: 소국분할주의 정책)'를 만들고 있으며, 피부색을 의식하고 헌법을 해석하는 것은 실탄이 장전된 무기(loaded weapon)와 같습니다"라고 말했다. 또 다른 증인은 "차별철폐정책은 여성과 소수민족이 열등하다는 낙인(badge of inferiority)을 찍었습니다"라고 주장했다. 흑인으로 증언석에 앉은 유일한 사람은 하버드대학의 마틴 킬슨(Martin Kilson) 교수였다. 그는 "차별철폐정책에 관련된 결점들이 있을 수 있지만, 이 결점들이란 상대적입니다. 예를 들면, 정치적 후원 때문에 고수익의 계약을 성사시킨 매사추세츠 주의 이탈리아인 계약자들은 이 결점을 수용하려고 할 것입니다"라고 말하면서 해치 의원의 주장에 동의했다. 그런 다음 킬슨 교수는 해치 의원 쪽으로 얼굴을 돌려, "만약 차별철폐정책이 무효가 되면 우리들에게 마샬 플랜을 주십시오. ……저는 의원님 얼굴의 웃음을 보면서 의원님이 뭔가를 대폭 손볼 계획을 갖고 있다는 것을 의심치 않습니다"라고 말했다.

해치 의원은 "나의 웃음을 해석하지 마시오"라고 말하면서 엷은 미소를 짓는 반응을 보였지만, 정부 규칙 및 지방 관리와 관계된 7월의 청문회 기간에는 더욱 진지한 태도를 보였다. 카터 행정부 시기 법무부는 버지니아 주 페어팩스(Fairfax) 카운티—인구의 4분의 1이 흑인이었지만, 카운티 전체 노동자 7,000명 중 6% 미만이 아프리카계 미국인—를 상대로 제소했다. 해치 의원은 카운티 위원회 위원장을 불렀는데, 위원장은 카운티의 행정에 대해 사사건건 간섭하고 규제하는 연방 관리를 비방하고, 레이건 행정부가 선거 운동 중 했던 약속—주정부에 관한 이양, 연방정부의 대폭적인 규제 완화—을 지키라고 요구했다. 해치 의원은 연방정부의 행위가 "무거운 짐을 지우는 정부 억압"의 실례가 될 수 있다는 점에 공감했다.

'무거운 짐을 지우는 기구'란 간혹 EEOC(고용평등기회위원회)를 지칭했다. 일부 기업인들은 EEOC가 서류 작업에 너무 많은 시간을 낭비하고 차별 혐의에 대해 자신을 방어하는 데 지나치게 많은 비용을 지출한다는 불만을 터트렸다. 한 연구기관에 따르면, 계약자는 계약 준수 검토 과정에서 2만 달러 이상을 지출했는데, ≪포춘(Fortune)≫ 선정 500대 기업을 계산하면 연간 10억 달러가 소요되었다. 또 다른 하나의 실례(實例)를 살펴보면, 한 히스패닉 고용인이 미시간 주 유니온 캠프(Union Camp)의 차별에 대해 소송을 제기한 사건이었다. 그 종이회사의 11명의 다른 감독자들은 1명의 고용인을 위해 스물두 번 교육을 받게 했는데도 희망이 없다고 판단되어 고용인을 정직한 뒤 결국 해고했다. 이 고용인은 회사를 인종차별 혐의—그는 다섯 번의 중재 시도에서 졌는데, 그중 세 번은 미시간 민권위원회에서 개최되었다—로 제소했다. 그럼에도 불구하고, EEOC는 새로운 증거를 확보하지도 못한 채 이 사건을 접수하고 소송을 제기했다. 사건의 진행과 소송까지는 무려 19개월이 걸렸다. 결과적으로 고용인과 EEOC는 패소했고, 판사는 EEOC에 대해 신랄하게 비난했다. "EEOC는 미숙하게 심리해 패소하고 교훈을 얻기를 희망한다. 이런 식이라면 변호사가 수임료를 받는 사건은 기대할 수조차 없다."

심지어 연방정부 내에서조차도 일부 관리들은 규정 반대를 언급하기 시작했다. 이들은 보수주의자들도 아니고 1970년대 차별철폐정책을 지지했던 진보 성향의 관리들이었음에도 정책 시행에 심각한 결점이 있다고 생각했다. 연방정부의 한 고위 관리는 "차별철폐정책은 여러분이 공평성과 효율성에 대해 고려하기도 전에 방어적인 자세를 취하도록 만든다. 그리고 이 주제가 나오면 여러분은 얼마나 많은 여성을 고용했는지, 얼마나 많은 소수민족을 승진시켰는지를 떠올리게 된다. 다른 부수적인 생각이나 질문들은 자신을 마치 시대에 뒤떨어진 공룡 같은 인간이라고 느끼게 한다."라고 말했다. 또 다른 문제는 연방정부 내에서 제기된 소송이 굉장히 많았다는 것이었다. 이들 중 많은 것들은 하찮은 것이어서 엄청난 시간을 낭비하게 했다. 한 고용인은 고용주가 자신을 '구식(old-fashioned)'이라고 부른 것에 불만을 품고 연령차별 혐의로 소송을 제기했고, 또 다른 고용인은 여성 상사의 지시를 고의적으로 불복종해 상사가 그를 비난하도록 만든 후에 인종차별 혐의로 제소했다. 또 다른 여성 고용인은 그녀의 상사가 정부 부담의 강의 수강—자신의 직위와 관계되지 않은—을 허락하지 않았다는 이유로 상사를 성차별 혐의로 제소했는데, 이 강의는 그녀가 퇴직한 뒤에 미래를 계획하는 데 필요한 것이었다. 한 중년의 남성은 1년에 30건 이상의 소송(근무일 기준으로 8일마다 1건씩)을 제기했다. 사무실의 한 동료가 그를 때린다고 위협했을 때—위협한 상대도 같은 민족적 배경을 지녔지만—편견 혐의로 제소했다. 또한 그는 같은 부서에 근무하는 2명의 여대생 인턴사원의 아파트에 찾아가 부적절한 성적(性的) 요구를 했다. 이런 사실을 안 상사가 그에게 다시는 그 여성들과 교제하지 말도록 충고해 주었는데도 그는 오히려 성희롱 혐의로 상사를 제소했다.

레이건 혁명의 첫 몇 달 동안 반격은 서서히 시작되었지만, 행정부의 행동들은 조정되지 않았다. 대신, 행정부의 행동은 서툴었고 심지어는 차별철폐정책과 대립하는 전초전이었다. 취임식이 지나고 정확히 4주 후 법무장관 스미스(Smith)는 "신행정부는 경쟁보다는 오히려 카터 행정부가 PACE를 포기하기로 한 합의서를 따를 것이다"라고 발표했다. 이것은 기업계의 지지자들에게 행정부가 우대 처우보다 능력을 고양하는 정강정책을 기피한다는 암시를 주었다. 봄이 지나고 노동장관 도노반(Donovan)은 "대통령과 나는 차별철폐정책의 확고한 지지자이다. 이슈는 능력과 특기가 아니라 보고서의 지나친 요구와 이것을 밀어붙이는 관료들이다"라고 발표해 많은 사람들을 놀라게 했다. 그는 "그놈의 복잡한 서류 작업을 간소화하려는 데 목적을 두었다"라고 말했다. 이런 발언들은 많은 보수주의자들을 당황하게 했다. 헤리티지 재단(Heritage Foundation)은 레이건의 민권 아젠다를 "날림(patch-work)"으로 불렀고, 한 보수적 작가는 그것을 "변덕스럽고 균일하지 않다. ……최근 미국 역사에서 가장 이념적인 행정부가 자신의 아이디어조차 분류하지 못한다"라고 비난했다.

이 아이디어 중 많은 것들은 「민권법」의 시행을 책임진 행정부의 관리들에게 맡겨졌다. 카터 행정부의 EEOC 엘리너 H. 노튼(Eleanor H. Norton) 위원장은 사임하고 교수로 돌아갔다. 대통령은 3,000여 명의 고용인을 관리하는 EEOC 위원장에 아프리카계 미국인 벨(William Bell)을 지명했다. 벨은 법학 학위가 없었는데, 그의 유일한 경험은 컨설팅 회사에서 4명의 고용인을 감독하는 것이었다. 민권단체들은 분노해 거센 반대를 했다. 대통령은 지명을 철회하고 몇 개월 동안 위원장을 공석으로 놔두었다. 대통령은 신임 EEOC 위원장에 당시 연방교육부에서 변호사로 일하던 33세의 아프리카계 미국인 클라렌스 토머스(Clarence Thomas)를 지명했는데, 그는 인종 우대를 반대했다. 대통령은 OFCCP(연방 계약 준수 프로그램국) 국장에 34세의 여성 기업인 엘렌 M. 숑(Ellen M. Shong)을 내정했는데, 그녀는 "차별 기업을 위해 중재도 하겠지만, 기업이 차별했다고 해서 바로 계약을 끝내지는 않을 것이다" 라고 약속했다. 법무부 차관보(민권 담당)에 38세의 백인 변호사 윌리암 B. 레이놀즈(William B. Reynolds)를 지명했는데, 그는 「민권법」이나 민사소송에 거의 경험이 없었다. 대통령과 마찬가지로 레이놀즈는 "학교 통합을 달성하기 위한 버스 통합을 반대하고, 집단 권리보다는 개인의 기회를 지지한다"라고 말했다. 그는 "인종의식 차별철폐정책(race-conscious affirmative action)"을 비방했다. 이들 피임명자 모두는 한결같이 "카터 행정부가 민권 규정을 시행하는 데 지나치게 진취적이었다"라고 생각했다. ≪뉴욕타임즈(New York Times)≫는 레이건 행정부가 6개월째 접어들었을 때, "법적 강제성의 사실상 정지(virtual standstill)와 EEOC 및 OFCCP 기능의 사실상 마비(virtual paralysis)"라고 보도했다.

• ○ •

아프리카계 미국인들은 대통령이 임명한 고위직 인사들의 면면을 보고는 그에게 애정을 느끼지 못했는데, 대통령은 관계 개선을 위해 NAACP의 초청을 수락했다. 아프리카계 미국인들의 경제는 심각한 상황이었다. 경기 침체로 흑인들은 전후 최고 수치인 17%의 실업률을 기록했고 이들 중 30%는 절대빈곤선(poverty line) 아래 놓여있었는데, 이 수치는 백인에 비해 3배나 높았다. 이런 상황에서 행정부는 사회복지 프로그램, 즉 가난한 사람의 부양과 비숙련자의 훈련 및 실업자 고용 계획을 축소하려고 했다. 그럼에도 불구하고 대통령은 밝은 모습으로 나타나 회원들에게 선거 기간 중 초청에 응하지 못한 것을 농담으로 변명했다. 그 대가로 레이건은 익살스럽지만 뭔가 느낌을 주는 선물을 받았다. 그것은 외롭게 박혀있는 흰색 콩 하나에 검은색과 갈색의 젤리 빈(jelly beans: 안에 젤리가 들어있는 콩 모양의 캔디로, 여기서는 하얀 콩은 백인을, 검은색과 갈색은 흑인을 비롯한 소수민족을 상징함 – 옮긴이)이 가득 담긴 항아리였다. 레이건은 단상에 올라가 먼저 그의 정책이 가난한 사람을 선동한다고 주장하는 사람들을 공격하면서, 지금까지 연방 프로그램은 흑인들에게 도움을 준 것이 아니라 오히려 노예로 만들었다고 주장했다. "그것은 새로운 형태의 노예 신분을 만들었습니다. ……118년 전 노예해방선언이 흑인들에게 자유를 주었듯이 우리는 경제 해방을 선언할 때입니다." 대통령의 이런 표현에 대해 흑인들은 차가운 침묵을 보였다. 《뉴욕타임즈》는 "의심할 것도 없이 레이건이 이제까지 받았던 가장 차가운 대접 가운데 하나였다"라고 보도했다. 연설 후에 NAACP의 벤자민 훅스(Benjamin Hooks)는 "대통령과의 대화는 환영하지만 앞으로 그의 정책은 흑인과 여타 소수민족에게 고난, 파괴, 절망, 그리고 고통을 가져다줄 것이다"라고 전망했다.

　　《타임(Time)》은 "흑인들은 대통령의 정책이 '미국의 아침(Morning in American: 레이건 대통령이 취임 시 내건 슬로건 – 옮긴이)'을 실현하지 못할 것이라는 확신을 가졌기 때문에 행정부에 대한 적대감이 증대하고 있다"라고 보도했다. 전국도시연맹의 버논 조단(Vernon Jordan)은 "오늘 미국에는 깜깜한 암흑이 드리워졌다"라고 말했다. 갤럽의 여론조사 결과에 따르면, 대통령의 지지율은 여론조사를 시작한 뒤로 백인과 흑인 응답자 간에 가장 차이가 큰 것으로 나타났다. 백인 중 약 65%가 지지율을 나타낸 반면, 흑인은 단지 20%만이 대통령의 정책을 지지했다. 《뉴스위크》는 "일부 아프리카계 미국인들이 권력으로부터 분리되는 느낌을 갖는 것은 뉴딜정책이 시작한 이래 그 어느 때보다 더 민감하다"라고 보도했다.[3]

그러나 신행정부에 대해 혼재된 감정을 갖고 있는 여성들은 그렇지 않았다. 이들은 대통령을 지지하는 것처럼 보였지만, 미래의 고용 관행과 규정에 대해 의문을 가졌다. 4월 상원노동위원회는 직무상 성희롱에 대한 청문회를 개최했다. 이번에도 해치 상원의원이 위원장을 맡았는데, 그는 "1980년 채택된 성희롱에 관한 EEOC 가이드라인이 지나치게 규제중심적이고 고용주에게 지나친 부담을 주는가에 대해 의문을 가졌다." 가이드라인에 따르면 "고용주 또는 고용인이 성희롱에 관여했는지를 고용주가 책임져야 하며, 성적 호의(sexual favors)를 거절한 이유로 봉급 인상이 안 되고 승진에서 탈락하거나 해고당한 여성들은 교정 행위와 체불임금을 받을 수 있다." 당연히 전 EEOC 위원장 노튼(Norton)은 해치(Hatch) 의원의 주장에 반대했다. 그녀는 "남성이 여성에게 성적 호의를 요구하는 것은 너무 평범하게 발생하고 당사자의 명예를 짓밟는 일이기 때문에 여성들은 연방 보호를 받을 권리가 있다. 최근 조사 중인 고소 사건만 해도 약 120건에 이른다. 이 중 58건은 엉덩이를 만진다거나 껴안거나 키스하는 것과 같은 원치 않는 신체적 접촉이고, 77건은 고용 대가로 성행위를 요구하는 것이고, 나머지는 인격 손상이나 성적으로 노골적인 그림, 사진이나 만화와 관련되었다"라고 주장했다.

노튼은 "이런 이유로 EEOC 규정을 유지할 강력한 필요성이 있다"라고 주장했다. 그러나 거리낌없이 솔직하게 말하는 여성인 필리스 쉬라플라이(Phyllis Schlafly)는 "직장에서 성희롱은 극히 몇 가지를 제외하곤 정숙한 여성에게는 문제가 되지 않는다"라고 하면서 노튼의 주장에 반대했다. 견습 변호사인 그녀는 성공적으로 반페미니스트(반여권확장주의, 남성상위주의자)운동을 조직했다. 1981년 《워싱턴포스트》는 그녀

를 "미국 보수주의의 귀부인(grande dame of conservatism in America)"으로
명명했다. 쉬라플라이는 "어떤 여성이 방을 가로질러 걸어갈 때, 그녀는
대부분의 남성들이 직감적으로 이해하는 보편적인 신체언어로 말한다.
남성들은 절대로 'No'라고 말하는 여성에게 성적 호의를 요구하지 않는
다"라고 말했다. 그런 다음 그녀는 차별철폐정책에 관한 자신의 견해를
말했다. "이 정책은 여성들이 일하도록 고무시키고, 여성의 능력이 떨어
지는데도 일터로 내보내고, 할당제의 미명 아래 남편의 일을 아내에게
나눠주어 ─ 이 모든 것들이 '어머니의 역할'을 쓸모없게 만든다 ─ 전통적인
어머니들에게 상처를 준다."

　해치 상원의원이 청문회를 계속 진행시키는 중에 레이건 대통령은
선거공약을 이행했고 연방대법원에 첫 여성 대법관 샌드라 데이 오코너
(Sandra Day O'Connor)를 지명해 많은 사람들을 깜짝 놀라게 했다. 레이
건은 은퇴한 포터 스튜어트(Potter Stewart) 대법관 후임으로 여성 대법관
을 지명했는데 종교계를 제외하곤 따뜻한 환영을 받았다. '도덕적 다수
(Moral Majority)'의 제리 팔웰(Jerry Falwell) 목사는 오코너 판사가 낙태에
대해 너무 중도적 입장이기 때문에 모든 기독교인들에게 그녀의 인준을
반대하자고 촉구했다. 이것은 그의 주에서 2명의 후보자(오코너와 렌퀴스
트 대법관)를 발탁하기 위해 2명의 공화당 출신 대통령(닉슨과 레이건
대통령)을 설득시켰던 베리 골드워터(Barry Goldwater: 애리조나 주 출신의
5선의 상원의원) 의원을 화나게 했다. 골드워터 의원은 상원이 만장일치
로 오코너를 인준하기 전에 "모든 기독교인들은 팔웰 목사를 혼내주어
야 한다"라고 말했다.

　민권단체와 노동단체가 혼내주고 싶은 인사가 있었는데 바로 스토크
만(Stockman) 예산관리국장이었다. 그는 차별철폐정책에 주요 변화가
있을 것이라고 암시했다. NAACP, NOW, 멕시코계미국인법률보호
및 교육기금협회, 그리고 AFL-CIO를 포함한 37개의 단체는 레이건

대통령에게 "우리들은 연방 계약 준수 프로그램에 장송곡 소리가 들리는 변화를 반대한다"라는 편지를 보냈다. 그럼에도 불구하고 노동부 장관 도노반(Donovan)은 8월에 이 계획을 발표했다. 이전에는 50명의 고용인을 고용하고 5만 달러의 계약을 맺은 모든 계약자들은 고용 목표와 이행 시간표가 첨부된 차별철폐정책계획서를 제출해야 했지만, 신규정에서는 250명 미만의 고용인과 100만 달러 미만의 계약을 맺은 모든 기업체에 대해 이 의무를 면제했다. 이런 조치를 통해 연방정부와 거래를 하는 약 20만 개 기업에 고용된 300만의 고용인 중 75%가 제외되었다. 대기업들은 여전히 차별철폐정책계획서를 수립해야 하지만, 중소기업들은 더 이상 진척보고서(progress reports)를 작성할 필요가 없게 되었고 500명 미만을 고용한 기업들은 간략한 보고서를 작성하면 된다. 따라서 연방 계약자들이 작성해야 하는 차별철폐정책계획서의 숫자는 약 11만 건에서 2만 4,000건 미만으로 떨어졌다. 이 밖에도 신규정에 따르면, 차별받았다고 생각하는 고용인이 체불임금을 받거나 승진하기가 더 어려워졌다. 도노반 장관은 "이 정책은 고용주의 서류 작업 부담을 줄어들게 하면서 보호집단을 위해 필요한 안전장치를 유지할 것이다"라고 밝혔고, OFCCP의 숑(Shong) 국장은 "이런 변화를 통해 고용주가 자발적으로 계약 준수를 하고 싶은 마음을 갖게 하고, 고용인은 고용주와 분별없는 대결을 끝내게 할 것이다"라고 말했다.

≪타임≫은 "이제는 남성도 여성도 스스로 보살펴야 하는 보통 사람의 시대이다"라고 보도했다. 명백히 정부가 여성과 소수민족을 보호하던 시대는 끝나가고 있었다. 행정부는 차별철폐정책을 "역차별(reverse discrimination)"이라고 명명하면서 정책을 후퇴시키기 시작했다. 법무부 민권 담당 차관보 레이놀즈(Reynolds)는 "우리가 차별로써 차별을 치유하려고 하는 것은 정말로 실수를 저지르는 것이다"라고 말했다.

차별철폐정책 지지자들도 반격에 나섰다. 텍사스 주의 히스패닉 지도자 라울 카스틸로(Raul Castillo)는 "행정부의 신규정은 소수민족이 누렸던 모든 혜택을 완전히 말살시킬 것이다"라고 말했고, '여성평등권쟁취행동연맹(Women's Equity Action League: WEAL)'은 "이 나라에서 가장 큰 교육기관 중 일부는 많은 연방보조금을 지원받기가 어려울 것이다"라는 위기감을 표명했다.[4]

다른 지지자들은 "백악관이 더 급진적인 방식, 즉 차별철폐정책을 폐지할지도 모른다"라고 불안해했다. 실제로 레이건 혁명 기간에 인종문제에 대한 대변인 역할을 해 온 법무부 차관보 레이놀즈(Reynolds)를 비롯한 행정부의 일부 인사들은 그렇게 하고 싶었다. 1981년 가을 레이놀즈는 "법무부는 기업들이 고용 목표와 이행 시간표를 작성하도록 강요하기 위해 더 이상 소송을 제기하지 않을 것이며 — 이렇게 하는 것은 '법령상 권위'도 없다 — 이제부터는 사례별로 구제조치를 취할 것이다"라고 밝혔다. 10월 그는 버스 통합을 반대하면서 "우리는 통합교육을 선택하지 않는 어린이들에게 버스 통합을 하도록 강요하지 않을 것이다"라고 말했다. 또한 상원 청문회에서 그는 해치 위원장에게 "어떤 누군가를 우대하는 것은 불법이고 위헌입니다"라고 말했다.

> 우리는 인종, 성별, 국적, 종교에 기초해 차별로 희생되지 않은 사람에게 제공하기 위해 만든 할당제나 어떤 수치적·통계적인 방식을 더 이상 주장하거나 지지하지 않을 것입니다. ……개인의 권리보다 집단의 권리를 위에 두는 것은……기회평등이라는 미국의 이상과 불화를 일으킵니다. ……행정부는 확고하게 헌법과 법이 인종과 성별의 중립 편에서……모든 사람의 권리를 보호하고자 전심전력을 다할 것입니다.

레이놀즈는 "행정부는 1979년 연방대법원의 웨버 판결(Weber case: 1979년 연방대법원은 여성과 소수민족에게 잠정적 할당제를 적용하는 자발적인 차별철폐정책을 수립하는 것은 합헌이라고 판결함 – 옮긴이)에 반대하며,

법무부가 모든 고용 우대 프로그램, 심지어는 자발적인 차별철폐정책을 금지하고자 새로운 시소사건(試所事件)을 찾고 있다"라고 밝혔다. 따라서 레이건이 취임하고 처음 맞는 가을에 행정부는 1960년대 이래 시행되어 온 차별철폐정책의 법률적 토대를 부인했다.

반격의 목표는 차별철폐정책에만 국한된 것이 아니었다. 1980년 만료된 '투표권법(voting rights act: 1965년 제정되었으며 실질적으로 모든 흑인들이 투표권을 행사할 수 있게 된 법−옮긴이)'도 그중 하나였다. 의회의 민주당과 상원의 공화당은 수정안을 발의했지만, 행정부는 "그것은 인종별 비례대표제를 초래한다"라고 반대했다.

* ◯ *

대통령은 기자회견에서 기자가 투표권법에 대한 그의 입장을 물었을 때, "정부는 지역 투표에서 단순히 차별의 '결과'만이 아니라 차별의 '의도'를 증명할 것을 요구할 것입니다. ……여러분 모두는 실제적으로 할당제의 적용을 받는 그런 사회에서 살 수도 있습니다"라고 말했다. 그럼에도 불구하고 연방의회가 투표권법에 대해 압도적인 지지를 증명하고 하원이 389 : 24로 통과시킨 후 대통령은 투표권법의 연장에 서명했다.

행정부의 입장에 대해 민권단체들은 분노했는데, 1982년 1월 재무부와 법무부는 "1970년 이래로 시행되어 온 국세청(Internal Revenue Service)의 정책을 번복할 것이다"라고 발표했다. 그렇게 되면 행정부는 인종을 분리한 사립학교에 대해 면세 혜택을 부여할 수 있게 된다. 이들 학교 중 많은 수는 인종 통합을 회피하기 위해 설립된 사립 기독교 학교들인데, 이 중 하나가 사우스캐롤라이나 주의 밥존스대학(Bob Jones University)이었다. 밥존스대학은 소수의 흑인 학생들에게 입학을 허용했지만, 인종 간의 교제와 결혼을 금지했기 때문에 국세청은 면세 대상에서 제외시켰다. 행정부의 신정책은 저항의 대폭발에 불을 붙였다. 줄리안 본드(Julian Bond)는 "닉슨 대통령이 자애로운 무관심을 보였다면, 레이건 대통령은 악의적인 무관심을 보이고 있다"라고 말했다. 민주당 의원들은 분노했고 많은 공화당의 중도파 의원들도 마찬가지였다. 96시간 후 대통령은 행정부의 정책을 번복하겠다는 공식성명을 발표하면서 "확고하게 어떤 형태의 인종차별도 반대하며, 면세 대상에서 인종 분리의 사립학교를 제외하는 법을 제안하겠다"라고 말했다. 백악관의 한 관리는 "이 정책의 철회는 최악의 대민 관계(對民關係)를 드러낸 것이었으며 정치적 재난이었다"라는 점을 인정했고, 《뉴스위크》는 "레이건 행정부가 흑인에게 쌓아 놓은 신용은 이미 바닥이 드러났다"라고 보도했다.

《뉴스위크》가 보도했던 것처럼, 정책상의 대실수는 또 다른 파장을 몰고 왔는데 레이건 대통령이 자신의 행정부 정책에 대해 잘 모른다는 오래전부터 제기된 의심이 사실로 드러났기 때문이었다. 그의 전임자인 카터 대통령과의 비교를 피할 수 없었다. 카터 대통령은 세부적인 내용을 알고 있었지만, 국가를 어디로 끌고 가는지에 대해 분명하게 말할 수 없었다. 레이건 대통령은 미래에 대한 강력한 비전을 지니고 있었지만, 직무 첫해에는 구체적인 내용에 대해 잘 모른다는 것을 보여주었다. 대통령이 내각의 유일한 흑인 출신 장관인 주택도시개발 장관과 마주쳤을 때, 장관을 지방 관리와 혼동해 "안녕하세요, 시장님!"이라고 말해 배석자들을 깜짝 놀라게 했다. 라디오 방송 연설에서 대통령은 "학생대부금을 삭감하는 것이 아니라 사상 최고 수준으로 증액시킬 것이다"라고 말했는데, 이와 같은 대통령의 연설에 대해 민주당의 한 의원은 "정말 혼란스럽다"라고 말했고, 행정부의 한 관리는 곧바로 대통령의 계획을 부인했다. 베트남전쟁에 대해 질문을 받고 즉석에서 답변했던 기자회견에서 레이건은 네 가지의 역사적인 실수를 저질렀는데, 이 중 하나는 케네디 대통령이 "민간인 복장에 무기도 소지하지 않은" 군사고문단을 파견했다는 것이었다. 또 다른 기자회견에서 한 기자가 "우주항공회사와 노동조합 간의 소수민족의 훈련과 승진에 관한 차별철폐정책 합의서"에 대해 질문했다. 대통령은 "저는 어떤 잘못도 없다고 봅니다. 그것에 찬성합니다"라고 답변했다. 그러나 레이놀즈는 이미 차별철폐정책에 대한 행정부의 반대를 발표한 바 있었으며, 백악관의 한 관리가 곧바로 이 합의서는 법원에서 번복될 것이라는 성명서를 발표했다. 밥존스대학과 관련된 논란이 있고 몇 달 후 레이건은 "일부 기독학교들이 인종 분리를 한 것조차 몰랐다. 내가 알고 있어야 했음에도 알지 못했다"라고 시인했다. 결국 대통령의 참모들은 기자회견의 횟수를 제한했는데, 레이건 대통령 취임 1년 동안에 단 여섯 번을 했고 이는 사상 최저 기록이었다. 일부 기자들은 그에게 "테플론 대통령(Teflon president: 실언, 실책 따위를 유머 등으로 돌려서 심한 타격을 받지 않음에 비유－옮긴이)"이란 별명을 붙였다. 심지어 일련의 사실상의 실수는 지워지지 않았으며, 그의 인기를 떨어트리는 원인이 되었다. 레이건 대통령을 존경했던 전기작가 캐논(Cannon)은 "대통령의 최대 문제는 그가 대통령직을 수행하는 데 필요한 공공정책에 대해 충분히 알지 못했다는 점이다. 그리고 그는 심지어 얼마나 모르고 있는지조차도 알지 못했다"라고 말했다.[5]

그럼에도 불구하고 레이건과 법무부는 그들이 차별철폐정책을 반대했다는 것을 알았고, 1982년 일부 보수주의자들은 대통령이 언제 이 정책을 끝낼 것인가를 생각하고 있었다. 대통령은 연방정부에서 차별철폐정책을 폐지하거나 또는 서명만으로도 계약자들에게 요구하는 고용목표와 이행 시간표를 변경할 법률적 권한을 가졌다. 언론인 다니엘 셀리그만(Daniel Seligman)은 ≪포춘≫에서 "레이건 행정부는 반복해서 현행 차별철폐정책의 수립을 비판해 왔기 때문에 분명히 이 정책을 폐기할 것으로 본다"라고 썼다. 그러나 셀리그만은 행정부 관리와 기업인들과 면담하고 몇 주 후에 "차별철폐정책은 계속 추진될 것 같다. ……이 정책은 어떤 정책보다도 오래 지속될 수 있을 것이다"라는 결론을 내렸다. 그는 왜 이렇게 결론을 내리게 되었을까? 셀리그만은 "차별철폐정책이라 불리는 기관차는 많은 동력을 가지고 있으며, 솔직히 이 기관차의 속도를 감속하는 것보다는 우대조치를 공격하는 연설을 하는 것이 더 쉽다"라는 것을 알았다. 기업들은 행정부에 '혼란스러운 신호'를 보냈다. 이들은 서류 작업을 줄이는 것은 물론 EEOC의 권한도 대폭 완화시켰으면 하고 바랐지만, 차별철폐정책 그 자체는 바람직한 것으로 받아들이면서 이것을 통해 더 많은 여성과 소수민족을 고용하는 데 기여한다고 생각했다. 대부분의 기업계 대표들은 현재 상황을 지지했다. 특히 대기업과 대규모 계약자들은 확고하게 지지를 보냈다. 50대 주요 연방 계약자들에 대한 조사 결과를 보면, 단 한 사람의 계약자도 이 정책이 완화되어야 한다고 생각하지 않았다. 모든 계약자들은 할당제에 대해서는 반대를 했지만, 고용 목표와 이행 시간표가 할당제를 요구한다고 생각하지 않았다. 조사 결과에 따르면, "차별철폐정책의 개념은 기업의 인사관리 철학과 관행에 중요한 일부분이 되었다"라는 것이 밝혀졌다. 더욱이 기업들이 차별철폐정책 보고서류를 작성하는 것은 이들이 법률을 준수할 뿐 아니라 법정에 갈 필요가 없다는 것을 보여주는 기업의 관행이 되었다. 어떤 회사도 인종차별을 하거나 성차별을 하는 고용주로 알려지길 원치 않았다. 그런 이유로 셀리그만은 "기업계가 단호하게 고용 목표와 이행 시간표를 끝내라고 요구하는 것은 어렵다"라고 말했다.

레이건 혁명은 단호하게 말했지만, 대통령은 첫 임기 중 차별철폐정책의 폐지에 필요한 행정명령서에 서명하지 않았다. 노동부 장관 도노반이 제안한 규정은 효력이 없었다. 신연방 규정에 대한 통상 60일의 논평 기간은 몇 개월이 추가로 연장되었지만 실제로는 잊혀졌다. 공화당은 레이건 행정부가 투표권법에 대해 일부러 늑장을 피우고, 버스 통합에 반대하고, 인종 격리 사립학교에 대한 면세문제로 실수한 뒤로는 더 이상 성차별을 하거나 인종차별을 하는 정당으로 불려지길 원치 않았다. 소수민족 및 여성들과 소원(疏遠)하게 되는 것은 정치적 이익을 거의 주지 않았다.

행정부는 정면 공격을 하는 대신에 차별철폐정책과 기타 다른 인종 이슈에 대해 소규모의 전투를 벌였다. 법무부는 버지니아 주 노퍽(Norfolk)에서 시카고와 시애틀에 이르기까지 전국에 걸쳐 법원이 명령한 학교 통합을 방해하는 노력을 계속했으며, 행정부는 연방민권위원회(U.S. Commission on Civil Rights)를 공격했다. 1981년 11월 대통령은 차별철폐정책을 지지하는 위원장 아더 S. 플레밍(Arthur S. Flemming)이 교체될 것이라고 발표했다. 대통령이 위원장을 교체한 것은 1957년 연방민권위원회가 설립된 이후로 처음 있는 일이었다. 레이건은 아프리카계 미국인이면서 보수적 성향의 클라렌스 펜들턴 2세(Clarence Pendleton Jr.)를 지명했는데, 그는 할당제를 반대했다. 3개월 후 대통령은 위원회에 B. 샘 하트(B. Sam Hart) 목사를 지명할 것이라고 발표했다. 흑인 공화당원으로 기독교 복음주의자인 하트는 버스 통합과 할당제를 반대했고, "동성애가 민권 이슈라고 생각하지 않는다"라고 말했다. 레이건은 민권단체들의 결사적인 반대 때문에 하트를 공식 지명하기 이전에 취소했다.

대통령은 위원회 위원 중 행정부의 정책에 비판적인 인사로 알려진 메리 프란시스 베리(Mary Francis Berry), 블란디나 C. 라미레즈(Blandina C. Ramirez), 머레이 짤쯔만(Murray Saltzman)을 교체하기 위해 한 가톨릭 대학 법대 교수 로버트 데스트로(Robert Destro)와 1964년 「민권법」을 지지했지만 이제 버스 통합과 차별철폐정책을 반대하는 2명의 전 민주당원인 후버연구소의 보수적 인사 존 번젤(John Bunzel)과 브랜다이스대학의 전 총장 모리스 아브라함(Morris Abram)을 위원으로 임명하려 했다. 대통령이 그 자신의 정치적 견해를 반영하기 위해 위원회를 개편하려 한 것은 처음 있는 일이었으며, 많은 상원의원들이 위기감을 느끼고 직무태만을 제외하고는 위원의 해임을 금지하는 법안을 제안했다. 상원이 이 조치와 피임명인들을 고려하고 있을 때 레이건은 1983년 플레밍, 베리, 라미레즈, 짤쯔만 위원을 해임했는데, 진보 성향의 정치인과 200개에 달하는 단체들의 거센 저항을 받았다. 베리는 대통령을 상대로 소송을 제기했으며 행정부와 상원 간에 협상이 시작되었다. 실제적으로 타협이 이루어졌다. 위원회는 6명에서 8명으로 증원되었고 임기는 6년이었는데 4명은 대통령이 임명하고 나머지 4명은 의회가 임명하게 했다. 레이건은 펜들턴(Pendleton)을 의장으로 임명했고 의회는 베리(Berry)를 임명했다. 대통령이 임명권을 행사해 위원회의 근본을 흔든다고 비판가들이 비난했을 때, 레이건은 이런 주장을 '허풍'이라고 잘라 말했다. 곧바로 새로 구성된 위원회는 차별철폐정책에 대한 입장을 철회하고 행정부 편에 섰다. 위원회는 "잠정적인 할당제가 소수민족에 대한 평등권을 거부함으로써 새로운 희생자 계층을 양산한다는 결의안을 통과시켰다." 분노한 베리는 "위원회가 민권의 감시인이 아니라 행정부의 애완견이 되었다"라고 말했다.

소규모 전투는 계속되었다. 행정부는 EEOC와 OFCCP의 예산을 삭감해 직원들을 각각 12%와 34% 감축했는데, 예산 삭감이 원인이 되어 1981년과 1983년 사이에는 체불임금 재정액이 3분의 2로 줄어들었다. 법적 강제성도 계속 떨어졌다. 카터 행정부 마지막 해 OFCCP는 50개 이상의 기업에 대해 소송을 제기했고 5개 기업에 대해 연방 계약을 금지시켰다. 그러나 레이건 행정부에서 OFCCP는 1982년 단지 5건을 제소했고 1986년까지 단 1건의 계약도 금지시키지 않았다. 레이건의 통치 8년 동안 단 2건의 계약에 대해 연방 계약을 금지시켰는데, 이 숫자는 카터 행정부 4년 동안 13건과 전임 행정부의 총 26건과도 비교되었다. EEOC 위원장 토머스는 고용 목표와 이행 시간표를 반대하면서 "1960년대 말 이후 차별 여부를 결정하는 기준이 되어 온 '통계적 평가(statistical measures)'를 사용하는 것에 대해 '심각한 우려'를 표명했다." EEOC는 더 이상 전 산업 분야 또는 기업에서 편견의 형태를 규명하거나 집단소송을 제기하지 않았다. 그 대신 EEOC는 개별적인 차별 사건에 집중했는데, 이들 소송들은 10년 동안 늘어났지만 증명하는 것은 훨씬 더 어려웠다.[6)]

반면, 법무부는 계속해서 차별철폐정책을 폐지하기 위한 시소사건을 찾고 있었다. 이 중 많은 것은 디트로이트, 뉴욕, 세인트루이스, 시애틀과 같은 도시의 경찰서와 소방서에서 차별을 끝낼 목적으로 여러 해에 걸쳐 시행되어 온 동의 명령(同意命令, consent decree)과 관련되었다. 이들 도시에서는 흑인들이 인구에 비례대표될 때까지 흑인과 백인 간부의 승진을 잠정적으로 50 : 50 비율로 하기로 합의했다. 뉴올리언스 시도 그런 계획을 수립했다. 1970년 뉴올리언스 인구 중 45%가 아프리카계 미국인이었는데 「민권법」이 통과되고 6년이 지났지만, 여전히 흑인의 단 6%만이 경찰이었고 그것도 흑인 거주지를 순찰하는 것으로 역할이 제한되었으며, 죄수들과 함께 격리된 화장실을 사용했다. 1973년 흑인 경찰들이 제소해 1981년 시와 흑인들은 법원이 명령한 동의 명령에 동의했으며, 시 인구의 2분의 1 이상이 아프리카계 미국인이 되는 1982년 시행하기로 했다. 여전히 283명의 경찰 중 단 7명의 흑인 경찰 간부가 있었다. 뉴올리언스 시가 수립한 계획 이전에는 단지 20명의 흑인 경찰만이 최하위 계급보다 높은 계급으로 승진되었다. 이 합의서는 흑인 경사(sergeant)와 경위(lieutenant)의 숫자를 증원(增員)하는 데 목적이 있었지만, 여성이나 히스패닉 경관의 숫자를 늘리는 것은 아니었다. EEOC

토머스 위원장은 뉴올리언스의 계획을 승인했지만, 법무부 차관보 레이 놀즈는 불허했다. 결국 토머스는 법무부의 압력으로 승인 계획을 포기했으며, 1983년 1월 법무부는 연방법원에 이 계획을 폐지하도록 요구했다. ≪워싱턴포스트≫는 "이런 행동은 레이건 행정부가 차별철폐정책 프로그램에 대해 취했던 것 중 가장 강력한 것이었다. 연방정부가 직무 차별을 줄일 목적으로 법원이 승인한 고용할당제에 대해 공식적으로 도전했던 첫 번째 행동으로 기록되었다"라고 보도했다. 행정부는 "이 계획이 정당한 승진 우선권도 없는 흑인 경관을 위해 죄 없는 비흑인 경찰관들에게 이들의 합법적인 승진 기대를 포기하도록 요구했다"라고 주장했다. 뉴올리언스 시 검사장(city attorney)은 "정부의 행동을 믿을 수 없으며, 차별을 끝내려는 행정부의 노력에 대해 심각한 의문을 불러일으키게 했다"라고 말하면서 "법무부는 이 사건에 관여할 논리적인 근거도 법적인 근거도 없다"라고 덧붙였다.

　뉴올리언스 사건이 법원에 접수되었을 때 행정부는 차별철폐정책과 관련된 다른 사건들에도 관여했는데, 이런 일들은 경제 침체가 계속되고 실업률이 올라갔기 때문에 일어난 일이었다. ≪유에스 뉴스(U.S. News)≫는 "'나중에 고용된 자가 먼저 해고된다(last hired, first fired)'라는 원칙은 요즘처럼 고용주들이 해고를 할당하기 위해 고민할 때는 신성한 것이 못 된다"라고 보도했다. 시는 최근 차별철폐정책 프로그램을 통해 채용된 많은 소수민족과 여성들을 해고해야 하는가? 아니면 연공서열이 높은 백인들을 해고하면서 소수민족과 여성들을 보호할 것인가? '인종 대 선임제'에 대한 논쟁은 전국에서 봇물 터지듯 일어났다. 멤피스의 관리들은 법원에 흑인 소방관 중 60%의 해고 계획을 승인해 줄 것을 요구했고, 신시내티의 한 판사는 여성과 흑인 경찰관들은 법원이 승인한 동의 명령에 따라 고용되었다는 이유로 이들 중 25%를 해고하려는 계획을 번복시켰고, 보스턴에서 경찰과 소방관들은 소수민족을 우대한

'우대해고(preferential layoffs)'에 대해 분노했다. 한 노조 지도자는 "선임 백인 소방관들이 해고되어 집을 잃고 이혼당하고 경제적으로도 파탄 났다"라는 불만을 제기했는데도 보스턴의 항소법원 배심원들이 "이제 선임제에 마법 같은 것은 없다"라는 견해를 밝힌 데 대해 몹시 당황해 했다.

≪뉴스위크≫는 "이 이슈가 우리들을 고통스럽게 만드는 것은 두 가지의 소중한 목적, 즉 '선임 노동자의 보호' 대 '과거 차별을 교정할 필요성'이 서로를 함정에 빠트리는 것 때문이다"라고 보도했다. 행정부 는 선임제를 선호했다. 법무부의 레이놀즈는 "잘못이 없는 사람이 단지 다른 인종 때문에 거절의 고통을 당해서는 안 된다"라고 말했다. 그는 강한 어조의 단어를 사용해 "차별철폐정책은 도덕적으로 잘못되었다" 라고 밝혔다.

· ○ ·

통상적인 방식대로 잠정적 할당제와 선임제에 대한 논쟁은 1984년의 브라튼 대 디트로이트 시(Bratton. v. City of Detroit) 사건과 소방노조 대 스톳스(Firefighters Local Union #1784 v. Stotts) 사건에서 연방법원에 의해 해결되었다.

미시간 주 디트로이트 시의 경찰 인원은 루이지애나 주 뉴올리언스 시의 경찰 인원과 비슷했는데, 백인 경찰의 점유율이 80% 이상을 차지 했다. 1973년 시 인구의 다수를 차지하는 흑인들은 콜만 영(Colman Young)을 시장으로 선출했고, 그 이후 경찰 인력의 분포가 바뀌기 시작 했다. 1년 후 디트로이트 시는 잠정적 할당제를 위주로 하는 차별철폐정 책을 수립해 더 많은 아프리카계 미국인을 고용하고 백인 1명당 흑인 1명을 승진시키기로 했다. 흑인이 시 인구의 3분의 2를 차지한 1983년의 경우 경찰 인원에서 흑인이 차지하는 비율은 3분의 1로 늘었고, 경위 계급은 5%에서 30%를 차지하게 되었으며, 경찰 폭력에 대한 민원도 75%가 줄어들었다. 한손 브라튼(Hanson Bratton)과 다른 4명의 백인 경사들은 시의 계획에 대해 제소했는데, 레이건 행정부는 이 정책이 수정헌법 제14조의 평등보호조항을 위반했기 때문에 위헌이라고 주장하면서 이들의 소송을 지지했다. 연방항소법원은 1979년 웨버(Weber) 판례에 근거해 행정부의 주장에 동의하지 않았으며, "과거의 차별을 극복하기 위한 자발적이고 잠정적인 할당제는 웨버 사건에서의 민간 기업이든 디트로이트 시가 되었든 합헌이다"라고 판결했다. 판사는 "본 정책의 목적은 흑인을 돕기 위한 것이며, 백인을 배제하려는 것이 아니다. 백인 역시 승진할 수 있기 때문에 이 정책이 불필요하게 백인을 구속하는 것은 아니다"라고 기술했다. 연방대법원도 만장일치로 사건의 심리를 거부하고 연방항소법원의 결정이 유효함을 확인했다.

영 시장은 "아마도 지금쯤 레이건 행정부는 헌법을 새롭게 바라보고, 모든 미국 시민들에게 기본적인 헌법적 권리를 보장하는 이 나라가 최근에 이루었던 발전을 파괴할 시도를 멈추게 될 것이다"라고 말했다. 레이놀즈(Reynolds)는 동의하지 않았는데, "궁극적으로 연방대법원이 이 문제를 해결하게 될 것이다"라고 말했다.

연방대법원은 6개월 후 스톳스(Stotts) 사건에 대해 판결했다. 이슈는 1977년의 팀스터스(Teamsters) 사건에서처럼 인종 대 선임제였는데, 이 번에는 테네시 주 멤피스 시 — 인구의 40%가 아프리카계 미국인이었지만 소방서에는 단 10%의 흑인만이 근무했던 — 의 소방관과 관련되었다. 1980년 연방법원은 평등고용을 실현하기 위한 차별철폐정책 계획을 승인했는데, 계획의 골자는 전체 소수민족 소방관의 비율이 시에서 차지하는 소수민족 인구 비율에 도달할 때까지 자격을 갖춘 소수민족이 공석(空席)의 50%를 채운다는 것과 상위 직위로의 승진에서 20%를 할당받는다는 것이었다. 시는 더 많은 흑인들을 고용했다. 1년 후에 경기 침체로 예산 삭감이 이루어졌으며, 흑인 소방관이면서 노조 지도자인 칼 스톳스(Carl Stotts)는 법원에 "해고 방식이 전체 소방관 수에서 흑인 비례로 줄이는 선임제가 아니라 인종별로 이루어져야 한다"라는 것을 확인해 줄 것을 요구했다. 연방법원은 그의 주장에 동의하고, 인종별로 다양성을 유지하기 위해 선임 백인 소방관을 해고하도록 소방서에 명령했다. 3명의 백인들이 소송을 제기해 1984년 6월 사건이 연방대법원에 접수되었다. 이 이슈는 매우 폭발성이 강해 24개 단체가 법정조언서(amicus brief)를 제출할 정도였다. 연방대법원은 6 : 3의 판결로 백인 소방관의 승소 판결을 내렸는데, "시의 선임제는 선의의 프로그램(bona fide program)으로 어느 누구를 차별하려는 의도가 아니라「민권법」제7편에 따라 보호하려는 의도로 수립되었다"라고 했다. 대부분의 대법관들은 비평을 자제했지만, 다수 의견을 작성한 바이론 화이트(Byron White) 대법관은 새로운 주제를 끄집어냈다. "의회는 실제적으로 불법적인 차별로 희생된 사람에게만 구조를 제공하려고 한다. ……각 개인은 차별적 관행이 자신에게 영향을 주었다는 것을 증명해야 했다."[7]

스톳스 판결은 선임제에 대한 또 다른 승리였지만, 화이트 판사의 비평 때문에 레이건 행정부는 이 사건에 대해 매우 광범위한 해석을 하게 되었다. 법무부 송무실장(Solicitor General: 법무부 내 서열 3위이며 검찰실장으로도 번역됨. 주요 임무는 미국 정부를 대리해 대법원에 출두, 변론함으로써 미합중국이 승소하도록 하는 것임 – 옮긴이)은 연방대법원의 판결을 "역사상 가장 위대한 판결 중 하나이며……슬램덩크처럼 강렬하고 극적이었다"라고 환호했고, 법무부 장관은 "이제부터 연방법원은 고용에서 인종적 고려에 기초한 할당제를 시행할 수 없다"라고 말했다. 화이트 대법관은 1960년대 '구조적 인종차별주의(institutional racism)'와 1970년대 '불평등 효과 이론(disparate impact theory)'을 철회하는 것처럼 보였다. 그는 차별에 대한 구제는 특정 개인에 국한되어야 하는 것이지 모든 소수민족과 여성 같은 전체 집단을 적용되는 것은 아니라는 정부의 주장을 지지했다. 법무부 민권 담당 차관보 레이놀즈는 "나는 얼마 전 민권이 교차로에 서 있으며, 우리가 인종을 의식한 구제의 길로 가야 하거나……아니면 인종중립적인 순탄한 길로 가야 할 것이라고 말했다. 이제 연방대법원은 우리들을 교차로에서 벗어나 그동안 우리들이 촉구했던 길로 갈 수 있게 했다"라고 말했다. 그는 즉시 모든 연방 기관이 새로운 차별철폐정책을 협의할 때, 수치적 고용할당제가 포함되지 않도록 하라고 권장했다. 2개월 후 법무부와 연방무역위원회는 EEOC에 "1960년대 이후 모든 행정부가 요구해 왔던 차별철폐정책보고서를 작성하지 않을 것이다"라고 통보했다.

법무부 민권 담당 차관보 레이놀즈는 스콧스 판결을 과장해 확대해석 했다. 스콧스 판결은 모든 차별철폐정책과 관련된 것이 아니라 단지 선임제(seniority)와 관련된 협의적인 판결이었으며, 이제까지 연방대법원은 차별하지 않은 선임제를 지지하는 판결을 해왔다. 더욱이 스콧스 사건은 인종 대 선임제와 관련된 마지막 사건 중 하나였는데, 1980년대 중반 흑인들은 그들 자신이 부서 내에서 선임이 될 정도로 장기 근무자가 되었기 때문이었다. 아프리카계 미국인 칼럼니스트 라스프베리 (Raspberry)는 "이 판결에서 실제 문제가 되는 것은 판결의 내용이 아니라, 레이놀즈의 생각에 문제가 있는 것이다. 레이놀즈는 연방대법원이 그에게 판결 내용을 잘못 읽었다고 말해주기 전에 엄청난 손해를 끼칠 자리에 있다"라고 썼다. 그리고 화이트 대법관의 견해는 차별철폐정책이 도전받을 수 있는 문을 열어 주었다. 한 변호사는 "한 가지는 확실하다. 우리는 차별철폐정책 계획에 대한 수많은 끔찍한 소송들을 보게 될 것이다. ……모든 것이 백지(白紙)가 될 것이다. ……수없이 많은 격렬한 전투가 전개될 것이다"라고 말했다.

1984년의 남은 시간에 가장 격렬한 전투는 선임제나 또는 고용에 관한 전투가 아니라 다가오는 대통령 선거였다. 지난 1년 동안 경제는 나아졌고 마침내 감세(減稅)와 연방 지출 증가에 대한 성과가 나타나기 시작했는데, 사람들은 일자리로 다시 돌아가고 대통령의 인기는 회복되었다. 더욱이 올림픽이 개최되는 해였지만 1980년과 달리 미국은 보이콧을 하지 않고 LA에 올림픽 게임을 유치했다. 5월 대통령은 백악관에서 올림픽 성화봉송주자(torchbearer)를 환영했다. 7월 대통령은 "우리 젊은이들이 미국의 위대함을 드높이기 위해 달리고 있습니다. 미국의 이상은 승리하는 데에 있는 것만은 아닙니다. 그것은 여러분이 갈 수 있는 한 멀리 가는 것입니다"라고 말하면서 올림픽 게임과 선거를 함께 묶어 연설했다.

민주당은 가야 할 먼 길이 있었는데 그들의 선거 캠페인은 뜻밖에 새로운 전개 양상을 보였다. 제시 잭슨 목사가 대통령 후보자 지명전에 출마한 첫 번째 아프리카계 미국인이 되었다. 애틀랜타, 버밍햄, 시카고, 클리블랜드, 디트로이트, 로스앤젤레스, 뉴욕, 뉴올리언스와 같은 많은 도시에서 아프리카계 미국인들이 시장으로 선출되는 것에 용기를 얻은 43세의 이 민권운동가는 1983년 대통령 입후보를 발표하고 모든 인종과 피부색으로 구성된 '무지개연합(Rainbow Coalition)'을 조직해 대통령 후보 지명전에서 승리하겠다는 구상을 발표했다. 그는 "자유의 기차가 오고 있다"라고 외치면서 청중들에게 투표자 등록을 하라고 촉구했다. "제시를 당선시키자!" 그러나 잭슨 목사는 문제를 안고 있었다. 그는 팔레스타인해방기구(PLO)의 야시르 아라파트(Yasir Arafat) 의장과 만남으로써 유대인들과 소원(疏遠)한 관계가 되었고, 유대교를 "하층계급의 종교(gutter religion)"라고 부른 흑인 회교도 루이스 파라칸(Louis Farrakhan)과 관계를 끊지 않았으며, 뉴욕 시를 "유대인 타운(Hymie Town)"이라고 불러 많은 사람들에게 모욕을 준 것이다. 그러나 잭슨의 가장 중요한 문제는 선두 주자인 전 부통령 월터 프레드릭 먼데일(Walter Frederick Mondale)이었다. 먼데일은 잭슨 못지않은 흑인 대표단의 지지를 받아 쉽게 대통령 후보 지명을 얻었다. 그런 다음 먼데일은 뉴욕 주 여성 의원 제랄딘 페라로(Geraldine Ferarro)를 첫 여성 부통령 후보로 지명함으로써 전국을 깜짝 놀라게 했다.

공화당의 캠페인은 낙천주의와 이미지로 기선을 제압해 나갔다. "프리츠(Fritz: Frederick의 애칭)" 먼데일은 로널드 레이건을 한 번도 앞서보지 못했다. 민주당은 텔레비전 선거전에서도 승산이 없어 보였다. 먼데일은 "나는 결코 텔레비전에 어울리지 않는다. 텔레비전에 대해 공평하게 말한다면 그것은 정말 나를 반겨주지 않았다"라고 말했다. 먼데일은 감리교 목사의 아들로 미네소타 주의 작은 타운에서 성장했는데, 사람들은 그가 선거 유세에서 보여준 뻣뻣함을 보고 한때 그를 "노르웨이 숲(Norwegian Wood)"이란 애칭으로 불렀다. 그는 정직했고 경제적 파국을 피하려면 세금을 올려야 한다고 말했지만, 그가 천정부지의 지출, 불공평한 감세, 치솟는 국방비 지출, 환경 재앙에 대해 반대하는 연설을 할 때 유권자들은 그를 불평하는 염세주의자로 생각했다. 먼데일과 비교하면 레이건은 낙천적이었다. 레이건은 텔레비전 카메라 앞에서 환하게 웃으면서 "우리는 매일 매일이 7월 4일 독립기념일인 미국을 보고 있습니다"라고 말했다. 텔레비전 광고에서 아나운서가 "미국이 돌아오고 있습니다!"라고 알릴 때 대통령은 미국 올림픽 우승자를 껴안고 있었다. 공화당은 신중하게 포커스 그룹에게 시험했고 유권자를 현혹시킬 만한 구호인 "희망과 성실의 승리", "새로운 애국심의 축하"라는 표어로 모든 항로를 도배하다시피 했다. 그러면서 대통령은 민주당이 사람들을 집단으로만 보는 정당이라고 불렀다. 이 선거 전략은 유효했다. 선거의 쟁점은 '집단' 대 '하나님 아래 하나의 국가'로 집약되었다. 한 은퇴한 양조업자는 "레이건은 공화당원처럼 보이지 않는다. 그는 우리가 정말로 필요로 하는 미국인 그 이상이다"라고 말했다. 먼데일은 미국과 불화를 일으켰다.

레이건은 먼데일을 압도했는데 미네소타 주를 제외한 모든 주를 석권했고 전체 투표자의 59%를 득표했다. 대통령은 다수의 블루칼라(생산직 노동자)와 여성을 포함해 백인 투표자의 63%를 얻었다. 그러나 이번 선거에서 레이건은 공화당 의원들을 대거 당선시키지 못했다. 1982년 이후 하원을 장악했던 민주당은 하원에서 다수당을 유지했던 반면, 공화당은 상원에서 근소한 우세를 지켰다(하원의 경우, 민주당 252석, 공화당 183석, 상원의 경우, 민주당 47석, 공화당 53석을 차지함 - 옮긴이). 선거 결과에 따른 의석 분포를 보면 공화당은 의회에서 고전할 것으로 전망되었다. 먼데일은 라틴계 표의 다수, 유대계 표의 3분의 2, 흑인 표의 90% 이상을 얻었다. 흑인 표를 얻기 위한 노력의 일환으로 1983년 초여름 행정부는 민권정책을 정당화하기 위해 부시 부통령을 NAACP 대표자 회의에 보내 아프리카계 미국인들에게 호소했지만 투표 결과를 보면 뜻대로 되지 않았다. 1981년 레이건의 등장과는 다르게 이번에 청중들은 부시에게 야유를 퍼부었다. ≪타임≫은 "만약 레이건이 흑인의 적대감을 진지하게 해소하려고 한다면 그가 가야 할 길은 멀다"라고 보도했다.[8]

레이건 행정부는 제2기 취임식을 마치고 몇 주 후 차별철폐정책에 대한 반격을 재개했다. ≪타임≫은 "차별철폐정책에 대한 공격"이라고 보도했다. 대통령은 신임 법무장관에 에드윈 미즈 3세(Edwin Meese Ⅲ)를 임명했는데, 행정부가 그를 임명한 것은 다시 차별철폐정책을 개선하거나 폐지하겠다는 명백한 신호였다. 연방민권위원회의 위원장 펜들턴 2세(Clarence Pendleton Jr.)와 부위원장 모리스 아브라함(Morris Abram)은 차별철폐정책을 "분열적이고 인기도 없으며 비도덕적"이라고 부르면서 1985년 3월 청문회를 요구했다. 모든 민권단체는 위원회가 이미 방향을 결정했기 때문에 참석을 거부했다. 펜들턴은 청문회에서 "소수 민족에 대한 우대조치는 신인종차별주의이다"라고 말했다. 아프리카계 미국인으로 하원의원인 파렌 미첼(Parren Mitchell)은 펜들턴의 말에 매우 불쾌하다고 말하면서 "청문회는 대답을 들을 가치도 존중 받을 가치도 없다"라고 말했다. 그는 화가 나 회의장을 뛰쳐나오면서 청문회는 "웃기는 짓이고 무의미하다"라고 주장했다.

그러나 공격의 전선을 확대했던 행정부에게는 진지했고 의미가 컸다. 레이놀즈는 "차별철폐정책은 사람들이 무엇을 할 수 있기 때문이 아니라 그들의 인종 때문에 경쟁 우위에 있다고 말하기 때문에 비열한 것이다. 인종할당제의 시대는 이제 종착점에 도착했다"라고 말했다. 미즈 법무장관은 3월 첫 기자회견을 열어 버스 통합(busing)을 공격했다. 그는 "기업이 유자격의 여성과 소수민족을 채용하도록 했지만 할당제는 부적절하고 불법이다"라고 선언했다. EEOC의 위원장 토머스는 "EEOC는 직무차별을 확인하는 방법으로서 여성을 위한 '남녀 동일 임금원칙(comparable worth)' 개념을 지지하지 않을 것이다"라고 발표했다. 법무부는 53개 도시와 각 주에 편지를 보내, 그들이 스톳스(Stotts) 판결에 대한 행정부의 해석을 받아들이고 차별철폐정책 프로그램을 수정하거나 끝낼 것을 요구했다.

6월 15일 대통령은 주중 라디오 연설에서 민권에 대한 가장 포괄적인 연설을 했다.

오늘날 '평등(平等)'이란 이름으로 우리들에게 차별을 용납하도록 하는 사람들이 있습니다. 이들은 우리의 「민권법」을 자신들의 취향에 맞게 해석하고, 정확히 자신들이 말하는 것의 반대를 의미한다고 주장합니다. 이들은 사람들이 인종이나 성별 때문에 특정의 일자리를 얻거나 잃으며 또는 승진을 하거나 하지 못하게 되는 고용할당제를 통해 일부 집단을 우대하는 차별을 정부가 강제적으로 시행해야 한다고 말합니다. 일부 사람들은 솔직하게 우리의 「민권법」은 오로지 특별 집단에게만 적용해야 하고 모든 미국인을 보호할 의도가 없다고 주장합니다.

그런 다음 대통령은 의회가 1964년 민권법안에 대해 갑론을박하고 있을 때 허버트 험프리(Hurbert Humphrey) 상원의원이 "만약 「민권법」안 조항에 고용주가 비율 또는 할당제에 기초해 고용인을 채용하게 하는 어떤 단어를 포함한다면, 제가 그 법안의 페이지를 먹어치울 것입니다"라고 말했던 것을 시민들에게 상기시켰다. ……저는 "만약 험프리 의원이 오늘날 일부 사람들이 이 법을 어떻게 해석하는가를 안다면, 그는 심각한 소화불량에 걸렸을 것"이라고 생각합니다.

대통령은 일찍이 마틴 루터 킹 목사가 사용한 연설을 인용하면서 연설을 마쳤다.

> 20년 전 마틴 루터 킹 목사는 차별과 편견이 없는 사회, 다시 말해 사람들이 피부색이 아니라 인격으로 판단되는 사회를 꿈꾸었습니다. 이것은 우리 행정부가 전심전력해 경주해 나갈 비전입니다.

이 비전은 우대를 금지하는 인종차별이 없는 사회였는데, 행정부가 미즈 법무부 장관이 대통령을 위해 준비한 행정명령의 초안을 언론에 흘렸던 8월에 다시 밝혀졌다. 명령서 초안은 차별을 결정하는 "모든 통계적 평가(any statistical measures)"의 사용을 금지하는 것이었다. 이전의 통계적 평가는 편견을 증명하는 것이 거의 불가능했음에도 불구하고 법률의 준수 여부를 측정하는 유일하게 효과적인 방법이었기 때문에, 연방대법원은 통계적 증명 방식을 지지했다. 행정명령은 또한 노동부 장관에게 1965년 존슨 대통령의 행정명령으로 공포된 모든 규정과 가이드라인—정부 발주 계약자에게 법률적 토대를 요구 또는 제공하기 위해 "수치적 할당제, 고용 목표 또는 목적, 비율" 등의 사용을 허용한—을 즉시 무효화하는 권한을 갖도록 했다. 이렇게 함으로써 차별철폐정책을 자발적인 정책으로 만들려고 했다. 최종적으로 명령서에는 "계약자는 고용 시 인종, 피부색, 종교, 성별, 국적에 기초해 어떤 개인이나 집단을 차별하거나 어떤 우대를 제공해서는 안 된다"라는 점을 명시했다.

잭슨 목사는 "이것은 역사를 바꾸려는 시도이며 미국판 인종차별정책(apartheid)이다"라고 말했지만, 차별철폐정책 비판가들은 그의 주장에 동의하지 않았다. 나단 글레이저(Nathan Glazer) 교수는 "이 제안은 옳은 방향으로 한걸음 나아가는 것이며 대단한 용기를 보여주었다"라고 말했다. 누구 말이 더 맞는지 모르지만, 어쨌든 ≪포춘≫의 기자들 대부분은 직감적으로 레이건의 제안을 "시험 발사용 로켓이거나 여론 관측용(a rocket or a trial balloon)"이라고 명명했다.9)

사실 행정명령 초안은 공화당이 장악한 인디애나폴리스 시에서 흘러나왔는데 여론 관측용에 불과했다. 인디애나 주도(州都) 인디애나폴리스는 카터 행정부 당시 더 많은 소수민족과 여성을 경찰서와 소방서에서 고용하기 위한 차별철폐정책 프로그램을 수립하는 계획에 동의했다. 따라서 유자격의 신청자가 있다면 미래의 모든 경찰훈련생은 25%의 흑인과 20%의 여성으로 채워질 것이다. 이런 정책 때문에 1985년 경찰서와 소방서에서 차지하는 아프리카계 미국인 간부의 비율은 6%에서 14%로 증가했다. 법무부는 인디애나폴리스에 이 정책을 끝내라고 요구했지만 백인 공화당원인 윌리엄 허드너트(William Hudnut) 시장은 거부했다. '보수 이데올로기' 대 '중서부 실용주의'의 대결이었다. 허드너트는 "차별철폐정책을 통한 고용 목표를 시행함으로써 많은 진전을 이루었고, 대다수의 백인들은 우리들이 소수민족과 여성들을 위해 특별한 노력을 하고 있다는 사실을 받아들였다. 나는 법무부가 우리들에게 프로그램을 해체하도록 요구하는 것은 큰 실수라고 생각한다"라고 말했다.

동의 판결(同意判決, consent decree)과 잠정적 지방할당제를 해체하려는 레이건 행정부의 노력은 캘리포니아 주뿐만 아니라 인디애나 주와 뉴욕 주의 여러 도시에서도 갈등을 겪었다. ≪유에스뉴스≫는 "그 많은 고통을 겪은 후 수립된 차별반대 계획을 다시 열어젖힘으로써 새로운 분란을 일으키는 것이 옳은 일인가?"라고 물었다. 대부분의 도시의 관리들은 그렇게 생각하지 않았다. 오마하의 경찰서장은 "왜 진흙물을 다시 휘젓는가?"라고 대답했고, 밀워키와 신시내티의 경찰서장은 "우리 도시에서 계획은 잘 진행되고 있으며 앞으로도 계속될 것이다"라고 말했다. 로스앤젤레스 부시장은 더 솔직하게 "우리는 한 발짝도 뒤로 물러나지 않을 것이다"라고 말했다. 여타 도시들도 마찬가지 입장이었다. 행정부가 차별철폐정책을 금지하도록 명령했던 53개 도시에 대한 조사 결과에 따르면, "대부분은 과거의 상처를 다시 열어젖히는 것을 바라지 않기 때문에 정책의 변경을 원치 않는다는 버지니아 주 노펵 시 검사장(city attorney)의 견해에 동의했다."

행정부에 반발했던 많은 의원들이나 민권단체들도 마찬가지로 정책 변화에 동의하지 않았다. 대통령이 법무부 차관보 윌리암 B. 레이놀즈(William B. Reynolds)를 법무부 내 서열 3위인 송무실장으로 승진시키려고 했을 때, 상원 중도파와 진보주의 진영에서는 그의 승진을 허용하지 않았으며, 다른 의원들은 대통령에게 새로운 행정명령에 서명했을 때 일어날 수 있는 결과에 대해 경고했다. 민권리더십회의(Leadership Conference on Civil Rights) 의장 랄프 G. 니아(Ralph G. Neas)는 흑인 정치인과 공화당 소속 의원들이 보낸 많은 편지를 동봉해 백악관에 보내면서 호소했다. 그는 "특히 공화당과 민주당의 압도적인 의견 일치를 고려할 때 또 다른 밥존스대학 유형의 대폭발 — 단지 며칠이나 몇 주가 아니라 수개월에 걸쳐 지속될 — 을 일으키는 것은 무의미한 것으로 보인다"라는 편지를 썼다.

그럼에도 불구하고 행정부는 가을에 전투를 계속했다. 레이놀즈는 배려조항에 반대했는데, 그는 "혜택을 본 기업들은 소수민족 기업의 자격으로 입찰하고⋯⋯우대조치를 받기 위해 흑인들을 그들의 기업구조 안에 신중하게 배치했던 — 간혹 잠정적으로 — 기업들이다"라고 말했다. 미즈 법무장관은 "개인적으로 차별철폐정책에 절대적으로 헌신해왔다"라는 말을 해 많은 사람들을 놀라게 했는데, 나중에 그는 딕킨슨 칼리지(Dickinson College)의 교수와 학생들에게 "인종 우대는 '격리 평등 원칙(separate but equal doctrine)'의 신판(新版)이다. 지지자들은 이 역차별을 관대하다고 말한다. 그것은 자애로운 일이다. 그러나 초기 미국인들도 노예제는 노예뿐 아니라 사회에도 유익하다고 전해 들었다. 이들이 주장했던 것은 당연했다. 이것도 자비의 일종이었다"라고 말했다.

노예제 지지자와 차별철폐정책 지지자를 비교한 것은 즉각 공격의 표적이 되었다. NAACP의 벤자민 훅스(Benjamin Hooks)는 "주무부서 장관이 그런 말을 했다는 것이 믿어지지 않으며, 이것은 완전히 사기극이다"라고 말했고, 랄프 니이는 훨씬 더 신랄한 비판을 했다. "장관의 발언은 부정확한 오웰풍(Orwellian: 선전 활동을 위한 사실의 조작과 왜곡)이다. 통상 미즈 씨는 역사와 사실 그리고 법을 무시한다."

그러나 대통령은 단호한 말을 하면서도 정부와 연방발주 계약에서 차별철폐정책 프로그램을 끝내기 위한 행정명령에 서명하지 않았다. 《포춘》은 "이 행정부의 역사는 아주 크게 짖지만 절대 물지는 않는다"라고 보도했다.

왜 그랬을까? 많은 도시와 대부분의 기업계는 차별철폐정책을 유지하려 했다. 상공회의소와 일부 노조는 차별철폐정책을 지지하지 않았지만, 많은 기업의 대표와 전국제조업자협회(National Association of Manu-facturers)는 승인했다. 머크(Merck: 의약품 및 화학 제품 회사)의 CEO는

"정부가 무엇을 하든 우리는 고용 목표와 이행 시간표를 계속 시행할 것이다. 이것은 우리의 문화이고 기업 경영 절차의 일부분이다"라고 말했다. 120개 이상의 대기업 CEO를 상대로 한 설문조사를 보면 95% 이상은 차별철폐정책에 찬성했다. 이들은 정부의 요구와는 관계없이 여성과 소수민족의 고용진척도를 파악하기 위해 계속해서 수치적 목표를 사용할 것이라고 했다. 또한 기업인들은 연방정부가 차별철폐정책을 끝낸다면 각 주는 어떻게 할 것인가에 대해 우려했다. 몬산토(Monsanto: 유기농 제품과 곡식 종자 등 생산, 판매 회사)의 기회평등책임자는 "어떤 회사도 50개 주가 50개의 다른 법을 제정해 50개의 다른 지역에서 법률 준수 절차를 밟아야 하는 그런 상황에 직면하기를 원치 않는다"라고 말했다. 1981년과 마찬가지로 기업들은 다양한 종업원 구성이 연구, 개발, 고객 관계에 자극이 된다는 것을 알았으며, 이들은 소송으로 비싼 값을 치를 수 있는 차별적인 고용주라는 말을 듣길 원치 않았다. 더욱이 기업의 한 고문변호사가 말했던 것처럼, 차기 행정부는 레이건 행정부의 방침을 거부할지 모르는데 그렇게 되면 기업만 희생 양이 되어 엄청난 체불임금을 부담해야 할 지경이었다.[10]

또한 정치적 이유도 있었다. 대부분의 의원들은 차별철폐정책의 어떤 변화도 반대했다. 실제 역사상 유례가 없을 정도로 많은 약 200명의 하원의원과 70명의 상원의원이 반대했는데, 이 중에는 상원 다수당의 원내총무 밥 돌(Bob Dole) 의원과 하원 소수당의 원내총무 밥 미첼(Bob Michel) 의원도 포함되었다. 미첼 원내총무는 "이 정책이 한 번 변화되고 나면 나중에 어떻게 해볼 수가 없다"라고 말했다. 또한 만약 레이건이 새로운 행정명령을 공포한다면, 의회는 차별철폐정책을 명령하는 법률을 제정할 것이란 위협도 했다. 의회가 차별철폐정책과 관련된 법률을 제정하는 것은 인종문제로 대통령과 원치 않은 선명성을 놓고 대치를 해야 하고, 만약 의회에서 법안이 통과된다면 대통령이 법안의 거부권을 행사할 것인가 또는 서명할 것인가를 선택해야 하는 기로에 서게 되어 대통령에게 어떤 도움도 안 되는 상황이 벌어지게 되었다. 어떤 쪽이든 간에 이것은 공화당을 분열시킬 것이다. 사실 제2기 레이건 행정부는 공개적으로 이 정책을 개정하려는 것 때문에 분열되었다. 법무부가 행정 명령의 공포를 강하게 밀어붙이고 있지만, 비서실장 도널드 리건(Donald Regan)과 신임 노동부 장관 윌리암 브로크(William Brock)는 새로운 행정 명령을 지지하지 않았다. 실제 7개 부처 장관이 차별철폐정책에 대한 어떤 개정도 반대했는데, 교통부 장관 엘리자베스 돌(Elizabeth Dole)과 16년 전 고용 목표와 이행 시간표를 시행했던 당사자이면서 국무장관인 조지 슐츠(George Schultz)도 포함되었다. 브로크 장관은 여름 NAACP 대표자 회의에 참석해 "엄격한 할당제는 반대하지만, 가까운 장래에 어떤 형태로든 차별철폐정책을 수립해야 할 것이다"라고 말했다. 그리고 아프리카계 미국인이면서 OFCCP 국장인 조셉 쿠퍼(Joseph Cooper)는 고용 목표와 이행 시간표가 할당제라는 미즈 법무장관의 주장에 대해 공개적으로 반대했다. 그는 단호하게 "내 앞에서 어떤 누구도 그 정책이 할당제와 관련된다고 말하는 사람은 없었다. 우리가 계약자들에게 원하는 것은 여성과 소수민족을 채용하는 성실한 노력뿐이었다. 더욱이 많은 도시와 기업들이 그들의 프로그램을 계속하려고 하는데 도대체 시비를 거는 이유는 무엇인가?"라고 말했다. 대통령의 한 보좌관은 "왜 풍파를 일으키는가?"라고 말했으며, 행정명령 계획이 언론에 새어나간 뒤로 백악관 대변인은 이 계획을 "단순히 논의되어야 할 문제로" 처리했다.

이것은 그 다음 6개월 뒤에 논의되었다. 내각은 10월 회의에서 행정부의 보수주의자들이 공격을 주도하면서 행정명령에 대해 갑론을박했지만 아무런 결론을 내리지 못했다. 레이놀즈는 "민권운동에 대해서는 융통성을 발휘할 수 없다"라고 말했다. 1986년 1월 대통령은 마틴 루터 킹 2세의 업적을 기리는 국경일(1월 셋째 주 월요일)에 첫 기념연설을 했다. 레이건은 "진정으로 인종차별 없는 미국"을 촉구하면서 그의 행정부가 일하고자 하는 방향에 대해 거듭 강조했다.

> 행정부는 모든 남성과 여성이 성공하는 데 평등한 기회를 갖는 사회를 위해 전심전력을 다해 왔습니다. 우리는 할당제의 사용을 반대합니다. 우리는 인종차별 없는 사회 — 킹 목사의 표현을 빌리면, 피부색이 아닌 인격으로 사람을 판단하는 사회 — 를 원합니다.

대통령이 연설한 날 미즈 법무장관은 "차별을 위한 할당제의 사용이나 할당제를 위한 다른 구실을 제거할 목적을 가지고 민권운동의 본래 의도를 실행에 옮기려 한다. 그리고 이런 접근 방식이 킹 목사가 마음속에 담고 있는 생각과 꼭 일치한다"라고 밝혔다.

따라서 대통령과 법무부 장관은 인종차별 없는 사회의 건설을 위한 킹 목사의 소망을 차별철폐정책에 대한 그들의 반대에 연결시켰다. 미래에 다른 보수주의자들이 이 문제에 대해 소송을 제기할지 모른다. 이런 접근 방식은 영리했지만, 우리들이 알고 있는 것처럼 킹 목사는 아프리카계 미국인에 대한 우대 방식을 지지했으며, 1967년에는 아프리카계 미국인을 위해 '공공사업진척국(Works Progress Administration: 1935년 프랭클린 루스벨트 대통령이 직장에서 인종차별을 철폐하기 위해 만든 연방기구 - 옮긴이)과 유사한 연방기구'를 신설하지 않는 것에 대해 존슨 대통령을 비난했었다. 킹 목사는 차별철폐정책, 필라델피아 플랜, 배려조항, 연방대법원이 승인한 잠정적 할당제(Court-approved temporary quotas)가 세상에 나오기 전에 타계했다.

민권단체도 행정부의 수사(修辭)에 속아 넘어가지 않았다. 랄프 니이는 "마틴 루터의 기념일에 존슨 대통령의 행정명령을 파괴하려 몸부림치는 사람들과 킹 목사를 연관시키는 것은 매우 수치스러운 일이다. 만약 킹 목사가 오늘날 살아 있다면 그는 특출한 지도력으로 초당적인 합의를 이끌어내는 지도자가 되어 이 행정명령을 구하기 위해 싸울 것이다"라고 밝혔다. 그 달에 실시된 여론조사에 따르면, "아프리카계 미국인 중 4분의 1 정도는 대통령의 직무 성과를 인정했는데, 놀랍게도 아프리카계 미국인 중 56%는 레이건이 인종차별주의자(racist)라고 생각했다."

이번에도 행정부의 말과 행동은 달랐다. 레이건은 첫 번째 임기에서와 마찬가지로 두 번째 임기 중에도 말은 단호하게 했지만 차별철폐정책을 억제하거나 종식시키는 행정명령에는 서명하지 않았다. 레이놀즈는 "우리는 이 문제에 대해 많은 정치적 에너지를 쏟고 있었다. 이것이 더 중요한 다른 것들을 가로막았다. 대통령에겐 문제가 적을수록 좋다"라고 회고했다. 그 대신 대통령과 법무부는 연방대법원이 이 문제를 해결해 주길 기대했다.[11]

연방대법원은 이듬해 4건의 중요한 사건에서 행정부의 희망을 좌절시켰다. 4건의 사건이란 교사와 관계된 미시간 주 잭슨(Jackson) 시 사건, 소방관과 관련된 오하이오 주 클리블랜드 시 사건, 판금 노동자와 관련된 뉴욕 시 사건, 주 경찰 간부와 관련된 앨라배마 주 사건이었다.

1981년 미시간 주 잭슨 시 교육위원회는 백인과 흑인 교사의 균형을 유지하기 위해 흑인 교사 1명당 3명의 백인 선임 교사를 해고했다. 유치원 교사 웬디 와이건트(Wendy Wygant)는 해고통지서를 받고 다른 7명의 교사와 함께 교육구를 상대로 소송을 제기했다. 원고들은 차별철폐정책이 위헌은 아니지만 그들이 백인이라는 이유로 해고되었기 때문에 교육위원회 관리들이 수정헌법 제14조의 평등보호조항을 위반했다고 주장했다. 흑인 교사들에 대해 차별했다는 증거는 없었지만, 교육구는 자신들의 계획은 "과거 차별의 역사로 야기된 소수민족의 심각한 과소대표성(under-representation)을 보충하기 위해 교사의 인종적·민족적 다양성을 증진시킬 목적이었다"라고 답변했다.

연방대법원은 5 : 4로 와이건트의 승소를 판결했다. 샌드라 데이 오코너 대법관은 차별철폐정책에 대한 첫 의견을 내놓았는데 그녀는 "차별철폐정책은 차별의 실제적 희생자로 국한 — 전국적으로 이 정책을 크게 위축시킬 수 있는 견해 — 해야 한다는 레이건 행정부의 주장을 반박했다." 그녀는 "연방대법원은 주마다 과거 또는 현재의 인종차별을 구제하는 것은 신중하게 수립된 차별철폐정책 프로그램의 구제적 사용(救濟的 使用, remedial use)이라는 데 의견이 일치했다"라고 썼다. 다수파는 판결 이유로 채택하지는 않았지만 루이스 파월(Lewis Powell) 대법관의 주장, 즉 "차별철폐정책 계획은 적절한 목적을 달성하기 위해 정밀하게 재단(narrowly tailored)되어야 한다. 다른 인종을 놔두고 특정의 한 인종을 고용하는 계획은 합헌이지만 인종에 기초해 해고하는 것은 죄 없는 사람에게는 지나치게 가혹하기 때문에 위헌이다"라는 견해에 동의했다.

와이건트 사건은 연방대법원이 선임제에 대해 일관성 있게 찬성하는 판결을 내려 왔기 때문에 차별철폐정책에는 영향을 거의 미치지 못했다. 하지만, 레이건 행정부의 정책을 강력하게 거부했던 나머지 3건의 사건은 사정이 달랐다. 클리블랜드에서 법원은 소방관의 각 계급에서 특정 비율에 흑인 숫자를 늘리기 위해 소수민족 1명당 백인 1명을 승진시키기로 한 4년 단위 차별철폐정책을 승인했다. 백인 소방관들은 소송(Local 93 of the International Association of Firefighters v. City of Cleveland)을 제기했는데, "이 계획은 역차별이고 위헌이다"라고 주장했다. 뉴욕 시에서 판금노동자조합은 뉴욕 주가 1964년 명령한 흑인 고용을 이제까지 거부했다. 법원은 두 번이나 노조에 패소 판결을 내렸고, 1983년 연방사법부는 노조에게 1987년까지 노조 구성원 중 최소 27%의 소수민족 출신을 노조원으로 하라는 명령을 내렸다. 노조는 제소(Local 28 v. Equal Employment Opportunity Commission)했고, 법무부도 '비율'은 불법적인 할당제라고 선언하면서 노조와 제휴했다. 앨라배마 주는 납세자 중 약

40%가 흑인이었는데 주 경찰서는 통합을 거부했다. 「민권법」이 시행된 지 8년이 지났지만 경찰은 여전히 모두가 백인이었기 때문에 통합 명령을 받았다. 그러나 12년 후에도 200명의 간부 중 단지 4명만이 흑인이었고 흑인은 경장 계급 위로는 승진하지 못했다. 따라서 법원은 "백인 1명당 흑인 1명"의 고용과 승진 계획을 명령했는데, 이에 불복해 백인들이 소송(United States v. Paradise)을 제기했고 법무부가 제휴했다.

연방대법원은 클리블랜드 사건에 대해 6:3의 판결을 내렸고 뉴욕주와 앨라배마 주 사건에 대해 각각 5:4의 판결을 내렸다. 세 사건 모두 윌리암 브레난 대법관이 다수 의견을 작성했다. 그는 뉴욕 주 사건에 대해 "대부분의 사건에서 연방대법원은 고용주 또는 노조에게 차별 관행을 끝내라는 명령만을 내린 다음에 희생자에 대한 보상금을 재정(裁定)한다. 그러나 특히 장기간의 차별이나 심각한 차별과 관련해서는 연방대법원이 차별을 효과적으로 끝내기 위한……적극적 조치를 요구할 필요성이 있는데, 그것은 전체 종업원에서 유자격 소수민족의 숫자에 비례해 유자격 소수민족을 고용하고 인정하는 것을 의미한다. 이렇게 하는 것이 「민권법」 제7편이 보호하는 권리의 완전한 향유를 보장하는 유일하게 효과적인 방법이 될 수 있다"라고 썼다. 이 입장은 파라다이스(Paradise) 판결에서 지지되었고, 브레난 대법관은 "주가 법원 명령을 장기간 지연시키고 거부한 것은 부끄러운 기록이기 때문에 '백인 1명당 흑인 1명의 고용 및 승진'이란 방식이 적절하다"라고 밝혔다.

모든 사건을 일괄해서 연방대법원은 「민권법」 제7편의 취지가 고용에 있어 고용 목표와 이행 시간표의 사용을 금지하고 차별당한 개인 희생자만이 차별철폐정책으로부터 혜택을 받을 수 있다는 레이건 행정부의 주장을 반박했다. 브레난 대법관은 "행정부의 주장은 오도되었으며 이런 식의 해석은 법원으로부터 평등한 고용 기회를 보장하는 중요한 수단을 빼앗는 것이다"라고 말했다. 고용 목표와 이행 시간표를 위임한 차별철폐정책 계획은 다음의 조건들이 타당하면 합헌이었다. 이 조건들이란 기간이 제한되어야 하고, 각 사건에서 신중하게 차별을 구제하기 위해 정밀하게 재단해야 하며, 유연한 목표를 설정해야 하며, 백인의 권리를 불필요하게 구속하지 않아야 한다는 것이었다.

할당제는 '터무니없는 차별'이 자행되는 보기 드문 경우로 제한하거나 뉴욕과 앨라배마 주 사건에서 보는 것처럼 어떤 기관이 법원 명령을 부끄러울 정도로 장기간 지연시킬 때 사용될 수 있다. 그런 다음에 '잠정적인 할당제' 또는 '백인 1명당 흑인 1명 계획'은 「민권법」 제7편을 강제하는 유일한 방법으로서 위임될 수 있다. ≪타임≫은 "대법원의 판결은 차별철폐정책에 대한 확고한 지지를 선언했다"라고 보도했다.

행정부가 패배에 낙관적인 희망을 표명했던 반면에 지지자들은 환호했다. NAACP의 벤자민 훅스(Benjamin Hooks)는 "위대한 승리였다"라고 밝혔다. 이것은 차별철폐정책을 폐지하려는 레이건 행정부의 불순한 노력에 의미심장한 견제가 되었다. 전국도시연맹 사무총장은 "대법원의 판결은 자발적으로 동의한 고용 목표를……역차별의 형태로 규정해 과거의 상처를 다시 들춰내려는……연방정부의 노력에 찬물을 끼얹었다"라고 덧붙였다. 미즈 법무부 장관은 "연방대법원이 우리에게 불리한 판결을 했다"라고 인정했지만, 그는 "대법관들이 인종 우대는 좋은 것이 아니라는 행정부의 일반적인 입장을 수용했다"라고 하는 이상한 발언을 했다. 레이놀즈는 판결에 대한 그의 실망감을 표명했지만, "판결은 지극히 제한적이기 때문에 법무부가 「민권법」을 집행하는 데 있어서는 어떠한 변화도 없을 것이다"라고 말했다.

그러나 그 다음 달 법무부는 여러 도시와 주에 대한 소송을 조용히 취소하기 시작했다. 한 언론인이 백악관의 한 관리에게 차별철폐정책의 개정이나 종료에 대해 행정부 내에서 논의가 있었는지를 물었을 때, 그 관리는 "어느 누구의 목록에도 없다. 이제는 이 문제에 관여할 필요가 없다"라고 답변했다.

　대법원 판결로 전투에서 큰 타격을 받은 행정부는 불평도 해보았지만 소용없었다. 행정부 관리의 답변은 레이건 행정부가 차별철폐정책에 대한 '반격(backlash)'을 끝낼 것이란 신호이기도 했다.[12]

· ○ ·

　그러나 레이건의 보수적인 아젠다(agenda)가 끝난 것은 아니었다. 의회는 남아프리카공화국의 인종차별 정권에 대한 미국인의 무역이나 투자를 금지하는 법률을 통과시켰다. 대통령은 법률안에 대해 거부권을 행사했지만, 의회는 거부권을 재가결해 법률을 제정했다. 또한 의회는 행정부의 아픈 곳을 찔러「민권복원법(Civil Rights Restoration Act)」으로 대통령과 대치했다. 이 법안은 1984년 연방대법원이 펜실베이니아 주의 보수적 기독교 대학인 그로브시립대학(Grove City College) 소송사건에 대한 판결에서 비롯되었다.「민권법(1964년)」, 교육개정안 제9편(1972년), 재활법(1973년), 연령차별금지법(1975년)에 따르면 공립 또는 사립 교육기관들이 연방보조금을 지원받을 경우, 그들은 인종, 성별, 장애, 연령에 기초해 차별할 수 없는 것으로 해석할 수 있었다. 그러나 그로브 시 사건에서 연방대법원은 "만약 대학이 보조금을 받는다면 전체 교육기관이 아니라 해당 프로그램만이 여성을 차별할 수 없다"라는 판결을 내렸다. 행정부는 이 판결에 대해 환호했지만, 여성단체와 민권단체들은 대부분의 의원들과 제휴해 "이 판결은 이전의「민권법」을 편협적으로 해석했다"라고 주장했다. 그래서 의회는 본래 의도를 회복하기 위한 법안을 만들었다. 법안이 하원에서 통과되었지만 민주당이 1986년 국회의원 선거에서 상원을 장악할 때까지(상원에서 민주당 55석, 공화당 45석, 하원에서 민주당 258석, 공화당 177석) 상원에 계류되었다.

의회는 민권복원법을 상원에서 75 : 14, 하원에서 315 : 98로 통과시켰다. 상원의 공화당 소속 의원 27명, 하원에서 공화당 소속 의원 73명이 민주당에 가세했다. 투표는 대통령의 거부권 행사에 대항할 수 있는 충분한 표를 가졌지만, 레이건은 "이 법안은 교회와 예배당, 농장, 기업, 주정부와 지방정부와 같은 사설기관의 결정과 사건에 대해 연방정부의 권한을 광범위하게 그리고 부당하게 확대할 수 있다"라고 말하면서 거부권을 행사했다. 의회는 쉽게 거부권을 재가결해 법률을 확정했다.

대통령은 연방대법원의 대법관 지명으로 다시 반격을 시작했다. 연방대법원의 이전 회기에서 7명의 대법관들이 「민권법」 제7편과 차별철폐정책에 대한 행정부의 해석을 거부했지만, 윌리엄 렌퀴스트(William Rehnquist) 대법관은 「민권법」과 차별철폐정책과 관련된 모든 사건의 소수 의견에서 행정부의 해석을 지지했다. 워렌 버거(Warren Burger) 연방대법원장이 1986년 은퇴를 발표하자 대통령은 렌퀴스트 대법관을 대법원장으로 지명하고 공석에 50세의 활동이 왕성하고 보수적인 연방판사 아토닌 스칼리아(Atonin Scalia)를 신임 대법관에 지명했다. ≪뉴욕타임즈≫는 "만약 상원이 렌퀴스트 대법원장과 스칼리아 대법관을 인준한다면 연방대법원의 이념적인 균형이 눈에 띌 만큼 보수화될 것이다"라고 경고했다.

상원이 렌퀴스트 대법관을 대법원장으로 승진시키고 스칼리아를 인준하기 전 연방대법원은 고용 관계에서 빚어진 성희롱 사건(Meritor Savings Bank v. Vinson)에 대해 첫 판결을 내렸다. 메셀 빈슨(Mechelle Vinson)은 전 은행 직원이었는데 상사가 그녀와 다른 여성 고용인들을 성희롱하고 그녀에게 강제로 성관계—심지어 강간하면서까지—를 갖도록 했다고 주장했다. 그녀의 상사는 혐의를 부인하고 그녀의 성적 환상(sexual fantasies)을 증거로 제시하면서 성관계는 자발적으로 이루어졌다고 주장했다. 법원에서는 분쟁을 명백히 할 수 없었다. 법무부는 은행 측의 의견과 「민권법」 제7편을 협의적으로 해석한 연방항소법원 로버트 H. 보크(Robert H. Bork) 판사의 의견을 지지했다. 보크 판사는 "의회는 성별 때문에 고용조건에서 차별당하는 것을 제외하고는 개별적인 성희롱이라고 생각하지 않는다"라는 의견을 제시했다. 연방대법원은 만장일치로 보크 판사의 해석을 거부했는데, 렌퀴스트 대법관은 "상사가 부하를 성희롱했다는 것은 성(性)에 기초해 차별한 것과 다름없다"라고 썼다.

근무 중 성희롱은 「민권법」 제7편을 위반했고 불법이었다. 법무부는 또 다른 패배를 기록했고 여성단체가 승리했다. 이것은 1987년 3월 현재의 연방대법원 대법관인 스칼리아 판사와 관련되었다. 존슨 대 산타클라라 카운티 교통국(Johnson v. Santa Clara County Transportation Agency) 사건에서의 문제는 "공공 기관의 고용주는 여성이 차별당하지 않았을지라도 여성이 기관의 전체 인력에서 '과소대표(under-representation)'되었다는 사실을 교정하기 위해 승진에서 자발적으로 유리한 점수를 부여할 수 있는가?"였다.

폴 존슨(Paul Johnson)과 다이앤느 조이스(Diane Joyce)는 캘리포니아 주 산타클라라 카운티의 교통국에서 근무했다. 1979년 도로배차원을 뽑게 되었을 때 이들이 다른 열 사람과 함께 지원했다. 카운티는 업무에 적합한 7명의 지원자를 1차 선발했는데 존슨과 조이스도 포함되었다. 모든 후보들이 면접을 잘 보았다. 존슨은 75점을 받아 2등을 했고 조이스는 73점으로 3등을 했으며, 5명의 다른 후보자들도 최저 기준인 70점 이상을 받았다. 교통국의 면접관 3명이 2차 면접을 실시했는데, 이들은 존슨이 가장 적합한 후보라고 생각했다. 최종 결정을 앞두고 조이스는 카운티의 차별철폐정책감독관에게 이제까지 어떤 여성도 배차원으로 근무하지 않았다는 것을 알려주었다. 실제로 교통국장은 조이스에게 승진의 기회를 제공했다.

존슨은 소장(訴狀)에서 카운티가 인종과 성차별을 금지한 「민권법」 제7편을 위반했다고 주장했다. 법무부도 그의 주장을 지지했다. 잇따라 계속된 소송에서 1978년 카운티는 모든 직위에서 실제적으로 소수민족과 여성의 비율을 반영해 직원을 고용할 목적으로 통상적인 자발적 차별철폐정책 계획을 채택했다는 것이 밝혀졌다. 전통적으로 일자리가 성별에 따라 분리되는 카운티는 고용이나 승진 과정에서 성별을 하나의 요인으로 고려한다. 그럼에도 불구하고 단 1명의 여성도 교통국 238개의 기능 숙련직 — 그중 하나가 도로배치원 — 에 고용되지 않았다. 따라서 교통국장은 조이스가 이 직위에 적격하다고 생각해 그녀를 선발했다고 말했지만, 나중에는 그녀의 성별이 선발에 있어 결정적인 요인이었다는 점을 인정했다.

연방대법원은 6 : 3으로 카운티의 고용정책을 지지했다. 존슨 사건은 남성에 대해 여성이 직무 우대를 받는 첫 판결이었으며, 대법원은 "과거 차별의 증거 없이도 고용주가 지역 인구와 일치되게 근무 인원을 조정하기 위해 고용 또는 승진에서 인종과 성 우대(gender preferences)를 할 수 있다"라고 판결했다. 다수의견서를 작성한 브레난 대법관은 "카운티의 정책은 9년 전 판결된 웨버 사건과 동일하다. 기능숙련직에서 분명한 불균형은 이 기관이 고용 결정을 내리는 데 있어 조이스라는 성별을 하나의 요인으로 고려하는 것은 정당하다. 이 기관의 정책은 남성 고용인들의 권리를 구속했거나 승진에 절대적인 장애가 되지 않았으며, 기관은 영구적으로 엄격한 수치적 기준을 적용해 전체 종업원을 구성하려는 의도가 없었다. 전체 종업원에서 여성과 소수민족의 숫자를 늘리려는 이 온건하고 융통성 있는 사례별 접근 방식은 「민권법」 제7편과 완전히 일치한다"라고 말했다.

조이스는 "이 사건은 모든 여성에게 영향을 미칠 것이다"라고 말했다. 대법원의 판결은 웨버 판결이 아프리카계 미국인에게 승리를 안겨주었던 것처럼 여성 고용인들의 승리였다. 해리 블랙먼(Harry Blackmun) 대법관의 동조 의견(同調意見, concurrence: 다수 의견의 결론에 대해서는 찬동하지만, 찬동하는 이유가 다수 의견과 다른 경우를 말함-옮긴이)은 이것을 명백하게 했다. "연방대법원은 기관이나 기업이 여성과 소수민족을 우대하기 위한 자발적 계획을 수립하는 것을 승인했다. 자발적 계획은 '전통적으로 분리된 직무 범주에서 분명한 불균형'을 나타내기만 하면 된다."

레이건 행정부는 실망했지만, 스칼리아 대법관은 대법원의 판결에 대해 훨씬 더 신랄한 비판을 했다. 그는 "여성들이 도로 건설 노동자로서 곡괭이와 삽을 들고 일하려 하기 때문에 마땅히 그 직무에서 대표되어야 한다는 주장은 말도 안 된다. 이 같은 일은 여성들 스스로가 바람직한 것으로 생각하지 않으며 대법원의 판결을 통해 전통적으로 분리된 직무 범주에서 명백한 불균형을 교정하려는 것은 공공연한 거짓이다. 대신, 연방대법원은「민권법」제7편을 인종이나 성별이 고용차별의 근거가 될 수 없다는 보장을 간혹 인종이나 성별이 고용차별의 근거가 될 수 있다는 보장으로 바꾸었다. 따라서 우리는 차별 없는 사회를 건설한다는 목표를 직장에서 인종과 성별의 비례대표라는 매우 모순된 목표로 바꾸었다. 연방대법원의 차별철폐정책에 대한 장황한 부연 설명은 1964년의「민권법」을 백인 남성에 대한 인종차별과 성차별이라는 강력한 엔진으로 바꾸었다"라고 말했다.

스칼리아 대법관은 "반대한다"라고 말했지만 전혀 소용이 없었다. 연방대법원은 2년 동안 5회에 걸쳐 레이건 행정부의 차별철폐정책과「민권법」제7편에 대한 해석을 반대했다. 대법원은 거듭 역차별 주장들, 예를 들어 맨 처음 알란 박키 사건, 뒤이은 브라이언 웨버 사건, 최근 폴 존슨 사건에서 제기된 주장을 모두 기각했고, 우대를 끝내고 인종차별 없는 사회를 건설하려는 레이건 행정부의 목적에 반대했다. 연방대법원은 차별철폐정책을 지지하고 그 의미를 더 확대시켰다. 즉, 동의 명령과 법원이 명령한 여러 주, 도시, 공립 기관과 사기업을 포함해 고용, 승진, 대학 입학, 정부 발주 계약에서 인종과 성 우대는 합법적이며 심지어는 비희생자에게도 혜택을 줄 수 있게 되었다. 배려조항 프로그램은 언급하지 않았지만 자연히 다른 차별철폐정책 프로그램이 없다면, 이제부터 백인 남성들은 선임제 아래에서만 보호받을 수 있게 되었다.[13]

존슨 판결은 일반 공중에게 많은 지지를 받지 못했다. 갤럽의 조사 결과에 따르면, 2명 중 1명은 판결에 동의하지 않았다. 그렇지만 1970년대 이후 직무상 여성과 소수민족에게 우대정책을 시행해 온 수천 개의 기업들에게는 구세주나 다름없는 판결이었다. 예를 들어 이런 우대 계획들을 시행한 GM의 경우를 보면, 사무직 전체 종업원에서 여성이 약 25%를 차지하고 소수민족이 13% 이상으로 비율이 점차 늘어나게 되었다. 상공회의소 고문변호사는 "이것은 기업이 역차별의 소송에 대한 공포에서 벗어나 기업 자신의 차별철폐정책 계획을 자발적으로 시행할 자유를 주기 때문에 기본적으로 기업에도 이익이 된다"라고 말했다.

≪비즈니스위크(Business Week)≫는 "1980년대의 차별철폐정책에 대한 대논쟁은 끝났다"라고 보도했다. 이 보도는 사실이었다. 연방대법원은 1987년 봄 회기에 차별철폐정책에 대한 사법적 확대의 제한을 명시했다.

그러나 차별철폐정책에 대한 관용은 2년 동안밖에 지속되지 못했는데 대통령은 다시 대법관에 또 다른 보수 성향의 판사를 지명했기 때문이었다. 박키 판결에서 다수 의견을 작성했던 루이스 파월(Lewis Powell) 대법관이 은퇴하자 행정부는 로버트 보크 판사를 지명했다. 연방법원의 판사이면서 전 예일 법대 교수 출신(나중에 대통령이 되는 빌 클린턴과 영부인 힐러리 로드햄이 그의 제자)인 보크는 연방대법원의 진보 성향에 대한 비난과 헌법에 대한 그의 보수적 성향의 의견들이 담긴 수많은 연설을 했고 많은 판결문을 작성했다. 그는 모든 「민권법」에 대해 반대했고 박키 판결을 비난하면서 판결 지지자들을 "역차별을 서슴지 않는 골수 인종차별주의자"라고 불렀다. 그는 "연방대법원이 산아제한(birth control)과 낙태(abortion)를 지지하면서 사용한 사생활 권리(privacy rights)라는 용어는 헌법에서 사용되지 않았기 때문에 엄격한 사법적 기준을 충족시키지 못했다"라고 말했다. 그는 "로우 대 웨이드(Roe v. Wade) 판결은 위헌적인 결정이었으며 주입법의 권위를 심각하게, 그리고 완전히 부당하게 강탈한 행위였다"라고 공격했다. 또한 그는 정교분리와 미란다(Miranda) 판결로 얻어진 피고인에 대한 절차적 보호의 완화를 지지했다.

이런 그의 의견들은 민권단체, 페미니스트단체, 진보 성향의 사람들, 그리고 많은 중도파들을 긴장시켰고 실제로 보크의 임명을 위협했다. 또한 대통령의 지지도가 떨어지고 있다는 사실도 그의 임명을 위협했다. 행정부는 이란 콘트라 사건(Iran-Contra affair), 웨드테크(Wedtech), 펜타곤, 그리고 저축 대출(Savings and Loan) 스캔들에 대한 비상대응체제로 움직였다. 상원은 이제까지 피지명인에 대한 표결에서 가장 많은 차이가 나는 58 : 42로 인준을 부결시켰는데, 레이놀즈는 대통령에게 워싱턴 D.C.의 항소심 판사인 더글라스 H. 긴스버그(Douglas H. Ginsburg)를 지명하도록 건의했다. 레이놀즈는 그를 개인적으로 알았고 차별철폐정책, 낙태, 반트러스트 사건에 대한 행정부의 견해를 지지할 대법관이 될 것으로 생각했다. 레이놀즈는 미즈 법무부 장관과 레이건을 제휴시켜 긴스버그를 지원했지만 이 지명은 재앙이 되었다. 긴스버그의 아내는 의사였는데 낙태 시술을 했고, 1970년대 그가 하버드 법대 교수 시절의 파티에서 마리화나를 피웠다는 사실이 드러났다. 지명에 따른 혼란은 단 10일간 계속되었을 뿐이었다. 행정부는 그의 지명을 철회하고, 캘리포니아 주 연방 판사로서 중도보수적인 성향으로 보이지만 낙태에 대한 그의 의견을 제기하지 않은 안소니 M. 케네디(Anthony M. Kennedy)를 지명했다. 진보 성향의 인사들도 그가 레이건 행정부에서 구할 수 있는 최선의 후보자로 생각했고, 상원은 만장일치로 케네디를 인준했다.

따라서 레이건 대통령의 민권에 대한 유산은 3명의 연방대법원 대법관의 임명이었으며 이런 결과로 대법원은 더 보수적인 색을 띠게 되었다. 레이건은 대통령 직무 8년 동안 370명 이상의 연방판사를 임명했는데, 이 숫자는 전체 판사의 약 2분의 1에 해당하며 역사상 어떤 대통령보다 더 많은 판사를 임명했다. 이런 결과로 재판부는 보수 성향의 판사들로 채워졌다. 레이건의 지지자들은 민권 비판가들이 대통령을 공격할 때 인종차별 없는 국가를 만들려는 그의 노력에 환호했다. 차별철폐정책에 관한 한 대통령은 임기 처음부터 반대편에 섰지만 진보단체에게만 패배한 것이 아니라 이 위대한 커뮤니케이터는 자신의 당조차도 설득할 수 없었다. 공화당은 차별철폐정책을 놓고 분열되었다.[14]

• ○ •

임기를 마친 레이건은 햇빛이 내려 비치는 캘리포니아로 갔고 민권과 관련된 이슈를 그의 후계자 조지 H. 부시(George H. Bush)에게 남겼다. 1986년 초 부시 부통령은 대통령 출마를 준비하면서 레이건 행정부의 보수 진영과 조용히 거리를 두기 시작했다. 이해에 그는 NAACP로부터 초청을 받고 이전과 달리 남아프리카공화국의 변화를 요구하면서 청중들에게 호소했다. "언론의 자유와 표현의 자유를 억압하는 것은 사라져야 합니다. 아파르트헤이트(apartheid)는 끝나야 합니다." 그는 준비된 원고에는 없지만 "고용과 승진에서 고용 목표를 사용하지만 할당제 방식이 아니라면 차별철폐정책을 지지합니다"라고 밝혀 박수갈채를 받았다.

그럼에도 불구하고 부통령에게는 길고 지루한 선거 운동이 되었는데 각종 스캔들과 1987년의 주식시장의 폭락과 연이은 경기 침체는 공화당에 큰 타격을 주었다. 여론조사 기관에서는 대부분의 유권자들이 변화를 바란다는 결과를 발표했고, 민주당은 정권탈환에 낙관적이었다. 많은 후보들이 난립해 대통령 후보를 놓고 경합을 벌였다. 제시 잭슨 목사는 대통령 후보자 지명 경선에 두 번째 출마했고, 미주리 주 리차드 게파트(Richard Gephardt) 하원의원이 처음 출마를 발표했으며, 상원에서는 일리노이 주 폴 사이몬(Paul Simon)과 테네시 주 알 고어(Al Gore Jr.)가 경선 대열에 참가했다. 그러나 실제 민주당 대통령 후보 지명자는 매사추세츠 주지사 마이클 듀카키스(Michael Dukakis)였다. 매사추세츠 주에서 그의 지지자들은 그를 "매사추세츠의 기적"이라 명명하면서 경제회복에 대한 기대감을 가졌다. 그는 부통령 후보로 텍사스의 인기있는 상원의원 로이드 벤슨(Lloyd Bentsen)을 지명했다.

듀카키스는 공화당이 대통령 후보로 부시 부통령을 선출하고, 부시 후보가 러닝메이트로 인디애나 주 출신의 젊은 상원의원 댄 퀘일(Dan Quayle: 1980년 33세의 나이로 상원의원에 당선)을 지명한 여름에만 해도 여론조사의 선두를 지켰다. 부시 후보가 퀘일 의원을 부통령 후보로 지명한 것은 그의 참모들과 첫 연설에서 실패했던 퀘일 자신을 비롯한 모든 사람들을 놀라게 했다. 설상가상으로 전당대회의장은 젊은 상원의원을 "인디애나 주 출신의 충격적으로 젊은 거인"이라고 불렀고 참석자들 사이에는 낄낄거리는 웃음소리가 들렸다. 부통령 후보는 심야 토크쇼에서도 농담의 대상이 되었다. 자니 카슨(Johnny Carson)은 "댄 퀘일의 골프 가방에 풀세트의 아이언이 들어 있지 않다고 생각합니까?"라고 물었다. 이것은 불공평했지만 문제는 — 대통령 후보가 아니라 — 부통령 지명자가 인구에 회자되었고, 결국 부시 후보는 어려운 선거 유세를 시작하게 되었다.

1988년 선거 유세는 분위기가 너무 가라앉았고, 실제 모든 논평자들은 선거 쟁점이 없다고 투덜댔다. 부시 후보와 선거 관리 책임자 리 아트워터(Lee Atwater)는 열렬한 레이건 지지자들로부터 표를 끌어 모으기 위해 민주당을 공격했다. 공화당은 선거 유세의 상징으로 성조기를 사용하면서, 듀카키스 후보가 교사들이 충성 맹세(Pledge of Allegiance)로 수업을 시작하도록 한 법안에 거부권을 행사했다고 주장했다. 부시는 "그를 화나게 하는 충성 맹세가 무엇입니까?"라고 물은 다음에 "민주당도 미국 시민자유연맹(American Civil Liberty Union: ACLU)의 정식 회원입니다"라고 말했다. 부시는 세금을 낮추겠다고 약속하면서, "진보 성향의 반대자들은 듀카키스 후보가 자신의 주에서 세금을 올렸기 때문에 그 주의 이름이 텍사추세츠[Taxachusetts: 민주당 대통령 후보 듀카키스의 출신 주 매사추세츠와 세금(tax)을 합친 말 - 옮긴이]로 바뀌어야 한다고 생각하고 있습니다"라고 말했다.

선거 유세는 여러 상징들 중 하나가 되었는데, 유권자들에게 가장 설득력 있게 호소된 것은 윌리 호튼(Willie Horton)이었다. 실명(實名)이 윌리엄(William)이고 매사추세츠 주 출신의 아프리카계 미국인인 그는 1974년 칼로 사람을 찔러 살해한 강도 혐의로 다른 두 사람과 복역 중이었다. 검찰은 누가 칼을 소지했는지 증명하지 못했다. 그때는 연방 정부와 레이건이 주지사로 있었던 캘리포니아 주를 비롯한 많은 주들이 모범 죄수에게 휴가를 주었다. 매사추세츠는 호튼에게 9일간의 휴가를 주었고 별 문제가 없었다. 그러나 1987년 그는 교도소에 돌아오지 않았다. 호튼은 메릴랜드의 한 가정집에 침입해 백인 주인을 칼로 찌르고 약혼녀를 강간했다. 부시 후보의 캠페인 책임자인 아트워터(Atwater)는 죄수들이 십자형 회전문을 통해 걸어 들어가는 "회전문(Revolving Doors)"이라고 이름 붙인 광고를 내보냈다. 그리고 '윌리엄'을 바꿔 인종적으로 관심을 더 불러일으키는 '윌리'라는 이름을 사용했다. 호튼은 결코 그 이름을 사용하지 않았다. 광고의 이미지는 흑인 범죄에 대해 백인들의 마음속에 공포심을 불러일으켰을 뿐 아니라 민주당이 범죄자들에게 지나치게 관대하고 소수민족을 우대한다는 생각을 강화시켰다. 부시 후보 진영의 노력은 효과가 있었다. 시민들은 주식시장의 폭락과 공화당의 모든 스캔들을 잊어버렸다. 10월 말 포커스 그룹 90명 이상에게 호튼에 대해 물었다. 5명을 제외한 모든 사람들이 '흑인'이라고 말했고, 12명을 제외한 모든 사람들은 희생자가 백인이었다고 말했다. 또 다른 조사에 따르면 흑인들을 돕는 것은 듀카키스와 동일시되는 것으로 나타났다.

인종 카드 선거 전략은 부시가 대통령이 되는 데 기여했다. 부시는 백인 남성표의 66%를 얻었다. 대부분의 사람들은 선거 유세에 대해 호감을 갖지 않았으며, 투표율은 1924년 이후로 가장 낮았다. 여론조사에 따르면 투표자의 10% 미만만이 후보자들이 선거에 쟁점이 있었다고 생각했고, 놀랍게도 3분의 2는 2명의 다른 후보들이 출마했으면 했다는 응답을 했다. 부시 후보에게 호감을 가진 응답자는 단지 43%에 불과했는데, 이것은 민주당이 쉽게 하원과 상원을 장악할 것이란 의미로 해석되었다. 그리고 의석 분포수를 보면(상원에서 공화당 45석, 민주당 55석, 하원에서 공화당 175석, 민주당 260석), 공화당은 의회에서 고전할 것으로 예상되었다.

신임 대통령은 백악관에 입성해 재빠르게 레이건 행정부 시절 장관을 역임한 7명을 포함해 새 내각을 구성했다. 그들 중의 많은 장관들이 레이건 행정부 시절에 역임했던 분야를 맡았는데, 리차드 손버그(Richard Thornburg)는 법무장관으로 다시 내정되었다. 또 자리를 옮겨 계속 장관직을 유지한 경우도 있었는데 엘리자베스 돌(Elizabeth Dole)은 노동부 장관으로 내정되었다. 부시 대통령은 2명의 여성과 2명의 히스패닉, 즉 교육장관에 로렌 카바소스(Lauren Cavasos), 내무장관에 마누엘 루쟌(Manuel Lujan)을 임명하고 1명의 아프리카계 미국인 루이스 셜리반

(Louis Sullivan)을 보건·복지장관에 임명했다. 각료의 임명을 보면 부시 대통령이 레이건 대통령의 많은 정책으로부터 발을 떼고 있으며 민권 이슈를 포함해 그가 명명한 "친절하고 점잖은 국가"로 나아가고자 하는 분명한 신호를 보냈다. 몇 개월 내 대통령은 "소수민족을 고용할 목적의 차별철폐정책과 구제 활동 프로그램을 지지한다"라고 밝혔다. 그의 행정부는 기존 차별철폐정책의 동의 명령에도 관심이 없을 뿐 아니라 연방 계약자에 대한 정책을 번복할 행정명령에도 관심이 없다는 뉴스를 의도적으로 흘려보냈다.[15]

전임 행정부가 연방정부의 각료를 보수 인사로 임명하는 전술로 대가를 지불했던 것과는 달리, 신행정부는 그럴 필요가 없었다. 연방대법원이 차별철폐정책에 대한 사법부의 반격의 계기가 된 5건의 사건에 대해 판결을 내놓았다.

첫 번째 사건은 1977년 닉슨 행정부 시절 제정된 공공사업법(Public Works Act)의 배려조항(set-asides)과 관련되었다. 법 제정 이후로 지난 12년 동안 36개 주와 190개의 지방정부가 배려조항과 관련된 프로그램을 수립했다. 소수민족 소유 기업들에게 연방대여금 및 보조금 지급과 이들 기업이 생산한 제품의 구입을 대대적으로 확대한 결과, 소수민족 기업은 1969년과 1989년 사이 32만 개에서 120만 개로 무려 4배가 늘었다.

그러나 1980년대 말 배려조항 프로그램을 반대하는 많은 비판가들이 있었다. 지난 10년 동안 정부는 국방 조달의 5%, NASA 계약의 8%, 교통 프로젝트의 10%를 소수민족 소유 기업에게 배정하는 것을 금지시켰다. 문제가 발생했다. '소수민족 소유'라는 개념에 대한 정의가 신중하게 내려지지 않았으며 엄격하게 강제되지도 않았다. 최근 이주민 ─ 이들 중 히스패닉이 대다수 ─ 은 건설업에 종사함으로써 아프리카계 미국인과 계약을 체결할 가능성이 줄어들고 있다. 대규모 계약은 몇 개의 대기업과 체결하게 되었는데, 1990년의 경우 입찰 자격이 있는 전체 기업 중 2%에 해당하는 50대 기업이 40억 달러 중 40%를 차지했다. 더욱이 애매한 가이드라인과 느슨한 법 집행의 결과로 막대한 이익을 남기는 계약은 1987년의 악명 높은 웨드테크(Wedtech) 스캔들에서 드러난 것처럼 사기와 위조로 판명되었다.

존 마리오타(John Mariotta)는 웨드테크의 지분 중 3분의 2를 주장했고, 푸에르토리코계 조상을 둔 덕분에 그의 뉴욕 주 브롱크스(Bronx) 공장은 군(軍)에 필요한 엔진을 제작하는 방위산업 계약자의 자격이 되었다. 마리오타는 1980년대 초 레이건 행정부의 상징적인 이미지가 되었고 대통령 보좌관 에드 미즈(Ed Meese)와 린 노프징거(Lyn Nofzinger)가 국방부에 웨드테크를 중재했다. 그러나 레이건의 두 번째 임기 중 웨드테크는 파산 신청을 냈다. 뉴욕의 연방검사 루돌프 줄리아니(Rudolph Giuliani: 뉴욕 시장으로 명성을 날림)가 수사했는데 마리오타는 단순히 앞잡이에 불과하다는 사실을 밝혀냈다. 2명의 이주민이 실제로 그 회사를 소유했는데, 한 사람은 소수민족 출신이 아니었고 한 사람은 소유자로서 자격도 없었다. 의회는 청문회를 개최해 사기, 뇌물, 지위를 이용한 오직(汚職) 행위 등을 밝혀냈으며, 결과적으로 노프징거를 기소하고 미즈 법무부 장관이 사임했으며 1명의 브롱크스 출신 의원과 마리오타를 구속했다.

따라서 1980년대 말까지 배려조항 프로그램은 버지니아 주 리치몬드 시에서 확인되었던 것처럼 엄격한 사법적 기준을 충족시키지 못했다. 리치몬드 시는 50% 이상이 흑인 시민으로 구성되었지만, 과거 소수민족 계약자들은 시 계약 중 1% 미만에 대해 계약을 체결했다. 1983년 아프리카계 미국인들이 시의회를 장악했을 때 30% 배려조항 정책을 통과시켰는데, 이 비율은 전국의 다른 도시가 10% 정책을 시행하는 것과 비교할 때 이례적으로 높았다. 시의회의 계획은 연방법에 근거했지만, 엉성하게 수립되어 적용 대상에 리치몬드 시에는 존재하지도 않는

알류산 열도(Aleutian Islands)의 원주민까지도 포함시킬 정도였다. 실제 시는 교도소의 스테인리스강(鋼) 설치 공사 시행 회사를 결정하기 위한 입찰 광고를 냈고, J.A. 크로슨사(J.A. Croson Co.)는 이 작업의 30%에 대해 하도급 계약을 체결할 수 있는가를 5개 소수민족 기업에 요청했지만 아무도 답변을 주지 않았기 때문에 단독으로 입찰계획서를 제출했다. 시(市)는 소수민족의 참여가 없다는 이유로 크로슨의 입찰제안 — 최저 입찰 가격이었지만 — 을 거부했다. 크로슨사는 시(市)를 상대로 소송을 제기했다.

연방항소법원 판사 J. 하비 윌킨슨(J. Harvie Wilkinson)은 리치몬드 시 대 크로슨(City of Richmond v. J.A. Croson) 사건에 대해 30% 배려는 '엄밀하게 재단되지(narrowly tailored)' 않았고, 이 수치는 구체적인 기준도 없이 단순히 설정되었다고 판결했다. 더욱이 소수민족 소유 건설회사는 국가의 전체 건설 회사에서 차지하는 비중이 5% 미만이고 이 중 40% 이상이 버지니아 주를 제외한 5개 주에 분포하기 때문에, 그 수치는 위조라고 판결했다.

연방대법원은 시가 우대를 제한해야 한다는 윌킨슨 판사의 견해에 반대하고, 의회가 승인한 공공사업법(Public Works Act)을 지지했다. 그러나 대법원은 시 또는 주가 배려조항 프로그램을 정의하는 데 절대적인 재량권을 가졌다는 리치몬드 시의 주장을 6:4의 판결로 기각했다. 리치몬드 시 사건과 산타 클라라 사건 간의 차이점을 살펴보면, 산타클라라 사건에서 원고(原告) 폴 존슨(Paul Johnson)은 그가 「민권법」 제7편에 근거해 차별당했다고 주장한 반면, 리치몬드 시 사건에서 크로슨사는 수정헌법 제14조에 따른 평등 보호를 받을 자격이 있다고 주장 — 대법원은 이 주장을 받아들였다 — 했다. 다수의견서를 작성한 샌드라 데이 오코너 대법관은 "헌법의 평등보호조항이 모든 시민들의 개별적 권리를 보호하고 인종 우대를 할 수 있는 유일하게 합법적인 이유는 과거의 차별을 구제하는 데 있다"라고 판시했다. 오코너 대법관은 계속해 "30% 할당제는 어떤 현실적인 관점에서도 관련성이 떨어질 수 있다. 리치몬드 시 건설산업의 모든 측면에서 스페인어 사용자, 동양인, 인디언, 에스키모인, 알류산 열도인이 과거에 차별을 받았다는 절대적인 증거가 없다. ……리치몬드 시에는 1명의 알류산인이나 에스키모인이 없을 수도 있다. 인종에 기초한 어떠한 우대도 '엄격한 심사(strict scrutiny)' 기준 — 헌법적 근거가 미심쩍은 이슈에 대해 엄격한 사법적 기준을 충족시켜야 하는 법률적 용어 — 을 통과해야 한다. 우대는 밝혀진 차별을 교정하는 데 있어 '필수불가결한 주의 이익(compelling state interest)'과 관련되었을 경우에 한해 정당화될 수 있다"라고 기술했다. 오코너 대법관에게 어떤 '엄격한 수치적 할당제'라는 것은 충분한 사법적 심사를 갖추지 않았다.

레이건 대통령이 임명한 대법관들은 리치몬드 판결에서 다수 의견에 투표했다. 산타 클라라 사건 후 2년도 채 안 된 시점에 발생한 리치몬드 시 사건은 — 계약과 과거 차별이 없는 경우에 한해 — 인종 및 성 우대(racial and gender preferences)에서 벗어나는 계기가 되었다. '엄격한 심사' 기준을 적용한다면 차별철폐정책 계획이 이런 기준에 적합할 수 있는지에 대해 미심쩍었으며, 정책이 시에 거주하는 소수민족의 비율에 기초해 수립될 경우 받아들여지지 않았다. 오코너 대법관의 의견은 숫자만을 언급한 것이 아니라 특정의 과업을 수행하는 데 자격이 되는 소수민족의 숫자를 언급한 것이었다.

마샬 대법관은 "리치몬드 시 판결은 대법원이 인종의식 구제 노력에 대한 장기간의 배려로부터 벗어나 소수민족의 경제적 기회 평등만을 강조함으로써 차별철폐정책의 본래 취지에서 완전히 후퇴한 판결이다"라고 기술했다. 이것은 차별철폐정책의 엄청난 후퇴였지만, 비판가들에게는 그렇게 보이지 않았다. 찰스 크라우사메르(Charles Krauthammer)는 "대법원은 인종을 의식해 정책을 시행하는 연방정부의 주위에서 점점 올가미를 좁히고 있다"라고 썼고, 조지 윌(George Will)은 "정부가 우대하는 특정의 소수민족을 위해 존재하는 인종별 엽관제(spoils system)에 대한 반격을 환영한다"라고 말했다.

실제 리치몬드 판결은 지나치게 엄격했다. 시와 주들은 그들의 배려조항 프로그램을 재고하면서도, 너무도 많은 의문들이 해결되지 않았기 때문에 프로그램을 그대로 유지했다. '소수민족 소유 기업'이 합당한 조건을 갖추고, 만약 지방세가 건설에 사용된다면, 연방 또는 지방의 배려조항 규칙은 적용할 수 있는가? 플로리다 주 펜사콜라 시검사장 (Pensacola city attorney)은 "그 결정은……수정처럼 분명하지 않다. 우리는 결정을 내리기 전에 대답해야 할 많은 의문점이 있다"라고 말했다.[16]

그해 여름 연방대법원이 차별철폐정책에 올가미를 조인 일련의 사건들에 대해 판결했을 때, 더 많은 의문점들이 생겼다. 마틴 대 윌크스 (Martin v. Wilkins) 사건에서 연방대법원은 "앨라배마 주 버밍햄 소방서에 근무하는 백인들은 시의 1979년 동의 명령과 차별철폐정책 계획에 대해 역차별 소송을 제기할 수 있다"라고 판결했다. 연방대법원은 패터슨 대 맥린신용조합(Patterson v. McLean Credit Union) 사건에서 차별에 대해 이의신청을 하는 근거로 사용된 1866년의 수정헌법 제14조를 지지했지만, 브렌다 패터슨(Brenda Patterson)이 이 법을 근거로 직무상 인종차별에 대해 소송하고 손해배상을 지급 받는 것에 대해서는 기각했다. 대법원의 패터슨 판결은 1976년의 런연 대 맥크러리(Runyon v. McCrary) 사건 이래로 사용된 고용 관행을 번복했던 것이다.

더 중요한 사건은 15년 전 알래스카의 연어 통조림 공장에 근무하는 필리핀계와 아메리카 인디언 노동자들이 제기한 워즈코브팩킹회사 대 아토니오(Wards Cove Packing Co. v. Atonio) 사건이었다. 노동자들은 식당과 합숙소를 격리시키는 것을 포함, 회사의 고용과 승진 관행이 자신들은 통조림 공장 라인에 배치하고 백인들에게는 더 나은 일을 맡겼다고 주장했다. 소수민족들은 ― 반드시 인종차별적인 동기는 아니라고 하지만 ― 승진 기회에서 '불평등 효과(disparate impact)'를 겪었으며, 회사정책은 연방대법원이 1971년 그릭스(Griggs) 사건에서 판결했던 것처럼 「민권법」 제7편을 위반했다고 주장했다. 회사는 이 혐의를 부인하면서 "숙련직의 백인 비율은 유자격 신청자의 인력풀을 반영한 결과이다"라고 말했다. 1심법원은 회사의 승소를 판결했지만, 항소법원은 그 판결을 번복하면서 "노동자의 통계적 불균형이 '업무의 필요성'에서 비롯되었다는 정당성을 증명해야 하는 부담은 회사에 있다"라고 했다. 연방대법원의 존 폴 스티븐스(John Paul Stevens) 대법관도 동의하면서 "알래스카 연어산업은 불안정하지만 플랜테이션 경제(plantation economy)의 특성과 닮았다"라고 기술했다.

그러나 연방대법원은 5 : 4의 판결로 회사의 승소를 결정했다. 물론 레이건이 임명한 대법관 모두가 그릭스 판결에 반대하는 편에 섰다. 바이런 화이트(Byron White) 대법관은 "만약 항소법원의 의견이 유효하다면 과거 의회와 연방대법원이 반복해 거부했던 '직장에서 수치적 할당제의 사용'을 냉혹하게 수용했을 것이다"라고 기술했다. 화이트 대법관은 6개월 전 리치몬드 사건에서 주장한 오코너 대법관의 견해를 지지하면서 "만약 숙련직에 소수민족이 없는 것이 유자격 신청자의 부족 때문이라면, 회사의 선발 방식이나 고용 관행은 소수민족에 대한 간접 차별이라고 말할 수 없을 것이다"라고 썼다.

2년 전 존슨 대 산타클라라 사건에서 이슈가 되었던 것처럼, 앞으로 소수민족 또는 여성들이 회사에서 과소대표되었다는 것을 증명하기 훨씬 더 어려워졌다. 고용인은 고용주가 실제 고용 또는 승진 절차를 통해 차별했다는 것을 증명해야 했고, 이제 이것이 국가의 법이 되었다.

반대 의견도 날카로웠다. 블랙먼 대법관은 "다수파가 인종차별 또는 더 정확하게는 비백인에 대한 인종차별은 우리 사회의 문제이거나 이것이 이제까지 문제였다는 것을 기억하고 있는지에 대해 의문을 가졌다"
라고 말했다. 미국 시민자유연맹(ACLU)도 격분했다. ≪워싱턴포스트≫
는 사설에서 "그릭스 판결은 명백하게 지난 18년 동안 잘못 이해되었다.
워즈 코브(Wards Cove) 판결은 20년간 지속된 선례를 번복했고, 「민권법」
제7편을 효과적으로 무효화시켰다"라고 보도했다.

1989년 회기 중 연방대법원은 본질적으로 그릭스 판결을 번복했다.
앞으로는 백인 남성이 역차별로 제소하는 것은 더 쉽고, 여성 또는
소수민족이 승소하기란 더 어려워질 것이다. 과소대표와 차별을 증명하
기 위해 통계를 사용하는 것은 의문시되었고 고용인이 증거의 부담을
지게 했다. 고용인들은 차별의 원인과 결과를 증명해야 하기 때문에
법원은 기본적으로 간접 차별의 개념을 파기한 것이나 다름없었다. 더욱
이 연방대법원은 차별 사건을 제한하는 방법을 찾고 있는 것처럼 보였
다. 예를 들어, 패터슨 사건에서 연방대법원은 런연 판결에 따라 소송을
제기한 소수민족의 권리를 재심리할 것인지에 대한 결정을 할 때 이례적
인 단계를 밟았다. 즉, 패터슨 사건에서 진보 성향과 보수 성향의 대법관
들 양측에서는 재심리를 요구하지 않았는데, 그 이유는 5명의 보수
성향의 대법관들이 판결의 주도권을 쥐었기 때문이다. ≪네이션(The
Nation)≫은 "민권문제와 관련해서는 레이건이 임명한 대법관이 그 결
정을 좌우하게 되었다"라고 보도했다.

이것은 여성단체와 민권단체에 위기감을 불러일으켰다. 잡지 ≪미즈
(Ms)≫는 "연방대법원의 1989년 회기는 여성과 소수민족 남성에 쓰라
린 패배를 안겨주었다"라고 보도했다. NAACP의 벤자민 훅스(Benjamin
Hooks)는 "연방대법원이 소화 호스를 가진 불 코너(Bull Connor: 앨라배마
주 버밍햄 시 경찰국장으로 인종차별주의자로 악명 높음 - 옮긴이)보다 더 이
나라에 위험스러운 존재가 되었다. 대법원은 우리들이……어렵게 얻은
소중한 승리를 박탈해 가고 있다"라고 말했다. 그는 "의회가 권리를

회복하는 새로운 「민권법」을 제정할 것을 요구하면서 그렇지 않으면, 우리들에게 남아 있는 유일한 수단은 이전에 결코 보지 못했던 정도의 시민불복종운동(civil disobedience)을 전개하는 것"이라고 위협했다.17)

•○•

의회는 신속하게 반응했다. 에드워드 케네디(Edward Kennedy) 상원의원과 캘리포니아 주 출신 민주당 하원의원 아우구스투스 호킨스(Augustus Hawkins)는 1990년의 민권법안을 지지했다. 케네디 상원의원은 "의회는 워즈 코브(Wards Cove) 판결을 번복하고, 그릭스 판결이 준수할 법이라고 말할 수 있는 법을 통과시켜야 한다"라는 내용의 편지를 대통령 비서실장 존 수누누(John Sununu)에게 보냈다. 이 법안의 목적은 법원이 승인한 차별철폐정책 프로그램에 이의신청을 하는 소송을 제한하고, 피고가 통계를 사용해 차별을 증명하도록 허용하거나 간접 차별을 인정함으로써 직무에서 성희롱에 대한 연방 보호를 강화시키는 것이다. 증거의 부담을 고용인으로부터 고용주로 넘기고, 더욱이 처음으로 고의적 직무차별에 따른 모든 희생자들이 경제적 보상과 처벌적 손해배상을 지급 받는 기회를 제공하는 것이다. 이전에는 소수민족만이 이런 보상금의 재정액을 받을 수 있었다. 다른 사람들은 체불임금과 소송비용만을 보상받았다. 따라서 플로리다 전화 회사의 흑인 고용인이었던 메리 앤 반스(Mary Ann Vance)는 그녀의 동료들이 그녀의 책상 위에 올가미를 두 번이나 매달았다는 것을 배심원에게 증명한 뒤에 보상적 및 처벌적 손해배상금으로 100만 달러를 받았다. 반면에 위스콘신 주의 창고 노동자로 일하던 여성인 캐롤 자브코우비츠(Carol Zabkowicz)는 동료 남성들이 5년 동안 그녀의 브래지어를 잡아당기거나 그들의 성기를 내보이고 그녀가 동물과 성행위를 하는 그림 포스터를 붙인 혐의 ─ 연방판사는

'지속적이고 사악하며 잔인한 성희롱'이라고 명명했던 — 로 3,000달러 미만의 체불임금을 받았다.

부시 행정부의 반응은 대담했다. 그들은 1990년 「민권법」 수정안을 '할당제법(quota bill)'이라고 명명했다. 물론 대부분의 기업계는 「민권법」 수정안을 반대했는데 이 수정안에 따르면, 고용인들이 회사의 전체 종업원 중 인종별 불균형을 증명하는 데 단순한 수치적 통계를 사용해서도 차별을 주장하도록 허용했기 때문이었다. 비판가들은 워즈 코브 판결에서 설정된 좀 더 약화된 기준 — 고용 관행이 고용주의 '합법적인 기업 목표(legitimate business goals)'에 부합하면 되는 — 을 원했다. 수정안은 더 많은 법률 소송과 엄청난 처벌적 손해배상의 가능성을 증가시킬 것이다. 연방 상공회의소 대변인은 "할당제는 고용주가 자신을 보호할 수 있는 유일한 방법이 될 것이다"라고 발표했다. 법무부 장관 손버그(Thornburgh)는 "대통령은 할당제를 촉진하거나 우리 사회를 인종별로 분열시키는 어떤 법안에 대해서도 거부권을 행사할 것이다"라고 말했다.

케네디 상원의원은 "「민권법」 수정안을 할당제라고 부르는 것은…… 날조된 주장이다"라는 반응을 보였지만, 할당제와 차별철폐정책은 1990년의 국회의원선거에서 정치적 쟁점이 되었다. 1985년 초 레이건의 압도적인 재선의 결과로 미시간 주 민주당 의원들은 여론조사 전문가 스탠리 그린버그(Stanley Greenberg)에게 미시간 주에서 '민주당 표의 이탈 현상'에 대해 조사하도록 했다. 그는 디트로이트 시의 백인 노동자계층이 사는 교외 지역 마콤 카운티(Macomb County) — 1964년 투표자의 74%가 민주당 존슨 후보를 압도적으로 지지했지만, 1984년 공화당 레이건 후보에게 67%의 지지를 보냈던 지역 — 에 갔다. 그동안 무슨 일이 일어났는가? 이곳에서는 그동안 '사양화된 공업지대(rust belt)'에서의 실업문제와 버스 통합, 그리고 차별철폐정책과 같은 인종 이슈가 골칫거리였다. 그린버그와 조사원들은 "백인 노동자계층은 민주당이 아프리카계 미국인들을 우대한다고 생각했다"라는 점을 밝혀냈다. 그들이 노동자들에게 "누가 푸대접을 받는다고 생각하느냐?"라는 질문에 "바로 우리들이다. 중산계층의 백인들이다. 일하는 중산계층이다. 백인만 빼고 여성, 히스패닉, 동양인들 모두가 특혜를 누리고 있지 않느냐?"라고 답변했다. 응답자 중 거의 모두가 이들의 개인적인 발전에 인종 우대가 심각한 장애물이라고 생각했다. 백인들은 자신의 지위, 약점, 실패를 백인에 대한 차별의 결과라고 설명했다. 따라서 이들은 1984년 대통령 선거에서 '레이건 민주당원(Reagan Democrats)'이 되었으며, 그 이후 계속 백인들의 이런 생각은 민주당이 가장 중요한 선거구 중 1곳에서 패배하는 요인이 되었다. 1990년 민주당 여론조사 전문가는 "우리가 포커스 그룹을 대상으로 한 설문조사 결과를 보면, 만약에 차별철폐정책에 대한 이슈가 다시 등장한다면 또다시 선거에서 질게 뻔하다"라고 말했다. 대통령은 민권에 대한 전투였던 가을의 선거유세에서 승리했다. 한 여론조사 전문가는 "대통령이 서명하는 법안은 「민권법」이고, 그가 거부권을 행사하는 법안은 할당제 법안이다"라고 썼다.

상원이 10월 민권법안을 통과시켰지만, 대통령은 며칠 후 거부권을 행사했다. 대통령은 무려 일곱 번에 걸쳐 '할당제(quota)'라는 단어를 사용하면서까지 "이 법안은 우리나라의 고용 시스템에 할당제라는 파괴적인 세력을 끌어들일 것입니다"라고 말했다. 사실 이런 선거 전술은 박빙의 경합을 벌이고 있는 전국 선거구의 공화당 후보들이 채택했던 선거 방식이 되었다. 캘리포니아 주지사 후보 피트 윌슨(Pete Wilson)은 "민주당 주지사 후보 다이엔 페인스타인(Dianne Feinstein)이 직업할당제를 선호한다"라는 광고 효과에 힘입어 간발의 차이로 승리를 거두었다. 루이지애나 주에서 전 KKK 단원이었던 데이비드 듀크(David Duke)는 상원의원 선거에서는 실패했지만, 할당제 카드를 꺼낸 효과에 힘입어 지역구의 백인 투표자 중 60%가 그에게 투표했다. 노스캐롤라이나 주에서 제시 헬름스(Jesse Helms) 상원의원은 민주당 후보 아프리카계 미국인 하비 간트(Harvey Gantt)와 대결에서 "당신은 이 직업을 필요로 하고 최고의 자격을 갖추었습니다. 그렇지만 당신은 인종할당제 때문에 누군가의 소수민족에게 양보하지 않으면 안 됩니다. 이것이 정말로 공평합니까?"라는 목소리가 들리면서 취업거절 편지를 뜯는 백인 남성을 보여주는 텔레비전 광고 효과에 힘입어 민주당 후보를 눌렀다.

공평성은 선거 유세의 이슈가 되었다. ≪비즈니스 위크≫는 "민주당은 공평성 이슈의 어두운 면을 들춰내고 있다"라고 보도하면서 "만약 부시 대통령이 본격적으로 싸움에 나서서 할당제를 지지하는 야당을 공격한다면, 민주당은 1992년의 대통령 선거에서도 패배할 것이다"라고 경고했다. 공화당 의장 윌리암 베네트(William Bennet)는 헬름스 의원의 선거 전술을 채택해 차별철폐정책에 대한 전국적인 논쟁을 요청했다. ≪뉴스위크≫는 "할당제는 1992년 대통령 선거에서 정치적 쟁점이 될 수 있다. 공화당은 윌리 호튼(Willie Horton: 1988년 대통령 선거에서 공화당 부시 후보가 민주당이 범죄와 소수민족에 대해 지나치게 관대하다는 선거 전술을 사용해 효과를 보았음 – 옮긴이)의 후속편을 물색하고 있을지 모른다"라고 보도했다.

1990년 말 ≪뉴스위크≫는 1992년의 대통령 선거를 예측했는데, "할당제를 언급하는 것은 인종과 계층을 언급하는 점잖은 방법이 될 것이다. ……할당제를 공격함으로써 부시 대통령은 본질적으로……이렇게 말할 수 있을 것이다. 만약 당신이 직장을 구하지도 못하고 승진하지도 못하거나 신입사원이 되지 못한다면 민주당을 탓하라. 그들은 중산층의 목을 조르고 소수민족 친구들에게 관직을 나눠줄 사람들이다"라고 보도했다.[18]

그러나 대통령 선거 이전 국가의 관심은 국내 정책으로부터 페르시아 걸프전으로 쏠렸다. 이라크군은 이웃 쿠웨이트를 침공했고, 부시 대통령은 동맹국과 연합해 작지만 석유가 풍부한 쿠웨이트를 해방시키려 했다. 1991년 1월 연합군은 사막의 폭풍 작전(Operation Desert Storm)을 개시했고, 이라크 독재자 사담 후세인(Saddam Hussein)은 그의 국민들에게 "모든 전쟁의 어머니(mother of all wars: 걸프전을 일컬음)"에 대항해 싸우도록 독려했지만, 연합군은 신속하게 이라크군을 물리치고 쿠웨이트를 해방시켰다. 미국 군대가 영웅이 되어 귀국했을 때, 대통령의 지지율은 90% 정도로 치솟았다.

국내 문제와 정책은 대통령의 지지율을 현실로 되돌려 놓았다. 7월 민권운동(民權運動)의 선구자이며 연방대법원 대법관 서굿 마샬(Thurgood Marshall)이 병환으로 은퇴를 발표했다. 부시는 대법관을 임명할 두 번째 기회를 맞이했다. 첫 번째는 1년 전 아이젠하워 대통령이 임명했던 윌리암 브레난 대법관이 사임을 발표했던 때였다. 브레난 대법관은 차별철폐정책과 관련해 진보 성향 편에 섰지만 부시는 민주당이 장악하고 있는 상원의원들과 혈전을 벌일 생각이 없었다. 그는 중도 보수주의자 데이비드 소터(David Souter) 연방판사를 대법관으로 지명하고 쉽게 인준을 받았다. 그러나 마샬 대법관의 은퇴는 대통령의 걸프전 후 지지율이 높기 때문에 연방대법원을 더 보수 성향으로 만들 가능성을 열어주었다. 따라서 대통령은 43세의 아프리카계 미국인으로 보수 성향의 클라렌스 토머스(Clarence Thomas)를 지명했다. 예일 법대를 졸업하고 전 EEOC 위원장을 지낸 토머스는 단지 8개월밖에 연방항소심 판사를 역임하지 않았다. 그럼에도 불구하고 대통령은 동부 메인 주 케네벙크포트(Kennebunkport)의 가족 별장에서 토머스 후보를 소개했다. 대통령은 "토머스 후보는 조지아 주에서 가난과 차별을 극복한 입지전적인 인물입니다. 이번 지명은 철저히 능력 위주로 이루어졌습니다. 토머스 판사의 삶은 모든 미국인의 모델이며, 직무에도 최고로 적합한 인물입니다"라고 설명했다.

대통령의 지명은 즉각 논란을 불러일으켰다. 민권단체에게 영웅이었던 진보 성향의 마샬과는 다르게 토머스는 "왜 흑인 미국인들이 보수적인 정치에 눈을 돌려야 하는가?"라는 제목의 연설을 했고, 그는 "정부의 적극적인 지원을 받기는커녕 오히려 적극적인 반대를 받으면서 성공했다"라고 주장했다. 그는 어떤 형태의 인종 우대에 대해서도 반대했으며, 고용 목표와 이행 시간표를 비난하면서 이것을 할당제로 명명했다. 또한 그는 고용 목표와 이행 시간표는 흑인들이 동등한 조건에서 백인들과 경쟁할 수 없다는 생각을 갖게 하는 나쁜 영향을 미쳤다고 주장했다. 그에게 있어 차별철폐정책은 사회공학(social engineering: 인간의 사회적 행동을 과학적으로 연구·분석해 사회생활상의 실제 문제를 해결하려는 학문 —옮긴이)이었다. NAACP 대변인은 "토머스 후보가 아프리카계 미국인이라는 사실이 민권 기록에 대한 매우 까다로운 심사—그해 가을 상원에서 오랜 기간에 걸쳐 진행된 청문회에서 시작된—를 피하기 위한 하나의 구실이 되어서는 안 된다"라고 말했다. 토머스 후보는 대학의 차별철폐정책 프로그램에 따라 예일 법대에 입학할 수 있었지만, 이제는 여타 소수민족에 대한 우대를 반대했다. 레이놀즈는 "토머스 후보는 차별철폐정책의 바람직한 전형을 보여주었다"라고 말했지만, 제시 잭슨 목사는 그를 "미국 역사상 가장 많은 후원을 받은 흑인"이라고 명명했다. 진보 성향의 의원들은 토머스 후보가 EEOC 위원장으로 있을 때 "문제 있는 법 집행 기록"을 갖고 있으며 직업차별로 고통받는 사람들의 불의에도 무관심했다고 주장했다. 그는 로우 대 웨이드(Roe v. Wade) 사건에 대한 연방대법원의 판결을 비난했고, 존슨 대 산타 클라라(Johnson v. Santa Clara) 판결에 대해서도 반대하면서 연방대법원이 「민권법」 제7편을 제멋대로 해석한다고 주장했다. 그럼에도 불구하고 법사위원회는 인준청문회를 개최하고 상원에서 투표하려 했다.

이런 상황에서 애니타 힐(Anita Hill)이 나타났다. FBI의 신원 조회가 진행되는 동안에 전 EEOC 직원이었으며 아프리카계 미국인 출신의 변호사인 힐은 "토머스 후보가 EEOC에서 그녀를 성희롱했다"라고 주장했다. 텔레비전 카메라가 다가갔을 때, 그녀는 토머스 후보의 여성 편력과 포르노 영화 <롱 동 실버(Long Dong Silver)>에 대한 그의 취미에 대해 자세히 말했다. 갑자기 토머스 대법관 후보의 인준은 위기에 놓이게 되었다. 오린 해치(Orrin Hatch) 상원의원이 토머스 구하기에 나섰는데, 그는 성희롱법의 광범위한 성격에 대해 비난하고 누구든지 순박한 사람의 평판을 훼손시킬 수 있다고 말했다. 힐은 자신의 발언을 변호했다. 그녀는 여성단체와 민권단체들의 열렬한 지지를 받으며 "그녀의 삶에서 가장 어려웠던 경험"을 국가에 말했다. 언론 매체들도 성희롱에 대해 집중적으로 방송하고 보도했다. 토머스 후보는 "인준 절차를 '린칭(私刑, lynching)'이라고 비난하고, 흑인이라면 누구든지 직면하게 될 가장 편협한 인종차별주의의 전형이다"라고 말하면서 혐의 내용을 부인했다. 양당의 의원들이 상원 회의장에서 서로 고함을 지르고 있을 때, 공화당의 한 보좌관이 "힐은 성희롱의 로사 파크스(Rosa Parks: 흑인 민권운동의 대모)가 되는 책을 저술하고 영화를 만들고 싶어했다"라고 주장했다. 청문회가 계속 진행되는 중에 대통령은 토마스 후보를 지원했다. "이 점잖고 명예로운 사람이 중상모략을 당했습니다."

실제 상원은 토머스 후보를 52 : 48의 근소한 차이로 인준했지만, 청문회와 인준은 부시 행정부에 상처를 입혔다. 많은 보수주의자들은 대통령이 애니타 힐의 폭로가 있은 후 지명을 철회했어야 한다고 생각했다. 많은 여성들은 대통령이 성희롱에 무관심하다고 생각했고, 그의 보좌관들은 1992년 대통령 선거에서 '성의 반격(sexual backlash)'을 걱정했다. 토머스 대법관의 임명은 토머스 후보에 대해 열정을 보이지 않은 흑인 지역사회와 부시 대통령을 갈라놓는 계기가 되었다.[19]

인준 청문회 기간에 부시는 1991년 「민권법」 수정안을 놓고 의회와 싸우고 있었다. 그해 초 민주당은 이전과 같이 차별철폐정책법을 복원할 목적으로 법안을 준비했다. 새로운 법안의 지지자들은 이 법안이 증거의 부담을 고용주에게 돌려준다는 것을 강조했다. 따라서 고용주는 차별로 비쳐지는 고용 관행을 정당화하기 위해 '업무상 필요성(business necessity)', 가령 특정 직위에 고교 졸업 여부가 필요한지에 대해 그 이유를 증명해야 한다. 법안은 1964년의 「민권법」 제7편을 수정한 것으로 소수민족뿐 아니라 종교적 소수민족, 장애인, 중요하게는 모든 여성들이 차별이나 성희롱에 대한 혐의로 고용주를 상대로 소송을 제기해 배심원 재판(jury trial)을 받게 하고 만약 승소한다면, 체불임금과 징벌적 손해배상을 지급받을 수 있게 허용했다.

성희롱이 뜨거운 이슈가 됨에 따라 민주당은 여성들로부터 표를 얻으려고 했고, 행정부는 자신의 법안으로 맞대응했다. 공화당의 법안은 고용주의 고용 관행이 '합법적인 업무상 목적'에 기초하고, 고용주가 차별하지 않았다는 것을 증명하기 더 쉽게 만드는 것이었다. 공화당의 법안은 백인 여성들이 성희롱에 대해 손해배상 소송을 제기할 수 있게 하는 방안에는 찬성했지만, 배심원 없는 재판에서 잠정적인 손해배상은 15만 달러로 제한했다. 행정부는 "이런 제한이 없다면, 법안은 일부 변호사의 노다지로 바뀔 위험이 있다"라고 주장했다. 이상하게도 법무부는 이 법안을 의회 사무실이 닫힌 저녁에 배포했다.

민권지도자회의(Leadership Conference on Civil Rights)의 랄프 니이는 "왜 그들이 저녁에 이 법안을 보여주었는지 알고 있다. 그것은 환한 대낮에서는 지지를 받지 못하기 때문이다"라고 말했다. 일부 공화당 의원들은 니이의 말에 찬성했다. 미주리 주 공화당 소속 존 C. 댄포스

(John C. Danforth) 상원의원은 새로운 법률의 제정을 위해 앞장서 싸웠는데 백악관에 편지를 보냈다. "행정부의 현재 정책은 정말로 민권의 시계를 뒤로 돌리고 있다." 그러나 다른 공화당 의원들은 반대했다. 공화당 로버트 미첼(Robert Michel) 하원의원은 민주당의 법안을 "사실상의 할당제"라고 명명했다.

≪뉴욕타임즈≫는 사설에서 "할당제 폭탄의 폭격"이라고 보도했지만, 실제로 이슈는 할당제가 아니었다. 그것은 업무상 필요와 돈이었다. 무엇이 업무상의 필요이고, 백인 여성이 차별을 증명할 수 있다면 얼마나 많은 돈을 지급 받을 수 있는가? 그것은 남성 의원들이 이 법안을 논의할 때 분명해졌고, 기업원탁회의 회원으로서 200대 대기업을 대표하는 CEO 집단은 타협안을 만들기 위해 민권 지도자들과 함께 회의를 개최했다. 행정부에게는 유감스러운 일이지만, 그들은 회의 결과에서 "할당제는 이슈가 아니다"라고 발표했다.

사실 행정부는 그릭스 판결과 워즈 코브 판결이 나온 지 18년 동안에 기업들이 고용 할당제를 채택하도록 강요받았다는 어떤 증거도 제시하지 못했다. 이에 따른 정보는 ≪비즈니스 위크≫가 시행한 대규모 설문조사에서 밝혀졌다. 1991년 ≪비즈니스 위크≫는 일류 기업의 400명 이상의 고위 임원들을 대상으로 면접과 질문을 했다. "당신의 회사는 소수민족과 여성을 고용하기 위해 할당제가 아닌 수치적 목표를 설정합니까?"에 대한 질문에 대해 40%가 '그렇다'라고 응답했고, 48%는 '그렇지 않다'라고 응답했다. 이런 응답률은 설문대상 기업들이 할당제에 기초한 고용 관행 — 설사 시행한다고 하더라도 극소수 — 을 시행하고 있지 않다는 것을 의미했다. 약 80%는 소수민족을 고용하기 위해 특별한 노력을 하고 있다고 응답했고, 단 5%는 소수민족을 위해 낮은 고용기준을 적용한다고 응답했다. 차별철폐정책이 그들의 회사에 얼마나 많은 부담을 주는가에 대한 질문에 대해 6%만이 '많다'라고 응답했다.

나머지는 '약간' 또는 '많지 않다'라고 응답했고, 응답자의 3분의 2는 이미 정부의 규칙과 상관없이 여성과 소수민족을 고용하고 있다고 생각했다. 다시 말해 이들 기업은 고용평등법을 필요로 하지 않았다. 따라서 레이건 대통령이 1980년대 초에 밝혔듯이 차별철폐정책은 미국에서 기업을 하는 데 중요한 일부분이 되었다.

대부분의 기업계 대표에게 할당제 이슈는 현실과 동떨어진 것이었지만, 지지자들은 공공 기관에서 더욱더 현실적인 문제는 '집단 내 점수 변환(within-group score conversion)'으로 보았으며, 반대자들은 '채점의 인종별 보정(race norming: 채용 시 등에 인종별 득점의 평균치를 개인 점수에 가감함 - 옮긴이)'으로 생각했다. 카터 행정부는 1980년 임기를 끝마치면서 이 관행을 시행에 옮긴 적이 있었다. 행정부 관리들이 소수민족 출신 연방 노동자와 협약을 맺어 소수민족이 전문직 및 관리직 경력 시험(PACE)을 보지 않고, 상위 직위로 승진하는 소수민족의 숫자는 신규 시험에 응시하는 숫자와 비례해 인종에 기초한 전문직종의 승진을 보장했던 때를 회고해보라. 많은 도시들과 약 40개 주는 소수민족은 평균적으로 직무관련 시험 점수가 낮기 때문에 이런 정책을 채택했다. 이런 장애물을 빠져나가기 위해 레이건과 부시 정권의 노동부는 모든 시험응시자를 대상으로 등급을 매기는 것이 아니라, 각 민족집단 내에서 노동자들의 등급을 매기기 시작했다. 예를 들어, 만약 흑인, 갈색인, 백인이 각각 500점 만점의 시험에 응시해 동일한 원점수(raw number)를 받았다고 가정하면, 노동부 고용국이 집단 점수를 기록하는데 동일한 시험 점수라도 흑인의 경우 시험에 응시한 모든 아프리카계 미국인 중 상위 백분위 20%에 들어가고, 백인의 경우 상위 백분위 40%에 위치한다. 달리 말하면, 백분위 99%를 차지하려면 백인 지원자는 405점, 히스패닉은 382점, 흑인은 355점을 얻어야 한다. 일리노이 주 출신의 공화당 헨리 하이드(Henry Hyde) 하원의원은 "그들이 시험 점수를 포기하는 것도 한 가지 방법이다. 그러나 당신이 시험 점수를 사용하려고 한다면, 점수를 속이지는 말라"라고 말했다.

시험 점수에 대한 우려가 있었지만, 이것이 새로운 민권법안의 통과를 막지는 못했다. 몇 개월 동안 갑론을박하면서 중견 정치인들은 대통령의 거부법안을 재가결할 수 있을 정도의 충분한 의회의 지지를 확보한 타협안을 도출해 냈다. 공화당 댄포스(Danforth) 상원의원과 민주당 케네디(Kennedy) 상원의원은 대통령 법률고문 C. 보이든 그레이(C. Boyden Gray)와 대통령 비서실장 존 수누누(John Sununu)와 협상했다. 수주 전 댄포스는 상원에서 논란이 된 토머스 후보에 대해 격렬한 논쟁을 벌였다. 그래서 이번에 대통령은 그의 제안을 지지하기로 결정했다. 부시 대통령은 "나는 미국 국민들에게 '이것은 할당제 법안이 아닙니다'라고 말할 수 있습니다"라고 말했다. 이것은 '민권법안(civil rights bill)'이었으며, 양원에서 압도적으로 통과되었다.

11월 대통령은 '1991년 민권법안'에 서명했다. 새 법안은 「민권법」 제7편과 장애인에게 더 많은 고용보호를 위해 제정된 1990년 장애인법(Americans with Disabilities Act)을 수정한 법률이었다. 새 법률은 '인종별 보정'을 불법화했으며 법원이 명령하는 동의 명령에 이의신청하는 것을 더 어렵게 만들었다. 1991년 「민권법」 수정안은 고의적인 직업차별로 인한 모든 피해자—소수민족만이 아닌—들은 배심원 재판을 받을 권리가 있으며, 승소할 경우 15인 이상의 고용인을 둔 기업으로부터 처벌적 및 보상적 손해배상을 받을 수 있다. 의회는 각 원고(原告)가 받을 수 있는 손해배상액의 상한선을 설정했는데 15인에서 100인까지 고용인을 둔 기업은 5만 달러, 200인까지는 10만 달러, 500인까지는 20만 달러, 그 이상의 고용인을 둔 기업은 30만 달러였다. 또한 새 「민권법」은 증거의 부담을 고용주에게 되돌려주었다. 그리고 고용주는 고용 관행이 직무와 관련되고 업무상 필요로 한다는 것을 증명해야 하는데, 이는 처음으로 불평등 효과(disparate impact) 개념을 조항에 포함시킨 것이었다. 그러나 '업무상 필요(business necessity)'란 용어는 명확하게 정의되지 않았으며 그 의미를 법정의 판단에 맡겼다. 밥 돌(Bob Dole) 상원의원은 레이건과 부시 행정부가 많은 보수 성향의 연방판사들을 임명했기 때문에 판사들이 워즈 코브 판결에서 설정된 엄격한 기준을 지지할 것이라고 생각했지만, 케네디 의원은 "새 「민권법」은 그릭스 판결에서 설정한 불평등 효과 이론을 위임했다"라고 말했다.

1991년 「민권법」 수정안은 중요했지만 혼란스러웠다. 「민권법」 수정안은 차별철폐정책에 대한 연방대법원의 보수적 다수파의 의견과 함께 레이건 행정부의 의견도 거부했다. 결과적으로 수정안은 1989년 연방대법원의 판결을 번복했다. 수정안은 법원의 동의 명령을 일부 지지하고, 징벌적 손해배상의 대상을 차별과 성희롱의 피해자에게까지 확대했다. 1991년 「유리천정법(The Glass Ceiling Act: Civil Rights Act, Title Ⅱ의 별칭. 'glass ceiling'이란 여성들의 고위직 진출을 가로막는 장애물을 뜻함 – 옮긴이)」은 위원회를 구성해 여성과 소수민족이 회사 내에서 과소대표되는 이유를 조사하게 했다. 그러나 정당들은 자신의 선거구에 적용할 법안이 필요했기 때문에 후속 법은 복잡했다. 이 법에 따르면, "불법적인 고용 관행이란, 원고 측이 인종, 피부색, 종교, 성별, 국적이 고용에 동기요인이었다는 것을 증명 — 마치 인종별 고용 우대가 불법으로 보인다 — 할 때이다"라고 규정했다. 또 다른 조항에 따르면, "개정안의 어떤 것도 법에 따른 동의 명령, 차별철폐정책 또는 화해 합의에 영향을 주어서는 안 된다"라고 규정한다.

우선 의회는 차별철폐정책에 대해 투표하고 통과시켰지만, 많은 사람들을 혼란스럽게 하는 정책에 대해서는 정의를 내리지 않았다. 기업원탁회의의 협상 대표였던 워싱턴의 한 변호사는 "이 법을 통과시키는 데 2년 걸렸는데 의회가 의미하는 것을 완전히 이해하는 10년 동안 관련

소송이 난무하게 될 것이다"라고 말했다. 대부분의 전문가들도 동의하면서 "의원들은 의회에서 뿌리 깊은 철학적 분열을 숨기려는 정치적인 시도 때문에 애매한 조항으로 의문투성이가 된 법을 제정하게 되었고, 명쾌한 해석에 대해서는 연방사법부에 과제를 주었다"라고 말했다.

부시 행정부는 혼란을 가중시켰다. 대통령은 1990년의 법에 대해 거부권을 행사했는데, 그 법이 할당제를 적용하고 인종에 기초한 고용을 촉진할 것이라는 것이 그 이유였다. 그러나 연방교육부는 인종에 기초한 대학 장학금 프로그램의 지속적인 운영을 허용했다. 대통령은 역차별에 대해서는 반대를 표명했지만, 배려조항에 대해서는 지지했다. 부시는 ― 심지어 EEOC가 성희롱에 대한 법 집행을 강화하기 시작했고, 그가 1991년 「장애인법(Americans with Disabilities Act)」을 지지하고 서명했음에도 ― 정부가 여성이나 또는 소수민족을 '보호 계층(保護階層, protected class)'으로 고려하는 것에 반대했다. 부시가 1991년 「민권법」 수정안에 서명하기 바로 전 대통령의 법률고문 C. 보이든 그레이(C. Boyden Gray)는 "인종, 피부색, 종교, 성별, 국적에 기초해 할당제, 우대, 배려조항, 여타 유사한 조치들의 사용을 위임하거나 고무하는 어떤 규정도 종료하라"는 명령을 공포했다. 이것은 본질적으로 레이건 대통령이 차별철폐정책을 폐지하기 위해 서명하겠다고 위협한 것과 같은 행정명령이었다. 그 다음날 마린 피츠워터(Marlin Fitzwater) 백악관 대변인은 "그레이 법률고문이 대통령에게 알리지도 않고 발표했는데, 이 명령은 부시 대통령이 법안에 서명하기 전에 공포되었으며, 대통령은 정부의 차별철폐정책 프로그램에 대해 지지한다"라고 발표했다. 출입기자들이 행정부의 입장에 의문을 제기했을 때, 대변인은 "분명하게 말하겠습니다. 대통령은 새로운 「민권법」과 일치하는 한에 있어서는 차별철폐정책, 우대, 소수민족 배려조항을 지지합니다"라고 발표했다.

한 언론인은 "행정부의 입장이 최근 돌변했다"라고 썼고, 또 다른 언론인은 "부시 행정부는 여전히 인종과 민권 이슈에 대해 일관된 철학을 보여주거나 분명한 목소리를 내지 못하고 있다"라고 썼다.

다른 사람들은 1992년 대통령 선거가 다가왔을 때 이런 혼란을 알아챘다. 1990년 관측자들은 부시 대통령이 1992년 대통령 선거에서 민주당을 공격하는 하나의 이슈로서 할당제를 이용할 것으로 예측했지만 빗나갔다. 공화당의 데이비드 듀크(David Duke: 루이지애나 주 출신으로 KKK 단장을 역임할 정도의 극우 강경파 - 옮긴이)와 패트릭 뷰캐넌(Patrick Buchanan) 의원은 '할당제와 소수민족, 이민자, 외국과 관련된 모든 것' 때문에 백인이 실업자가 된다고 비난했다. 이들은 경기 침체기에 공중전파를 이용해 강경한 수사(修辭)를 내뱉고 있었다. 듀크 후보의 강경한 발언이 공화당의 이미지를 더럽히자, 부시 대통령은 "그 후보는 추한 인종차별주의 전력을 갖고 있다"라고 말하면서 그를 사기꾼이라 부르고, 루이지애나 주민(州民)들에게 그를 찍지 말 것을 촉구했다. 또한 대통령은 1992년 대통령 선거의 이슈로 할당제를 이용할 그 어떤 계획도 취소했다. 민주당 소속의 한 의원은 "듀크 의원이 또 다른 윌리 호튼(Willie Horton: 1998년 대통령 선거에서 공화당의 선거 전략으로 톡톡히 효과를 본 전략 - 옮긴이) 선거 전략을 다시 사용하지 못하게 만들었다"라고 말했다. 더욱이 대통령은 1991년 「민권법」 수정안에 서명했고, 그레이 법률고문의 행정명령 공포를 철회해 중도적인 공화당원이 되었기 때문에 많은 보수적인 지지자들을 격노케 했다. ≪내셔널 리뷰(National Review)≫는 "대통령은 우리들이 원칙적으로 할당제법(quota bill)이라 해서 반대해 왔던 법에 서명했다"라는 불만을 나타냈다. 편집인들은 그레이(Gray) 대통령 법률고문을 치켜세우면서 행정부가 민권 이슈에 대해 강경한 입장을 되찾길 원했다.[20]

민권은 대통령 경선에서 뜨거운 선거 쟁점이 되지 않았다. 민주당의 대통령 후보인 전 아칸소 주지사 빌 클린턴(Bill Clinton)의 선거 본부에

나붙은 슬로건은 "문제는 경제야, 이 멍청아!(The Economy, Stupid)"였다. 경기 침체가 한창 진행 중이었다. 미국의 자동차 회사들은 적자에 허덕여 공장을 닫았다. GM은 7만 4,000명을 해고했으며 20여 개 공장의 폐쇄 계획을 발표했다. 기업들은 관리직을 해고하고 IBM이 10만 명의 종업원을 해고했을 때 '다운사이징(downsizing)'이라 명명했다. 1990년 6월부터 1992년 1월까지 400만 개 이상의 일자리가 사라졌다. 1991년 실업률은 8년 만에 가장 높은 약 8%를 기록했고, 1992년 봄 부시의 한 측근은 "우리의 모든 정치문제는 지난 20개월 동안이나 지속되고 있는 경기 침체이다"라고 시인했다. 더욱이 연간 재정 적자가 폭발적으로 증가해 이해에는 사상 최고로 2,900억 달러나 되었다. 유례가 없는 큰 적자폭은 부시 대통령이 1988년 선거공약인 "내 입술을 읽어라. 세금 신설은 없다(Read my lips. No new taxes)"를 번복하고 세금인상안에 서명해야 한다는 것을 의미했다. 부시의 세금 인상과 재정 적자는 공화당의 보수적인 지지 기반을 허물어뜨렸고 결국에는 대중의 지지를 상실했다. 대통령 선거 이전 여름의 대통령 직무수행률은 단지 29%에 불과했고 15%만이 그의 경제정책을 인정했다.

경제 침체는 클린턴 후보와 달라스의 억만장자 H. 로스 페로(H. Ross Perot)가 이끄는 개혁당에게 기회를 주었다. 두 후보는 대통령을 공격했다. 부시 후보의 선거 유세는 실수의 연속이었고 마치 선거 항해에 선장이 없는 것처럼 보였다. 반면 클린턴 후보는 지칠 줄 모르고 열정적으로 유세를 펼쳤으며 민주당 전당대회의 사회자처럼 행동했는데, 이런 것들로 결국 3자 대결에서 수위를 차지했다. 로스 페로 후보는 텔레비전 광고를 내보냈고 각종 도표를 동원해 많은 유권자들에게 국가가 파멸로 치닫고 있다는 것을 확신하게 했다. 1988년 국민의 약 60%는 미국이 옳은 방향으로 가고 있다고 생각했지만, 1992년의 가을에는 16%만이 그렇게 생각했다. 결과는 부시의 참패였는데 38%의 득표율을 기록했다. 이 득표율은 1912년 윌리엄 하워드 태프트(William Howard Taft) 대통령 이래 — 역시 3자 대결 — 재선을 노리는 대통령치고는 가장 낮았다. 페로는 투표자의 19%를 얻었고 클린턴은 공화당 지지 성향의 4분의 1 이상과 무소속의 3분의 2의 지지를 끌어 모아 대통령 선거인단 선거에서 승리했다. 그가 대통령으로 당선되면서 레이건과 부시의 보수적인 시대도 종말을 고했다.

•○•

레이건과 부시 대통령의 반격은 차별철폐정책에 영향을 미쳤다. 2명의 전임 대통령들이 수십 명의 연방판사를 임명했으며, 이 중 많은 판사들이 우대정책에 반대했다. 카터 대통령이 임명한 연방판사 중 16%가 아프리카계 미국인이었던 반면, 레이건 대통령이 임명한 아프리카계 미국인의 비율은 2% 미만으로 6명의 판사에 불과했다. 더 중요한 것은 공화당 출신 대통령들이 연방대법원에 5명의 대법관을 임명하게 됨에 따라, 연방대법원은 1954년 브라운(Brown) 판결 이후로 대법원의 역할 중 하나였던 민권보호자(civil rights protector)에서 1989년과 이후 판결에서 증명했던 것처럼 이전보다 더 인종차별 없는 방식(colorblind approach)을 채택하게 되었다. 또한 공화당 집권 기간에 민권과 고용평등법은 카터 행정부만큼 엄격하게 시행되지 않았다. 측정하기는 어렵겠지만 EEOC와 OFCCP도 1970년대 집단소송에서 차별의 개별적 피해에 대해서만 구제(救濟)하는 화해 방식과 법원 판결을 사용했다. 집단구제(集團救濟, relief for group)는 역차별로 보일 수 있었는데, 이것 역시 연방정부가 1965년과 1980년 사이 시행해 온 방식에서 변화를 나타냈다. 행정부서의 가이드라인은 공식적으로 어떤 변화도 없었지만, EEOC와 OFCCP는 비공식적으로 1970년대 내내 사용된 또 다른 기준인 고용 목표와 이행 시간표가 첨부된 계획을 유지하기 위해 회사와 계약자에 대한 압력을 줄였다.

법 집행의 첫 시기가 1969년의 필라델피아 플랜(Philadelphia plan)과 1971년의 그릭스 판결 이후 지난 10년 동안 — 기업들도 계획 수립 후 요구를 적게 받았던 — 이란 점에서 변화는 자연스러웠다. 그러나 레이건 행정부는 기업, 도시, 주가 차별철폐정책을 끝내도록 확신시키는 노력을 계속하면서 이 정책에 대해 공격을 계속했다. 부시 행정부는 강경한 입장에서 벗어나 일관된 정책을 전개 — 법적 강제성이 강화된 성희롱을 제외하고 — 하지 못했다.

또한 공화당의 레이건과 부시 행정부는 추가적인 조치를 취했다. 즉, 차별철폐정책은 할당제를 의미한다고 널리 홍보했으며, 이것은 논쟁의 초점을 변형시켰다. 할당제는 1960년대 이후 언급되었지만 일반적으로 논쟁은 인종차별을 하지 않는 '능력 중심' 대 과거의 차별을 보상하는 '인종과 성 우대'의 대결이었다. 레이건과 부시는 능력 중심을 지지했지만, 이들은 논쟁의 초점을 백인들이 이해하기 쉬운 단순한 선택, 즉 '할당제(quota)' 대 '공평성(fairness)'으로 변형시켰다.

공평성이 다시 이슈가 되었다. 한 여론조사 전문가는 "만약 민권이 할당제로 정의된다면, 선거에서 승리할 가망이 없다. 만약 민권이 차별에 대한 보호와 기회 향상을 위한 노력으로 정의된다면, 이것은 미국인의 생활에서 주류 가치로 남게 될 것이다"라고 썼다. 또 다른 전문가는 이렇게 썼다. "미국 시민의 약 10%만이 할당제에 찬성하고 10%만이 민권에 반대한다." 레이건과 부시 대통령 시기 동안 "차별철폐정책이 할당제"라고 발표한 것은 차별철폐정책에 대한 공중(公衆)의 지지를 잃게 하는 데 기여했다. 1985년 5월 응답자들에게 "과거의 차별이 있었던 지역에서 고용이나 승진에 대해 우대하는 것을 찬성하는가?"라고 질문했을 때, 42%가 '그렇다'라고 대답했고, 46%는 '그렇지 않다'라고 했다. 1990년 12월 같은 질문을 했을 때, 42%가 '그렇다'라고 대답했고, 52%가 '그렇지 않다'라고 했다. 질문이 어떻게 구성되느냐에 달려있겠지만, 1980년대 후반기 이후에는 백인 응답자의 4분의 1 미만이 대학 입학에서 우대정책을 지지했고, 20% 미만은 취업에서 우대정책을 찬성했다. 이런 점에서 공화당 정권 시기 보수주의자들은 미국 사회에서 경쟁하는 두 가지의 비전 — 개인의 능력과 기회를 위한 '열린 경쟁' 대 '특별우대와 할당제' — 을 성공적으로 묘사했다.[21]

따라서 보수주의자들의 반격은 많은 시민들의 마음속에 차별철폐정책이 할당제와 동일하다는 인식의 씨앗을 뿌렸다. 이 씨앗은 1994년 국회의원 선거에서 공화당이 승리함으로써 싹을 틔웠고, 주들이 주민투표(州民投票, referendum)를 통과시키고 연방대법원이 결정을 내렸을 때 꽃을 피웠다. 이 모든 것들은 소수의 미국인들이 여전히 공평하다고 믿는 차별철폐정책의 중요성을 감소시켰다.

5 다양성의 시대와 차별철폐정책의 종말

• ○ •

빌 클린턴(Bill Clinton)의 선거 운동 슬로건 중 하나는 "희망에서 온 사람(The Man from Hope)"이었다. 아칸소(Arkansas: '기회와 희망의 땅'을 뜻함)는 그가 태어나 자랐고 고등학교에 다녔던 곳이다. 클린턴은 조지타운, 옥스퍼드, 예일 법대를 졸업했으며, 아내 힐러리(Hillary)와 함께 아칸소로 돌아와 33세에 주지사로 선출되었다. 클린턴은 6년 후인 1984년 공화당 레이건 대통령의 압도적 재선(再選)에 충격을 받았다. 그는 조지아 주 샘 넌(Sam Nun)과 테네시 주 알 고어 2세(Al Gore Jr.)와 같은 중도적 민주당 의원들과 함께 민주당이 좌(左)에서 중도(中道)로 노선을 변경하지 않고 백인 투표자들에게 민주당에 돌아와 달라고 호소하지 않는다면, 다음 선거에서도 패배할 수밖에 없는 운명이라고 생각했다. 1년 후 클린턴은 중도파 그룹인 민주당리더십협의회(Democratic Leadership Council: DLC)의 발기인 중 1명이 되었고, DLC는 복지개혁, 범죄에 대한 더 강경한 입장, 작은 정부, 중산층의 감세, 그리고 국방력 강화를 지지하기 시작했다. 클린턴은 1991년 민주당 대통령 후보 경선에 참가를 선언했을 때, 이것들을 아젠다로 발표했으며 선거 유세 중 자신을

"신민주당원(new Democrat)"으로 소개했다. 그는 에너지가 넘친 선거운동가였으며 유창한 연설가였다. 그는 네브래스카 주 상원의원 밥 케리(Bob Kerry), 전 매사추세츠 주 상원의원 폴 쏭가스(Paul Tsongas), 전 캘리포니아 주지사 제리 브라운(Jerry Brown)의 도전을 물리쳤다. 1992년 3월 클린턴 후보는 남부의 민주당 예비선거일인 '슈퍼 화요일(Super Tuesday: 3월 첫째주 화요일)'에 1위로 부상했다. 그는 민주당 대통령 후보자 지명을 쉽게 얻고 러닝메이트로 알 고어 2세를 지명하고 백악관으로 행진을 시작했다.

1992년 클린턴·부시·페로의 3자 대결은 경제문제가 선거의 주요 쟁점이었고 민권 이슈는 뒤로 밀려났다. 민주당은 정당 강령에서 차별철폐정책을 지지했고 "단지 인종과 성별 때문이 아니라 지금은 성적 지향(sexual orientation)을 포함해 어떤 미국인들도 차별로 고통받지 않도록 하기 위해 계속 싸워나갈 것이다"라고 약속했다. 공화당은 정당 강령에 기회 평등과 모든 시민들을 위한 민권을 지지한다는 일반적인 성명만을 담았다. 클린턴 후보는 민권 이슈가 백인 노동자와 소수민족 사이에 끼어들 수 있다는 것을 알았기 때문에 가급적 언급을 피했다. 클린턴은 인종할당제(racial quotas)를 반대하고 더 많은 개인의 책임(personal responsibility)을 요구했으며, 2년 수혜 후 취업 프로그램[two years and out: 아동부양가족지원금(AFDC)의 수혜 기간을 2년으로 제한하고 취업을 통한 자활을 강조하는 사회복지계획 – 옮긴이]을 제안해 민주당이 소수민족에게 특혜를 주는 당이라는 이미지를 깨려 했다. 제시 잭슨(Jesse Jackson) 목사가 이끄는 전국무지개연합(Rainbow Coalition)에서 연설하면서 랩뮤직 가수 시스터 소울자(Sister Souljah)의 무감각한 발언과 힙합가수 아이스티(Ice-T)의 "칼킬러(Cop Killer: 방탄조끼를 뚫는 총탄이란 뜻으로 1992년 LA 폭동이 일어났을 때 경찰의 인종차별주의적 진압에 항의하는 우회적인 뜻이 담김 – 옮긴이)" 녹음에 대해 비난했다. 그는 흑인 범죄에 대해 강경하고 사형제도를 지지해 잭슨 목사와 불화가 생겼지만 백인 블루칼라(생산직 노동자)로부터 박수를 받았다. 한 백인 노동자는 "그가 잭슨과 헤어졌을 때 나의 한 표를 얻었다"라고 말했다. 부시 후보도 사형제를 지지했지만 민권 이슈는 피하면서 더 나은 경제를 약속했다. 페로 후보는 도표를 보여주며 균형예산이 필요함을 역설했다. 부시는 냉전과 걸프전에서 승리한 최고사령관으로서의 이미지를 각인시켰고, 보수주의자들은 클린턴의 인성 결함(character flaws), 엽색 행각, 베트남전쟁 병역기피를 끈질기게 물고 늘어졌다. 박식한 패트릭 뷰캐넌(Patrick Buchanan)은 공화당 전당대회에서 '동성애 생활양식'을 포함하는 좌파 문화(cultural left: 미국을 증오하고 파괴하려는 세력)와의 전쟁을 선포했다. 댄 퀘일 부통령의 부인 마릴린 퀘일(Marilyn Quayle)은 허용적인 1960년대와 그 결과로 일어난 미혼모와 마약에 대해 공격을 퍼부었다. 대부분의 유권자들은 과거 또는 클린턴의 인성에 대해 관심이 있는 게 아니라 경기 불황을 걱정했다. 클린턴은 "부시에게 4년을 더 경제를 맡긴다면, 조지아 주에서 셔먼 장군(General Sherman: 남북전쟁 당시 북군의 장군으로 교통의 중심지인 조지아 주 애틀랜타를 점령하고 주민들의 소개령을 내리고 지역의 가축, 가옥, 식량 등 도시 전체를 불태워 버림, 부시 후보에게 경제를 맡기면 그가 국가를 파탄낼 것이라는 우회적 비유-옮긴이)을 소방서장으로 고용한 것과 같다"라고 공격했다.

클린턴은 43%의 득표율을 기록했지만 캘리포니아, 뉴욕, 오하이오, 일리노이 주와 같이 선거인단 수가 많은 주에서 승리를 거둠으로써 쉽게 선거인단을 확보했다. 대통령 선거에서 민주당을 환호하게 만든 것은 루이지애나, 테네시, 조지아, 아칸소 주에서 승리함으로써 남부주를 갈라놓았다는 것이다. 클린턴은 놀랍게도 여성 투표자의 57%를 얻었고 아프리카계 미국인으로부터 약 90%의 지지를 받았는데―1988년 민주당 대통령 후보 듀카키스의 득표율보다 저조했지만―일리노이, 미시간, 오하이오, 뉴저지 주에서는 여전히 우세를 지켰다. 클린턴은 백인 투표자로부터 부시의 득표율 40%와 거의 비슷한 39%를 얻었는데 많은 의원을 당선시키지는 못했다. 민주당은 하원에서 간신히 다수당을 유지했지만 몇 석의 자리를 잃었다. 민주당은 상원에서도 여전히 다수당을 차지했다. 따라서 민주당은 1980년대 이후 처음으로 대통령을 탄생시켰고 양원의 다수당이 되었다. 이제부터 이들이 해야 할 일은 경제를 살리는 것이었다. 민주당 상원의원 다니엘 패트릭 모이니한(Daniel Patrick Moynihan)은 "오, 맙소사! 이제부터 채무는 우리 몫이 되었잖아!"라고 말했다.[1]

• ◯ •

선거 유세 동안 클린턴은 행정부의 인사정책을 "더욱 미국답게" 하겠다고 약속했다. 이것은 이전의 공화당 행정부보다 더 다양한 인사들로 채울 것이라는 의미였다. 그의 취임 연설을 보면 앞으로 10년은 보수적 비판가들이 때때로 "정치적 공정성 또는 차별 없는 표현(political correctness, PC: 여성, 흑인, 소수민족, 장애자, 즉 사회적으로 불리한 처지에 놓인 사람들의 정서나 문화를 존중하고 그들에게 상처주는 행동이나 표현을 삼가는 것 – 옮긴이)"이라 비아냥거렸던 다문화주의(multiculturalism)로 불리는 다양화의 시대가 될 것이 분명했다.

PC는 1980년대 말에 부상했다. 보수 성향의 사람들은 차별철폐정책과 함께 여성, 게이, 소수민족의 확장된 권리를 지지하는 진보 성향의 사람들에게 PC라는 이름을 붙여 주었다. 대학가에서 PC는 서구계층과 고전을 버리고 다문화적인 교육과정 — 여성, 소수민족, 비(非)유럽문화의 저작에 관한 교과목을 포함 — 을 선호하는 운동으로 나타났다. 이런 변화는 PC를 '편협함(intolerance)의 또 다른 유형' — 좌파의 매카시즘 — 으로 생각하는 대학의 전통적인 교수들을 긴장시켰다. 또한 대학가에서 PC는 인종 비방과 증오하는 언어를 금지하려는 호소였다. 1989년 스탠포드대에서 발생한 인종 사건 후 대학은 무례한 언어 사용을 금지하는 규칙을 제정했는데, 이후 2년 동안 100개의 대학에서 비슷한 규칙을 만들었다. 비판가들은 "이 규칙은 언론의 자유를 제한하는 좌파의 검열 방식이다"라고 비난했다. 1990년과 이듬해 브라운대는 인종 비방을 한 학생을 출교시켰으며, 뉴욕시립대학은 인종우월성에 관한 논평을 한 2명의 교수를 징계했다. 또한 코네티컷대는 기숙사 문에 "예비 대학생, 바보 같은 여자, 가슴에 털이 없는 남자, 호모"가 노크하면 보는 즉시 총으로 쏠 것이란 표지를 걸어 놓은 한 아시아계 미국인 여학생을 퇴출시켰다.

≪뉴스위크(Newsweek)≫는 "사상경찰(thought police)이 당신이 말하는 것을 감시한다"라는 표제를 보도했다. 1991년 PC 논쟁은 뉴스에 자주 보도되었으며, 부시 대통령도 미시간대학 졸업식에서 이 주제에 대해 연설했다.

> PC의 의미를 두고 전국적으로 논란이 많습니다. 이 운동은 인종차별주의와 성차별주의의 쓰레기를 쓸어버리려는 건전한 바람이지만, 이것이 낡은 편협을 새로운 것으로 대신하고 있습니다. 이것은 특정의 주제를 차단하고 있습니다. 정치적 극단주의자들이 미국을 누비면서 표현의 자유의 특권을 악용하고, 이들의 계층이나 인종에 기초해 시민들이 서로 적대감을 갖게 하고 있습니다. 이렇게 못살게 괴롭히는 것은 괘씸하기 짝이 없습니다.

물론 PC 논쟁에 대한 담론은 1990년 초 또 다른 유행어가 된 '다양성(diversity)'처럼 여러 해 동안 지속되었다. 다양성은 PC처럼 1990년대 갑자기 부상한 것이 아니었다. 민권운동 이전 다양성은 지리, 종교, 계층에서 다름을 의미했다. 예를 들면, "어떤 대통령은 자신의 내각을 부유한 캘리포니아 출신의 개신교 은행가, 노동자 계급의 뉴욕 출신 이탈리아계 가톨릭교, 영국계 조상을 둔 남부의 대농장주, 그리고 중서부의 제조업자로 채울지도 모른다. 모든 사람들은 한 정치인의 종교, 유산, 배경을 알고 있다." 가톨릭 신자인 존 F. 케네디가 대통령으로 선출되어 그의 내각을 제2차 세계대전에 참전한 백인만으로 채우고 단 1명의 여성도 임용하지 않았던 때가 1960년이었다. 이러던 것이 민권운동과 뒤이어 일어난 임파워먼트운동으로 모든 것이 바뀌었다. 1970년대 기업의 고용주와 대학 총장도 직장과 학생 구성 — 파월(Powell) 대법관이 박키(Bakke) 판결에서 합헌이라고 판결했던 — 에서 인종, 성별, 심지어는 민족의 다양성을 요구했다.

1980년대 다양성은 계속 부상했고 1990년대 초 강력한 사회운동이 되었다. 기업의 경영 컨설턴트는 인적자원 담당 및 차별철폐정책 담당과 함께 꾸준히 직장의 다양성이 사회적·도덕적으로 책임이 있으며, 차별과 관련된 소송을 당하지 않는 것이 창의성을 증진시키고, 미래의 글로벌 경제의 경영에도 유익하다는 의견을 주장했다. 1991년 처음으로 샌프란시스코에서 열린 전국다양성회의(National Diversity Conference)에 50여 기업과 20여 정부 기관이 참석했는데, 곧이어 서점에는 『다양한 종업원 관리(Managing a Diverse Workforce)』, 『미국의 다문화적 직장에서 이익 내기(Profiting in America's Multicultural Workforce)』, 『다양성의 이점(The Diversity Advantage)』, 『다양성에서 살아남는 관리법(Managing Diversity Survival Guide)』, 『새로운 리더(New Leaders)』라는 제목을 붙인 책들로 채워졌다. 반면, 편집 발행인들은 경영 저널과 언론 매체에 수십 편의 논문을 출판했다. ≪뉴리퍼블릭(New Republic)≫은 기업 활동에 필요한 새로운 『다양성 관리 컨설턴트』라는 책에 대한 논평에서 "다양성 산업(diversity industry)"이라 선언했으며, ≪포춘(Fortune)≫은 독자들에게 "어떻게 다양성으로 돈을 벌 것인가?"를 설명했다. ≪워킹우먼

(Working Woman)≫은 "관리 기법의 변화"를 설명했고, ≪내셔널리뷰 (The National Review)≫는 "종업원의 다양성: PC의 마지막 프런티어"를 보도했다. 또한 다양성 운동은 대학가를 강타했다. 한 학자가 "문화적 다양성이 가르치는 것에 어떻게 영향을 미칠 것인가?"라고 질문했을 때, 다른 학자는 "다문화주의는 다문화적인 사람이 가르칠 수 있다"라고 대답했다. '다문화주의의 숭배'는 상아탑에 상륙했고 학생을 교육하는 데 영향을 주었다. 전국인문학기부협회(National Endowment for the Humanities)가 역사학자들에게 미국 역사 교사용 전국 표준안을 저술하도록 위탁했을 때, 일부 사람들은 이 책이 모든 인종의 '무지개 역사'를 홍보할 것으로 기대하면서 환호했다. ≪유에스뉴스(U.S. News)≫는 "PC 선전" 또는 "미국사의 납치"라는 제목으로 편파성 보도를 했다. ≪타임 (Time)≫은 "대학가에서 다양성 논쟁이 '분리 정치학(the politics of separation)'을 만들어낸다"라고 보도했다.[2]

그럼에도 불구하고 1990년 다양성은 대세가 되었다. 민주당은 하나의 정치적 전술로서 다양성을 지지하는 것이 차별철폐정책을 인정하는 것보다 위험이 작다는 것을 이해했기 때문에, 다양성의 이슈를 소수민족이나 여성에 대한 우대가 아닌 모든 시민들의 잠재성을 이용하는 공공재(公共財)로 재정의했다. 차별철폐정책이 폭동의 원인이 되었던 반면, 다양성은 대학과 기업에서 인기가 좋아 찬사의 대상이 되었다. 1995년 ≪포춘≫ 선정 50대 기업에 대한 설문조사에서 70%는 다양성 관리 프로그램을 수립했고 16%는 프로그램을 개발하고 있고 단지 12%만이 프로그램이 없다고 나타났다. 1996년 공화당도 다양성을 지지했다. 전당대회에서 뉴저지 주지사 크리스틴 토드 휘트만(Christine Todd Whitman)은 공화당을 "다양성의 당(黨)"이라고 밝혔으며, ABC <나이트라인(Nightline)>에서 공화당 뉴트 깅그리치(Newt Gingrich) 하원의장은 "다양성이 우리의 힘이다!"라고 자랑했다. 1990년대 말 연방정부는 매년 학교 졸업장이 있거나 직장 생활 2년이 된 이주민, 그리고 미국에서 불충분한 대표성을 가진 국가 — 앙골라에서 우즈베키스탄까지, 그리고 아이러니하게도 독일, 프랑스, 아일랜드를 포함한 150개 국가 — 출신을 대상으로 "다양성 비자 추첨(diversity lottery: 미국에 이민을 많이 보내지 않는 국민들의 미국 이민을 촉진하기 위해 마련된 제도 - 옮긴이)"을 해 5만 명에게 1년 영주 비자를 주었다. 칼럼니스트 찰스 크라우사머(Charles Krauthammer)는 "1990년대 차별철폐정책이 '다양성'이란 이름으로 고쳐 불렸는데, 이것은 '인종, 성별, 민족 우대'라는 말을 중립적이고 명확히 논쟁할 수 없게 만든 완곡한 표현이다"라고 말했다.

• ○ •

대통령에 당선되고 1개월 내 클린턴은 다양성의 대세에 편승해 내각의 진용을 짰다. 경제팀은 백인 남성, 구체적으로는 재무장관 로이드 벤슨(Loyld Bentsen), 노동장관에 로버트 라이시(Robert Reich), 통상 대표 미키 캔터(Mickey Kantor), 행정관리예산국장 레온 파네타(Leon Panetta), 국가경제회의 의장 로버트 루빈(Robert Rubin), 백악관 경제자문위원회 위원장에 로라 단드레아 타이슨(Laura D'Andrea Tyson)을 지명했다. 아프리카계 미국인 출신으로는 상무장관 론 브라운(Ron Brown), 재향군인장관 제시 브라운(Jesse Brown), 농무장관 마이크 에스파이(Mike Espy), 나중에 에너지장관이 된 헤이즐 오리어리(Hazel O'Leary)를 내정했다. 클린턴은 실제 공중위생국장으로 M. 조이셀린 엘더스(M. Joyceln Elders)와 나중에 데이비드 새쳐(David Satcher)를 포함, 36명의 흑인 출신 차관급 인사들을 지명했다. 클린턴은 많은 여성을 각료로 지명했는데, 보건장관 도나 샐라라(Donna Shalala), 환경보호국장 캐롤 브라우너(Carol Browner), 법무장관 조우 베어드(Zoe Baird) 등이었다. 클린턴은 유엔 대사로 마델

린 올브라이트(Madeleine Albright)를 지명했고 그녀는 제2기 내각에서 첫 여성 국무장관이 되었다. 또한 대통령은 멕시코계 미국인 페데리코 페냐(Federico Pena)를 교통장관에, 헨리 시스네로스(Henry Cisneros)를 주택·도시개발국장에 지명했다. 클린턴의 내각에는 5명의 여성, 4명의 흑인, 2명의 히스패닉계가 포함되었다. 칼럼니스트 엘렌 굿만(Ellen Goodman)은 "클린턴은 그가 약속했던 것을 지켰다. 클린턴 내각 기념사진은 이제까지 대통령 주위에 몰려드는 사람들을 합쳐 놓은 것보다 더 다양한 미국인들의 얼굴이다"라고 썼다.

클린턴이 지명한 각료 중 2명이 사퇴했다. 법무장관으로 지명된 40세의 기업고문변호사 — 법률 경험이 적은 — 법무장관 조우 베어드(Zoe Baird)와 법무차관보 라니 기니어(Lani Guinier)였다. 클린턴은 베어드를 잘 알지 못했다. 그녀는 불법이민자를 보모로 고용하고 사회보장세를 납부하지 않았다는 사실이 알려지자 스스로 사퇴했다. 대통령 당선자는 보모문제를 해결하기 위해 독신에 아이가 없는 자네트 레노(Janet Reno)를 첫 여성 법무장관으로 지명했다. 그러나 더 논란이 되었던 것은 법무부 인권 담당 차관보로 지명된 아프리카계 미국인으로 펜실베이니아 법대 교수이면서 대통령의 예일 법대 친구 라니 기니어였다. 그녀는 학계의 법학지에 「명목상의 승리(The Triumph of Tokenism)」라는 논문을 게재했는데, 이 논문에서 그녀는 1965년 투표권법을 공격하고 의회가 소수민족을 위한 공정한 권력 분배를 하지 못했다고 주장했다. 기니어는 소수민족의 정치적 힘을 키우기 위해 '누적 투표', '소수민족의 거부권 행사', '슈퍼 소수민족'과 같은 계획으로 투표 절차의 개혁을 제시했다. 그녀의 저술이 차별철폐정책과 무관했지만, 보수주의자들은 그녀의 견해를 선거와 입법 성과에 대한 차별철폐정책으로 명명하고 그녀를 "할당제의 여왕(quota queen)", 심지어는 "미친 라니(Loony Lani)"로까지 불렀다. 한 보수주의자는 "그녀가 최근 내 기억으로 미국 정부의 가장 강경한 견해를 대표한다"라고 말했다. 일부 보수주의자들이 그녀를 변호했다. ≪네이션≫은 "보수주의자들은 역보크(reverse Borking: 레이건 대통령이 파월 대법관 후임으로 Robert Bork 예일 법대 교수를 지명했는데, 상원은 인준 과정에서 그의 보수주의적 성향에 대해 반대해 부결했을 때에 보크 후보 지지자들이 만들어낸 신조어임. '사상이나 사생활 등의 문제가 된 공직 임명자나 후보자 등을 특히 매스컴을 통해 공격한다'는 의미로 사용 - 옮긴이)의 기대로 침을 흘리고 있다. 기니어를 구하자"라고 보도했지만 소용없는 일이었다. 클린턴은 몇 개월 동안 지켜보다가 여름에 어쩔 수 없이 지명을 철회했다.

일부 언론에 따르면 클린턴이 당초 지명한 각료 중 몇 사람은 그들이 특정 성(여성) 또는 특정 인종(소수민족)이었기 때문에 문제가 되었다고 보도했다. 페미니스트들은 대통령 당선자에게 여성을 임명하라는 압력을 넣었는데, 클린턴은 12월 기자회견에서 그의 좌절감을 말하고 할당제와 수학 게임을 좋아하는 숫자나 세는 사람들을 비난했다. 그러나 대통령은 실제 할당제를 지지했다. 클린턴이 "이들은 다양한 배경을 가졌습니다. 우리 모두는 그 다양성 때문에 더 나아지고 더 강해질 것입니다. ……저는 이 내각과 피임명자들이 미국에서 최고를 대표한다고 믿습니다"라고 말했다.3)

클린턴은 그의 행정부, 심지어는 연방판사직에 소수민족과 여성을 임명하면서 민권에 대해서는 자신을 내세우지 않는 안전한 전략을 채택했다. 신임 대통령은 아프리카계 미국인에게 인기가 높았지만, 그의 특별한 강점 때문에 여성과 중산층 백인 유권자들의 지지까지 받았다. 대통령의 여론조사 담당 스탠리 그린버그(Stanley Greenberg)는 1985년 디트로이트 시 교외의 노동자계층 거주지에서 포커스 그룹을 대상으로 조사했는데, 이들은 민주당이 아프리카계 미국인을 우대는 하지만 돕지는 않는다고 생각하고 있었다. 그래서 클린턴은 그의 민권옹호 선언이 백인 남성들의 약간의 지지조차 잃을 수 있다는 사실을 잘 알고 있었다. 대신, 그는 「가족휴가법(Family Leave Act)」, 북대서양자유무역협정(NAFTA: 미국, 캐나다, 멕시코 3국이 관세와 무역장벽을 폐지하고 자유무역권을 형성함. 유럽공동체를 능가하는 경제권임 – 옮긴이), 「브래디법(Brady Bill: 1981년 레이건 대통령 저격 사건 때 공보 담당 비서관으로 중상을 입어 평생 휠체어 신세가 된 James Brady의 이름을 딴 법으로 총포류 구입 시 7일간의 대기 기간을 규정함 – 옮긴이)」, 공격 무기 금지, 부자와 기업에 대한 증세(增稅), 건강보험정책을 통과시키는 데 에너지를 집중했다.

대통령의 민권에 대한 첫 언급은 많은 사람들을 깜짝 놀라게 했는데, 이것은 게이를 제외한 인종이나 성별이 아니었기 때문이었다. 선거 유세 중 클린턴은 게이 거주 지역을 방문해 이들에 대한 차별을 완화할 것이라고 약속했고, 게이들은 보답으로 클린턴에게 투표했다. 미국에서 게이와 레즈비언 운동은 20년 전부터 급속하게 팽창했다. 1991년 ≪포춘≫은 "동성애가 — 한때 경력을 파괴하는 비밀 — 주식회사 미국(corporate America)에서 모습을 드러내고 있다"고 보도했다. 게이들은 리바이 스트라우스(Levi Strauss), 제록스(Xerox), 유에스 웨스트(US West), 로터스(Lotus Development)와 같은 진보 성향의 기업에서 자신들의 단체를 결성했다. 동성애 옹호주의자들은 직장에서의 관용 — 조롱 받지 않고 무시당하지 않고 해고당하지 않는 것 — 을 원했고 이성애자들이 누리는 혜택, 대개는 배우자에 대한 건강보험을 요구했다. 이들은 직업을 원하는 것이 아니었다. 전문직에 종사하는 한 게이는 "우리는 차별철폐정책을 필요로 하지 않는다. 우리는 이미 그것을 달성했다. 우리는 우리 자신을 보여줄 자유를 필요로 한다"라고 말했다.

더욱이 에이즈(AIDS)가 게이 사회의 전염병이 됨에 따라 고용주들은 감염된 노동자들을 해고했다. 캘리포니아 주를 비롯한 일부 주에서는 게이차별금지법을 통과시켰다. 할리우드는 에이즈에 관한 이색적인 영화 <필라델피아(Philadelphia: 동성연애자인 변호사가 부당 해고한 회사를 상대로 법정 투쟁을 벌이는 이야기 - 옮긴이)>를 제작했으며, 언론 매체들이 텔레비전 특별 프로그램을 방송하고 기사를 싣는 등 게이 고용인들을 집중 부각시켰다. ≪비즈니스위크(Business Week)≫는 석유 회사 쉘(Shell)에서 근무하는 한 전문직 남성 사원이 회사 컴퓨터를 사용해 게이 파티에 초대장을 보낸 사실이 밝혀지기 전까지 그가 얼마나 모범적인 회사원이었는지에 대해 보도했다. 쉘이 그를 해고했을 때, 그는 캘리포니아 주 법에 따라 제소하고 승소했다. 판사는 쉘의 해고행위를 "파렴치하다"라고 판시했다. ≪포춘≫은 "회사에서 동성애자는 중요하고 재능도 있는 남성과 여성의 희귀한 집단이다. 이들은 간섭 받지 않고 이들 나름의 삶을 살고 싶어하며 직장을 '동성애자의 권리(gay rights)'를 위한 미래의 프런티어로 만들고자 한다"라는 한 레즈비언의 말을 인용한 기사를 보도했다.

사실 게이와 레즈비언 또는 성전환자에 대한 차별을 금지하는 연방법이 없었는데, 많은 전문가들은 이들이 전체 노동력 중 약 10% 정도를 차지한다고 추정했다. 거의 모든 주에서 이들에 대한 차별은 합법적이었다. 수년 동안 게이 운동가들은 「민권법」이 인종, 피부색, 종교, 성별, 국적, 그리고 나중에 연령과 장애인을 보호 대상에 포함한 것처럼, 「민권법」의 수정안에 '성적 지향(sexual orientation)'을 추가해 이들을 국가적으로 보호하도록 로비를 벌였다.

의회가 관심을 두지 않았지만 국방부 일부 관리들은 전문가를 위촉해 군에서 게이와 관련된 연구를 수행하도록 했다. 연구 결과에 따르면 군복을 입은 게이와 레즈비언은 이성애 군인보다 안전에 있어 위험이 높지 않고 이들을 훈련·제대시키는 것이 큰 인력 낭비인 것으로 나타났다. 따라서 많은 야전 지휘관들은 게이 성행위에 대해 크게 우려하지 않았다. 여성 군인이 더 많은 군대에서 지휘관들은 참호에서만큼은 섹스 금지를 원했다.

대통령 직무를 시작하고 1주일 후 군 최고사령관인 클린턴은 게이에 대한 전 군(全軍)의 차별 금지를 발표했다. 클린턴의 발표는 사회의 보수주의자들, 토크 쇼의 사회자, 수년 동안 게이의 생활양식을 비난했던 텔레비전 복음 선교사들뿐 아니라 조지아 주 출신의 상원군사위원회 샘 넌(Sam Nunn) 위원장 같은 영향력 있는 정치인, 콜린 파월(Colin Powell) 합참의장을 비롯한 영향력 있는 장군들, 그리고 국방부와 의회의 많은 사람들로부터 거센 항의를 불러일으켰다.

대통령은 발표를 철회하고 군 수뇌부와 논의 후에 "묻지도 말하지도 말기(don't ask, don't tell: 동성애자가 군 내에서 동성애 활동을 하지 않고 자신의 성적 성향을 드러내지 않으면 계속 복무를 허용하는 정책 – 옮긴이)"라는 타협안을 채택했는데, 게이 지지자와 군 내에서 게이를 반대하는 대부분의 시민들을 동시에 실망시켰다. 대통령 직무 시작 한 달 후 클린턴의 지지도는 미끄러지기 시작했으며 첫 100일 째 되는 날 여론조사 결과를 보면, 응답자의 70%는 국가가 잘못된 방향으로 가고 있다고 생각했다.

행정부는 손발이 잘 맞지 않아 요란한 소리를 냈다. 민권 관련 인사 역시 마찬가지였다. 6월 대통령은 유명한 워싱턴 D.C. 검사장(city attorney) 존 페이튼(John Payton)을 법무부 민권 담당 차관보로 생각했지만, 그가 이전 선거에서 투표권을 행사하지 않았다는 것이 알려지면서 많은 단체에서 그에 대한 지지를 취소하자 결국 대통령도 지명을 포기했다. 1년 후 클린턴은 여전히 법무차관보나 EEOC 위원장을 임명하지 않았다. 여성단체와 민권 지도자들이 임명을 촉구하고 나섰다. 직무 시작 13개월 만에 대통령은 아프리카계 미국인 다니엘 패트릭(Daniel Patrick)을 법무차관보로 지명했는데, 클린트 볼릭(Clint Bolick) 같은 보수주의자는 증빙 자료도 없이 그를 "숨겨놓은 기니어(stealth Guinier)"로 명명하고 반대했지만 1994년 6월 쉽게 상원 인준을 받았다.

행정부는 또한 EEOC 위원장을 지명하는 데도 매우 느리게 움직였다. 대통령이 처음 매사추세츠 주 차별반대위원회 위원장 알렉스 로드리게즈(Alex Rodriguez)를 지명했지만, 여직원이 그를 성희롱 혐의로 제소하자 지명을 취소했다. 다른 긴박한 이슈로 갈피를 잡지 못한 대통령은 레이건 전 대통령이 지명했던 토니 갈레고스(Tony Gallegos) 위원을 직무대행으로 임명했다. 이것은 민권 지도자들에게 거부감을 일으켰는데, 갈레고스가 1980년 레이건의 캘리포니아 민주당과 무소속을 이끌었기 때문이었다. 또한 레이건 대통령이 임명한 부위원장도 유임시켰다. 임기 시작 1년 반 만에 대통령은 필라델피아 출신의 노동법 전문 변호사(41세)인 지버트 카셀라스(Gibert Casellas)를 위원장으로 지명했다. 그는 클린턴 대통령이 당선되고 거의 2년이 되는 10월에 취임했다.

카셀라스가 실권을 잡을 때 쯤 EEOC는 약 9만 7,000건의 소송이 누적되어 정신을 차리지 못할 지경이 되었는데, 이 같은 숫자는 1년 전보다 2만 4,000건이 더 많고 1990년과 비교하면 2배 이상이 많았다. 카셀라스가 법적 강제를 강화했지만, EEOC 예산은 국가의 경제문제 때문에 삭감되었다. 조사관이 사건 1건을 맡을 때까지 19개월을 기다려야 했는데, 이는 1990년에 비해 2배의 시간이 더 걸렸다. 카셀라스는 이런 결과 때문에 "EEOC는 본질적으로 공중(公衆)의 신뢰를 상실했다. ……판결도 재판도 거부되었다"라고 말했다.

반면, 행정부는 민권문제를 놓고 씨름했다. 1993년 법무부는 1991년 「민권법」 수정안(「민권법」 제7편과 장애인법 수정안으로 차별 기업에 대해 처벌적 및 보상적 손해배상을 청구하고 차별의 증빙을 고용주가 하도록 함)에 대한 부시 전 행정부의 입장에 반대하고 오히려 모든 차별 사건의 소급적용— 연방대법원이 8 : 1로 부결— 을 지지했다. 사실 행정부는 연방통신위원회 자격 입찰에서 여성과 소수민족을 우대했고, 교육부는 소수민족 학생들에게 '과거 차별의 교정'이라는 명목으로 장학금을 지원했다. 1994년 행정부는 마침내 차별과 차별철폐정책에 대한 정책을 증명해 ― ≪비즈니스위크≫는 "조용한 날벼락(quiet crackdown)"이라고 보도 ― 보이기 시작했다. 연방민권위원회(U.S. Commission on Civil Rights)는 월스트리트 기업들의 소수민족에 대한 형편없이 낮은 고용에 대한 청문회를 개최했다. 법무부는 소수민족에 대한 은행의 부당 대출에 대한 단속을 강화했다. EEOC는 '장애인' 구성 요건에 대한 가이드라인을 공포하고 편견분쟁의 해결을 위해 독립적인 중재자를 고용해 신속하게 분쟁을 해결했다. 노동부는 연방 계약자의 민권 기록을 면밀히 조사했는데 실제 성차별 혐의가 있는 허니웰사(Honeywell: 중장비 및 항공우주산업장비 제조업체)와 합의에 도달했다. EPA(환경보호국)는 '환경 정의(environmental justice)' 프로그램을 새로 도입해 기업들이 다른 지역보다 가난한 소수민족 거주지에 더 많은 오염물질을 방출하지 못하도록 했다.

그러나 더 뉴스 가치가 있었던 것은 샤론 택스만(Sharon Taxman) 사건이었다. 그녀는 뉴저지 주 피스카터웨이(Piscataway)의 백인 교사였는데, 1989년 교육위원회가 교사 구성원의 다양성을 유지할 목적으로 평가와 근무 연수가 동일한 흑인 동료 교사 대신 그녀를 해고했다. 학교는 소수민족이 50%를 차지했고 10명의 상업과 교사 중 1명만이 아프리카계 미국인이었다. 택스만은 역차별과 「민권법」 제7편의 위반을 주장하면서 소송을 제기했다. 그녀는 부시 행정부의 지지로 연방지방법원에서 승소했지만, 클린턴 행정부는 같은 자격이라면 백인보다 소수민족의 계속 고용을 정당화하기 위해 차별철폐정책을 사용할 수 있다고 주장하면서 연방정부의 지지를 번복하고 항소했다. 택스만은 나중에 재고용되었다. 클린턴 행정부의 행위는 민권 옹호자들의 환호를 받았지만, 비판가들에게는 경각심을 불러일으켰다. 보수 성향의 한 교수는 "행정부가 최고의사결정자에게 기관총을 주어 봉급을 많이 받는 중년 백인 남성을 몰아낸다"라고 주장했다.

이것은 과장된 표현이었는데 클린턴 행정부의 입장은 차별철폐정책에 대한 논쟁을 피하려 했기 때문이다. 1994년 10월 기자회견에서 한 기자가 대통령에게 택스만 사건에 대해 질문했다. 대통령은 이 사건을 다양성을 촉진할 수 있는 "매우 제한적인 사건"으로 부르면서 차별철폐정책에 대한 직접적인 발언을 자제했다.[4]

클린턴은 1994년 국회의원 선거 이전에는 차별철폐정책에 대해 비켜가기로 했다. 일부 백인 남성들은 행정부에 실망하고 민주당이 이들보다는 게이와 소수민족을 지지한다는 생각을 하게 되었다. 더욱이 경제는 아직도 침체와 높은 실업률에서 헤어나지 못하면서 많은 사람들이 자신들을 희생자로 생각했다. 찰스 사이크(Charles Sykes)는 "미국 사회에서 희한한 일이 발생하고 있다. 미국인의 생활은 점차 '나는 희생자다(I am a victim)'라는 슬픈 주장으로 묘사되었다"라고 썼다.

• ○ •

매체들은 프라임 타임에 고소와 소송에 대한 화제를 집중적으로 다루면서 이런 견해들을 부풀렸다. 부분적으로 1991년 「민권법」 수정안, 1990년 장애인법, 고령근로자보호법이 제정된 결과 EEOC 사법관할권이 확장되었고 역사상 가장 많은 고소와 소송을 기록했다. 고소 사건 중에는 심각한 사안도 많았지만, 1994년 EEOC는 "60%는 증거불충분으로 기각했고, 25%는 고소 취하, 협조 거부, 고소인 확인 불명으로 조사를 중단했다"라고 발표했다. 약 12%는 회사의 공식적 차별 혐의가 없는 경우를 제외하고 고소인인 노동자에 유리하게 해결되었다. 놀랍게도 단 3%만이 화해나 법원에서 합법적으로 개입할 충분한 증거가 있었다. 불행하게도 많은 고소는 불합리했으며 심각하게 고려할 만한 사안도

되지 못했다. 몸무게가 640파운드(약 290kg) 나가는 도날드 카이스터 (Donald Keister)는 볼티모어 시가 비만을 장애로 취급하지 않는 것이 위헌이라고 주장하고 시 계약 입찰에서 우대 지위를 인정해 달라고 하면서 시를 상대로 소송을 제기했다. 시카고의 한 남성은 맥도날드사의 식당 좌석이 60인치(약 152cm)인 자신의 허리와 엉덩이가 앉기에 충분히 크지 않다는 이유를 들어 회사가 연방법을 위반했다고 고소했다. 메디슨 (Madison)의 남성단체는 지역 술집이 '여성들의 밤(ladies' nights: 매주 한 번 여성에게 무료 입장과 술값을 깎아주는 행사)'에 남성이 아닌 여대생에 게 무료로 첫 번째 맥주를 제공한 것이 성차별에 해당한다며 소송을 제기했다. 국세청 직원인 아프리카계 미국인 트레이시 워커(Tracy Walker)는 피부가 짙은 검정색인 그녀의 흑인 상사가 그녀의 형편없는 직무 성과 때문이 아니라 그녀의 엷은 피부색 때문에 해고했다고 주장하 면서 소송을 제기했다. 언어장애가 있는 브라이안 드럼먼드(Bryan Drummond)는 한 건강관리단체가 그를 대변인으로 채용하지 않았을 때 소송을 제기했다. 흑인 성전환자인 리셉션리스트 패트리시아 언더우 드(Patricia Underwood)는 고용주가 그녀의 '개인적인 외모'와 '남성적인 기질' 때문에 해고했다는 이유로 소송을 제기했고, 버지니아 주의 한 여성은 그녀의 '짙은 콧수염' 때문에 해고되었다고 주장했다. 딜라드백 화점(Dillard's)의 화장품 가게에서 일하는 한 남자는 판촉대회—상품은 화장품과 향수—에서 차별받았다고 주장하면서 EEOC에 고소했다. 시 카고에서 남성들은 후터스(Hooters)—꽉 끼는 티셔츠와 핫팬츠만을 입은 웨이트리스로 명성이 높은 체인 레스토랑—의 고용 관행으로 차별받았다 고 주장하면서 소송을 제기했다. EEOC가 조사하기로 했을 때 회사는 기자회견을 열고 100개의 후터스 체인 레스토랑 여직원들과 함께 "후터 스 직원으로서 남성들, 얼마나 꼴불견인가!"라고 적힌 표지를 들고 시위 했다. 그리고 보스턴에서 8명의 남성들은 제니 크래이그 체중감량회사

(Jenny Craig Weight-loss organization)를 고소했는데, 그들은 육체노동을 하도록 요청받았고 사무실에서 누가 결혼하고 누가 임신했고 어떻게 임신하는가에 대한 '여자들의 수다'에 진저리가 났다고 주장했다. 이들은 홍보회사를 채용해 소송을 제기했는데 이런 얘기들은 CBS의 <디스 모닝(This Morning)>, <엔터테인먼트 투나잇(Entertainment Tonight)>, <투데이 쇼(Today Show)>에 등장했고 ≪월스트리트 저널(Wall Street Journal)≫에도 보도되었다. 제니 크래이그 에잇(Jenny Craig eight)이 재판을 기다리고 있을 때, 여성 저널리스트들도 할 얘기가 있었다. ≪타임≫의 마가렛 칼슨(Margaret Carlson) 기자는 "여성들이 남성 성기에 대한 농담을 듣고 수십 년 동안 커피를 만들 때, 남성들은 푸쉬업 브라(push-up bras: 가슴의 모양이 좋게 보이고 더 크게 보이도록 하기 위해 가슴을 위로 올려주는 브라 − 옮긴이)에 대한 농담을 듣고 무거운 상자를 들어주도록 요청받은 것이 승소(勝訴)하는 데 도움이 된다고 믿는다"라고 썼다.

저널리스트 존 레오(John Leo)는 "고소 사건이 많은 과민한 사회는 선거구를 분개(憤慨, resentment)로 살아 있게 한다"라고 말했다.

분개는 1994년 '화난 백인 남성' 단체의 형태로 나타났다. 이 단체는 여러 해에 걸쳐 부상하고 있었는데, 1990년 사회학자 프레드릭 린치(Frederick Lynch)는 "미국에서 잠자고 있는 정치세력 중 하나는 젊은 노동자 계층과 중산층의 백인 남성 가운데 점점 커지는 불만의 감정이다"라고 말했다. 이들 남성 중 많은 사람은 대학을 졸업하지 못했고 경기 침체로 피해를 입었으며, 글로벌 경제에서 봉급이 높은 직장을 구하기 위해 치열한 경쟁을 걱정하는 사람이었다. 이들은 여성과 소수민족에게 경제적·정치적 파워를 빼앗기고 일하는 부인에게 가족의 권위를 잃었다고 생각했다. 린치는 "여론조사, 신문 보도, 사회학적 연구 결과에 따르면 백인들이 차별철폐정책으로 좌절감을 느끼고 불공평하게 희생되었다고 생각한다"라는 점을 지적했다.

이런 감정은 백인 남성들이 소수민족, 이민자, 복지, 그리고 우대에 대해 자신들의 분노를 표출할 때 증폭되었다. 한 백인 건설업자는 "모든 흑인들이 소리 질러대는 것처럼 '우리 백인들도 원한다. 우리도 원한다'……우리의 세금이 아이들을 갖기 원하는 사람에게만 사용되길 원한다. 이들이 돈을 타먹기 위해 아이를 가졌는지에 대해서는 관심없다"라고 말했다. 칼럼니스트 안소니 루이스(Anthony Lewis)는 루이지애나 주의 많은 백인들이 주의원과 주지사에 출마한 데이비드 듀크(David Duke: 루이지애나 주 출신으로 KKK 단장을 지낸 극우 보수 강경파)에게 왜 투표했는지를 조사했을 때, 그는 듀크가 상당 부분 민족 감정을 건드렸다는 점을 지적했다. 뉴욕 출신의 대졸자인 한 백인 남성은 칼럼니스트 루이스(Lewis)에게 "듀크 후보가 인종할당제로 혜택을 받으면서 생활보조금을 타먹는 엄마들(welfare mothers)에 대해 갖고 있는 우리의 깊은 분노를 대표했기 때문에 그를 지지했다"라는 내용의 편지를 보냈다. 차별철폐정책을 할당제로 명명한 것은 큰 타격을 주었다. ≪뉴스위크≫는 "소수민족과 백인 여성들이 정부가 보호하고 할당제로 연료를 태우는 돈벌이가 괜찮은 기차에 올라탔다. 이것은 차별철폐정책이 백인 남성을 차별하는 수단을 제외하고는 더 이상 소수민족에 대한 차별을 제거하는 도구가 아니라는 뿌리 깊은 감정을 불러일으켰다"라고 보도했다.[5]

특히 대학이 '다양성의 목표물'처럼 공개적으로 광고될 때, 백인 남성 대학원생들과 교수들도 비슷한 감정을 갖고 있었다. 예를 들어, 캘리포니아주립대(노스리지)는 유자격의 소수민족 교수 후보자를 구하는 학과 몫으로 교수직을 떼어놓았고, 역시 캘리포니아주립대(새크라멘토)도 흑인, 아시아계, 히스패닉계, 아프리카 인디언의 '기회 평등 교수(opportunity appointments)' 몫으로 기금을 할당해 놓았다고 발표했다. 학자들은—이런 교수직도 모든 납세자가 조성한 세금으로 운영되고, 이런 식의 고용 관행이란 대부분 1964년 「민권법」 제7편에 위배됨에도 불구하고—이들 교수직에서 백인 남성들을 제외시켰다는 것을 안다. 이런 정책의 결과는 정치학 교수 로버트 와이스버그(Robert Weissberg)가 명명한 '집시학자(gypsy scholars)'—3류 대학의 임시직으로 끊임없이 옮겨 다니는—의 양산을 초래했다. 반면, 흑인, 히스패닉, 여성 교수 후보자들은—이들 중 제대로 자격을 구비하지 않은—가장 좋은 조건을 제시하는 캠퍼스로 옮겨 다니면서 전국적으로 여행을 한다. 와이스버그는 "백인 남성들이 황당해하는 것은 이들이 차별 한 번 해본 적 없는데 이제 와서 차별을 당한다고 느끼기 때문이다. 차별철폐정책을 통한 불평등한 고용은 화난 젊은 백인 남성들이 대부분을 차지하는……위험한 고학력자들을 만들어내고 있다"라고 말했다.

캠퍼스에서 이런 견해를 주장하고 발표하는 것은 분명히 PC가 아니다. 한 종신직의 사회학 교수는 "다양성 고용에 대한 논쟁이 이성의 속삭임을 일축하는 도덕적인 자기 표현과 반대 고소(反對告訴: 피고소자가 고소자에 대해 같은 혹은 다른 범죄를 범했다고 해 행하는 고소-옮긴이)의 멜로드라마가 되기 쉽다"라고 썼다. 교수이면서 남성복 가게 운영자이도 한 와이스버그 교수는 흑인 매니저, 여성 매니저, 히스패닉 판매원, 여성 회계원을 채용하고 종업원 중 1명에게 가족 휴가를 주어 '미스 미국 게이 야외 행렬(Miss Gay USA Pageant)'에 참가하게 했다. 그는 다양성에 대한 대학 동료들의 견해와는 생각이 달랐기 때문에 "동료들은 이런 일에 전혀 개의치 않는다. 나는 인종차별의 사탄, 즉 대단히 무감각한 사탄으로 남겠다"라고 말했다.

실제 전국적으로 역차별의 사례를 파악하기란 어렵다. 아프리카계 미국인 로저 윌킨스(Roger Wilkins)는 '역차별'이라는 용어의 사용을 비웃었다. "미국에서 백인으로부터 일자리를 빼앗아올 수 있는 유일한 곳은 미국농구협회(National Basketball Association: NBA)뿐이다"라고 노발대발했다. 실제 역차별에 해당하는 숫자를 보면 경미하다. EEOC는

"차별 혐의 중 백인 남성이 제기한 건수는 2% 미만—연령차별 소송을 이용하는 것에 수치심도 느끼지 못하는—에 불과했다"라고 밝혔다. 한 연구자에 따르면 1990년에서 1994년까지 연방법원이 접수한 3,000건 이상의 차별 혐의 소송에서 100건 미만이 역차별과 관련되었고, 이 가운데 단 6건만이 혐의가 인정되어 배상을 받은 것으로 밝혀졌다. 고소 사건 가운데 다수는 이미 취업한 여성이나 소수민족보다 자격이 미달되는 구직 탈락자들에 의해 제기되었다.

그럼에도 불구하고 역차별에 대한 인식은 1994년—클린턴 행정부가 정치적 곤경에 빠졌던 해—많은 백인 남성들의 마음속에 자리잡고 있었다. 클린턴은 신(新)민주당 정책이 많은 구(舊)진보민주당원—NAFTA를 반대한 노조원, 과거 형태의 복지를 끝내고자 하는 대통령의 생각을 달갑지 않게 생각한 가난한 사람들, 사형제 지지에 대해 당황한 시민자유주의자들—을 화나게 한 소수민족의 대통령이었다. 중산층 선거구민들에게 도움이 되는 클린턴의 건강의료계획은 의회에서 통과되지 못했고, 대통령이 직장의 여성과 소수민족에 대해 침묵하면서 군대의 게이에 대해 언급했을 때 많은 다른 지지자들을 화나게 했다. 그리고 대통령을 비난하는 보수 성향의 적들은 그가 백악관에 입성하자마자 공격의 포문을 열었다. 이들은 송무실장(Solicitor General)이 아동 포르노그래피에 관대하다고 주장하고, 클린턴이 대통령이 되기 10년 전 아칸소 주에서 있었던 토지구입계획, 즉 화이트워터와 관련된 부패혐의를 주장했다. '화이트워터' 혐의에 대한 조사를 담당한 3인의 재판부(three-judge panel)는 케네스 스타(Kenneth Starr)를 특별검사로 임명했다. 그런 다음 1994년 2월 보수 성향의 잡지 ≪아메리칸 스펙테이터(American Spectator)≫는 폴라 존스 (Paula Jones)를 소개했다. 폴라는 "클린턴이 1991년 말 그녀에게 성적 구애를 했다"라고 주장했다. 클린턴은 그녀가 주장하는 혐의를 부정하고 만났던 사실 자체를 기억하지 못했다. 그녀는 클린턴의 사과와 함께

70만 달러를 요구했다. 폴라의 스토리와 대통령의 인성문제는 수년 동안 뉴스에서 다뤄졌다.

러시 림바우(Rush Limbaugh) 같은 보수 성향의 토크쇼 진행자와 심야 텔레비전 사회자들은 고기가 물을 만난 듯 대통령을 마음껏 갖고 놀았다. 예를 들어, 제이 레노(Jay Leno)는 이런 식의 농담을 했다. "클린턴 대통령이 하야(下野)하도록 위협하는 강력한 세력들이 있다고 합니다. 그것이 무엇인지 압니까? 그것은 호르몬입니다."

1994년 늦은 여름 중간선거가 임박했을 때 클린턴의 지지도는 40%로 떨어졌고, 하원 공화당 원내총무 뉴트 깅그리치는 대통령을 공격할 둘도 없는 기회를 잡았다. 과장법에 익숙한 역사학 박사 깅그리치는 클린턴을 20세기의 가장 좌파적인 대통령으로 불렀다. 그의 말은 웃어 넘길 일이지만, 깅그리치는 1994년 선거에 대해 더 현실적인 감각을 가졌다. 여름에 깅그리치와 공화당 의원들은 '미국과의 계약(Contract with America)'을 선언했다. 계약은 차별철폐정책과 같은 인종 이슈나 낙태와 학교에서 기도와 같은 사회적으로 민감한 이슈를 현명하게 피해 가면서, '책무', '책임', '기회'라는 핵심적인 원칙을 발표하고 화가 난 백인 남성들을 대상으로 했다. 구체적으로는 자본 이득에 대한 감세, 공직자 임기 제한, 예산안 개별 항목 거부권, 균형예산 수정안과 함께 미혼모에게 복지 혜택을 제한하는 「개인책임법(Personal Responsibility Act)」, 법 집행을 강화하고 도시에서 범죄를 줄이는 「우리의 거리 되찾기 법(Take Back Our Street Act)」, 더 강력한 아동 포르노그래피 금지조항을 담은 「가족강화법(Family Reinforcement Act)」을 포함했다.

클린턴이 허우적거리는 동안 공화당은 국회의원 선거에서 미래에 대한 비전을 제시하며 — 소수민족의 투표 참여율이 낮았지만 — 압승을 했다. 선거 후 ≪워싱턴 포스트(Washington Post)≫는 "화가 난 백인 남성은 최근 공화당과 한패가 되었다. 이들은 어울리지 않게 공화당에 투표함으로써 미국의 정치 지형을 바꿨다. ……과거 이들은 민주당 지지자였다"
라고 보도했다. 백인 남성들은 무리지어 투표했는데, 이들 중 62% 이상
이 공화당을 선택했고, 하원에서 74명의 공화당 초선의원이 당선되어
1952년 이후 처음 공화당이 연방의회를 장악하게 되었다(상원에서 민주
당 47석, 공화당 53석, 하원에서 민주당 204석, 공화당 230석). 깅그리치는
하원의장으로 선출되었고 밥 돌(Bob Dole) 의원이 상원 다수당 원내대표
가 되었다. 또한 공화당의 압승은 주에게도 함축적인 의미가 있었다.
캘리포니아 주에서 투표자들은 불법이민자에게 복지와 기타 사회적
혜택을 주지 않는 제안 제187호(Proposition 187)를 통과시켰다. 뉴욕
주에서 인기 높은 주지사이면서 식자(識者)들이 차기 대통령 후보로 거론
한 마리오 쿠오모(Mario Cuomo)도 패배했으며, 텍사스 주지사 앤 리차드
(Ann Richards)도 정치신인 조지 W. 부시(George W. Bush)에게 패배했다.

　한 논평자는 공화당의 연방의회 장악을 "레이건 대통령의 과업 완수"
와 "루스벨트 대통령의 뉴딜정책 종말"로 명명하면서 선거의 의미를
부여했다. 다른 사람들은 "클린턴도 카터와 부시 대통령처럼 단임 대통
령이 될 운명이다"라고 생각했다. 식자들도 "차기 대통령 선거에서 클린
턴이 여전히 후보가 될 것인가? 또는 신민주당원(New Democrat)이 뉴트
깅그리치식 민주당원(Newt Democrat)으로 재집권할 수 있을 것인가?"에
대해 회의적이었다.[6]

　신임 상원 법사위원장 오린 해치(Orrin Hatch) 의원은 공화당의 국회의
원 선거 압승에 힘입어, "행정부의 민권 아젠다를 재검토하고 법무차관
보 데발 패트릭(Deval Patrick)에게 청문회에서 증언해 줄 것을 요청할
것이다"라고 말했다. 패트릭 차관보는 "해치 의원님, 의원님이 저를

찾는다는 것을 신문에서 읽고 알았는데 미처 축하 인사할 기회조차 없었습니다"라고 조크했다(공화당이 선거에서 압승하자마자 곧바로 행정부의 정책을 공격한 것에 대한 비유, 즉 너무 성급하지 않느냐는 의미 – 옮긴이). 해치 의원은 "행정부의 정책이 할당제 쪽으로 움직인 것으로 보인다"라고 말하면서 그것에 관해 질문을 했다. 패트릭은 "할당제가 아닙니다. 제가 몇 번씩 말을 해야 믿으시겠습니까?"라고 하면서 노발대발했다.

공화당이 연방의회를 장악한 직후, 그들은 "연방의 모든 차별철폐정책을 폐지할 때가 되었는지에 대해 연구할 것이다"라고 발표했다. 하원에서 플로리다 주 출신 찰스 캐나디(Charles Canady) 의원은 행정부의 민권정책이 1964년 「민권법」의 본래 의도를 앞질러 갔다는 것을 증명하기 위해 청문회를 개최한다고 발표했다. 펜실베이니아 주 빌 구들링(Bill Goodling) 의원과 일리노이 주 헨리 하이드(Henry Hyde) 의원은 EEOC와 OFCCP, 심지어는 1964년 「민권법」을 조사하거나 폐지하는 제안을 검토하기 위한 청문회를 개최하려 했다. 이전에 차별철폐정책을 지지했던 상원 다수당 원내대표 밥 돌(Bob Dole) 의원은 "차별철폐정책이 백인 남성들을 부당하게 차별하고 있는가? 그리고 이들이 태어나기 전 여러 세대에 의해 이루어진 차별에 대해 대가를 지불해야 하는가?"에 대해 의문을 가졌다. 밥 돌 의원은 NBC <언론과의 만남(Meet the Press)> 프로에서 "이것이 가능합니까?"라고 물으면서 "때로는 가장 유능한 사람이 단일색이라는 이유만으로 직장을 구하지 못하는 이것이 말이나 되는 일입니까? 이런 일이 미국에서 일어나서는 안 될 것으로 믿고 있습니다"라고 답변했다. 다른 보수주의자들도 동의했다. 윌리암 베네트(William Benett)는 "차별철폐정책이 우리가 원하는 것, 즉 인종차별 없는 사회를 만들지 못했습니다. 이것은 지극히 인종의식적인 사회(race-conscious society)를 만들었습니다. 대학의 기숙사도 격리되었고 심지어 모임 장소조차도 격리된 채 지냈쯥니다. 그 다음은 어디입니까?

분수대입니까?"라고 말했다.

　공화당 의원들은 국회의원 선거에서 승리한 뒤 이런 식으로 차별철폐정책에 대해 공격했으며, 공격은 겨울과 1995년 봄에도 계속되었다. 캘리포니아 주의 백인 남성 교수 2명 — 주립대학에서 광범위한 역차별을 주장한 — 은 공무원, 교육, 계약에서 개인이나 집단을 차별하거나 우대하기 위한 기준으로 인종, 성별, 국적의 사용을 금지하는 캘리포니아 주 민권제안에 필요한 70만 명의 서명을 받기 시작했다. 토머스 우드(Thomas Wood: 전국교수협의회 캘리포니아 주 지부장 - 옮긴이) 교수는 "화난 남성 가운데 나를 포함시켜라. 나는 차별철폐정책이 사기라는 것을 안다. 나는 한때 내가 백인이고 남성이라는 이유만으로 교수직에서 탈락 — 사적으로 들었다 — 당한 경험이 있다. 지렁이도 밟으면 꿈틀한다"라고 말했다. 워드 코널리(Ward Connerly: 피트 윌슨 캘리포니아 주지사의 친구이며 개인 컨설턴트로 활동함. 1993년 주지사에 의해 UC 이사회 이사로 임명됨. 우수한 능력의 아들이 UCSF 의대 입학 시험에서 탈락된 뒤 차별철폐정책을 역차별로 규정하고 이를 폐지하기 위해 활동함 - 옮긴이)도 동의했다. 캘리포니아대 이사회의 아프리카계 미국인 이사인 코널리는 "아마도 대학 당국이 1978년 박기 사건(Bakke case)을 위반할 정도로 차별철폐정책의 취지를 한술 더 떠 시행했다. 우리의 방식은 불공평하다. 우리는 입학 전형의 많은 요소 중 하나로서 인종과 민족을 고려하는 것이 아니라 다른 모든 것을 배제하는 결정적인 요인으로 생각한다"라고 말했다. 체릴 홉우드(Cheryl Hopwood)도 그의 주장에 동의하고 3명의 백인 학생과 함께 입학정책에서 역차별을 주장하면서 텍사스대 법대를 상대로 제소했다. 연방대법원은 배려조항 프로그램의 합법성과 관련되는 아다랜드 대 페나(Adarand v. Pena) 사건을 심리하기로 결정했다. ≪뉴욕타임즈(New York Times)≫는 "요즘 차별철폐정책 지지자들이 불안한 날을 보낸다"라고 보도했다.

보수적 공화당 의원들은 민주당을 분열시키는 이슈를 이용하려 했다. 공화당 선거 전략가 빌 크리스톨(Bill Kristol)은 "여하튼 승자는 우리다"라고 말했다. 《뉴스위크》의 여론조사 결과에 따르면, 크리스톨의 예측이 맞다는 것을 확인해 주었다. 백인 79%가 고용이나 대학 입학에서 인종 우대를 반대했고 찬성 비율은 14%에 불과했다. 또한 ABC 여론조사 결과에 따르면, 남성 77%와 여성 81%가 소수민족과 여성에 대한 우대를 반대했다. 소수민족에 대한 지지율도 남성 50%와 여성 46%로 줄었다. 만약 유자격의 흑인들이 대학 입학이나 취업에서 동일한 자격을 갖춘 백인들보다 우대 받는 것에 대한 질문에 대해 응답자의 75%가 '반대한다'라고 대답했다. 《뉴스위크》는 "차별철폐정책이 민주당을 사분오열(四分五裂)시키고 있다"라고 보도했다.

민주당의 많은 중도파와 보수 성향 의원들은 차별철폐정책이 당을 분열시킬 것이라고 생각했다. 민주당리더십협의회(DLC)의 신임 의장 죠셉 리버만(Joseph Lieberman) 상원의원은 "우대정책은 백악관에서 걱정하는 것처럼……명백히 불공평하다"라고 말했다. 참모들은 캘리포니아 주 민권제안—민주당을 분열시키고 선거인단이 많은 주를 공화당에 넘겨주는—이 1996년 대통령 선거 중 투표에 붙여질 것인가에 대해 걱정했다. 진보주의자들은 차별철폐정책을 소수민족을 돕는 것에서 '화난 백인 여성'을 포함해 여성을 지원하는 방식이나 인종을 돕는 전통적인 방식에서 벗어나 필요—계층에 따른 선택—에 따라 지원하는 방향으로 수정하는 것을 옹호하기 시작했다. 민주당의 이 두 가지 발상은 높은 호응을 얻었다. 알 고어 부통령은 민권 지도자와 만나고 대통령은 민주당 의원들을 백악관에 초청했다. 대통령은 "우리는 공화당보다 지혜로워야 합니다. 우리는 도울 가치가 있는 사람들을 도와야 합니다. ……그러나 우리는 문제가 있는 것에 대해서는 수정안을 제시할 준비를 해야 합니다. 우리는 이 싸움을 비켜갈 수 없습니다"라고 밝혔다. 대통령은 모든 차별철폐정책 프로그램을 집중적으로 긴급히 재검토하라는 명령을 내렸다.

공화당 의원들—특히 1996년 대통령 선거에서 대통령 후보로 입후보하겠다고 선언했던—은 그들의 공격을 강화했다. 윌리암 크리스톨(William Kristol)은 1994년 의회가 미국과의 계약(Contract with America) 법안 중 일부를 통과시켜 국회의원 선거에서 공화당이 압승을 거뒀는데, "1996년의 대통령 선거에서 주요 선거 쟁점은 인종 우대와 배려조항 프로그램의 공격"이라는 내용의 메모를 민주당과 치열한 경쟁을 벌이는 공화당 후보들에게 팩스로 보냈다. 텍사스 주 상원의원 필 그램(Phil Gramm)도 경선에서 "대통령에 당선된다면 맨 먼저 행정명령을 공포해 인종 및 성 할당제와 우대 및 배려조항을 철폐할 것이다"라고 약속했다. 전 테네시 주지사 라마르 알렉산더(Lamar Alexander)는 "필 그램 후보와 같은 일을 할 것이다"라고 밝히면서—피트 윌슨(Pete Wilson) 캘리포니아 주지사가 대통령 후보 경선 참여를 선언했던 것처럼—캘리포니아 주 민권제안의 지지를 선언했다. 1994년 제안 제187호를 선거 전략으로 구사한 것이 주효해 주지사로 재선된 것이나 다름없는 윌슨 주지사는 "공평성의 이름으로 백악관을 구할 의무가 있다"고 밝혔다. 과거 윌슨은 차별철폐정책을 지지했지만, 이제 그의 공평성 목록에 불공평한 인종 및 성별 우대를 철폐하겠다는 서약을 포함시켰다.

1995년 3월 밥 돌(Bob Dole) 의원은 "정부가 승인한 할당제, 이행 시간표, 배려조항, 기타 인종 우대를 시행한 지 약 30년 후 미국인들은 인종을 세는 게임(race-counting game)이 지나치게 앞서갔다는 것을 분명히 알게 되었다"라고 말했다. 그는 배려조항, 고용 목표, 이행 시간표에 대한 청문회를 요청하고 정부가 단순히 한 개인이 어떤 우대집단의 구성원이라는 이유만으로 우대 받지 못하게 하는 입법을 도입하겠다고 약속했다.

진보주의자들도 반격에 나섰다. 곧바로 백악관은 1986년 밥 돌 의원이 레이건 대통령에게 차별철폐정책을 끝내는 행정명령에 서명하지말도록 촉구했고 배려조항을 지지했음을 밝혔다. 또한 돌 의원이 1991년 민권법안에 찬성표를 던졌으며, 그와 아내 엘리자베스가 현재 전체노동력에서 여성의 지위를 조사하고 있는 1991년 유리천정위원회(Glass Ceiling Commission)의 설계자였다는 사실을 상기시켰다. 잭슨 목사는대통령이 차별철폐정책에 대한 명확하고 권위가 있는 성명서를 발표하는 형식의 대국민 연설을 하도록 요구했다. 만약 그렇지 않으면 그가 1996년 대통령 선거에 다시 출마하겠다고 엄포를 놓았던(잭슨 목사가대통령 후보로 출마하면 민주당의 지지 기반인 흑인과 소수민족의 표가 분열될위험이 있기 때문에 민주당에게는 불리함-옮긴이) 반면, 하원 민주당 원내총무 리차드 게파트(Richard Gephardt) 의원은 공화당의 선거 전략이자신들의 분열된 세력을 결집시키고 희생 양을 찾는 것이라고 말했다.

≪뉴스위크≫는 "1995년 봄 인종문제와 백인들의 분노는 전국적으로 가장 큰 이슈였다. 1970년대 쟁점은 버스 통합, 1988년에는 범죄, 1994년에는 사회복지개혁이었지만 가장 어려운 싸움은 차별철폐정책─미국인의 일상생활에서 가장 깊이 각인된 감정─에 관한 것이다"라고보도했다. 차별철폐정책은 그 기운이 다한 것처럼 불빛이 깜박거렸고, 주입법부에서는 이 정책에 대한 반대 발언들을 쏟아내고 세계는 공평성에 대해 새롭게 주목을 하고 있었다. 공평성은 언제 역차별이 되는가? 언제 인종이나 성별에 기초한 차별이 공평한가? 미국인들은 이전보다더 큰 목소리로 "절대 안 된다"라고 말하고 있는 것처럼 보인다.[7]

더 많은 미국인들이 "절대 안 된다"라고 말하는 이유는 1990년대전반기 차별철폐정책에서 나타난 문제─충분히 언론 매체의 주의를 끌만한─때문이었다.

첫째는 배려조항(side-asides)과 관련되었다. 이 정책은 1960년대 중반

도시 폭동에 대한 대책으로 시작되었는데, 연방정부가 경제적 또는 문화적으로 불리한 환경에 놓인 개인(economically or culturally disadvantaged individuals)의 기업 설립—보통 슬럼가에서—을 돕는 정책인데 중소기업청 8(a) 프로그램으로 알려졌다. 닉슨 대통령이 흑인 자본주의(black capitalism)의 확대를 지지하면서 소수민족기업청을 설립했고 1973년 중소기업청이 규정을 제정했다. 규정은 불리한 환경에 놓인 집단을 아프리카계 미국인뿐 아니라 히스패닉계, 아시아계, 아메리카 인디언계의 소수민족으로 정의했다. 카터 대통령은 공공사업청을 설립해 흑인, 스페인어 사용자, 동양계, 인디언, 에스키모, 알류산인을 위한 소수민족 배려 프로그램을 수립했다. 이론적으로 백인 남성과 여성은 차별 때문에 고통받았다는 것을 증명할 수 있을 때 또는 그들의 순 자산이 주택과 사업 투자금을 제외하고 25만 달러를 초과하지 않을 경우에만 참여할 수 있었다. 1980년대 연방정부는 소수민족 기업에게 국방 조달 계약의 5%, NASA 계약의 8%, 교통 프로젝트 계약의 10%를 할당했고 많은 주정부와 시는 자체 개발한 프로그램을 시행해 왔는데, 결국 1989년 리치몬드 판결(Richmond: 연방대법원은 소수민족 기업에 대한 특별 지원 프로그램을 무효화함 – 옮긴이)로 이어지게 되었다. 중소기업청이 기업들에게 '사회적·경제적으로 불리한 환경에 놓인 기업(소수민족 소유 기업)'으로 확인하면, 해당 기업들은 9년 동안 500만 달러 미만의 소규모 사업에 대해 공개 경쟁 입찰을 거치지 않고 연방정부와 계약을 체결할 수 있다. 대부분의 다른 계약에서도 이들 소수민족 기업들은 10%의 보너스 또는 가격 인하 혜택을 받았다. 이것은 만약 백인 기업과 소수민족 기업이 어떤 일을 놓고 서로 입찰 경쟁을 하는데 소수민족 기업의 입찰 가격이 경쟁기업의 10% 이내에 있다면, 소수민족 기업이 계약을 따낼 것이라는 것을 의미한다.

시작부터 문제가 되었는데, 특히 수혜 대상이 될 자격을 갖춘 기업을 확인하는 것이 어려웠다. 불리한 환경에 놓여있다는 것을 확인하기 위해 수십 만 개의 기업을 조사한다는 것은 엄청난 일이었기 때문에, 1978년 중소기업청의 관리는 해당 기업 범주에 단순히 모든 아프리카계 미국인, 히스패닉, 아메리카 인디언을 포함시켰다. 자연히 다른 사람들도 특혜를 요청했다. 뉴욕 브루클린의 하시딕 유대인들(Hasidic Jews)은 이들의 이상한 외모뿐 아니라 반유대주의를 증명해가며 특혜 대상에 포함시켜 달라는 청원을 했다. 정부가 이들의 요구를 거부했지만, 이번에는 캄보디아와 괌으로부터 사모아와 베트남에 이르기까지 수십 개 국의 조상을 둔 아시아태평양계 미국인으로부터 청원이 들어왔다. 1980년대 중소기업청은 11건의 청원을 받아 그 적합성을 선별했는데 인도, 토가, 스리랑카, 인도네시아 출신 시민들의 청원을 수용하고 이란과 아프가니스탄의 시민들이 제기한 청원은 거부했다. 따라서 연방 관리들은 정치적 지침이나 논거(論據)도 없이 어떤 집단이 우대 처우를 받아야 하는지에 대한 대상을 결정했다. 불명확한 기준은 결국 일본인 개인과 중국계 후손들 — 역사적 차별을 받았지만 미국의 모든 민족 가운데 영국계와 아이랜드계 미국인보다 높은 두 번째와 네 번째의 생활수준을 보이는 — 이 소유한 기업들을 대상에 포함시키면서 '경제적으로 불리한 환경'이라는 기준이 희화화(戱畵化)되는 결과를 초래했다. 또한 많은 지방 프로그램도 이치에 맞지 않았다. 예를 들어, 플로리다 주 데이드 카운티(Dade County)에 거주하는 쿠바인들 중 대부분은 피델 카스트로(Fidel Castro) 독재 정권을 피해 미국에 이주해 온 중산층이거나 전문직종에 종사하고 있는데 이들도 배려조항 프로그램을 신청할 수 있다.

많은 혜택을 본 집단은 최근의 이민자들이다. 사실 이민은 1965년 이민법(immigration act)의 제정 — 외국인들은 가족 관계나 전문 기술이 있는 경우 미국에 입국할 수 있다 — 으로 초과 상태다. 1980년대 이민자의 약 80%가 라틴 아메리카와 아시아 국가 출신이었으며, 1990년대는 미국의 역사에서 가장 많은 이민자들을 받아들인 10년이었는데, 1년 동안의 100만 명은 1900년에서 1910년 사이의 이민자 숫자보다 많다. 1995년 미국인 중 약 2,500만 명이 외국 태생에 합법적인 이민이며 대부분 유색인종이었다. 중소기업청은 8(a) 프로그램에 참가하는 6,000개의 기업을 출신 민족별로 조사했는데, 흑인 47%, 히스패닉 25%, 아시아계 21%, 아메리카 인디언이 6%로 나타났다. 이들 2,500만 명 중 1,600만 명은 미국 시민이 아니지만 연방, 주, 시가 시행하는 많은 프로그램 때문에 소수민족 우대를 받고 있다. 일부 이민자들은 안정적인 소득자들인데 많은 사람들은 전문직종(엔지니어, 컴퓨터 프로그래머, 기업인, 교수)에 종사하고 평균 미국인들보다 더 높은 교육을 받았고 더 높은 소득자도 있다. 예를 들어, 미시간대 대학 행정가들은 차별철폐정책 프로그램에 따라 채용되고 주 납세자들의 세금으로 봉급을 받는 교수들이 외국 태생 — 흑인 중 약 20%, 라틴계가 20% 이상, 약 10% 정도는 아시아태평양 지역 출신 — 이라는 점을 인정했다.

1990년대 중반 배려조항 프로그램은 문제투성이었다. 1986년 초 웨드테크(Wedtech) 스캔들에서 증명된 것처럼 사기 사건이 발생해 배려조항의 본래 취지에 대한 윤리적인 의문이 생겼다. 누가 이 프로그램의 혜택을 받아야 하는가? 본래 저소득층의 아프리카계 미국인이 대상이지만 플로리다 주 팜비치의 판줄가(Fanjul family)에서 증명된 것처럼 상당 부분 변질되었다.

판줄가는 5억 달러 이상의 재산을 모았는데 대부분은 남플로리다의 17만 에이커에 달하는 최고급 사탕수수 단지에서 이익을 냈다. 연방정부의 설탕 할당제 때문에 미국은 설탕의 국제가격보다 높은 파운드당 8센트를 지불했고, 결과적으로 판줄가에 연 6,500만 달러의 보너스를 지급한 셈이었다. 이 제국을 보호하기 위해 이들은 정당과 조지 H. 부시, 빌 클린턴, 젭 부시(Jeb Bush) 플로리다 주지사의 선거 운동에 수십 만 달러를 기부했다. 데이드 카운티의 배려조항 프로그램이 합법적인 것처럼 선거 기부 행위도 합법적이었다. 판줄가 2명의 형제는 마이애미의 FAIC 증권회사를 소유했고 카운티가 마이애미 국제공항의 개선 및 확장을 위해 2억 달러의 채권을 발행할 것이라고 발표했을 때, FAIC는 고수익의 보험 계약—95% 히스패닉 소유 및 관리 기업, 그리고 소수민족 소유 기업에 적용되는 프로그램에 참가할 기회를 보장—을 요구했다. 데이드 카운티는 동의했다. FAIC는 2억 달러 중 10%의 마케팅 권리를 부여받았는데 무려 12만 달러에서 15만 달러의 이익을 챙긴다는 것을 의미했다.

《포브스(Forbes)》는 1995년 3월 배려조항 프로그램의 기본 취지와 플로리다의 판줄가—일부에서는 '설탕의 술탄'이라 부르는—의 재산을 증식시키는 민족 이슈에 대한 폭로성 기사를 보도했다. 또한 《포브스(Forbes)》는 "판줄가는 쿠바 출신으로 미국 시민이 아니며 스페인 여권을 소지하고 있기 때문에 이들은 상당한 외국 자산에 대해 부동산세를 면제받고 있다"라고 보도했다. 따라서 납세자들은 카운티 프로그램이 경제적으로 불리한 환경에 놓인 소수민족이 아닌 단순히 소수민족이라고 언급했기 때문에 부유하고 정치적으로 연계되어 있는 외국계 가족을 지원했다. 실제 판줄가는 배려조항 프로그램에서 제외되어야 한다는 부정적 여론의 압박을 받았다.

《포브스》는 행정부와 다른 기관들이 배려조항 프로그램을 검토하고 있을 때 "배려조항의 허구"라고 보도했다. 그들은 "1981년 아프리카계 미국인 회사가 8(a) 프로그램에 따라 배정된 계약 기금 중 약 3분의 2를 배정받았지만, 1990년대 중반에는 아프리카계 미국인이 3분의 1, 아시아계가 28%, 히스패닉계가 26%를 배정받았고 계약 체결 상위 25개 회사 중 3곳만이 아프리카계 미국인 소유였다"라는 점을 밝혀냈다. 또한 놀랍게도 정부가 인증한 소수민족 기업 가운데 80%는 고용인이 단 1명도 없었다. 이들 회사는 1명의 소유주가 있었고 사장은 모든 일을 하도급으로 처리했다. 이것은 1990년 수혜를 받은 많은 기업들은 중소기업이 아닌 대기업이며 불리한 환경에 놓인 개인이 아닌 부유한 개인 소유주라는 의미였다. 1994년 8(a) 프로그램에 참가한 회사 중 1%만이 계약의 25%를 배정받는데 대부분은 공개 경쟁 입찰 절차를 밟지 않았다. 비판가들은 수혜 기업들이 새로운 계약자들에게 권리를 양보하기 위해 이 프로그램에서 절대로 졸업할 것 같지 않다고 주장했다. 예를 들어, 워싱턴 D.C.에서 1986년과 1990년 사이 500개 이상의 기업들이 불리한 환경에 놓인 기업으로 인증을 받았지만, 시 도로·하수도 공사 계약 중 80%는 단 4곳의 회사 몫으로 돌아갔다. 이들 4개 회사 가운데 가장 큰 회사는 호세 로드리게즈(Jose Rodriguez)라는 이민자가 소유했는데, 또 다른 회사 1곳도 동생이 소유했다. 부유한 형제 이민자들은 시 도로·하수도 공사 계약 중 약 3분의 2를 배정받았다. ≪탬파트리뷴(Tampa Tribune)≫은 "배려조항 프로그램은 소수민족이 백만장자가 되는 가장 빠른 방법이 되었다"라고 보도했다.

이처럼 배려조항 프로그램의 의도치 않은 결과는 백인과 흑인을 갈라놓았다. 한 백인 논평자는 "수혜를 받지 못한 미국인들이 점차 분개하는 것은 놀랄 일이 아니다. 미국인의 경험은 여전히 공평성에 관심이 있다"라고 썼다. 오하이오 주지사가 인도 이민자들이 소유한 회사에 많은 계약을 배정했을 때 흑인 정치인과 단체가 분노해 시위를 했는데, 인도인들도 이들을 규탄하는 맞시위를 하면서 인종 간에 악감정만 쌓이게 되었다. 마이애미 시에서도 흑인과 남아메리카 및 쿠바 출신의 최근 이민자 간에 생긴 많은 인종 사건들이 목격되었다. 한 교수는 "합법적인 이민자에게 부가급부(benefits)를 제공하는 것은 건전한 정책이지만, 차별철폐정책에 이민자까지 포함시키는 것은 정당화가 불가능한 역사적 사건이다"라고 썼다.

비판가들은 "경제적인 차별철폐정책에 결점이 있는데 여전히 이 정책이 필요한가?"라고 물었다. 반면, 옹호자들은 "배려조항 프로그램은 소수민족 기업의 역동적인 성장을 촉진시켰고, 중소기업청이 모든 중소기업을 대상으로 시행하는 다른 배려조항 프로그램과 비교할 때에도 납세자들에게 많은 부담을 주지 않는다"라고 말했다. 별도의 배려조항 프로그램은 1,500명의 고용인과 2,100만 달러의 매출 실적이 있는 회사 —이들 회사는 거의 모두 백인의 소유— 에도 계약을 배정했다. 1994년의 경우 이 프로그램은 불리한 환경에 놓인 기업이 아닌 일반 중소기업을 위한 계약에 130억 달러를 배정했는데, 이 숫자는 불리한 환경에 놓인 회사를 위해 배정한 금액의 2배에 달한다. 중소기업청의 한 관리는 "왜 소수민족 기업 계약에서 5% 목표를 폐지하려 하면서 일반 중소기업 계약에서는 20% 목표를 지키려 하는지 이유를 모르겠다"라고 말했다. 유리천정위원회가 보고서를 발표한 1995년 3월 일반 중소기업 배려조항을 철폐하자고 제안하는 정치인은 찾아볼 수 없다. 민주당과 공화당 의원으로 구성된 위원회는 지난 4년 동안 고용 관행을 연구해 왔다. 전체 노동력의 43%를 차지하는 백인들은 《포춘》 선정 1,000개 회사에서 선임자 및 부사장 이상 직위의 97%를 차지했고, 《포춘》 선정 2,000개 회사의 최고관리직 5%만이 여성 —실제로 모두가 백인— 이었다. 아프리카계 미국인, 히스패닉, 아시아계 미국인은 각각 이들 직무 가운데 1%의 2분의 1을 차지했다. 노동장관 로버트 라이(Robert Reich)는 "기업 위계질서의 최고위직 세계는 여전히 미국처럼 보이지 않는다"라고 말했다. 백인 여성은 사무실 관리자와 같은 중간관리직에 많이 진출해 이들 직무의 40%를 차지했지만, 흑인들의 경우 여전히 여성은 5%, 남성은 4%가 중간관리직 아래 직위에 놓여있었다. 위원회 보고서는 차별철폐정책 논쟁에 영향을 주었다. 위원회는 "유리천정을 보기 위해서는 앞문을 통과해야 한다. 그러나 실상을 보면 모든 인종 중 대다수의 소수민족과 여성들은······주식회사 미국(Corporate America)의 앞문 근처에서 찾아볼 수 없다"라고 썼다.[8)

• ○ •

유리천정위원회의 보고서는 차별철폐정책 지지자들을 고무시켰지만, 이런 감정들은 곧 의회의 봄 회기와 연방대법원의 연이은 판결로 사라졌다. 클린턴 대통령은 2명의 연방대법관을 지명할 기회를 얻었다. 케네디 대통령이 임명한 바이론 화이트(Byron White) 대법관이 은퇴했다. 대통령은 오랫동안 후임 적격자를 물색한 끝에 루스 베이더 긴스버그(Ruth Bader Ginsburg)를 지명했다. 닉슨 대통령이 임명했던 해리 블랙먼(Harry Blackmun) 대법관도 은퇴했다. 그는 민권에 대해 진보 성향의 목소리를 냈었다. 클린턴은 연방대법원을 진보 쪽으로 이동시킬 기회를 갖지 못했다. 대통령은 스티븐 브레이어(Stephen Breyer)를 대법관으로 지명했는데, 브레이어와 긴스버그는 압도적인 찬성으로 상원 인준을 받았다.

연방대법원이 직면한 이슈는 진보주의자들을 긴장하게 했다. 4월 연방대법원은 인종에 기초한 승진은 앨라배마 주 버밍햄의 백인 소방관에게 부당하다고 판결한 하급법원의 결정을 지지했다. 1970년대 본래 동의 명령(consent decree) 계획에 따르면, 흑인 경위의 숫자가 카운티 노동력에서 차지하는 흑인의 비율과 같아질 때까지 흑인과 백인을 1 : 1 기준으로 승진시키는 목표를 수립했다. 백인은 한 사람도 직장을 잃지 않았지만, 대법원의 결정은 초기 동의계획에 대해 부정적인 견해를 보여주었고 이 프로그램은 철저한 인종균형정책이고 정부에 의한 차별이라는 순회법원의 강한 어조의 판결을 지지했다. 5월 대법원은 메릴랜드대학에서 아프리카계 미국인만을 위해 수립된 장학금 프로그램—클린턴

행정부가 지지한 프로그램―이 위헌이라는 판결을 지지했다. 많은 대학은
여러 인종이나 집단을 위한 특별 장학 프로그램을 시행하고 있지만
개인이 기부한 기금 형태였다. 메릴랜드대학과 다른 많은 대학들은 공적
기금을 사용했다. 대법원이 심리를 거부함에 따라 대학이 인종에 기초해
장학금 프로그램을 운영하는 것은 문제가 되었다.

아다랜드 건축회사 대 페나(Adarand Constructors v. Pena) 사건은 불리
한 환경에 놓인 기업에 대한 연방정부의 배려조항 프로그램과 관련되었
다. 콜로라도 주 스프링스(Springs)의 아다랜드 건축회사는 랜디 페크
(Randy Pech)라는 백인 남성이 소유자였는데, 그는 10만 달러의 산주안
국립수목원(San Juan National Forest) 고속도로 가드레일 공사를 맡기
위해 한 히스패닉 회사를 통해 1,700달러가 적은 9만 8,300달러를 입찰
가격으로 제시했다. 결과적으로 아다랜드사는 입찰 경쟁에서 탈락되었
는데, 연방정부는 '불리한 환경에 놓인 소수민족 기업'인 곤잘레스건설
사와 계약을 체결했다. 곤잘레스사는 소수민족 기업에 대한 우대 규정에
따라 10만 달러의 10%에 해당되는 1만 달러의 보너스(1977년 카터
행정부가 공공사업법에서 배려조항을 제정해 소수민족 기업에게 10%의 보너
스를 제공하기로 함 - 옮긴이)를 받았기 때문에 9만 달러에 입찰 가격을
제시한 셈이었다. 페크와 변호사는 소수민족과 여성이 소유한 기업이
불리한 환경에 놓였다는 가정을 납득하기 어려웠다. 의회가 배려조항에
해당하는 집단에 대한 차별을 구제할 수 있을까? 또는 의회는 편견으로
피해를 입은 특정의 개별 희생자를 목표로 하는가? 더욱이 5곳의 회사가
콜로라도에서 가드레일 건설과 유지 관리를 했으며, 이들 중 아마랜드사
는 유일하게 백인이 소유한 회사였다. 4곳의 다른 회사들은 1명의 여성
과 3명의 히스패닉 출신이 소유했는데, 이것은 만약 페크가 프로젝트에
서 입찰 신청을 하지 않으면, 불리한 환경에 놓인 회사들―배려조항과는
무관한―끼리 경쟁하게 될 것이라는 뜻이다. 다시 말해, 이 배려조항

프로그램은 불리한 환경에 놓인 회사들이 백인 회사와 경쟁할 때 한해 사용할 수 있었다. 페크와 변호사는 인종우대 관행이 수정헌법 제14조 평등보호조항에 위반된다고 확신했다. 페크는 법원이 1989년의 리치몬드 판결, 즉 주와 지방의 배려조항 프로그램은 엄격한 사법 심사를 충족할 경우에만 합법적이며 광범위한 집단우대가 아닌 개별적인 차별 사건에 한해 적합하다는 판결을 재확인하려 했다.

지방법원과 항소법원은 아다랜드에 대해 패소 판결을 내렸지만 연방 대법원은 달랐다. 대법관들은 배려조항 프로그램에 대한 이들의 의견이 다른 것을 반영한 것처럼 5 : 4의 판결로 아다랜드사의 승소 판결을 내렸다. "인종 우대는 절대 합헌이 될 수 없다. 본래 엄격한 법률 심사 원칙을 충족시키지 못했으며 무효이다." 다수의견서를 작성한 샌드라 데이 오코너(Sandra Day O'Connor) 대법관은 "평등 보호는 사람을 대상으로 하는 것이지 집단을 대상으로 하는 것이 아니다. 연방정부는 정말 필수불가결한 이유가 있는 경우에 한해 인종별로 사람들을 다르게 처우할 수 있다"라고 지적했다. 따라서 연방대법원은 "연방정부, 주정부, 지방정부의 강제적인 인종 분류는 엄격한 사법적 심사 원칙 아래 재심법원이 분석해야 한다. 달리 말하면, 이런 인종 분류란 것은 정밀하게 재단(narrowly tailored)되었을 경우에 한해 합법적이다"라고 판결했다. 이와 같은 판결은 리치몬드 판결을 재확인한 것이고 연방의 모든 배려조항 프로그램에까지 엄격한 법률 심사 기준을 확대·적용한 것이었다. 또한 1977년 공공사업법의 10% 배려조항을 지지했던 1980년 풀리러브(Fullilove) 판결도 흔들리게 되었다.

그러나 연방대법원은 배려조항 프로그램을 끝내지는 않았다. 단지 재심을 요구했을 뿐이었다. 오코너 대법관이 작성했던 것처럼 연방 프로그램에 대한 새로운 기준을 충족하려면 소수민족이 광범위하고 체계적이며 완고한 차별 관행의 대상이 되어야 했다. 더욱이 연방대법원은 이 프로그램으로부터 부분적인 보호를 받아온 여성에 대해서는 언급하지 않았으며, 차별철폐정책이 위헌이라는 판결도 하지 않았다. 사실 오코너 대법관은 미국에서 인종차별이 불행하게 지속되고 있고 정부가 행동할 필요가 있다는 점을 지적했다. 그녀는 "우리는 엄격한 법률 심사 원칙이 이론적으로 엄격하지만, 실제적으로는 치명적이라는 생각을 하지 않길 바란다"라고 말했다. 대법원의 판결 결과에 따라 사건은 즉각 하급법원에 환송되어 하도급 계약자 배려조항이 엄격한 법률 심사 기준을 충족할 수 있는지와 소수민족이 체계적으로 특정의 시장(市場)에서 배제되었다는 충분한 증거 ─ 소수민족에 대한 애매한 형태의 차별이 아닌 ─ 가 있는지를 결정하도록 했다.

다수 의견을 낸 스칼리아(Scalia) 대법관과 토머스(Tomas) 대법관은 한술 더 떠 차별철폐정책이 위헌이라고 판결하려는 것처럼 보였다. 스칼리아 대법관은 "우리의 헌법은 어디에도 채권자 인종 또는 채무자 인종을 구분하지 않는다. 우리는 하나의 인종이다. 여기는 미국이다"라고 썼다. 토머스 대법관은 "자비로운 편견에 근거해 정부가 지원하는 인종차별은 악의적인 편견에 의한 차별만큼이나 해롭다. 어떤 편견이든 간에 이것도 지극히 평범하고 단순한 인종차별이다"라고 썼다.

연방대법원은 봄 회기에 또 다른 보수적 판결들을 내렸다. 차별철폐정책을 협의(狹義)로 해석한 것 외에 선거구의 재구획(再區劃, redistricting) 설정을 반대함에 따라 조지아 주에서는 흑인 다수 투표지역이 만들어졌다. 대법원은 버지니아대학이 비종파집단에 대해 지원을 하고 기독교집단에 대해 지원을 하지 않은 것은 이들의 권리를 침해했다고 판시했다. 지역 학교 근처에서 총기 사용을 금지하자는 의회의 법안을 거부했다. 학생들이 약물검사를 받게 하는 교육구의 요구는 그들의 민권을 침해하는 것이 아니라고 판결했다. 또한 캔자스 시의 흑백 통합 계획을 반대했다. ≪워싱턴포스트≫은 "이것이 바로 레이건 대통령이 원했지만 미처

하지 못했던 연방대법원의 모습이다"라고 보도했으며, 보수적인 단체인 정의를 위한 연구소(Institute for Justice)의 클린트 볼릭(Clint Bolick)도 "오랜만에 가장 좋은 시절이 왔다"라고 말했다.

이것은 과장된 표현이었다. 연방대법원은 배려조항 프로그램에 대해 반대하지 않았다. 대법원은 "정부는 필수불가결한 이익(compelling interest)—아직 정의되지 않은—을 필요로 한다"라고 밝혔다. NAACP의 한 변호사는 배려조항 프로그램은 엄격한 법률 심사 원칙보다 더 오래 건재할 것이라고 주장하면서 "차별철폐정책이 일시 후퇴했지만 재앙은 아니다"라고 논평했다. 또한 행정부 관리는 "우리는 연방대법원이 지적했던 문제점에 대해 준비하고 있다"라고 말했다.[9]

한 달 후 빌 클린턴 대통령은 차별철폐정책에 대해 연구를 지시한 지 5개월 후 그리고 대통령의 취임 2년 반 만에 차별철폐정책에 대한 대국민연설을 했다. "우리는 차별철폐정책을 후퇴시킬 필요는 없습니다. ……그러나 우리는 스스로에게 질문해야 합니다. 제대로 시행되고 있습니까? 공평합니까? 혹시라도 역차별이 행해지고 있습니까?"

7월 19일 대통령은 적절한 장소—국립문서보관소(National Archives)—에서 행한 의미심장한 연설에서 자신의 질문에 답변했다. 대통령이 대국민연설의 모든 내용을 차별철폐정책을 검토·설명하는 데 할애한 것은 처음 있는 일이었다. 클린턴은 "국력을 한데로 모읍시다"라는 화두를 꺼내면서 어조를 높여 연설을 시작했다. 그렇게 하기 위해 "우리는 우리들을 분열시키는 이슈들을 공개적으로 그리고 정직하게 다루어야 합니다. 오늘 저는 그 이슈들 가운데 차별철폐정책에 대해 말씀드리고자 합니다." 그는 노예제의 유산, 인종 격리, 모든 미국인에게 기회의 문(門)을 열려는 국가의 목적에 대해 언급했다. 그는 "차별을 단순히 불법이라고 말하는 것만으로는 차별을 끝내는 데 충분하지 않습니다. 그리고 고용주가 강제되고 궁극적으로 임의적이며 때로는 달성할 수도 없는 할당제를 충족시키지 못했다고 해 그에게 가혹한 처벌을 내리는 것은……공평하다고 생각하지 않습니다"라고 지적했다. 화난 백인 남성과 관련해 대통령은 차별철폐정책이 백인 중산층의 경제적 문제를 야기하지 않았으며 소수민족과 여성들의 경제적·교육적 고통을 해결할 수도 없다는 점을 지적했다. 그럼에도 불구하고 그는 행정부의 "연구조사 결과에 따르면 차별철폐정책은 경제적·교육적 기회를 넓히는 유용한 도구라는 것이 밝혀졌습니다"라는 말을 덧붙였다.

> 차별철폐정책이 올바르게 적용될 때 이것은 융통성이 있고 공평하며 효과가 있습니다. ……자! 이제부터 차별철폐정책이 올바르지 않은 경우와 제가 허용할 수 없는 경우를 분명하게 말해보겠습니다. 저는 유(有)자격의 어떤 인종이나 성별보다 미(未)자격의 사람을 우대하는 것에 찬성하지 않습니다. 저는 수치적 할당제를 찬성하지 않습니다. 저는 능력에 관계없이 단지 인종이나 성별에 기초해 고용인이나 학생을 거부하거나 선발하는 것에도 찬성하지 않습니다…….
>
> 이제는 좋은 의미의 차별철폐정책조차도……더 이상 필요하지 않다고 말하는 사람들이 있습니다. 지난해만 해도 연방정부는 인종이나 민족 또는 성별에 기초한 고용차별과 관련해 9만 건 이상의 고소 사건을 접수받았습니다. 이 중 3% 미만이 역차별에 관한 고소였습니다. 차별철폐정책은 항상 완벽한 것만은 아니었습니다. 그리고 이 정책이 지속적으로 시행되지도 않아야 됩니다. ……저는 그날이 올 것으로 믿습니다만, 그날이 오지 않았다는 증거들이 제시되고 있습니다. 미국에서 차별을 끝내는 일은 아직 끝나지 않았습니다. ……우리는 차별철폐정책의 원칙을 재확인하고 이 관행을 유지해야 합니다. 우리는 매우 단순한 슬로건을 가져야 합니다. 이것을 수정하되 끝내지는 맙시다(Mend it, but don't end it).

대통령은 배려조항 프로그램에서 발생한 사기 사건을 포함한 차별철폐정책을 시행하는 과정에 관련된 문제들을 조목조목 짚으면서 불리한 환경에 놓인 소수민족 기업들이 단지 일정 기간에만 — 지속적인 것이 아닌 — 혜택을 받을 것임을 확인했다. 그는 "우리는 분명히 약간의 개선을 할 필요가 있습니다"라고 밝혔다. 또한 대통령은 계층에 근거한 정책에 동의하면서 "모든 중소기업이 진실로 어려운 형편에 놓여 있는지를 확인하도록 정부에게 시간을 주어야 합니다. 인종에 상관없이 대학생을 둔 가족 중 첫 자녀는 장학금을 받아야 합니다"라고 말했다. 대통령도 연방정부가 연방대법원의 아다랜드(Adarand) 판결을 존중하는 노력의 일환으로 행정명령에 서명함으로써 연방부서와 기관에서 시행하는 차별철폐정책 프로그램이 네 가지 조건(기한의 제한, 차별을 구제하기 위해 신중하게 재단하고, 유연한 고용 목표를 세우고, 백인의 권리를 불필요하게 구속하지 않는 것을 말함―옮긴이)을 충족하고 있는지 확인하도록 지시했다. 어떤 프로그램이 할당제나 역차별 그리고 미(未)자격자에 대해 우대를 한다거나 기회 평등의 목적이 달성된 후 계속된다면 폐지되거나 수정되어야 한다.

차별철폐정책이 담고 있는 성격과 마찬가지로 대통령의 연설은 혼재(混在)된 평가를 받았다. 진보 성향의 사람들은 적극적인 반응을 보였다. ≪뉴욕타임즈≫는 "클린턴 대통령이 적극적인 행동에 나섰다. 그는 공평성을 위한 운동을 약화시키는 것이 아니라 개선하려는 개혁을 약속했다"라고 보도했다. 대통령의 연설은 일반 공중의 여론에 영향을 주었다. ≪타임-CNN≫의 여론조사 결과에 따르면 65%가 차별철폐정책의 수정을 원했고 단 24%만이 끝내길 원했다. 일부 보수주의자들은 다른 견해를 나타냈다. 밥 돌 상원의원은 "진정한 이슈는 실제로 모든 미국사람들이 반대하는 미(未)자격자에 대한 우대가 아니라 자격을 '덜 갖춘 사람에 대한 우대' 대 '자격을 더 갖춘 사람에 대한 우대'이다"라고 말했다. 윌슨 주지사는 "대통령이 차별철폐정책의 종식을 선언했어야 했다. 여러분들은 이 정책을 수정할 수 없다"라고 덧붙였고, 뷰캐넌은 "차별철폐정책은「짐크로법(Jim Crow Law)」과 같은 포도밭에 있다"라고 말했다.

대통령 연설이 있은 후 공화당 의원들은 우대를 폐지하는 법률의 통과를 결의했다. 그램(Gramm) 상원의원은 배려조항 프로그램을 금지할 목적의 기금조항에 대한 개정안을 서둘러 제출했다. 상원은 개정안을 61 : 36으로 부결시켰는데 19명의 공화당 소속 의원들이 민주당에 동참했다. 개정안에 찬성한 밥 돌(Bob Dole) 의원은 "이 이슈는 너무 중요해 조금씩 공격하지 못했다"라고 말했고, 하원의장 뉴트 깅그리치 의원은 "공화당이 불리한 환경에 놓인 사람들에게 경제적 기회를 증진하는 좀더 포괄적인 법안을 연구해야 한다"라고 지적했다.

같은 날 캘리포니아 주도 법률을 제정했다. ≪로스앤젤레스타임즈(Los Angeles Times)≫는 "캘리포니아대학 이사회는 역사적인 투표에서 차별철폐정책을 폐지했다"라는 제목의 기사를 보도했다.

물론 논란 많은 투표는 수년 동안 준비되었다. 1988년 주지사 조지 듀크메지안(George Deukmejian)은 2005년까지 교수의 구성을 "문화적으로 균형 잡히고 주의 다양성을 대표할 목적" ― 이 목적을 달성하기 위해 신규 고용의 30%는 소수민족 출신으로 배정 ― 으로 지역초급대학(community college)에서 차별철폐정책을 통해 교수를 고용하는 법안에 서명했다. 이 밖에 많은 진보주의자들은 아프리카계 미국인의 만성적으로 낮은 대학 졸업률에 대해 우려했다. 1990년 흑인들은 미국 대학 입학생 중 10%를 차지했지만, 이들 중 6%만이 학사학위를 취득했다. ≪뉴스위크≫의 로버트 새무얼슨(Robert Samuelson)은 "교육 분야에서 문제는 흑인들이 대학에 진학하지 못하는 것이 아니라 많은 흑인들이 중도에 탈락한다는 것이다"라고 썼다. 이런 문제에 대한 부분적인 대안으로 캘리포니아 주의회 의장(California Assembly Speaker) 윌리 브라운(Willie Brown) 등은 1991년 주입법부가 통과시킨 법률을 지지했다. 이 법에 따르면 대학이 소수민족과 여성을 고용하고 고등학교를 졸업한 수와 같은 비율로 소수민족 학생들을 입학시키고 졸업률에 있어서도 교수와 행정가에게 소수민족을 배려해 똑같은 비율을 유지하는 책임을 주었다. 피트 윌슨(Pete Wilson) 주지사는 이 법안에 거부권을 행사했고 많은 교수들도 경계심을 갖게 되었다. 글린 커스트레드(Glynn Custred) 교수는 "정말로 우리가 걱정하는 것은 주의회가 입학과 졸업에 할당제―캘리포니아 주 인구와 같은 비율로―를 위임하는 법안을 통과시켰다는 점이다"라고 말했다. 전국교수협의회 캘리포니아 주 지부장 톰 우드(Tom Wood)를 비롯한 일부 교수들이 캘리포니아 주 민권제안(California Civil Rights Initiative)을 계획했다. 이 제안은 1994년 선거 후와 1995년에도 지지를 얻었는데, 1996년 2월 제안 제209호(Proposition 209)의 형태로 11월 투표 실시에 필요한 70만 명의 서명을 받았다. 캘리포니아 주는 차별철폐정책(affirmative action)에 대해 주민 투표(州民投票)를 실시한 첫 번째 주가 되었다.

• ○ •

1995년 여름은 차별철폐정책을 정의내리는 전환점이 되었다. 국가는 아다랜드 판결, 클린턴 대통령의 연설, 캘리포니아 주의 논쟁을 계기로 차별철폐정책에 대해 재검토를 했다. 《뉴스위크》의 조 클라인(Joe Kline)은 "우리는 1960년대 이래 미국의 인종 관계에서 가장 민감한 시기를 맞았는데, 어떤 점에서는 이미 누리고 있는 권리가 불가피하게 축소될 수도 있다"라고 썼다.[10]

이 권리란 무엇인가? 또는 누가 버클리와 같은 일류 공립대학에 입학할 자격이 되는가? 언론 매체는 이 이슈를 검토하고 박키 사건(Bakke case)에서와 마찬가지로 다시 흥미로운 결과들을 밝혀냈다.

대학 입학은 능력, 내신성적, SAT 성적의 결과이지만 단지 능력만을 기준으로 학생을 선발하는 대학은 없었다. 모든 대학들은 다양한 요인, 가령 지원자의 고등학교, 지역, 성별, 인종, 예술적 재능, 체육에 대한 소질과 같은 보충적인 요인들을 검토했다. 또한 다른 우대정책도 시행했다. 만약 부모가 부유해 등록금을 내고 나중에 기부금을 낼 정도가 된 경우와 부모가 정치적 영향력과 유산(遺産, legacy: 학생의 아버지나 어머니가 학생이 지원한 대학의 졸업생인 경우)을 가진 경우에 해당하는 지원자를 우대했다. 이런 유형의 우대정책은 많은 논평자들을 진력나게 했다. 조 클라인(Joe Kline)은 대학의 유산(legacy)에 의한 우대정책—일류 대학 입학생 중 약 12% 차지—을 "학문적으로 불리한 환경에 놓인 동문자녀들을 위한 차별철폐정책"으로 명명하고 철폐를 요구했다. UC 이사회의 워드 코널리(Ward Connerly)도 "우리는 대학의 유산 우대정책에 반대하며, 오히려 부모가 대학에 가지 못한 학생에게 기회를 주어야 한다"라고 말하면서 동의했다. 비판가들이 차별철폐정책은 일류 대학에 다니는 아프리카계 미국인에게 오명의 낙인(烙印, stigma)을 찍었다고 말하곤 했지만, 부모를 잘 만나 일류 대학에 다니는 사람들의 낙인에 대해 말하는 사람은 거의 없었다. 캘리포니아대학의 한 입학처장은 "나는 부모의 유산 때문에 입학한 학생들의 감정을 생각해 본 적이 없다"라고 말하면서, 그런 학생의 감정은 이런 것이 아닐까 하고 예를 들었다. '나는 본래 이 대학 소속이 아니다. 내가 뛰어나서 이 대학에 온 것이 아니다. 내가 어떻게 해서 여기에 들어왔는지 모르겠지만 중요한 것은 내가 이 학교에 다닌다는 것이다.'

대학의 우대정책 중 일부는 논쟁을 피했는데, 특히 많은 지원자를 입학시키는 대규모 주립대학에서 그렇게 했다. 예를 들어 1994년 텍사스 A&M 대학의 입학담당관은 이사회의 요구 때문에 17명의 탈락자를 구제해 합격시켰다. 또한 국회의원, 동문, 대학행정가, 공무원의 요구 때문에 21명의 탈락자를 구제해 합격시켰다. 이 밖에 이들 4개 그룹은 67명의 다른 학생들의 합격—대학 총장도 이들의 요구가 아니었으면 합격하기 어렵다고 시인한—을 위해 압력을 넣었다. 이렇게 입학한 전체 105명 중 6명은 최소 입학 기준조차도 충족하지 못했다. 그 이듬해 20명

이상의 탈락자들이 정치인 또는 이사회의 요구로 합격했다. 총장은 "우리 대학에 중요한 사람이 추천한 학생들에게 특별 배려를 하는 데 어떤 문제도 없다"라고 말했다.

한 저널리스트는 이런 관행에 의문을 제기하면서 "가문이 좋은 사람들을 위한 차별철폐정책"으로 명명했다. "누가 우대를 받을 자격이 되는가?" UC 이사회의 데이비드 필린(David Flinn)은 "나는 고등학교를 고학으로 다닌……젊은 아시아계 학생과 파산한 가문을 구별하는 정책에 대해 우려한다. 이 젊은 학생은 비버리 힐스에 사는……아프리카계 미국인 의사의 아들과는 다르게 취급되고 있다"라고 말했다.

왜 이 문제가 그렇게 많은 감정을 불러일으키는가에 대한 한 가지 이유는 버클리와 같은 일류 대학에서의 입학 기준이 1960년대 중반 이후 크게 높아졌기 때문이다. 1960년대 중반 이전 평균 평점 3.0을 받은 학생이면 UC 버클리 법대에 입학할 수 있었다. 남학생은 입학해 변호사가 되고 결혼해 자녀들을 두었다. 이들은 자신들의 아들과 딸에게도 같은 입학 기준을 기대했다. 그러나 그 뒤로 베이비 붐과 1980년대와 1990년대 초 경기 침체가 찾아왔다. 이것은 새로운 세대의 학생들이 일류 대학이나 전문대학원에 진학하는 것이 안락한 소득을 유지하는 유일한 방법이라는 것을 깨달았다는 것을 의미했다. 결과적으로 엄청나게 많은 우수한 지원자가 일류 대학에 몰려들었다. 1994년 1,600명을 선발하는 하버드대에 1만 8,000명이 지원했는데, 이 숫자는 1990년에 비해 무려 50%나 증가했다. 역시 아이비리그 대학과 전문대학원에 지원한 숫자도 넘쳐났다. 하버드 의대는 165명을 뽑는데 4,000명의 지원자가 몰려들었고, 텍사스 로스쿨과 같은 전국의 상위 20위권에 드는 전문대학원은 8 : 1의 경쟁률을 보였다.

1994년 UC 버클리는 3,500명의 신입생을 뽑는데 2만 2,500명이 지원했다. 지원자 중 9,000명 정도는 고등학교 평균 평점이 4.0이었다.

"어떤 지원자에게 입학을 허용해야 하는가?"

지난 20년 동안 버클리대는 가장 다양한 민족으로 구성된 주의 특징을 반영하는 학생으로 채워 캘리포니아대학을 더욱더 캘리포니아 주처럼 보이려 했다. 따라서 주 소재 고등학교 졸업생 중 상위 12.5%는 UC 계열의 대학에 진학하지만, 모든 학생들이 1순위가 되는 것은 아니다. UC 계열 대학은 학업성적에 따라 신입생의 40%에서 60%를 선발하는데 약 2분의 1은 버클리로 갔다. 통상 5% 미만은 상위 12.5%에 들지 못했더라도 그들의 특별한 재능, 음악적인 능력, 체육 특기 때문에 합격증을 받았다. 나머지 학생들은 높은 백분위에 들거나 학업성적과 보완적인 요인의 평가에 따라 당락이 결정된다. 그해 버클리는 3,500명의 신입생 정원 중 8,400명(이들 중 많은 지원자는 다른 일류 대학에 중복 지원)이 지원했다. 경쟁률은 치열했다. 입학 허가를 받은 학생을 민족별 성적 분포로 보면, 아시아계가 가장 높은 SAT 1,293점과 평균 평점 3.95를 기록했고, 두 번째는 백인으로 SAT 1,256점에 평균 평점 3.86, 세 번째가 히스패닉계로 SAT 1,032점에 평균 평점 3.74, 그리고 마지막으로 아프리카계 미국인의 경우 SAT 994점과 평균 평점 3.43을 나타냈다.

학생의 잠재력에 대해서는 거의 의문이 없었다. 학부 입학 담당관은 "우리가 캠퍼스를 다양화하는 과정에서 입학 기준을 낮추었다는 신화(神話)가 있지만 사실은 그 반대이다"라고 말했다. 사실 지난 10년 동안 모든 지표가 올라갔지만 버클리의 졸업률은 학업성적 및 SAT 성적과 비례했다. 6년 동안 학위를 취득한 통계를 민족별로 살펴보면 아시아계 88%, 백인 84%, 라틴계 64%, 아프리카계 미국인 59%가 학위를 취득했다. 물론 흑인 중 많은 수가 체육 특기로 입학했다.

다양화 정책은 버클리의 얼굴을 변화시켰는데 많은 캘리포니아 주민들을 화나게 했다. 1984년 학생 비율을 보면 백인 60%, 아시아계 25%, 흑인과 히스패닉이 각각 5%를 차지했지만, 10년 후 1994년 백인은

3분의 1에 불과했고 40%가 아시아계, 14%가 라틴계, 6%는 아프리카계 미국인이었다. 탈락한 많은 학생들이 분노했다. UC 이사회 코닐리 이사는 "우리가 평균 평점 4.0을 얻은 백인과 아시아계 학생들을 탈락시키면서 평균 평점 3.3점인 흑인과 멕시코계 미국인을 합격시키는 제도를 운영하고 있다"라고 말했다. 한 교수는 "3,500명의 신입생 자리를 놓고 경쟁하는 평균 평점 4.0을 얻은 9,000명의 학생들이 있다. 지원자 중 탈락자들은 차별철폐정책 때문에 떨어졌다고 믿고 있다"라고 덧붙였다.

≪유에스뉴스≫는 "UC의 차별철폐정책 프로그램이 모든 문제의 발단(wedge issue)이다"라고 보도했다. 논쟁의 찬반은 더 이상 인종에 따라 정해지지 않고 다문화적 성격을 나타냈다. 중국계 미국인 총장과 아프리카계 미국인 이사는 차별철폐정책 프로그램을 지지했고 일본계 미국인 이사는 반대했다. 백인 학생 중에도 의견이 나뉘었고 간혹 반대하는 아시아계 학생 — 일부 아시아계는 주에서 차별 대우를 받았지만, 우대 보호를 받지 않고서도 그렇게 많은 일을 성취했는데, 왜 히스패닉과 아프리카계 미국인에게 보너스가 필요한지 모르겠다고 주장하는 — 을 제외한 흑인과 갈색인들은 찬성하는 쪽으로 의견이 통일되었다. 버클리의 총학생회장 앤드류 옹(Andrew Wong)은 "아시아계 70%는 차별철폐정책을 이들이 가혹하게 차별당한 시스템으로 본다. 나는 우대 방식이 아닌 능력중심주의를 믿는다. 만약 능력 중심 기준이 대학의 인적 구성을 조금 덜 다양하게 만든다면, 이것은 당신이 지불해야 할 사회적 비용이다"라고 말했다.[11]

윌슨 캘리포니아 주지사도 이런 주장에 동의하면서 캘리포니아 주의 차별철폐정책 프로그램을 철폐하기 시작했다. 주지사는 1995년 6월 행정명령에 서명하기 전 "우리가 주민(州民)들에게 해야 할 것은 잘못된 것을 바로잡고, 불공평을 치유하고, 이것을 바로 서게 만드는 것이다"라고 말했다. 이 행정명령에 따라 차별철폐정책을 촉진하는 이전의 명령을 폐기하고, 인종 또는 성별에 기초한 고용에 대해 주 기관에 조언을 해준 위원회를 해체하고, 주 교통부가 여성과 소수민족 소유 기업의 몫으로 배정한 배려조항 계약금액을 20%에서 10%로 축소하도록 했다. 또한 행정명령은 고용차별을 금지할 뿐 아니라 주의 고용도 능력에 기초해 시행하게 했다. "우리는 미국에서 성공의 토대를 특정 집단의 소속이 아닌 근면, 자립, 개인의 독창성과 능력에 두어야 한다." 실제로 행정명령은 이전에 통과되었거나 법원에서 결정된 지방·주·연방법에 영향을 주지 못했다. 많은 사람들은 행정명령이 윌슨 주지사의 대통령 출마를 위한 선거용이라고 생각했지만, 관측자들은 이 행정명령이 고용 및 승진의 신규 관행으로 실행될 수 있을 것으로 생각했다. 또한 주지사는 자신의 통제 아래 있지 않은 다른 주 관리들에게도 새로운 기준 ─ 공립대학도 포함 ─ 을 따르도록 요청했다.

7월 20일 캘리포니아 대학 이사회(The Regents of the University of California: UC 평의원회로 25명의 법인이사와 투표권 없는 1명의 학생이사 등 총 26명의 이사로 구성됨 - 옮긴이)는 UC 샌프란시스코에서 회합을 갖고 차별철폐정책을 끝내는 것을 논의했다. 학생단체, 9개 UC 캠퍼스 총장, 교수평의회는 차별철폐정책에 대한 지지를 밝혔지만 결과는 회의적이었다. 코널리 이사는 몇 개월 전 "차별철폐정책은 죽었다. 우리는 매장권(burial rights)에 대해 협의하고 있다"라고 밝혔다. 코널리와 보수적 이사들은 선거권을 가졌는데, 26명의 이사 중 17명은 공화당이 임명했고 코널리를 포함한 5명은 윌슨 주지사가 임명했다. 3년 동안 이사회에 참석하지 않았던 윌슨 주지사가 이날 회의에서 사회를 보았다. 전국의 모든 네트워크를 대표하는 약 300곳의 언론 매체 대표, 300명의 경찰, 1,000여 명의 학생, 100명의 선거직 관리들, 교수들과 기타 지역사회지도자들, 이사회에서 연설할 기회를 달라고 요청한 사람들 ─ 제시 잭슨 목사, 윌리 브라운(Willie Brown) 주의회의장, 주상원의원 톰 헤이든(Tom Hayden), 1964년 버클리의 자유언론운동 지지자 마리오 사비오(Mario Savio)

— 이 도착했다. 윌슨 주지사는 회의를 시작했다. "이제까지 입학 관행에서 인종은 중심적인 역할을 했다. ……최저 학업 요구 조건을 충족치 못한 일부 학생들도 단지 인종에 따라 입학 허가를 받았다." 약 40명의 사람들이 발언한 뒤 잭슨 목사의 연설 순서가 돌아왔다. 잭슨 목사는 "차별철폐정책은 미국에서 평등의 약속이 달성되지 않았기 때문에 계속되어야 합니다"라고 말하면서, 윌슨 주지사를 평등권시험(equal rights test)에서 낙방한 아칸소 주지사 오벌 파우부스(Orval Faubus)와 앨라배마 주지사 조지 월리스(George Wallace)에 비유했다. 잭슨 목사는 윌슨 주지사를 똑바로 쳐다보면서 "정의편에 서시오. 당신은 앞으로 갈 수도 있고 뒤로 갈 수도 있습니다"라고 말했다. 주지사는 무거운 침묵으로 잭슨 목사를 뚫어지게 응시했다. 여타 다른 연설들이 이어졌고 회의가 개최된 지 거의 12시간이 지난 후 이사들은 투표준비를 마쳤다. 한 시위자가 "여러분들은 인종차별주의에 투표하는 것이다!"라고 소리 질러댔다. 이사들은 두 번 투표했다. 이사들은 첫 번째 투표에서 15 : 10으로 1996년 1월부터 고용 및 계약상 우대를 철폐 — 군중들로부터 야유를 받았다 — 했다. 잭슨과 다른 목사들은 「우리는 극복하리라(We Shall Overcome)」라는 노래를 부르기 시작했다. 폭동을 두려워한 나머지 이사들은 군중으로부터 벗어나 철저하게 보호되는 방으로 옮겨 투표를 계속했는데, 14 : 10으로 1997년 1월부터 입학 관행에서 차별철폐정책의 폐지를 결정했다. 윌슨 주지사는 "이것은 역사적인 계기입니다. 이것은 인종 우대 철폐의 시작입니다"라고 말했다.

차별철폐정책 철폐에 따른 결과는 격렬했다. ≪로스앤젤레스 타임즈 (Los Angeles Times)≫는 "UC 이사들이 지나치게 많은 영향력을 행사한 것은 아닌가?"라고 물었다. "확실한 것은 이사회의 결정은……UC 계열의 모든 주요 기관의 반대를 무릅쓰고 이루어졌고……그들의 독립성과 자격에 대한 의문을 다시 불러일으킬 것이다." 주의회에서 윌리 브라운

의장은 UC 계열에 대한 보조금 삭감을 위협했고, 다른 민주당 의원은 "감히 윌슨 주지사가 자신의 가망도 없는 대통령 선거 운동을 재개하기 위해 대통령 후보 경선에 필사적으로 뛰어들었다"라고 비판했다. 백악관에서 클린턴 행정부는 이사회의 결정을 엄청난 실수라고 규정짓고 연방정부가 UC 계열에 매년 지원한 연방연구보조금 20억 5,000만 달러의 지원을 재검토 — 공공 기관은 차별철폐 프로그램을 시행해야 하기 때문에 보조금의 자격이 되는가를 따져 보아야함 — 할 것이라고 밝혔다. UC 산타크루즈 총장 칼 피스터(Karl Pister)는 이사회의 투표를 어리석은 짓이라고 했다. UC 이사회는 대학 관리에게 "이젠 뭔가 다른 입학정책이 필요합니다. 우리도 그것이 뭔지 잘 모르겠지만 뭔가 다른 정책을 수립해야 합니다"라고 말했다.

피스터 총장의 말에 일리가 있었는데 입학 기준이 불안정한 상태였기 때문이다. ㄴ코널리는 "UC는 학업성적 기준에 따른 합격자를 50%에서 70% 사이로 상향 조정하고 인종 집단이 신청할 수 있는 아웃리치(outreach: 빈곤자 구제 활동) 프로그램을 늘려야 한다"라고 권고했다. 결의안에는 "모든 입학생들이 학업성적 기준에 부합해야 하고 입학담당관은 입학 기준으로 인종, 종교, 성별, 피부색, 민족, 국적의 사용을 금지해야 한다"라고 명시했다. 중요한 것은 새로운 보완적 기준에는 불리한 환경에 놓인 개인 — 경제적 상황, 반사회적 영향, 이웃 때문에 — 과 입학에 방해가 되는 장애를 극복하는 데 충분한 품성과 결단력을 증명한 개인에 대한 배려가 포함되었다는 것이다. 이 조항에 대해 한 입학담당관은 "새로운 규칙을 교묘하게 피해갈 수 있는 방법을 찾을 수 있을 것이다"라고 말했고, UC 데이비스 총장은 "교육적 박탈(educational deprivation)이 낮은 학업성적과 SAT 점수를 상쇄하는 보완적인 입학 기준으로 사용될 수 있다"라고 말했다.

윌슨 주지사는 대통령 후보에 대한 전국여론조사에서 5% 상승했고,

한 번의 저녁 식사 자리에서 40만 달러를 모금하는 기록을 세웠다. 1주 후 연방의회에서 밥 돌 상원의원과 캐나디 의원은 차별철폐정책 프로그램을 폐지하는 입법안, 즉 1995년 기회평등법안(Equal Opportunity Act of 1995)을 제출했다. 돌 의원은 "우리의 주안점은 할당제, 배려조항, 수치적 목표, 기타 다른 우대를 통한 집단의 권리가 아니라 개인의 권리를 보호하는 데 있다"라고 말했다. 이 법안은 배려조항, 고용 목표, 이행 시간표를 금지하면서 연방 계약, 연방 고용, 연방 프로그램에서 우대조치를 끝내기 때문에 아다랜드 판결보다 영향이 클 것으로 예상되었다. 밥 돌과 캐나디 의원은 "곧 청문회가 개최될 것이다"라고 발표했지만, 관측자들은 "의회가 1996년 대통령 선거 이전에는 이렇게 논란이 많은 이슈에 관심을 두지 않을 것이다"라고 생각했다.

다른 많은 공화당 의원들은 관심이 없었다. 은퇴했지만 대중의 인기가 높은 전 합참의장 콜린 파월(Colin Powell) — 지속적으로 대통령 후보로 언급된 — 은 1995년 베스트셀러 『나의 미국 여행(My American Journey)』에서 그는 "기회 평등과 차별철폐정책을 지지했다"라고 시인했다. 그해 여름 ≪뉴스위크≫는 "파월은 카터 행정부 시절 군 프로그램으로 수혜를 받아 장군으로 승진했다"라고 보도했다. 그 다음 해 여름 파월 장군은 캘리포니아 주민제안에 반대했다. 또한 중요한 주들의 공화당 소속 주지사들은 차별철폐정책을 끝내자는 요청을 거부했다. 펜실베이니아 주지사 톰 리지(Tom Ridge)는 "인종차별과 성차별이 계속되고 있다"라고 말했고, 뉴욕 주지사 조지 파타기(George Pataki)는 "차별철폐정책을 변경할 계획이 없다"라고 말했다. 뉴저지 주지사 크리스틴 토드 휘트만(Christine Todd Whitman)은 위스콘신 주지사 토미 탐슨(Tommy Thompson)과 마찬가지로 "차별철폐정책에 대한 공격은 반생산적인 분열적 이슈"라고 생각했다. 1995년 9월 차별철폐정책에 대한 한 백인의 반격(反擊, backlash) 덕분으로 대통령 경선 준비를 활발하게 벌여온 윌슨 주지사는 공화당 대통령 후보 지명전에서 탈락했다.

또다시 차별철폐정책이 미국을 분열시켰던 것처럼 공화당 의원들을 분열시켰다. 그해 가을 델라웨어에서 텍사스와 워싱턴 주에 이르기까지 12개 주의 정치인들이 차별철폐정책을 끝내자는 법안을 제출했지만 이 안건들은 사장되었거나 투표에 부쳐졌어도 통과되지 않았다. 그 대신 한 관측자는 "많은 의원들이 단순히 인종에 따라 우대를 제공하는 프로그램을 끝내고 차별철폐정책을 유지하되 고쳐서 더 공평하게 시행하고 소수민족의 대학 입학이나 취업 준비를 지원하는 아웃리치 프로그램을 확대시키자는 방향으로 의견을 모았다"라고 말했다.

클린턴 대통령이 연설에서 언급했던 "차별철폐정책을 고쳐 쓰되 끝내지는 말자"라는 주장은 주뿐 아니라 아다랜드 판결에 따르기 위해 노력한 행정부를 비롯한 연방정부에도 영향을 주었다. 정부가 연방 계약의 10% 미만(당시 달러로 환산하면 3%에 불과)이 소수민족 기업에게 배정된다고 발표했지만, 소수민족 기업들은 '불리한 환경에 놓인 기업'이란 조건을 활용해 10% 보너스 또는 가격 인하 혜택을 받으려고 했다. 1995년 10월 노동부는 "소수민족 기업에 배정될 10억 달러 규모의 계약을 연기했다"라고 발표했다. 1987년 시작된 '두 기업만의 경쟁(the rule of two)'이란, 만약 최소한의 자격을 갖춘 불리한 환경에 놓여있는 2곳의 중소기업이 입찰에 관심이 있다면, 이들 기업들 간에 경쟁해 낙찰 회사를 정할 수 있다. 이 규칙에 영향을 받는 기업들은 모두 소수민족 소유 기업이었다. 1996년 3월 행정부는 새로운 배려조항 프로그램의 2년 유예(猶豫, moratorium)를 발표했고, 법무부는 엄격한 법률 심사 원칙에 적합한지를 확인하기 위해 중소기업 프로그램 8(a)을 재검토했다. 두 달 후 행정부는 연말에 효력이 발생할 새로운 가이드라인─인종의식 배려조항(race-conscious set-asides)은 '격차 연구(disparity study)'가 차별의 신뢰할만한 증거를 찾아낸 후 허용될 것이다─을 발표했다. 전국의 연방 기관은 소수민족 기업이 과거에 차별을 받았는지를 확인하기 위해 전국에 위치한 약 70개의 산업분야에서 소수민족 기업의 이용도를 확인하도록 요구 받았다. 우선 연방정부는 사기 근절을 위해 8(a)프로그램에 따라 계약 체결을 원하는 기업들이 진실로 소수민족이 소유하고 있는가를 확인하는 인증 절차를 수립했으며, 1997년 중소기업청은 추가로 3,000개의 기업들에게 8(a) 계약에 참가해 경쟁할 수 있도록 허용했다. 신규 자격을 얻은 대부분의 기업들은 사회적으로 불리한 환경에 놓여있다는 것을 증명할 수 있는 백인 여성 소유의 중소기업이었으며 25만 달러 미만의 순 자산을 가졌고 과거의 차별을 증명할 수 있었다.[12]

클린턴 행정부가 차별철폐정책에 대해 정밀하게 심사하고 있을 때, 연방법원은 홉우드 대 텍사스(HopWood v. Texas) 사건에서 다시 이 정책을 축소하는 판결을 내렸다. 체릴 홉우드(Cheryl Hopwood)는 29세의 장애아를 둔 기혼자이며 블루칼라(생산직 노동자) 가족 출신이었다. 그녀가 1992년 텍사스대 로스쿨에 지원했을 당시 LSAT(Law School Admissions Test: 법과대학원 적성 시험)는 전체 백분위로 83%를 차지했다. 텍사스대 로스쿨은 1970년까지 차별정책을 유지했지만, 이후 차별철폐정책 프로그램을 수립한 뒤 변호사를 희망하는 소수민족에겐 엘리트 교육기관이 되었다. 입학담당관은 모든 지원자들을 학업 성적과 LSAT를 기초로 텍사스대 인덱스[Texas Index(TI)=LSAT+(10)x(GPA). 예를 들어, LSAT 158점, GPA 3.30점이면, TI는 191점이 된다-옮긴이]로 환산해 등수를 매겼는데, 지원 양식에는 인종과 민족은 입학 결정에서 하나의 요인 ―흑인과 멕시코계 미국인에게 특히 매력적인― 이 될 수 있다고 쓰여졌다. 매년 로스쿨은 500명 정도의 입학생을 받았는데 7%의 흑인과 11%의 멕시코계 미국인에게 입학을 허가했다. 흑인과 히스패닉 지원자는 자체 경쟁을 했다. 그해 TI 최저 입학 점수는 백인의 경우 합격자는 199점, 탈락자는 192점이었고, 소수민족의 합격 점수는 189점이었다. 전국적으로 88명의 흑인과 52명의 멕시코계 미국인이 최저 199점을 받았다. 홉우드의 점수는 199점 — 그녀의 GPA는 여러 곳의 지역초급대학에 다녔고 평범한 대학(캘리포니아주립대, 세크라멘토)에서 3.8점을 받았기 때문에 확신을 줄 점수는 아니었지만 — 을 받았는데 거부당했다. 「주 기록공개법(Open Records Act)」에 따라 그녀의 변호사는 30명 이상의 백인 지원자들이 입학 허가를 받은 24명의 흑인 학생보다 TI가 더 높다는 것을 밝혀냈다. 홉우드와 3명의 다른 탈락자들은 평등 보호의 거부를 주장하면서 소송을 제기했다. 제5연방순회항소법원(미시시피, 루이지애나, 텍사스 주의 재판을 관할하는 연방고등법원 – 옮긴이)은 레이건과 부시 대통령이 임명한 3명의 판사로 구성되었다. 이들은 만장일치로 "수정헌법 제14조 또는 연방대법원의 판례에 따라 타 인종에 대해 특정 인종의 우대를 허용하는 로스쿨의 입학정책이 어떤 절대적 정당성이 — 다양성이라는 건전한 관행에 대해서조차 — 있다는 것을 증명하지 못했다"라고 판결했다. 홉우드 판결에 따라 로스쿨은 입학에서 인종을 하나의 요인으로 고려할 수 없게 되었고 판결의 영향을 받는 미시시피, 루이지애나, 텍사스 주는 박키 판결을 번복하고 전문대학원, 대학원, 학부의 입학 기준을 현실성 없이 끌어올리는 결과를 초래했다. 텍사스대 사무장 마크 유도프(Mark Yudof)는 "이것은 원자폭탄이다. 법원이 인종을 고려할 수 없다고 하면 무엇이 관련 법률인가?"라고 밝혔다.

매우 적절한 질문이었다. 텍사스대는 상고했고 클린턴 행정부도 대학이 실제적인 혼란과 격변을 겪는다고 주장하면서 동조했다. 7월 연방대법원은 홉우드 사건의 심리를 거부했다. 긴스버그 대법관은 "이 사건은 대학이 더 융통성 있는 입학정책을 채택했기 때문에 아직 미해결 상태이다"라는 점을 암시했다. 그러나 이 판결은 이것도 저것도 아니었기 때문에 대학입학정책이 여전히 인종을 하나의 요인으로 고려하는 박키 판결의 상태로 남게 되었다. 결국 이로부터 7년이 지난 2003년 미시간

대학을 상대로 하는 소송사건의 판결이 나오기 전까지 입학담당관들은 혼란한 입학정책을 시행할 수밖에 없었다.

• ○ •

반면, 국가는 1996년 대통령 선거를 준비했다. 대통령은 믿기지 않은 용의자 티모시 맥베이(Timothy McVeigh)의 폭발 사건 이후 여론조사에서 상승기류를 탔다. 1995년 맥베이는 오클라호마 시 연방 건물에 폭탄을 장착하고 폭파시켰다. 이 사고로 168명의 무고한 시민들이 사망했는데, 9월 11일 뉴욕 테러 이전까지 최악의 국내 테러 사건이었다. 클린턴은 사건 현장을 방문해 증오를 퍼트리는 사람들을 비난했다. 국가적인 비극이 발생하면 통상 대통령이 하는 것처럼, 사건 현장에 나타나 강경한 어조로 말하고 행동하는 것은 대통령의 지지도를 치솟게 했다. 84%가 대재앙을 수습하는 대통령의 직무를 인정했다. 약간 역설적이게도 대통령의 올라가는 인기는 뉴트 깅그리치도 기여했다. 공화당 의원들은 예산에 대해 타협을 하지 않으면서, 대통령에게 7년 만에 균형예산(均衡豫算, balanced budget) 편성에 동의하고 부자들을 위한 감세(減稅)에 서명하고 사회복지 프로그램, 심지어 의료보장제도 보조금의 삭감까지도 요구했다. 공화당은 예산안을 대통령에게 보내면서 "1933년 이래 가장 위대한 결정"이라고 밝혔다. 대통령은 공화당이 제출한 예산안에 거부권을 행사했는데, 공화당도 맞대응으로 정부 예산안의 통과를 거부함으로써 11월과 12월 정부가 부분 폐쇄되는 결과를 초래했다. 여행객들은 휴가 기간에 호텔, 식당, 기타 많은 상거래를 이용하지 못했을 뿐 아니라 공원과 국립박물관의 문이 닫혀있는 것을 보았다. 정부 폐쇄는 계속되었고, 시간이 지남에 따라 대부분의 사람들은 깅그리치와 그의 동료들을 극단주의자로 보기 시작했다. 대중의 압력이 비등해지자 3주 후 공화당은 클린턴의 타협예산안을 수용할 수밖에 없게 되었다. 공화당 의원들은 여론의 몰매를 맞았다.

클린턴은 다시 대통령 후보가 되었고, 이것은 재선을 위한 예기치 않은 행운이었다. 많은 식자들은 선거 운동 기간 중 큰 이슈는 차별철폐정책이 될 것으로 내다봤다. 보수적인 클린트 볼릭은 "여러분이 내기를 걸 수 있는 것은 1996년에 차별철폐정책이 종말(終末, demise)을 고한다는 것이다"라고 말했다.

공화당 전당대회에서 밥 돌 의원은 그의 대통령 후보 수락 연설을 통해 "헌법은 법 앞의 평등한 보호를 명령합니다. 이것은 인종차별을 위한 법전의 전문 용어가 아닙니다. 헌법은 인종차별의 반대를 분명히 명시하고 있습니다. ……제가 이끄는 행정부의 등대(guiding light)는 이 나라에서 우리는 태어난 순서가 필요 없으며 인종에 따른 편애(favoritism)를 주장하지 않을 것입니다"라고 말했다.

돌 후보는 힘겨운 전투를 치르고 있었다. 클린턴의 경제팀은 경제가 성장하고 실업률이 떨어지고 국가는 거의 균형예산이 되었다고 자랑했다. 공화당의 돌 후보는 소득세의 15%를 감축하고 자본소득세를 반으로 줄일 것이며, 클린턴을 인성문제를 가진 베트남전쟁 기피자라고 명명하면서 자신을 제2차 세계대전 참전 용사라고 자랑했다. 제2차 대전 참전 용사들의 생존자들이 점점 줄어들고 많은 사람들이 한 세대 이전의 베트남전쟁에 대해 관심이 없었기 때문에 이런 선거 접근 방식은 많은 지지를 얻지 못했다. 공화당의 강령은 할당제 또는 기타 우대제 형태가 아닌 평등권, 기회평등법, 제안 제209호를 지지했다. 그러나 대통령 후보가 된 후에 돌 후보는 잭 캠프(Jack Kemp)를 러닝메이트로 선정함으로써 좀 더 온건한 측면을 지지하려 했고, 캠프는 인종 이슈에서 벗어나 대통령에 당선되려면 민권제안을 인정해야 하지만, 문제의 발단에 끼어들고 싶지 않다는 것을 캘리포니아 주민들에게 알려주었다. 온건중도적인 선거 전략은 약 한 달간 계속되었다. 돌 후보는 클린턴 후보의 두 자리 수 리드를 좁힐 수 없다는 것을 깨닫고 더욱 절망적이 되었다. 그는 상원을 사직하고, 10월 말 다시 차별철폐정책을 공격하고, 캘리포니아 주민제안 제209호를 승인했다. 찰스 캐나디(Charles Canady) 의원은 "공화당의 리더십이 차별철폐정책 문제에 대해 허리케인의 바람개비처럼 빙빙 돌고 있다"라고 말했다.

클린턴은 1992년 대통령 선거에서 반응이 좋았다고 생각한 것을 했다. 그는 민권 이슈들을 피해갔다. 그는 대통령 후보 토론에서 압력을 받았지만, 1995년 연설에서 했던 것과 같은 방식대로 "저는 할당제를 반대합니다"라고 말한 뒤에 이렇게 덧붙였다. "저는 아직도 차별이 남아 있고, 모든 사람들이 자격이 있다는 것을 증명할 기회를 갖지 못했기 때문에 차별철폐정책이 바람직한 방향으로 시행되길 바랍니다. 그동안 저는 공평하다고 생각하지 않는 프로그램을 철폐하기 위해 노력했습니다. 그리고 전임 대통령들보다 프로그램을 더 엄격하게 강화하기 위해 노력했습니다. 존슨 대통령과 닉슨 대통령과 마찬가지로 저에게 차별철폐정책은 추가적인 노력을 요구합니다. 저는 파월 장군(General Powell)의 의견에 동의합니다."

클린턴은 쉽게 승리했다. 제3의 후보 H. 로스 페로(H. Ross Perot)는 8%를 얻었고 대통령은 50개 주 가운데 31개 주에서 승리했고 49%의 득표율을 기록했다. 출구 조사에서 투표자들은 평화와 환경 그리고 1,000만 개의 일자리를 창출하고 기록적으로 낮은 실업률을 기록한 경제성장을 중요하게 생각했다. 그러나 이번 선거에서도 공화당은 상원과 하원을 장악했다(상원에서 민주 45석, 공화 55석. 하원에서 민주 207석, 공화당 227석).[13]

또한 선거는 차별철폐정책의 종말(the demise of affirmative action)을 증명했다. 보수주의자 폴 지고트(Paul Gigot)는 "대통령을 선출하는 선거를 포함해 캘리포니아 주민제안 제209호는 1996년 선거에서 가장 중요하다"라고 말했다. 캘리포니아 주에서 주민제안 제209호의 반대자들은 뉴트 깅그리치나 데이비드 듀크(David Duke) 의원 같은 인기 없는 인물을 민권운동의 지지자들이나 캔디스 베르겐(Candice Bergen), 엘렌 드제네레스(Ellen DeGeneres), 뉴저지 주의 브루스 스프링스틴(Bruce Spring-steen) 같은 명사(名士)들과 동일시하는 광고를 했다. 또한 주민제안 지지자들도 광고를 했지만 뜻밖의 메시지를 담았다. 라디오 광고 "제니스 카마레나(Janice Camarena)의 이야기"는 남편을 잃은 젊은 엄마에 관한 내용이다. 스토리의 구성은 '그녀가 공립지역초급대학의 영어반 입학을 거절당했는데, 이 반은 아프리카계 미국인들에게 할당되어 있다'라는 단순한 내용이었다. 아나운서는 "이들 프로그램은 능력이나 심지어 필요에 따른 것이 아니라 인종에 따라 운영됩니다. 제니스는 백인입니다. 그녀의 죽은 남편은 멕시코계 미국인(캘리포니아 주에 치가노(Chicano)라고 불리는 멕시코계 사람들이 많은 것을 고려한 선거 전략 – 옮긴이)입니다"라는 설명을 했다. 그런 다음 "최근 우리의 공립학교는 제 아이의 인종을 물었습니다. 그래서 저는 인간(human race)이라고 대답했습니다"라는 카마레나의 목소리가 나오고, 곧이어 아나운서가 "제니스는 주민제안 제209호 캠페인을 이끄는 많은 여성과 남성들 중 한 사람입니다. 제안 제209호는 차별과 편파적인 할당제를 금지합니다"라는 설명을 덧붙였다.

주민제안 지지자들의 광고는 유권자들에게 설득력 있게 먹혀들었다. 이런 광고는 차별철폐정책의 수혜자인 백인 여성과 소수민족이 단결해 제안 제209호를 반대하자는 논쟁 자체를 허용하지 않았다. 11월 주민제안 제209호는 투표자의 54%를 얻어 쉽게 통과되었다. 아프리카계 미국인과 라틴계 약 75%, 아시아계의 약 60%가 반대했지만, 백인 남성 66%, 백인 여성 58%가 찬성했다. 페미니스트와 민권단체들에게는 패배웠다. 1970년대 시작된 소수민족과 여성 간의 동맹관계—항상 약했지만—가 깨졌다. 그러나 캘리포니아 주에서 나타난 대통령 선거 결과를 보면 식자들이 1994년 국회의원 선거 이래 민주당을 두렵게 하고 공화당을 고무시켰던 차별철폐정책의 의미를 과장했음이 드러났다. 캘리포니아 주민들은 주에서 차별철폐정책 프로그램을 끝냈지만, 밥 돌 후보(38%)보다 클린턴(51%)을 선호했다.

진보 진영에서는 주민제안 제209호의 시행을 중단하는 소송을 제기했고 의회 내 보수 진영도 다시 한 번 차별철폐정책을 끝낼 목적으로 법안을 제출했다. 공화당의 찰스 캐나디(Charles Canady) 하원의원, 켄터키 주 미치 맥코넬(Mitch McConnell) 상원의원, 유타 주 오린 해치(Orrin Hatch) 상원의원은 연방정부가 고용과 계약에서 인종이나 성별을 요인으로 사용하지 못하게 하는 법안—다시 격렬한 논쟁을 불러일으킨—을 재발의했다. 공화당의 한 전략회의는 중도파와 보수파 사이의 설전(舌戰)으로 바뀌었으며, 이전 기회평등법(Equal Opportunity Act)에서처럼 이 제안은 위원회에서 삭제되었다. 다음 해 하원은 공립대학 입학에서 차별철폐정책의 적용을 금지하는 수정안을 상정했지만, 공화당 소속 의원 55명이 반대해 부결되었다. 상원에서 1977년 공공사업법을 개정해 배려조항 프로그램을 끝낼 목적으로 발의한 연방고속도로법 수정안도 15명의 공화당 의원들이 민주당과 동조해 부결되었다.

공화당 의원들이 서로 싸우고 있을 때, 클린턴 대통령은 민권 이슈에 대해 공개 토론을 개최하고 실제로 차별철폐정책을 수정했다. 대통령은 제2기 취임식 연설에서 "미국에서 인종의 분열은 끊이지 않는 저주입니다"라고 밝혔다. 1997년 6월 대통령은 "인종에 대한 전례가 없는 대규모의 대화"를 요구하고 아프리카계 미국인으로 유명한 역사학자인 존 홉 프랭클린(John Hope Franklin)을 위원장으로 하는 인종연구위원회를 발족시켰다. 위원회와 대통령은 타운미팅을 개최하고 심지어 워드 코널리(UC 이사회 이사 – 옮긴이)와 아비가일 선스트롬(Abigail Thernstrom) 같은 차별철폐정책의 반대자들과도 논쟁을 벌였다. 그 다음 여름 클린턴 행정부는 또 다른 차별철폐정책의 재검토 결과와 배려조항 프로그램의 후속 조치를 발표했다. 배려조항 프로그램을 정밀하게 재단하기 위해 불리한 환경에 놓인 기업들(disadvantaged businesses)은 전체적으로 더 이상 우대를 받지 못하게 되었지만, 과소대표되고 시장에서 균형점을 달성하지 않은 지역과 산업에서만은 계속 우대를 받았다. 따라서 배려조항 프로그램은 트럭운송업 분야에서는 계속 적용되지만, 소수민족이 사업에서 균형점을 찾았던 식품가공업 분야에서는 적용되지 않는다. 새로운 정책은 산업의 약 75%에 우대조치를 적용했다. 행정부는 계약의 구체적인 총액이나 비율이 소수민족에 국한해 배정된 프로그램을 철폐하기로 하고 17개 프로그램을 폐지하거나 개선시켰다. 국방부는 '두 기업만의 경쟁 규칙'을 끝냈다. 에너지부는 배려조항의 3분의 2 이상을 축소했다. 연방고속도로청, NASA, EPA(환경보호국), 상무부도 자체 프로그램을 축소했다. 또한 행정부는 교사, 과학자, 외교관의 수를 늘리는 데 소수민족만을 대상으로 하는 프로그램을 축소했다. 그러나 한 가지 예외가 있었다. 1998년 5월 클린턴은 행정명령에 서명하고 초기 명령을 수정해 '성적 지향(sexual orientation)'을 추가했다. 클린턴은 연방의 민간인 전체 노동력에서 성적 지향에 따라 차별을 금지한 첫 대통령이 되었다. 6월 대통령은 "이런 개혁을 통해 차별철폐정책을 끝내는 것이 아니라 개선한다는 약속을 계속 지켜나갈 것이다"라고 말했고, 의회는 불리한 환경에 놓인 기업프로그램에서 배려조항을 시행하는 법안을 통과시켰다. 나중에 프랭클린 위원회는 소수민족에 대한 사회적 서비스를 강화시키면서 차별철폐정책과 아웃리치 프로그램을 지속하는 것을 포함한 결과물을 제출했고, 대통령은 국가적으로 인종에 대한 대화가 추가적으로 필요함을 주장했다.

여전히 의원들은 이런 대화에는 더 이상 관심이 없었다. 그들은 대통령의 섹스 스캔들—모니카 르윈스키(Monica Lewinsky)와의 관계—에 대해 압박했다.

• ○ •

클린턴 대통령이 자신의 정치 생명을 걸고 싸우느라 여념이 없는 동안 차별철폐정책은 국가의 신성한 장소에서 종말을 선고받았다. 연방 대법원은 캘리포니아 주민제안 제209호에 대한 소송심리를 거부하고 캘리포니아대학의 결정과 홉우드(Hopwood) 판결이 즉각적인 영향을 주기 때문에 정책의 미래는 투표자나 이사진에게 달려있음을 분명히 했다. 1997년 버클리대의 흑인, 라틴계, 아메리카 인디언의 비율은 23%를 넘었는데 이듬해 10% 이상 떨어졌다. UCLA에서 이들의 비율은 약 20%가 떨어진 13% 미만이었다. 버클리와 UCLA 로스쿨의 경우 흑인 입학생이 80% 이상 떨어졌고 히스패닉계의 비율도 2분의 1로 떨어졌다. 아프리카계 미국인과 히스패닉 학생들이 전체 신입생 500명 중 75명 정도를 차지했던 텍사스대 로스쿨은 30명으로 떨어졌고 흑인은 단 4명에 불과했다. 멕시코계 미국인 학생 다이애나 살다나(Diana Saldana)는 "우리가 여기까지 오는 데 30년이 걸렸는데 이제까지 쌓아왔던 성(城)을 허무는 데 24시간밖에 걸리지 않았다"라고 말했다.

텍사스 주의 히스패닉계와 흑인 정치인들은 학부 입학에 '상위 10(Top Ten)' 규칙을 수립한 법안—조지 W. 부시 텍사스 주지사도 서명—을 통과시켜 대응했다. 규칙에 따르면 평균 평점과 SAT 점수를 무시하고 반에서 백분위 상위 그룹에 드는 고등학교 졸업생에게는 그들의 선택에 따라 자동으로 주립대학 입학을 허용했다. 결과는 혼재(混在)했다. 텍사스 주 전체 고등학교의 교육의 질은 가지각색이었다. 일류 고등학교의 경우 졸업반의 2분의 1이 텍사스대와 텍사스 A&M 2곳의 명문 대학에 입학할 수 있는 자격이 되는가 하면, 형편없는 학교에서는 1명의 학생도 진학시키지 못했다. 2000년 텍사스 A&M의 전체 학생 수는 4만 6,000명이 넘어섰고, 텍사스대(오스틴)의 전체 학생 수는 5만 명이 넘는 전국에서 가장 큰 캠퍼스가 되었다. 텍사스 주의 입학 결정 방식은 학급 등수(class rank)라는 하나의 기준으로 입학이 자동 결정되기 때문에 학생 수가 대폭 늘어나 자원과 예산에 부담이 생겼지만, 주정부의 관리는 대학 관리들에게 이왕 주 정책에 따라 시행되는 제도이므로 입학생 수가 많은 것에 군말하지 말라고 말했다. 그해에 텍사스대(오스틴) — 상대적으로 조그만 타운인 텍사스A&M(칼리지 스테이션)은 제외하고 — 의 흑인과 히스패닉계 학생 수는 홉우드 판결 이전 학생 수와 같은 비율에 도달했다. 홉우드 판결 이전 텍사스 A&M대의 전체 학생 수는 77%가 백인이었지만 2002년에는 80% 이상으로 증가했다. 텍사스대와 텍사스 A&M에 다니는 소수민족의 비율은 텍사스에 거주하는 소수민족의 비율(45% 이상)과 비교해 매우 낮았다.

다른 주들도 앞 다투어 그들 자신의 입학정책을 시행했다. 매사추세츠대학은 입학정책에서 인종과 민족을 고려하는 정도를 줄였고, 소송의 위협 때문에 버지니아대학은 럿거스대에서처럼 인종에 대해 이러지도 저러지도 못한 점수제를 중단했다. 캘리포니아 주는 고등학교 졸업생 중 상위 4%에 드는 학생에게 UC 계열의 학교에 진학—그들이 자격 요건을 갖추었을 때—하는 법을 통과시켰는데, 2000년 소수민족 출신 학생은 이사회가 대학 입학에서 차별철폐정책을 금지한 이후 현저하게 줄었다. 그러나 버클리와 UCLA의 사정은 달랐는데, 두 대학은 백인과 아시아계의 신입생으로 대부분 채워졌다. 소수민족은 UC 계열의 다른 캠퍼스, 즉 어바인과 리버사이드로 대이동을 했다. 실제 학자들이 예상했던 것처럼 일류 공립대학에서 차별철폐정책 전투의 진정한 승자는 아시아계 미국인이었다. 전국적으로 아시아계는 1998년 전체 시민의 4%에 불과했지만 의대생 중 약 20%를 차지했다. 버클리에서 아시아계는 신입생의 40%를 차지했다. 시민의 6%가 아시아계 미국인인 워싱턴 주에서 아시아계는 워싱턴대학 전체 학생 수 중 20% 이상을 차지했다.[14]

1996년 주민제안 제209호가 통과된 후 워드 코널리(Ward Connerly)는 차별철폐정책 반대제안이 마치 화물 기차처럼 힘을 받을 것으로 예상했지만, 그 다음 해 그의 예상은 텍사스 주 휴스턴에서 빗나갔다. 흑인 인구가 많은 애틀랜타, 디트로이트, 워싱턴 D.C.와 마찬가지로 휴스턴은 소수민족이 시(市)계약을 체결하지 못했던 1980년대 중반 성공적인 배려조항 프로그램을 수립했다. '소수민족, 여성, 불리한 환경에 놓인 기업에 대한 지원 계획'은 시 계약의 약 20%를 인증 기업에게 배정하는 자발적 목표를 수립했다. 1996년 그들은 배정된 10억 달러 중 21%를 계약했다. 주민제안 제209호의 통과 이후 백인 계약자들은 이 프로그램의 금지를 위한 투표를 위해 2만 명의 서명을 받았다. 시의회는 캘리포니아 주의 경험을 교훈으로 삼아 제안서를 다시 작성하고 '제안 A'로 선거에 상정했다. 캘리포니아 주처럼 시민들에게 우대조치를 금지하기 원하는가를 질문하는 대신, 시민들이 계약과 고용에서 소수민족과 여성을 위한 차별철폐정책을 금지하기 원하는가에 대해 물었다. 퇴임을 앞두고 있었지만 대중적인 인기가 높은 밥 라니어(Bob Lanier) 시장을 포함해 민권단체, 시 및 기업계 지도자들이 처음부터 합세해 지지운동을 펼쳤다. 이들의 광고는 데이비드 듀크 같은 사람의 사진을 걸지 않았고 라니어 시장이 직접 유권자들에게 "백인 남성 계약자들은 차별철폐정책 이전 전체 계약 중 95%에서 99%를 차지했습니다. 오늘날도 백인들은 여전히 80%의 권리를 갖고 있습니다. ……저와 같은 사람들이 모든 사업을 독차지했던 시절로 시계를 돌리지 맙시다"라고 호소했다. 투표

일에 투표자들은 '제안 A'를 10% 차이로 부결시켰는데, 휴스턴 역사상 투표소에 가장 많은 흑인 인구가 나타났다.

휴스턴의 투표는 하나의 교훈을 주었다. 1996년 11월 캘리포니아 주 출구 조사에서 투표자들에게 "여성과 소수민족이 더 좋은 직업을 얻고 더 좋은 교육을 받도록 하기 위해 고안된 차별철폐정책 프로그램을 지지하는가?"라고 물었다. 놀랍게도 54%가 '그렇다', 46%는 '아니다' 라고 대답했다. 이런 결과는 주민제안 제209호에 대한 투표 결과와 정확히 정반대의 결과이다. 일반적으로 시민들은 압도적으로 민권을 지지했다. 대부분의 시민들은 차별철폐정책이 유자격의 여성과 소수민 족에게 도움을 주는 것에 대해서는 지지했지만, 우대조치를 반대하고 특히 할당제라고 부르는 것에는 절대적으로 반대했다. 라이스대학 정치 학 교수 밥 스타인(Bob Stein)은 "당신이 민권에 찬성한다고 말하는 것은 쉬운 선택이지만, 민권에 대한 선택이 차별철폐정책을 금지하는 것이라 고 말하는 것은 더 쉽다"라고 말했다.

한 저널리스트는 "휴스턴의 논쟁에서 밝혀진 근본적인 진실은 차별 철폐정책의 미래는 어떻게 물어보느냐에 따라 찬반의 결과가 달라질 수 있다"라고 썼다. 이 교훈은 다음 해 워싱턴 주에서는 통하지 않았다. 워싱턴 주 '제안 200(Initiative 200)'은 "고용, 계약, 공립대학 입학에 인종, 성별, 피부색, 민족, 국적에 기초해 특정 개인이나 집단을 차별하 지 않고 우대하지 않는다"라고 밝혔다. 그러나 워싱턴 주는 특별한 배경을 지녔다. 인구의 86%가 백인이었다. 최대 소수민족 집단은 6%를 차지하는 아시아계였는데 이들 중 대다수는 백인, 즉 참전 용사, 장애인, 저소득층에게 우대를 적용했던 주 차별철폐정책의 대상이 아니었다. 워싱턴 주의 백인 중 극소수만이 백인이라는 것 때문에 고용 기회를 잃었다고 생각했다. 이들은 시애틀 시장에 흑인 놈 라이스(Norm Rice)를 선출했고, 전국적으로 첫 중국계 미국인 주지사 게리 로크(Gary Locke)를 뽑았다. '제안 200' 캠페인은 광고에도 많은 비용이 들었는데, 이 광고 내용 중 많은 부분에서 주 차별철폐정책의 진정한 승자는 소수민족이 아니라 배려조항 프로그램의 수혜자인 백인 여성이라고 은근히 심어주었고, 더욱이 국가의 일류 기업인 보잉사(Boeing), 마이크로소프트(Microsoft), 스타벅스(Starbucks coffee), 시애틀타임즈(Seattle Times)도 차별철폐정책의 폐지를 반대했다. 코널리는 "그것은 대단한 거짓말이다. 여성에게 불이익을 준다는 문구와 구절은 어디에도 없다"라고 말했다. 선거일이 다가왔을 때 여론조사는 문구와 광고가 혼란을 불러일으켰다는 것이 증명되었다. 시민들이 '제안 200'을 읽을 때 대부분의 사람들은 "그렇다"라고 응답했는데, 1998년 11월 이것을 선거에 부쳤을 때 58%의 찬성으로 차별철폐정책을 금지하는 안건이 통과되었다. 이렇게 되어 워싱턴 주는 차별철폐정책을 금지하는 두 번째 주가 되었다.

코널리는 그의 화물 기차를 플로리다 주로 몰고 가 공화당원들을 등록시키고 차별철폐정책의 철폐를 위한 주민 투표를 성사시키려 했다. 그러나 그는 38%가 히스패닉 인구이고 플로리다 주 공화당 의장이 쿠바계 미국인인 주에서 많은 지지를 얻지 못했다. 공화당 소속의 젭 부시(Jeb Bush) 주지사는 "코널리는 전쟁을 원합니다. 저는 평화를 사랑합니다"라고 말했다. 형 조지 W. 부시가 공화당 대통령 후보로 선거 운동을 전개하고 있는 상황에서 실제 주지사가 2000년 11월 투표하길 원했던 것은 차별철폐정책─소수민족의 투표를 제외하는─에 대한 골치 아픈 싸움이었다. 그 대신 젭 부시는 주 배려조항 프로그램을 대폭 수정해 '원 플로리다 플랜(One Florida Plan)'을 수립했다. 이 플랜은 고등학교 졸업생 중 상위 20%에 드는 학생이 대학 예비 과정을 이수한다면 10개의 주립대학 중 1곳에 입학을 보장하는 제도이다. 플로리다주립대 전체 이사회가 2000년 봄 이 계획을 승인함에 따라 플로리다 주는 차별철폐정책 프로그램을 줄이거나 폐지한 네 번째 주가 되었다.

이렇게 10년의 시간이 흘렀을 때 코널리의 화물 기차는 힘이 다 빠져 기진맥진했다. 워싱턴 주의 '제안 200'은 차별철폐정책에 대한 마지막 주민 투표가 되었고, 젭 부시 주지사의 행정명령과 '원 플로리다 플랜'은 주도 탤러해시(Tallahassee)에서 일어난 대규모 시위의 원인이 되었다. 12개 주에서 발의된 차별철폐정책에 대한 축소 또는 폐지에 관한 법안은 유명무실하게 되었거나 폐기되었는데, 이렇게 된 한 가지 이유는 높은 성장률을 보이는 경제 때문이었다. 경제는 미국 역사상 최장 기간에 가장 강력한 성장률을 보이면서 4년 연속 흑자로 돌아섰고 기록적으로 낮은 실업률을 보였다.

• ○ •

일자리도 많고 주식시장도 활황이었기 때문에 시민들은 차별철폐정책에 대한 논쟁에 관심이 없게 되었다. 이런 현상은 2000년 대선 중 분명히 나타났는데, 공화당 조지 부시 후보와 민주당 알 고어 후보도 민권 이슈를 피해갔다. 그럴 만한 이유가 있었다. 여론조사 결과에 따르면 유권자들은 이민, 국방, 차별철폐정책에 대해서는 관심이 적은 반면, HMO(Health Management Organization: 낮은 의료비를 부담하지만 지정된 의사 및 병원만 이용할 수 있는 건강관리기구 – 옮긴이)와 노인 처방 약값과 같은 건강관리와 학교 폭력 등의 이슈에 관심이 많다는 것이 나타났다. 또한 여론조사에 따르면 대부분의 흑인과 백인들은 인종 관계가 "일반적으로 좋다"고 생각했고 응답자의 80% 이상은 이웃 관계도 좋다고 생각하는 것으로 나타났다. "과거의 차별을 보상하기 위해 소수민족에게 특혜를 주는 프로그램에 찬성합니까? 또는 반대합니까?"라고 질문했을 때, 백인 중 46%는 찬성했고 44%는 반대했다. 이러한 여론 결과는 차별철폐정책에 대해 찬성하거나 반대하는 캠페인을 전개 — 특히, 차별철폐정책에 반대한 공화당 밥 돌 후보가 지지율을 끌어올리지 못한 — 해야 할 정치적 이유가 없다는 것을 의미했다.

대통령 후보들은 이런 여론을 알고 있었다. 캘리포니아 주 선거 유세에서 부시 후보는 "저는 어떤 할당제도 어떤 우대조치도 반대한다"라고 말했지만 주민제안 제209호에 대한 입장 표명은 거부했다. ≪유에스 뉴스≫는 이런 부시의 태도를 "텍사스의 투스텝(Texas two-step)"이라고 명명했다. 부시는 "새로운 개념인 '적극적 접근(affirmative access)'을 지지한다"라고 말했지만 긴 선거 운동 기간에 부시도 선거관리자 칼 로브(Karl Rove)도 '적극적 접근'에 대해 정의 — 모든 사람에게 접근을 허용하는 '능력중심제'와는 다른 — 내릴 시간이 없었다. 부시 후보는 아버지 조지 H. 부시와 같은 아젠다, 즉 "온정적 보수주의(compassionate conservative)"를 홍보하고 클린턴의 섹스 스캔들 이후에는 가족의 가치, 신뢰, '백악관의 존경 되찾기'에 대해 많은 말을 했다. 고어 후보는 차별철폐정책을 지지했지만 클린턴 대통령처럼 화제를 피하면서 흑인 군중이나 흑인 언론에게만 입장을 밝혔다. 10월 대통령 후보 간 텔레비전 최종 토론에서 한 번 이런 일이 생겼다. 한 아메리카 미국인이 방청석에서 일어나 "차별철폐정책에 대한 후보들의 입장은 무엇입니까?"라고 질문했다. 부시 후보는 "할당제를 반대하지만 적극적 접근 — 개념에 대해 다시 정의하지 않고 — 을 지지합니다"라고 말했다. 고어 후보는 "저는 '적극적 접근'이 무엇을 의미하는지 모릅니다. 그러나 차별철폐정책이 무엇을 의미하는지 알고 있습니다. 저는 부시 주지사가 차별철폐정책에 반대하는 것을 압니다. 저는 이 정책을 찬성합니다"라고 맞받아쳤다. 텔레비전 카메라가 당황해 하는 청중들의 얼굴을 비췄을 때, 토론은 또 다른 화제로 옮겨갔다.

대통령 선거는 미국 역사에서 가장 특이한 선거 중 하나였다. 고어 후보는 히스패닉계 투표자의 3분의 2와 흑인 투표자의 90% 이상을 득표해 전체적으로 부시 후보보다 50만 표를 더 얻었지만 선거인단에서는 졌다. 오리건, 뉴멕시코, 플로리다 주의 개표 결과는 근소한 차이로 나타났다. 선거관리위원들은 재개표를 선언했다. 오리건과 뉴멕시코 주에서 고어 후보가 이겼지만 플로리다 주에서는 개표작업을 12월까지 끌고 갔다. 플로리다 주에서 녹색당(Green Party)의 랄프 네이더(Ralph Nader) 후보가 투표자의 1.6%를 득표하는 바람에 부시 후보가 537표 차이로 승리를 낚아챘다. 재개표에 시간이 많이 걸리게 되자 부시 후보 측은 재개표 중단을 요구하는 소송을 제기했다. 그리고 연방대법원은 재빨리 심리에 착수해 5 : 4의 판결로 재개표를 중단시켰다. 공화당 출신 대통령이 임명한 5명의 대법관들이 조지 W. 부시 후보에게 대통령직을 선사했다.[15]

대통령 당선자는 내각을 지명했는데 다양성 시대의 좋은 본보기를 다시 보여주었다. 14석의 내각에 백인은 6명뿐이었고 나머지 자리는 첫 흑인 국무장관 콜린 파월(Colin Powell)과 첫 흑인 여성 국가안보 보좌관 콘돌리자 라이스(Condoleezza Rice)를 포함한 아프리카계 미국인, 히스패닉, 5명의 여성에게 돌아갔다. 민권팀에는 노동장관 엘라이네 차오(Elaine Chao)와 OFCCP(연방계약준수프로그램국) 국장에 찰스 E. 제임스(Charles E. James)가 내정되었다. 상원 인준에 문제가 되었던 유일한 후보는 법무장관 존 애쉬크로프트(John Ashcroft)였다. 민주당 의원들은 그가 기독교권리당과 연계되어 있다고 생각했지만 상원 인사청문회에서 무사히 인준을 받았다. 대통령은 EEOC 위원장에 카리 M. 도밍게즈(Cari M. Dominguez)를 지명했다. 전 OFCCP 국장과 유리천정위원회 위원장을 역임한 그녀는 만장일치로 상원에서 인준을 받았다.

다양성의 시대는 2000년 인구조사에서 더욱 분명해졌다. 인구조사를 실시하고 처음으로 관리들이 개인들에게 하나 이상의 인종을 밝히도록 허용했는데, 국가의 얼굴은 더 이상 백인과 흑인종만이 아닌 전보다 더 다양한 인종으로 구성되었음이 밝혀졌다. 1970년 이후 인종 간의 결혼과 이들 자녀의 폭발적인 증가는 미국의 얼굴을 바꾸고 있었다. 캘리포니아 주에서 이종족 부모(異種族 父母, mixed parents)는 7명의 아이 중 1명을 출산했다. 인종 간의 결혼은 지난 30년 동안 크게 늘어났다. 2000년 25세와 40세 사이 연령 중 미국에서 태어난 아시아인 약 2분의 1과 히스패닉의 40%는 다른 인종과 결혼했다. 여전히 적은 숫자이긴 하지만 흑백 간의 결혼도 1960년대 이후 7배나 증가했다. 클라렌스 토머스(Clarence Thomas) 대법관과 흑인, 인디언, 프랑스, 아일랜드계 선조를 둔 UC 이사회 워드 코널리(Ward Connerly) 이사와 같은 유명 인사를 포함해 흑인 남성 중 약 8%는 백인 여성과 결혼했다. 코널리는 "그러나 저는 기자들에게 아프리카계 미국인으로 불러달라고 합니다! 이것이 무슨 의미가 있겠습니까?"라고 말했다. 히스패닉계 인구 중 약 절반은 인구조사 양식의 인종표시란의 '백인' 또는 '기타'에 표시해 일을 복잡하게 만들었는데, 이후 2년 동안 가장 빠르게 증가하는 인구집 단으로 아프리카계 미국인을 밀쳐내고 미국에서 가장 큰 소수민족 집단 으로 자리잡았다.

1990년대 후반 많은 논평자들이 이런 경향을 지적했다. 마이클 린드 (Michael Lind)는 미래를 "인종초월국가: 미국(Transracial America)"이라 명명한『다음의 미국(The Next American Nation)』을 출판했고, 파레이 치데야(Farai Chideya)는『미래의 색(Color of Our Future)』을 저술했다. 조지 얀시이(George Yancey)는 새로운 세기에 접어들면 "누가 백인인 가?"라고 궁금해 할 것이라고 말했다. 랜달 케네디(Randall Kennedy)는 미국의 '혼합어(creolization)' 또는 '갈색화(browning)'에 대해 토론했으 며, 그레고리 로드리게즈(Gregory Rodriguez)는 듣기에 좋지 않은 "잡종 미국(Mongrel America)"이란 용어를 사용했고, 다른 사람들은 "인종 이후 의 미국(post-ethnic America)"으로 명명했다. 어떻게 부르든 간에 모든 사람들은 이제 인종이란 개념은 전보다 덜 중요 — 특히 젊은 세대에게 — 하다는 데 동의했다. 휴스턴의 팀 시스네로스(Tim Cisneros)는 "내 딸은 힙합을 듣고 아시아인공학협회 회원이며, 흑인 사내와 열애 중이다"라고 말했다. 미국의 얼굴이 계속 황갈색화될 것이라는 예측은 결혼 유형 탓으로 돌리고, 레온 윈터(Leon Wynter)와 같은 이는 광고, 연예, 텔레비전에서 "인종을 초월한 미국"을 팔기 때문이라고도 한다.

결국 이 모든 것은 인종적 혼란과 차별철폐정책의 불합리한 측면을 부각시켰다. 사회학자 글레이져(Nathan Glazer)는 "고용 관계에서 왜 히스패닉계에 브라질이나 포르투갈 출신이 아닌 아르헨티나와 스페인 출신을 포함시키는가? 유럽과 중동 출신의 모든 사람들은 단순히 백인과 비교하는데, 아시아 국가들은 각각 단일하면서 다른 인종을 구성할 정도로 그렇게 많은 인종이 정말로 있는가? 왜 스페인 출신은 이탈리아, 폴란드, 그리스 출신과는 달리 특별 대우를 받아야 하는가?"라고 물었다. 또한 대학에서 인종 구별이 점점 어렵게 되었다. 1990년대 중반 UC 버클리를 취재했던 한 저널리스트는 "좋은 사회경제적 배경과 더 좋은 점수를 받은 사람들이 입학 허가를 받지 못했던 반면, 입학생 중 8분의 1 정도는 인디언 체로키족(Cherokee) 친구를 두고 있었고 아프리카계 인디언 혹은 멕시코계 미국인 아버지나 엄마의 자격으로 입학한 것처럼 보였다"라고 썼다. 홉우드 사건을 조사한 텍사스의 한 저널리스트는 "언젠가 낙방한 백인이 입학 허가와 장학 혜택에서 더 좋은 기회를 얻기 위해 로스쿨 신청서의 '흑인/아프리카계 미국인'란에 표시할 것이다. 만약 범죄자로 기소된다면 대답은 간단하다. '내가 흑인이 아니라는 것을 증명해라.' 법률적 정의는 없고 그렇게 하는 것이 용납되지도 않는다. 이런 것들은 짐크로 시대에나 통과될 법이다"라고 말했다.

인종초월국가 미국(Transracial America)이 전개됨에 따라 차별철폐정책에 대한 몇 가지 중대한 의문점이 생겼다. 다양성이란 무엇이며 또 어떻게 측정되는가? 누가 소수민족으로 정의되는가? 누가 보호받아야 하는가? 누가 우대를 받아야 하는가? 루스 베하르(Ruth Behar) 교수는 "대학 관리자들은 내가 쿠바 태생이기 때문에 처음에 라틴계로 분류했다가 유대인 조상을 두었다는 이유로 그 분류를 취소하더니 종신직 교수 자격을 줄 때 다시 라틴계로 분류했다"라고 말했다. 대학의 어떤 학장은 "우리는 다양성을 피부색과 동일시한다"라고 덧붙였다. 우리는 실제로 다양성의 많은 형태가 있는데도 바보 같은 게임을 하고 있고, 국가가 인종초월국가로 이동하고 있는 상황에서 일부 사람들은 여전히 인종 우대가 필요한가라고 묻는다. 윈터(Wynter)는 이런 의문에 대해 "누가 할레 베리(Halle Berry: 영화배우), 제니퍼 로페즈(Jennefer Lopez: 가수), 비욘세 놀즈(Beyonce Knowles: 가수), 머라이어 캐리(Mariah Carey: 가수), 지미 스미츠(Jimmy Smits: 영화배우), 타이거 우즈(Tiger Woods: 골프선수) 같은 사람들이나 이들의 자녀들이 우대를 받아야 한다고 생각하겠느냐?"라고 되물으면서 암시를 주었다.[16]

2000년 인구조사 결과는 차별철폐정책에 대한 중대한 의문을 불러일으켰지만, 2000년 대선 결과는 신임 조지 W. 부시 대통령의 고전을 의미했다. 부시 대통령은 취임 첫 8개월 동안 밀월 기간도 갖지 못했고 여론의 반응이 좋지도 나쁘지도 않았다. 그리고 9월 11일 테러가 발생했다. 클린턴 대통령 시절 오클라호마 시(市) 폭탄 테러 사건 때와 마찬가지로 충격적인 테러공격은 대통령의 지지도를 끌어올렸다. 또한 테러 발생과 함께 대통령의 아젠다는 국내문제에서 국외문제로 옮겨 갔고 뒤이어 아프가니스탄에서 전쟁과 이라크 점령으로 이어졌다. 미국 본토의 안전과 감세를 제외한 국내 이슈는 군사 행동에 밀려 뒤처졌다.

민권 이슈와 관련해 행정부는 중도적인 입장을 취했다. 법무부와 노동부 장관은 아웃리치 프로그램을 지지하면서 차별철폐정책에 대한 반대를 표명했지만, 행정부는 EEOC 또는 OFCCP의 법적 강제력을 약화시키거나 예산을 삭감하지는 않았다. 1990년대 말처럼 EEOC는 사건 해결 시간을 단축하고 중재를 통한 해결 방식을 많이 사용했다. 행정부는 「불리한 환경에 놓인 기업지원법」에 명시된 연방 배려조항을 지지함으로써 일부 관측자들을 깜짝 놀라게 했다. 관리들은 아다랜드 대 미네타(Adarand v. Mineta) 사건에 대해 "공적 차별 및 사적 차별의 광범위한 증거"를 인용하면서 "연방대법원도 동의한 정밀하게 재단된 프로그램이기 때문에 사건 심리를 거부하고 연방 배려조항이 지속될 수 있도록 허용해 달라"는 내용의 법정조언서류(Amicus brief)를 제출했다. 반면, 대통령이 언급한 '적극적 접근'에 대한 정의는 2년 후 미시간 대학에 대한 소송과 관련된 논의에서 구체화되었다. 백악관 대변인 아리 플라이셔(Ari Fleischer)가 '적극적 접근'에 대한 정의를 "다양성을 활성화시키고 그렇게 하기 위해 사람들을 분열시키는 경향이 있는……인원할당제 혹은 인종 우대에 의존하지 않는 방식을 추구하는 것"으로 내렸다.

연방법원은 차별철폐정책에 대한 관심이 여전했으며 실제 여러 프로그램을 지속적으로 철폐했다. 레이건과 부시 대통령이 임명한 3인 재판부는 만장일치로 "방송산업에서 여성과 소수민족의 취업 기회를 넓히고 그들의 소유권을 증가시키려는 연방통신위원회(Federal Communications Commission)의 프로그램이 위헌이다"라고 판결했다. 새로운 규칙은 "여성과 소수민족 고용 시의 고용 기록이 더 이상 방송사의 자격 갱신 여부를 결정하는 하나의 요인이 될 수 없다"라는 점을 명백히 했다. 또 다른 법원은 "조지아대학 입학정책 ─ 전형 과정에 소수민족에게 추가 점수를 부여한 ─ 은 명백한 인종 균형이며 위헌이다"라고 판결했다. 2002년 조지아 주는 대학 입학에서 차별철폐정책을 금지했지만 대부분의 다른 주들은 자체적으로 차별철폐정책 프로그램을 계속 시행했다. 결국 미시간대 사건 이전까지 대학 입학 관행은 짜깁기로 시행되었다.

≪타임≫은 "많은 민권 변호사들이 미시간대가 차별철폐정책의 알라모(Alamo: 1836년 멕시코 영토인 텍사스 주 샌안토니오의 알라모 성채에서 일어난 멕시코와 미국 이주민 간의 싸움 - 옮긴이) ― 그들이 최후의 저항을 할 수 있는 곳 ― 가 될 것이라는 데 동의한다"라고 보도했다.

2003년 봄 미시간대(앤 아버) 캠퍼스는 국가적 논쟁의 진원지가 되었다. 국회의원 110명, ≪포춘≫ 선정 500대 회사 중 70개, 퇴역한 군 지휘관과 민간의 지도자 30명을 포함해 3,000여 단체들이 대학정책을 지지하는 60개 이상의 법정조언서(Amicus briefs)를 제출했다. 1991년 걸프전쟁의 사령관을 지낸 노만 슈와츠코프(Norman Schwarzkopf) 장군은 "이 정책은 군사학교에서 소수민족 출신 장교 후보생을 선발하는데 꼭 필요하다"라고 주장했다. 역사상 이렇게 많은 법정조언서류 ― 박키 사건 때보다 더 많은 ― 를 본 적이 없었다. 2004년 민주당의 대통령 후보가 된 존 케리(John Kerry) 상원의원, 게파트(Dick Gephardt) 의원, 전 버몬트 주지사 하워드 딘(Howard Dean), 전 북대서양조약기구 사령관 웰시 클라크(Wesley Clark) 등 모두가 대학정책을 지지했다.

부시 대통령은 대학 입학을 보장하는 '적극적 접근'과 주 입학비율정책은 지지하지만, 미시간대학 입학정책에는 반대한다는 입장을 표명하면서 대법원이 위헌 판결해 주도록 요청했다. 대통령은 "모든 형태의 다양성을 지지한다"라고 밝혔지만, "미시간대의 입학정책에는 기본적으로 결함이 있고……분열적이고 불공평하기 때문에 헌법과 조화를 이루기 불가능하다"라고 말했다. 대통령의 발언은 그에 대한 악의적인 공격을 불러일으켰다. 마이클 킨슬리(Michael Kinsley)는 "부시가 예일대에 입학할 수 있었던 것은 SAT 점수나 C학점이 아니라 그의 가문(家門)과 연고(緣故) 때문이었다. 또한 예일대를 거의 꼴찌로 졸업한 부시가 하버드대 MBA에 입학 허가를 받은 것은 차별철폐정책의 가장 화려한 스토리임을 증명했다"라고 썼다. ≪뉴스데이(Newsday)≫의 한 칼럼니스트는 "부시가 차별철폐정책의 혜택을 받지 않고 그런 명문 대학에 입학했다면 그는 정말 대단한 사람이다"라고 보도했다.

행정부 내에서 가장 명망 있는 2명의 아프리카계 미국인인 파월 장관과 라이스 보좌관은 "대학 입학에서 차별철폐정책을 지지한다"라고 밝혔다. 차별철폐정책에 대한 시민들의 견해가 다르듯이 부시 행정부 내에서도 의견이 엇갈렸다.[17)]

그라츠(Gratz)와 그러터(Grutter) 사건은 역차별과 관련되었다. 1995년 고등학교 3학년 제니퍼 그라츠(Jennifer Gratz)는 미시간대학에 지원했다. 그녀는 평균 평점 3.76점에 SAT 점수도 좋았으며 학생회장, 수학 과목 튜터, 헌혈운동 조직, 응원단장, 홈커밍 여왕의 경력이 있었다. 그녀는 자신보다 낮은 성적을 받은 소수민족 출신 동료 중 몇 명이 입학 허가를 받았지만 자신은 대기자 명단에 올라가 있는 것을 알았다. 대학 측에 따르면 그라츠는 그녀와 유사한 학업 성취를 보인 400명이 넘는 지원자들과 경쟁을 벌였다. 대학 측은 모든 유자격의 소수민족 지원자 46명과 121명의 백인을 합격시켰다. 낙방한 그라츠는 디어본(Dearborn) 캠퍼스로 진학했다. 그녀는 "나의 피부색 때문에 부당한 대우를 받았다"라고 주장했으며, 1997년 그녀와 또 다른 백인 지원자 패트릭 하마처(Patrick Hamacher)는 대학을 상대로 소송을 제기했고 이 사건은 그라츠 대 볼링거(Gratz v. Bollinger) 소송사건으로 불려졌다. 바바라 그러터(Babara Grutter)는 40대의 자녀 둘을 둔 엄마로서 미시간대 로스쿨에 지원했다. 그녀는 평균 평점 3.8점에 LSAT 161점을 받았지만 1997년 입시에서 탈락했다. 그녀는 "우리는 우리 자녀들에게 양심적으로 차별은 나쁜 것이고 불법이라고 가르쳤다. ……내가 아이들에게 가르치고 있는 것이 진부한 것인가? 아니면 진실인가?"라고 말했다. 그녀는

"로스쿨이 선발 과정에서 인종을 결정적 요인으로 사용했기 때문에 탈락했고 대학이 입학 전형에서 인종의 사용을 정당화할 어떤 필수불가결한 이익도 없다"라고 주장했다. 이것이 그러터 대 볼링거(Grutter v. Bollinger) 소송사건이다.

양 소송인들은 그들의 사건을 박키 판례에 기초했다. 홉우드 사건을 변호했던 워싱턴 소재 비영리법률단체인 '개인권리보호센터(Center for Individual Rights)'가 미시간대를 상대로 2건의 소송을 제기했다. 센터 측은 "대학 측의 인종 우대는 수정헌법 제14조와 1964년 「민권법」 제6편의 평등보호조항을 위반했다"고 주장했다. 미시간대학은 "박키 판례에 따르면 대학의 다양성은 필수불가결한 이익이 될 수 있다"라고 주장했지만, "대학도 소수민족에 대한 차별 행위를 해온 역사가 있기 때문에 대학의 입학정책은 과거에 대한 구제이다"라는 주장은 하지 않았다.

매년 약 2만 5,000명이 5,500명의 신입생을 뽑는 미시간대에 지원한다. 이렇게 많은 지원자 중 적격한 신입생을 선발하기 위해 대학 측은 최고 합격 점수를 150점으로 정했다. 거의 모든 학생들이 합격하기 위해 필요한 점수는 100점이었으며, 99점에서 90점을 받은 지원자는 입학 허가를 받거나 연기되었고 89점에서 75점을 받은 학생은 입학유예가 되거나 연기된다. 가장 많은 점수를 차지하는 항목은 고등학교 평균 평점이다. 흑인, 히스패닉, 아메리카 인디언은 각각 자동적으로 20점을 보너스로 받았다. 마찬가지로 주 외(州外) 출신의 소수민족 지원자, 모든 체육 선수, 경제적으로 불리한 환경에 놓인 거주자 또는 소수민족 학생이 압도적으로 많은 고등학교의 학생들도 20점의 보너스를 받았다. 소수민족들은 아시아계나 백인들과 달리 SAT 시험에서 좋은 점수를 받지 못했기 때문에 SAT 점수는 반영하지 않고 12점을 준다. 미시간 주 거주자들은 10점, 고등학교 수준에 따라 2점에서 10점, 부모의 유산

(遺産, legacy)에 해당하는 지원자에겐 4점, 예술적 재능 부문에 대해 최고 5점, 고등학교에서 대학 진학반이나 우등 졸업생과 전체 학생 수에서 과소대표된 지역 출신자에게도 가산점을 주었다. 같은 조건이라 면 평균 평점 3.0점을 받은 소수민족 학생에게 20점은 자동적으로 평균 평점 4.0점을 받은 백인 학생의 성적과 같게 된다. 달리 설명하면, 소수 민족 학생은 SAT에서 1,600점 만점을 맞는 것보다 8점을 더 얻는 것이 다. 평균 평점 3.2점에 SAT 1,000점을 맞은 백인 학생은 입학에서 탈락하지만, 흑인이나 히스패닉 학생이 같은 점수를 얻거나 심지어 더 낮은 평균 평점과 SAT 점수를 받더라도 합격한다.

결과는 다양성이었는데 혐오스러웠다. 전체 학생 중 흑인은 약 8% —미시간 주에서는 14%—를 차지했지만, 주 인구통계로 보면 흑인 학생 이 히스패닉보다 2배, 아시아계보다는 10배가 많은 것으로 나타났다. 주의 약 83%는 백인이었고 전체 학생 중 약 25%가 소수민족이었다. 미시간대학은 미시간처럼 보이지 않았다. 전 대학 총장 볼링거(Lee Bollinger)는 다양성의 지지자였는데, "다양한 인종을 대표하지 못한 대 학의 강의실에서는 토론이 거의 이루어지지 않는다"라고 주장했다. 일 부 소수민족 학생들은 그들이 소외되고 인종 간의 교제도 거의 없다고 지적한 반면, 많은 사람들은 볼링거 총장의 주장을 놓고 논쟁을 벌였다. 한 흑인 2학년생은 "내가 미시간대를 선택한 이유 중 하나는 다양성에 대한 평판이었다. 그러나……이 캠퍼스는 완전히 격리되었다"라고 말 했다. 작은 타운에 거주하는 많은 백인 부모와 디트로이트 교외에 사는 노동자계층은 그들의 자녀들이 더 이상 미시간대 앤 아버 캠퍼스에 입학할 수 없었기 때문에 화가 났다. 디트로이트 선거구를 대표하는 어떤 주 상원의원은 "차별철폐정책이 제1의 경제적·사회적 이슈이다. 모든 사람들이 소수민족 우대 때문에 누가 손해 보는지 안다"라고 말 다. 1998년과 2002년 사이 여러 주에서 실시한 여론조사 결과에 따르면,

응답자의 4분의 1만이 대학의 입학정책을 지지했고, 2분의 1에서 3분의 2는 반대했으며 나머지는 이것도 저것도 아니었다.

미시간대 로스쿨은 더욱 유연한 입학제도를 운영했다. 로스쿨은 매년 350명 정원에 약 5,000명의 지원자를 받았다. 입학전형위원회는 각 지원자의 평균 평점, LSAT, 학부 성적, 개인소개서, 개인의 잠재적 기여를 평가하는 추천서 등을 검토했다. 입학정책은 학교가 의도적으로 노력하지 않는다면 전체 학생에서 의미 있는 숫자를 대표할 수 없는 인종 및 민족 집단인 흑인, 히스패닉, 아메리카 인디언을 포함해 다양성을 확보하는 것을 목적으로 했다. 입학담당관들은 소수민족 학생의 임계량(臨界量, critical mass)이나 의미 있는 대표성 — 강의실에서 소외감을 느끼게 하는 상징적인 숫자가 아닌 — 을 갖도록 하는 것이 중요하다고 생각했지만, 소수민족을 입학시키기 위해 어떤 점수나 어떤 수치적 목표도 사용하지 않았음을 증언했다. 이들은 "입학하는 소수민족 학생 숫자는 매년마다 다르지만, 소수민족 우대정책이 없다면 2000년 가을에 입학한 학생 중 약 4%만 — 현재는 14% — 이 소수민족 출신 학생일 것이다"라고 진술했다. 여론조사 결과에 따르면 변호사 시험에 합격하는 데 있어 인종 간의 의미 있는 차이가 없는 것으로 밝혀졌다.

그라츠와 그러터 사건에서 제6순회항소법원(켄터키, 미시간, 오하이오, 테네시 주를 관할하는 연방고등법원 – 옮긴이)은 차별철폐정책 프로그램을 허용하는 대학 측을 지지했는데, 이 판결은 제5순회항소법원의 홉우드 판결과는 상충되는 결과였다. 결국 연방대법원에서 최종 판결을 하게 되었다. 사건 심리를 수용한 연방대법원의 오코너 대법관은 국가적으로 중차대한 문제에 대해 사법적 불일치, 즉 "다양성이 공립대학에서 입학생을 선발하는 데 정밀하게 재단된 인종의 사용을 정당화할 수 있는 필수불가결한 이익이 되느냐, 그렇지 않느냐"는 문제를 해결하는 데 목적을 두었다.

렌퀴스트 대법원장이 그라츠 사건에 대한 다수의견서를 작성했다. 그는 "아다랜드(Adarand) 판결에서 모든 인종적 분류는 엄격한 심사를 받아야 한다는 사법 원칙을 수립했는데, 이 판결에 비추어 볼 때 대학입학정책도 필수불가결한 정부의 이익을 촉진하는 정밀하게 재단된 조치여야 한다는 것을 의미한다"라는 점을 지적했다. 그런 다음 렌퀴스트는 박키 판결에서 파월 대법관의 의견, 즉 "인종 혹은 민족적 배경은 특정 지원자에게 유리하게 작용할 수 있지만 이런 입학정책은 각 지원자의 특별한 자격에 비추어 다양성의 모든 적격한 요인들을 고려할 정도로 융통성을 가져야 한다"라는 의견을 인용했다. 그는 "모든 소수민족의 신청자들이 자동적으로 신청서를 내기만 하면 20점을 받는 반면, 모네(Monet)나 피카소(Picasso)의 재능과 맞먹는 예술적 재능을 가진 지원자는 고작 5점을 받는다"라고 지적했다. 더욱이 현재와 같은 입학정책에 따르면 같은 평균 평점과 SAT 점수를 받은 지원자라도 이들의 인종 혹은 민족적 지위에 따라 합격하거나 탈락한다. 그라츠의 점수와 같은 주 내(州內) 또는 주 외 소수민족 신청자는 합격하게 되어 있다. 연방대법원은 6 : 3의 결정으로 대학입학정책에 반대했다. "대학의 정책은 인종 및 민족의 다양성 확보를 통해 필수불가결한 이익을……달성하고자 했지만 정밀하게 재단되지 못했으며, 이 정책은 마치 인원할당제와 너무 닮았기 때문에 위헌이다."

오코너 대법관이 그러터 사건에 대한 다수의견서를 작성했다. 그녀는 "박키 판결에서 파월 대법관의 의견은 공립과 사립대학에서 인종의식 입학정책의 헌법적 분석에 표준(touchstone)이 되었는데, 그는 다양한 학생 구성을 위한 목적으로서만 인종을 사용할 수 있음을 말했다"라고 상기했다. 그녀는 "임계량은 어떤 구체적인 비율이나 할당제가 아니다. 이것은 명백하게 위헌에 해당하는 철저한 인종 균형에 해당한다"라고 썼다. 그녀는 "로스쿨 측은 각 지원자 서류를 기계적인 방법이 아닌 매우 개별화되고 총체적인 방식으로 심사를 진행했고 인종 혹은 민족에 기초해 미리 결정된 '다양성'이라는 가산점을 부여했으며, 대학 측이 소수민족 지원자보다 낮은 평균 평점과 LSAT 점수를 받은 여러 명의 백인 학생들을 합격시켰다. 이런 정책은 인종 외 다른 다양성 요인을 고려했다는 것을 증명했다"라고 기술했다. 그녀의 의문점은 인종을 사용한 입학정책이 주의 이익에 의해서 정당화되는가의 여부였다. 그녀는 "오늘 우리는 로스쿨이 다양한 학생 정원을 달성하는 것이 필수불가결한 이익에 부합함을 판결한다"라고 밝혔다. 그녀는 다음과 같이 결론을 내렸다.

> 파월 대법관이 처음으로 전체 학생의 다양성에서 이익을 촉진하는 데 인종의 사용을 인정했다. ……그때 이후 높은 평균 평점과 LSAT 점수를 받은 소수민족 신청자의 숫자가 늘어났다. 우리는 지금부터 25년 후 인종 우대의 사용이 오늘 승인한 그 이익을 촉진시키는 데 더 이상 필요치 않기를 기대한다.

연방대법원은 5 : 4의 판결로 대학 입학에서 차별철폐정책을 지지했다. 그러터 판결은 아다랜드, 리치몬드, 박키 판결을 지지했지만, 홉우드 판결을 번복했다. 정밀하게 재단된 차별철폐정책이 엄격한 법률 심사 원칙에 부합할 때에 한해, 그리고 교육 분야에서는 다양한 학생 구성을 달성할 목적으로 많은 요인들 가운데 하나의 요인으로 사용할 경우에만 합헌이다. 오코너 대법관은 "기업과 군대에서 제출한 변론서와 함께 많은 학술적 연구 결과에 따르면, 다양한 학생 구성과 노동력으로 비롯되는 혜택─국가안보를 위해 중요한 임무를 수행하는 군의 능력을 포함해─은 이론적이 아니라 실제적이다"라는 점을 지적했다. 군의 이런 진술서는 미군이 아프가니스탄과 이라크에서 전쟁을 시작했던 9월 11일 이후 작성되었다.

미시간대 총장 메리 S. 콜만(Mary S. Coleman)은 "오늘은 정말 좋은 날이다. 우리는 정말로 기쁘고 즐겁다"라는 감탄사를 연거푸 토해냈다. 민권단체도 마찬가지였다. 이상하게도 부시 대통령 역시 "대법원이 대학의 다양성과 평등 보호 사이의 신중한 균형을 잡았다"라고 말하면서 판결에 찬사를 보냈다. 보수적 칼럼니스트 미셸 말킨(Michelle Malkin)은 그러터 판결을 "수정헌법 제14조의 평등보호조항을 짓밟아 버렸지만 지옥에 버리지는 않았다"라고 평가했다. 워드 코널리(Ward Connerly)는 미시간대로 날아가 원고 측과 나란히 서서 2004년 11월 미시간 주 선거에 반우대제안을 투표 안건으로 삼기 위한 서명을 받겠다고 약속했다. 코널리는 "우리의 운동은 미시간 주에서 끝나지 않을 것이다"라고 말했다. 그는 애리조나, 콜로라도, 미주리, 오리건, 유타 주에서도 유사한 제안을 고려했다.18)

• ○ •

미시간대 사건은 또 다른 장(章)을 열었다. 그것은 차별철폐정책의 종말이었다. 문제가 불거진 것은 1990년대였다. 배려조항만 놓고 보아도 이민의 급증으로 본래의 취지가 무색해지면서 너무도 많은 사기 사건이 발생했다. 인종 자체의 개념은 점차 흐릿해졌고 누가 우대를 받아야 — 누군가 받아야 한다면 — 하는가에 대한 심각한 문제를 불러일으켰다. 배려조항과 관련해 연방대법원은 리치몬드와 아다랜드 판결을 통해 시와 연방차원에서 엄격한 법률 심사 원칙을 요구했다. 리치몬드 판결의 영향으로 약 230개 주와 지방 당국이 그들의 프로그램 시행을 보류하고 재평가했는데, 1995년에는 약 100개의 프로그램만이 남게 되었다. 아다랜드 판결에 대한 후속 조치로 클린턴 행정부는 연방 프로그램을 축소하고 참여 기준을 강화했다. 대학에서는 인종에 기초해 점수를 부여한 입학제도를 폐지하고, 입학 전형 절차를 개정 — 계층에 기초한 차별철폐정책이 아닌 — 했다. 사회학자들은 "여론조사에 따르면 실제 고등학교를 졸업한 가난한 흑인과 라틴계 학생이 충분하지 않다. 차별철폐정책은 실제 대학에서 소수민족이 더 줄고 가난한 백인들이 더 늘어나는 결과를 초래한다"라고 하면서 정책을 불신했다. 캘리포니아, 플로리다, 조지아, 미시시피, 텍사스, 워싱턴 주 유권자, 주지사, 법무장관은 전면적으로든 부분적으로든 주 우대 프로그램을 금지했으며, 일부 주에서는 대학 입시에 적용할 비율 계획을 수립했다.

그렇다고 해서 국가, 대부분의 주, 그리고 대학에서 차별철폐정책을 끝낸 것은 아니다. 일부 공화당 소속 의원들은 1995년 전반기 차별철폐정책을 끝내려고 했고, 밥 돌 공화당 대통령 후보는 이 정책에 반대해 출마했다. 밥 돌 후보가 차별철폐정책을 반대했다고 해서 많은 표를 얻은 것도 아니었으며, 오히려 이 정책에 대한 반대는 공화당을 분열시켰다. 더 많은 주에서 차별철폐정책 폐지를 위한 선거를 실시하려 노력했지만, 시민들이 관심을 두지 않았기 때문에 더 이상 진행되지 못했다. 클린턴 대통령의 말이 맞았다. 1995년 그는 기념비적인 연설에서 "고쳐 쓰되 버리지는 말자(Mend it, don't end it)"라는 단순한 문장을 사용해 대중들을 설득했다. 미시간대 판결 이전 여론조사 결과에 따르면, 미국인들은 흑인과 소수민족 학생의 숫자를 늘리기 위한 프로그램에 대해 2 : 1 비율로 찬성했지만, 소수민족에게 우대를 제공하는 것에는 3 : 1 비율로 반대했다. 30년 전 존슨 대통령은 "한 손잡아 끌어주기(a hand up)", 닉슨 대통령은 "약간 특별한 시작(little extra start)", 루이스 파월 대법관은 "더하기(plus)", 샌드라 오코너 대법관이 "약간의 가산점(some sort of bonus)"로 불렀던 것이 차별철폐정책의 정의가 되었다. 이런 유형의 프로그램은 사회구조의 일부분이 되었고 대부분의 미국인들도 이것을 공평하다고 생각했다.[19]

공평성의 추구

•○•

미국의 제2차 세계대전 개입 초기, 달리 설명하면 아사 필립 랜돌프(Asa Philip Randolph)가 워싱턴 D.C.로 시위행진을 하겠다고 프랭클린 루스벨트 대통령을 위협한 지 정확히 1년 후, ≪루이빌 커리-저널(Louisville Courier-Journal)≫의 진보 성향의 발행인 마크 에스리지(Mark Ethridge)는 고용평등실천위원회(FEPC) 청문회에서 "흑인이 미국 시민으로서 완전한 민권(民權)과 경제적 기회를 누릴 권리가 있다는 말에 어떤 남부 백인도 논리적으로 이의를 달 순 없습니다. 그러나 북부인들이 남부 백인들에게 사회적 격리 원칙을 포기하도록 강제할 수 있는 것은 이 세상에 — 심지어 동맹국과 주축국의 기계화된 모든 군단에서조차도 — 없습니다"라고 논평했다.

1942년 이런 주장은 현실적으로 받아들여졌고 격리는 공평한 것으로 생각되었다. 2년 후 실시된 여론조사 결과에 따르면, "당신은 흑인들이 취업을 하는 데 있어 백인들과 같은 기회를 가져야 한다고 생각합니까? 아니면 백인들이 취업을 하는 데 우선권을 가져야 한다고 생각합니까?" 라는 질문을 던졌다. 응답자 중 44%만이 흑인들도 백인과 똑같은 기회를 가져야 한다고 생각했다.

운 좋게도 미국은 이런 전통적인 가정(假定)을 광년(光年) — 인종 관계에서 가장 뚜렷한 — 의 속도로 빠르게 통과했다. 민권과 여성해방운동 이후 대부분의 시민들은 공평성에 대한 다른 해석을 받아들이기 시작했다. 박키(Bakke) 판결에서 루이스 파월(Louis Powell) 대법관이 "법의 지배(the rule of law)에서 중요한 가정은 개인의 공평성에 기초한 정의 구현 시스템에 가치를 부여하는 것이다"라고 기술했는데, 이제는 개인의 공평성이 모든 시민의 공평성으로 확장되었다.

근본적인 변혁은 미국 사회의 불평등을 밝혀낸 시위, 「민권법」·고용평등·차별철폐 규칙을 통한 정부정책, 그리고 대부분의 대학·지방정부·기업계의 적극적인 대응으로부터 이루어졌다.

오늘날 대다수의 시민들이 기회 평등의 이상을 지지하며, 미국이 새 천년을 맞이했을 때 연방정부, 대부분의 주, 많은 대학, 그리고 사적 부문에서 다양한 차별철폐정책 프로그램을 지속적으로 시행했다.

1964년 「민권법」 제7편 제정 이후 고용차별은 불법이 되었으며 이 감시기구가 EEOC이다. 위원회 지침서는 공적 영역이든 사적 영역이든 비영리단체든 간에 모든 고용주에게 적용된다. 1964년 「민권법」은 25인 이상 고용인을 둔 고용주에게 적용되었지만, 1972년 고용기회평등법(EEOA)은 15인 고용인으로 축소했다. 1991년 「민권법」 수정안 제정 이후 고용주의 차별 및 성희롱으로 인한 피해자는 배심재판을 받을 권리가 있고, 만약 승소하면 해당 회사의 규모에 따라 상한선이 정해진 처벌적·보상적 손해배상을 지급 받을 수 있다. 1990년대 EEOC는 거의 매년 8만 건의 사건을 접수했다. 예를 들어, 2002년 회계연도에 EEOC는 8만 4,000여 건의 사건을 접수했는데, 카리 도밍게즈(Cari Dominguez) 위원장은 접수율의 증가 원인을 경제성장의 둔화, 베이비 붐 세대의 고령화, 그리고 다국적 기업의 노동력으로 설명했다. 고소 사건의 대부분은 연령, 국적, 그리고 9월 11일 테러 이후 이슬람에 반대하는 종교문제 때문에 발생했다. 이전에 EEOC는 약 2억 5,000만 달러에 이르는 사상 최대의 금전적 보상을 받아내 피해자에게 지급했다. 분명히 차별과 성희롱은 미국의 노동력에서 영구적인 문제로 남아 있다.

OFCCP는 5만 달러 이상의 연방 발주 계약을 체결하는 40만 개 이상의 기업—사기업 노동력의 약 40%를 차지—을 감독한다. 계약자들은 고용 평등 기회를 보장하는 성실한 노력을 하겠다는 약속이 담긴 차별철폐정책 계획서를 제출해야 하고, 많은 주들도 이와 유사한 정책들을 시행하고 있다. 만약 계약자가 정책을 준수하지 않는다면 연방정부는 해당 기업에 계약을 금지—매우 드문 경우지만—할 수 있다. 클린턴 행정부 시절에도 단 5개 기업만을 금지조치했다.

1988년 연방의회가 '불리한 환경에 놓인 소수민족 기업 지원 프로그램 (Disadvantaged Business Enterprise Program)'이라는 배려조항을 제정했으며, 많은 시에서도 연방대법원의 아마랜드 대 미네타(Adarand v. Mineta) 판결 결과를 준수해 자체 프로그램을 시행하고 있다.

납세자의 세금으로 조성된 공적 자금을 지원받는 공공 기관과 대학은 차별철폐정책을 시행해야 한다. 보조금이나 지원금의 형태로 공적 자금을 지원받는 사립기관과 사립대학도 마찬가지이다. 미시간대 판결은 대학이 입학에 필요한 여러 요소 중 하나로 인종을 사용할 수 있다는 것을 확인했다. 그러나 동시에 그러터(Grutter) 판결에서는 스칼리아 (Scalia) 대법관의 반대 의견과 마찬가지로 미시간대 판결이 있었다고 해서 차별철폐정책에 대한 논쟁과 소송은 끝난 것이 아니다. 한 변호사가 기술했던 것처럼 "현재 고등교육기관이 안고 있는 가장 중요한 위험은 연방대법원이 켠 노란 불빛을……초록색 불빛으로 착각할 수 있다는 것이다."

사기업들도 다양한 자발적 프로그램을 지속적으로 시행하고 있다.

사실 민권운동 기간 중 대부분의 기업들이 아프리카계 미국인들을 훈련·고용할 책임이 있음을 깨달았고 자발적인 프로그램을 수립하기 시작했다. 1970년대 여타 기업들이 「민권법」 제7편을 위반해 줄 소송을 당할까봐 두려움에 떨었고, 이 10년 동안 민족적 각성과 여성해방운동이 최고조에 이르렀으며 기업계 지도자들은 인종차별주의자 혹은 성차별주의자라는 낙인이 찍히지 않길 바랐다. 그런 다음 레이건 행정부의 반격(反擊, backlash)이 있었지만, 기업들은 차별철폐정책이 성공적으로 이행되고 있다고 하면서 이 정책을 철회하지 않았을 뿐 아니라 방향을 바꿀 생각도 하지 않았다. 1990년대 다양성 운동, 급증하는 이민, 그리고 글로벌 시장경제가 차별철폐정책에 대한 기업계의 지지를 공고하게 했다. 2003년 프락터 앤 갬블(Procter & Gamble: P&G)은 미시간대학 측을 지지하기 하기 위해 법정조언서(amicus brief)를 제출한 30개 주요 기업 중 하나였다. ≪포춘(Fortune)≫이 선정한 25번째 기업인 P&G는 "매년 75개국 25억 인구가 자사 제품을 구입한다"라고 밝혔다. 한 기업 회장은 "글로벌 기업으로서 우리의 성공이란 다양하고 재능있는 노동력이 성취한 직접적인 결과이다. 새로운 고객의 통찰력과 아이디어를 확보하려는 우리의 능력은……다양성의 힘에 전적으로 달려있다"라고 말했다. 간단히 말하면, 뱅크 원(Bank One) 대변인의 말처럼 "다양성은 좋은 사업이다." 그러터 판결 후에 ≪비즈니스위크(Business Week)≫는 "주식회사 미국이 대승리를 거뒀다"라고 보도했다.

그러나 차별철폐정책이 정부와 계약 관계에 있지 않은 중소기업의 고용인을 포함한 많은 시민들에게는 미미한 영향을 주거나 아예 영향을 미치지 못한다. 이발업부터 잔디 깎기 혹은 빌딩업을 운영하는 회사들이 미국 기업의 약 반을 차지하지만, 이들은 원하는 사람이 있으면 누구든지 고용도 하고 승진도 시킬 수 있으며, 이들 회사의 노동력에서 인종 혹은 성별에 따른 다양성 기준을 충족시킬 필요가 없다. 더욱이 연방

노동력에서 제외되는 게이와 레즈비언과 같은 동성애자들은 보호받지 못한다. 게이해방운동이 시작된 1974년 일부 의원들이 1964년 「민권법」에 '성적 지향(sexual orientation)'이란 용어를 추가하는 수정법안을 제출했다. 일부 주가 법안을 제정했지만 연방정부는 「민권법」 수정안을 통과시키지 않았다. 결국 고용차별로부터 게이와 레즈비언을 보호할 연방법이 없게 되었다.

그러나 일반적으로 말하면 차별철폐정책과 기회 평등의 관행은 대부분의 기업, 대학, 그리고 공공 기관에서 준수되었다. 1989년 차별철폐정책 반대자인 아비가일 선스트롬(Abigail Thernstrom)은 "차별철폐정책이 법원결정에도 별 영향을 받지 않을 만큼 구조적으로 정착했다"라는 점을 인정했다. 확실히 미시간대 사건 이후 대학에서는 차별철폐정책이 구조화되었다. 미시간대 판결이 나오고 몇 주 후 약 50개의 공·사립대학 총장들은 모임을 갖고 앞으로 법적 소송으로부터 '인종의식 입학정책(race-conscious admissions policies)'을 보호하기 위한 방안들에 대해 논의했다. 차별철폐정책 중 일부 방식이 미국인들의 생활방식에 일부분이 되었고, 이 점에서는 마틴 루터 킹의 꿈을 실현하고 있다.[1]

차별철폐정책이 지난 40년 동안 — 개인의 평생경력에 해당하는 — 국가정책으로 자리잡았다. 이 정책의 효과는 무엇인가?

비판가들이 통상 일화적인 증거를 바탕으로 많은 주장을 내놓는다. 아프리카계 미국인 셀비 스틸(Shelby Steel)은 "차별철폐정책이 흑인 대표성의 기준을 낮추고 자신의 역량을 개발하는 것보다 권리를 누리게 하고, 실제 흑인들이 부딪히는 실질적 차별은 도외시한다. 사실 흑인들이 이 정책으로부터 얻는 것보다 잃는 것이 더 많다"라고 주장했다. 다른 사람들은 "차별철폐정책이 일류 대학에서 아프리카계 미국인에게 낙인을 찍는다"라고 주장했다. 찰스 머레이(Charles Murray)는 "우대조치의 악(惡)은 열등 인상을 심어준다는 것이다"라고 썼다.

그러나 아마도 그렇지 않을 것이다. 학계에서 많은 연구 결과를 발표하기 때문에 학자들의 연구 결과를 음미하는 것이 차별철폐정책의 효과를 평가하는 더 좋은 방법이 될 것이다. 2000년 경제학자 해리 홀져(Harry Holzer)와 데이비드 뉴마크(David Neumark)는 가장 방대하고 가장 완벽하며 가장 최근의 연구인 「차별철폐정책의 평가」를 발간했다. 이들은 윌리암 보웬(William Bowen)과 드렉 복(Derek Bok)의 「강의 형상(The Shape of the River)」이란 연구 결과물을 포함, 200개 이상의 학술 연구물에 대한 재검토 작업을 통해 "차별철폐정책이 여성, 소수민족의 기업인, 학생, 경제에 유형의 이익을 가져왔다는 결론을 내렸다." 이 정책을 채택한 고용주들은 전체 노동력에서 여성과 소수민족의 숫자를 10%에서 15%로 늘렸으며, 연방정부와 소수민족 소유회사와의 계약이 실질적으로 증가해 흑인 및 갈색인 자본주의를 확대시켰다. 기업은 흑인과 라틴계를 고용할 때 자격을 보고 고용하지 않지만 ─ 연구 결과에 따르면 흑인과 라틴계는 거의 동일한 직무 성과를 나타낸다 ─ 통상 여성을 고용할 때는 남성의 자격 및 성과 기준에 맞춰 고용한다.

결과는 2명의 민주당 출신 대통령(케네디와 존슨 대통령)이 1960년대 차별철폐정책을 선언했을 때와는 전혀 다른 일터가 되었다. 1965년 노조는 배타적으로 백인 일색이었지만, 30년 후 아프리카계 미국인 회원은 15%를 차지하며 전체 인구에서 차지하는 12%보다 높아졌다. 1970년과 1990년 사이 흑인 전기공의 숫자는 3배가 늘었다. 또한 시 프로그램이 공무원의 분포를 바꿔 놓았다. 1970년 약 2만 4,000명의 흑인 경찰이 있었는데, 20년 후 약 6만 5,000명으로 늘었다. 1980년 LA 경찰국은 여성이 2% 미만이었는데 2000년 약 20%로 증가했다. 소방서에서 흑인의 대표성도 1960년 2% 이상에서 2000년 약 12%로 증가했다. 더욱이 전문대학원과 대학에서 교육 받은 흑인 숫자가 급증했다. 1970년 흑인 20명 중 1명이 전문직에 종사했는데, 20년 후에는

12명 중 1명이 전문직에 종사하게 되었다. 이 기간에 아프리카계 미국인 은행원, 관리직, 건강관리직 종사자는 4배 향상되었다. 보웬과 복은 "과거 25년 동안 이렇게 많은 고학력 흑인들이 관리직과 전문직종의 자리에 진입한 것은 아프리카계 미국인에겐 중요한 성공 스토리로 평가 될 수 있다"라고 기술했다.

1995년 ≪뉴욕타임즈(New York Times)≫는 이것을 "흑인 중산층의 녹색화(The Greening of the Black Middle Class)"로 명명했지만 여성들이 더 인상적인 혜택을 누렸다. 대학과 전문대학원에서 여성을 배제하는 할당제가 폐지되자 여성 졸업생의 숫자가 급증하는 결과가 나타났다. 1960년 여성은 전체 학사학위 소지자 중 39%를 차지했고 전체 박사학 위 취득자 중 11%를 차지했지만, 새천년에는 전체 학사 중 57%, 전체 박사 중 약 50%를 차지하게 되었다. 1970년과 2000년 사이 여성 변호 사, 교수, 의사, 기업 관리직은 약 5%에서 3분의 1 이상으로 증가했고, 현재 1년 단위 전문직코스의 반 이상이 여성이다. 1989년 ≪미즈(Ms)≫ 에 따르면 "이런 결과는 노동력과 사회를 구성하는 인구 분포에 커다란 변화를 가져와 미국 역사에서 비교할 대상이 없을 정도로 평화로운 혁명이 이루어졌다"라고 보도했다.

그러나 이 혁명은 얼마나 많은 이익을 남겼으며 백인 남성에게 얼마나 많은 영향을 끼쳤는가? 많은 경제학자에 따르면, 그렇게 많지 — 설령 있다 하더라도 — 는 않다. "이것이 회사의 경쟁력이나 공평한 고용 관행 의 대가를 지불하고 얻은 이익이라는 증거는 없다. 소수민족과 여성이 차지한 많은 일자리는 신규 일자리를 공유한 결과이지 백인 남성을 밀어내고 차지한 일자리가 아니다."

자발적인 아웃리치 및 신규 채용 프로그램과 함께 차별철폐정책이 대학 캠퍼스의 학생 구성에서도 상당한 변화를 초래했다. 학사학위를 소지한 25세 이상의 히스패닉의 비율은 1970년과 2000년 사이 2배

이상 증가했다. 전통적인 흑인 대학을 제외하고 1960년과 1995년 사이 대학의 전체 학생 수에서 차지하는 흑인 학생의 비율은 2% 미만에서 9%로 늘어났고, 25세에서 29세 사이 학사학위를 소지한 흑인의 비율은 2000년 5% 이상에서 17% 이상으로 증가했다. 더 놀라운 것은 지난 30여 년 동안 흑인의 전문대학원 진학률인데 로스쿨은 1%에서 7% 이상으로 증가했고 의대는 2%에서 8%로 늘어났다.

홀져와 뉴마크의 연구 결과에 따르면 "교육과 고용 분야에서 차별철폐정책이 여성과 소수민족의 고용, 대학에서 소수민족의 등록, 소수민족 및 여성 소유 기업의 계약을 촉진했다"라는 결론을 내렸다. 또한 보웬과 복은 "일류 대학의 흑인 졸업생들이 상급 학위 소지자와 거의 대등한 소득을 올리면서 이들의 백인 동료 친구들보다 시민활동에 더 적극적이다"라는 점을 밝혀냈다.[2]

그동안 진전은 있었지만 어떤 누구도 정부의 프로그램이 경제적 혹은 교육적 불평등을 해결했다고 주장하지 않을 것이다. 아프리카계 미국인 1인당 소득이 여전히 다른 아메리카 민족집단인 아시아인, 백인, 히스패닉에 뒤쳐져 있으며, 전문직에 종사하는 백인의 비율은 흑인에 비해 2배나 높다. 또한 라틴계와 흑인은 교육, 일자리, 주택 소유에서 뒤쳐져 있다. 2002년 전국도시연맹 의장은 "여러분이 자료를 보면 우리들은 실제적인 진전을 이루었지만—의심의 그림자를 걷어내고 보아도—여전히 모든 범주와 지표에서 실제적인 격차가 있다"라고 말했다.

불행하게도 언론 매체는 차별철폐정책이 미치는 범위, 특히 교육과 관련해서 과장 보도를 했다. 미시간대학 측은 "언론이나 시민들이 전국대학체육협회에서 요구하는 SAT 최저 점수 820점—요구 점수는 고등학교 평균 평점에 따라 다르지만—을 받은 풋볼, 농구, 아이스하키 선수들이 정당한 체육 특기생 프로그램을 통해 대학에 입학하는 것에는 관심이 거의 없다"라고 말한다. 그 대신 저널리스트들은 UC 버클리와 같은 일류 대학에 갈 수 없는 사람에 대해 "좋은 성적으로 떨어진 불쌍한 피해자"라는 식으로 언론 매체를 도배한다. 차별철폐정책은 일류 대학에 지원하는 학생에게 영향을 주지만, 고등학교 졸업 후 곧바로 주립대학에 진학하는 대다수의 졸업생에게는 해당되지 않는다. 주립대학에 진학하는 학생들에게 차별철폐정책은 이차적인 문제이다. 경제학자 토마스 케인(Thomas Kane)은 "1982년과 1992년 사이 일류 대학의 입학정책은 흑인 지원자에게 고등학교 평균 평점을 만점으로 조정하거나 SAT 점수에 수백 점을 부가했다. 그러나 4년제 대학생의 80%를 차지하는 평범한 대학에서 인종은 입학 결정에서 거의 — 설령 한다고 하더라도 — 역할을 하지 못했다. 그리고 이런 입학정책은 10년 후에도 여전히 대동소이한 형태로 남게 될 것이다"라고 밝혔다.

언론 매체는 시민들에게 이런 중요한 점을 상기시키는 대신, 많은 백인 학생들이 아주 치열한 경쟁을 뚫고 입학하는 대학에만 포커스를 맞추는 경향이 있었다. 서론에서 언급한 초기 두 사건을 상기해 보라. 제니퍼 그라츠(Jennifer Gratz)와 함께 소송을 제기한 패트릭 하마처(Patrick Hamacher)는 미시간대에 진학하지 못했지만, 미시간주립대에 진학해 졸업했다. 버클리에 입학하지 못한 많은 학생들이 UC 계열의 좋은 대학에 진학했다. 미시간대학 측을 지지하는 법정조언서(amicus brief)를 제출한 28개의 사립 명문 대학들이 뽑는 1만 5,000명의 신입생 중 흑인은 단지 1,000명에 불과한데, 이 숫자는 상위 50개의 공립대학에 입학하는 백인과 소수민족 학생의 숫자와 비교할 때 매우 적다. 실제 흑인 또는 라틴계 학생의 대학 졸업이 늘어나는 것은 아이비리그 대학에 입학하는 이들의 숫자에 달려있지 않다. 이 같은 사정은 전문대학원의 경우에도 마찬가지이다. 미시간대 로스쿨에 탈락한 바바라 그러터(Babara Grutter)는 웨인주립대 로스쿨에 합격했다. 결국 대학 졸업생은 미국의 약 160개의 의대와 170곳의 로스쿨에 지원할 수 있다.

대부분의 교육자들이 "차별철폐정책의 문제는 소수민족, 특히 아프리카계 미국인이 좋은 대학에 진학하는 데 많은 도움을 주지 못한다"라는 데 있다고 생각한다. 1997년 텍사스대 총장은 "텍사스주에는 대학입학 연령에 해당하는 3만 6,000명의 아프리카계 미국인이 있었다. 그중 3분의 2가 고등학교를 졸업하고 6,000명만이 대학 입학 시험을 보았고, 응시자 중 1,000명만이 선발 경쟁을 하는 대학에서 요구하는 입학 기준을 충족시켰다"라고 말했다. 아프리카계 미국인 로널드 퍼거슨(Ronald Ferguson)이 인종적으로 혼합된 교외 지역에 거주하는 7학년에서 11학년까지 학생 3만 4,000명을 설문조사한 결과에 따르면, 백인 학생은 평균 B$^+$ 학점, 흑인은 C$^+$ 학점을 받았고, 흑인 학생 중 반이상은 편부 또는 편모와 살거나 아예 부모도 없이 살았는데 이는 백인 학생의 15%와 비교되었다. 여러 해 동안 제시 잭슨(Jesse Jackson) 목사는 18세에서 25세 사이의 흑인 남성 중 대학에 다니는 학생보다 감옥에 복역 중인 죄수가 더 많다고 한탄해 왔다. 이런 절망적인 사실들에 따르면 대학 입학 가능성은 대학 입학 담당관이 아닌 자녀가 대학 기숙사로 들어가기 전에 수년간 함께 생활하는 부모가 결정한다는 것을 알 수 있다. 사회가 이런 이슈들을 어떻게 소개하느냐는 이 책의 범위를 벗어나지만, 교육적 평등에 뒤이은 경제적 평등에 대한 길고 어려운 노력을 하는 가운데, 이 추진 주체가 정부든 개인이든 자발적이든 간에 개인의 책임감을 형성하고, 가족의 가치를 강화하고, 공립학교를 향상시키고, 아웃리치 프로그램을 증가시키는 지속적인 정책—이 모든 것들은 소수민족과 모든 학생들이 미국에서 기회를 준비하는 데 필요—을 시행해야 할 것이다. 만약 국가가 이런 무거운 책임을 떠맡을 의지가 있다면, 그것은 대학입학처가 아닌 투표소에서 결정되어야 할 것이다.

교육 격차가 문제로 남아 있지만 차별철폐정책의 지지자들과 비판가들은 인종 간, 특히 흑백 간의 경제 격차를 과장한다. 진보주의자들은 교정적 사회복지 프로그램을 요구하면서 차별의 증거로서 낮은 소득을 과장했던 반면, 보수주의자들은 범죄와 마약에 찌든 생활방식이 교정 프로그램을 쓸모없게 만들 것이라고 주장하면서 게토 지역의 문제에 초점을 맞춘다. 아프리카계 미국인 경제학자 글렌 라우리(Glenn Loury: 하바드대 교수. 1989년 교육부 장관으로 지명받았으나 상원 청문회 과정에서 20년 전 대학생 시절 대출금을 갚지 않은 사실이 밝혀져 사퇴함 - 옮긴이)는 1995년 보고서를 통해 "소위 '흑인 저소득층'은 상대적으로 전체 흑인 인구 3,200만 중 약 300만 명에서 500만 명 정도의 작은 부분을 차지한다"라고 말했다. 불행하게도 이 집단은 전국적으로, 그리고 텔레비전 드라마와 할리우드 블록버스터 제작을 위한 작가들의 각본에서 주요 장소로 언론 매체에 자주 등장하는 도시의 빈곤 지대에 남아 살고 있다. 그러나 라우리는 "직업차별은 흑인과 백인 간의 소득 격차를 설명하는 주요 요인이 아니며, 우대고용은 경제적 주류로 진입하려는 흑인에게 미미한 역할만을 하고, 흑인이 차지하는 대부분의 일자리는 경제 및 사업 팽창 때문에 가능하다"라고 보고했다. 라우리에 따르면, "흑인 노동자의 경제적 지위는 지난 40년 동안 높은 교육과 직무기술 때문에 상승했고 이런 변화는 모든 미국인들에게 혜택을 주었다. 결과적으로 지금은 거대한 흑인 중산층이 생긴 것이다."

사정이 그렇다면 차별철폐정책은 여전히 필요한가? 차별철폐정책은 항상 잠정적 — 열렬한 지지자에 의해서조차도 — 이라는 것을 상기해 보라. 카터 대통령 보좌관 죠셉 캘리파노(Joseph Califano)가 "소수민족 우대는 잠정적인 교정 방식이며 미국이 추구하는 인종 평등을 위한 영구적인 고정장치는 아니다. 언젠가 끝나게 될 것이다"라고 썼으며, ≪워싱턴 포스트(Washington Post)≫는 사설에서 "잠정적으로 불평등을 교정하는 법률이 필요하지만 인종 우대의 영구적 시스템은 정당화될 수 없다"라고 보도했다. 연방대법원도 동의했으며 이에 대해 해리 블랙먼(Harry

Blackmun) 대법관은 자신 있게 자신의 의견을 제시했다. 블랙먼 대법관은 의견서에서 "차별철폐정책이 불필요해지고 진실로 과거의 역사적 자취로 남게 될 때가 올 것이라는 진지한 희망"을 피력했다. 그는 "미국이 후회할 수 있지만 필요한 과도기적 불평등 단계를 통과하고 있고, '고작 10년 내' 미국 사회는 차별철폐정책이 더 이상 필요없는 성숙 단계가 되어야 하고 또 그렇게 될 것이라는 희망을 가지고 있다"라고 기술했다.

블랙먼 대법관은 지금으로부터 10년 전이 아닌 30여 년 전 박키 판결에서 그의 희망을 피력했다. 미국은 이 단계에 도달했는가? 아직 도달하지 않았다면 새천년에는 누가 차별철폐정책의 자격이 되고 누가 우대를 받아야 하는가? 대부분의 사람들이 아프리카계 미국인들은 여전히 이 자격과 우대 대상에 포함되어야 한다는 데 동의하겠지만, 한 흑인 교수의 자녀들은 어떻게 해야 하는가? 라우리 교수는 "인종에 기초한 우대가 지금 중산층 생활의 모든 이점을 향유하는 우리 모두를 위해 구조화되는 것은 도덕적으로도 불공평하고 아프리카계 미국인인 나 자신에게도 굴욕적이다. 내 아들들이 흑인종이라는 점 때문에 그들 자신이……불리한 환경에 놓였다고 생각하는 것은 나에게 견디기 어려운 일이다"라고 썼다. 그러면 과거에 우대를 받았던 다른 사람들은 어떻게 해야 하는가? 차별철폐정책의 근본적인 취지에 포함되지 않은 이민자들은 어떻게 해야 하는가? 지난 30년 동안 대학 졸업자의 다수를 차지했고 전문대학원에서 백인 남성의 주요 경쟁자가 된 백인 여성은 어떻게 해야 하는가? 대학 졸업률과 1인당 소득이 평균 백인 시민보다 높은 아시아인들은 어떻게 해야 하는가? 인종초월국가 미국의 2000년 인구조사에서 반 이상이 그들 자신의 민족정체성을 인정하지 않았던 히스패닉계는 어떻게 해야 하는가? 전 인구조사국 케네스 프레위트 (Kenneth Prewitt) 국장은 "인구분류체계가 불분명하고 흐릿해짐에 따라

우리는 우리 사회를 인종에 기초한 일련의 사회정책을 시행하지 않는 사회로 재창조해야 한다. 이것이 21세기에 해야 할 큰 도전이다"라고 말했다.[3]

• ○ •

정말 이것은 큰 도전임에 분명하다. 차별철폐정책은 미국인들이 인종, 과거의 차별, 우대, 능력, 그리고 우리 자신에 대해 느끼는 방식과 관련된 하나의 정책이다. 이것은 차별철폐정책이 왜 하나의 미국적인 딜레마인지에 대한 이유이다. 그리고 왜 우리들이 1960년대 이후 차별철폐정책이 어떻게 전개되어 왔고 이 정책의 논거와 정의가 어떻게 변천해 왔는지를 이해해야 하는 이유이다.

만약 차별철폐정책이 지속되려면 어떤 형식이 되어야 하는가? 또는 40년 후 미국은 차별철폐정책을 시행하지 않고서도 더 좋은 상태가 될 것인가? 공평성의 추구는 그 목적을 달성했는가?

주

1. 차별철폐정책의 기원

1) J. Anderson, *Randolph*, 238-39; aircraft in Kesselman, *Social Politics of FEPC*, 6; and labor in Ruchames, *Race, Jobs & Politics*, 12.1.

2) Racial quotes form Litwack, *Trouble in Mind*, 218, 245, 234-36, 221, and Woodward, *Strange Career of Jim Crow*, 96; voting see Cohen, *At Freedom's Edge*, Chapter 8, and Litwack, 224-26.

3) Perman, *Struggle for Mastery*, 91, and Woodward, *Stranger Career of Jim Crow*, 98; H.W. Brands, *TR: The Last Romantic*, 422-23; Brinkley, *Rosa Parks*, 24, and Holsey in Litwack, *Trouble in Mind*, 16.

4) Kantrowitz, *Ben Tillman*, 169; Hose in Litwack, *Trouble in Mind*, 281; James M. SoRelle, "The 'Waco Horror': The Lynching of Jesse Washington," *Southwestern Historical Quarterly* 86 (April 1983): 517-36; lynching figures in Cohen, *At Freedom's Edge*, 211-13.

5) Army War College in Daniels, *Not Like Us*, 127-28; Sitkoff, *A New Deal for Blacks*, 20-23; on lynching in 1919, and see his Chapter 2 on the 1920s; Boulder Dam in Wolters, *Negroes and the Great Depression*, 199; Kirby, *Black Americans in the Roosevelt Era*, Chapter 4; for unemployment figures, see Garfinkel, *When Negroes March*, 17-21.

6) Houston in E. Foner, *American Freedom*, 214; Weaver and Foreman's plan in Wolters, *Negroes and the Great Depression*, 200-03; Ford policy in Myrdal, *American Dilemma*, 1121; quota issue in Moreno, *From Direct Action*, 62, Chapter 2.

7) Hopkins description in Sherwood, *Roosevelt and Hopkins*, 80; on Williams and equal pay, Eleanor and FDR, see Ellis, *A Nation in Torment*, 504, 523-26; female comment and working conditions see Blackwelder, *Now*

hiring, 99-106; affirmative action term is in Graham, *Civil Rights Era*, 6; Rubio, *Affirmative Action*, 35, traces the term to Reconstruction.

8) Kirby, *Black Americans in the Roosevelt Era*, Chapter 4; also see Lash, *Eleanor and Fanklin*, Chapter 53, and Hareven, *Eleanor Roosevlt*, 112-29.

9) Nalty, *Strength for the Fight*, 131-33; New Yorker in Polenberg, *War and Society*, 99; Davis and Bethune in Anderson, *Randolph*, 238, 243.

10) Lilienthal is in Polenberg, *America at War*, 76-80; *Crisis*, March 1941, 71; Anderson, *Randolph*, 243-59, is the most dramatic on Randolph-FDR meetings; Dalfiume, *Desegregation of the U. S. Armed Forces*, 115-23, is the most accurate, and see White, *A Man Called White*, Chapter 23; steel president in Garfinkel, *When Negroes March*, 19, and see Pfeffer, *Randolph*, Chapter 2, and Kesselman, *The Social Politics of FEPC*, Chapter 1.

11) Italics added on executive order; Peck in *Crisis*, December 1940, article on warplanes in July and navy in that september, Bennett, *Confrontation Black and White*, 179; White in Garfinkel, *When Negroes March*, 77; FEPC never canceled a defense contract in Ruchames, *Race, Jobs, & Politicsm*, 142, and so are quotes from teamster and Louisiana 30, 94; Chinaman in Polenberg, *War and Society*, 115; Alabama congressman in *America at War*, 114-15. The debate on the effectiveness of the FEPC is nicely summarized in Reed, *Seedtime for the Modern Civil Rights Movement*, Introduction.

12) FEPC chairman in *To Secure These Rights*, 54-55; refusal to hire other minorities see Reed, *Seedtime for the Modern Civil Rights Movement*, Chapter 8; on West Coast see Broussard, *Black San Francisco*, Chapter 8; Corson, *Manpower*, 135-40; Japanese internee in E. Foner, *Freedom*, 241; Detroit sign in *Time*, 9 March 1942, 14.

13) *Nation* and numerous statements in peter J. Kellogg, "Civil Rights Consciousness in the 1940s," The Historian 42 (November 1979): 30-34; Joseph R. Goeke and Caroline S. Weymar, "barriers to hiring the blacks," *Harvard Business Review* (September/October 1969): 148;

Rosie in Kennedy, *Freedom From Fear*, 776-79, poll in Flynn, *Lewis B. Hershey*, 117; and Gallup poll, 13 February 1942; War Kabir Biard in Harrison, *On Account of Sex*, 96.

14) *Crisis* in Garfinkel, *When Negroes March*, 32-33; and "two front" in Sitkoff, *A New Deal for blacks*, 324; draft issues are in Flynn, *Hershey*, 118-26; Lee, *Employment of Negro Troops*, 88-91, and Dalfiume, *Desegregation of the Armed Forces*, Chapter 3; commandant is in MacGregor, *Integrating the Armed Forces*, 100; governor is Dalfiume, *Desegregation*, 107; Bilbo is in Kennedy, *Freedom From Fear*, 634; and southern fears in Polenberg, *War and Society*, 109-10.

15) Grave implications in Dalfiume, *Desegregation*, 90, and see him on education, 56-58, along with Kennedy, *Freedom From Fear*, 771-73, and Fass, *Outside In*, 141; discrimination in Dalfiume, 92-93, 66-69.

16) Miller, nurses, and fascism in J. Foner, *Blacks and the Military*, 172-75, Chapter 7, 148; Dalfiume, *Desegregation*, 127, 78, 63; other polls in Mershon and Schlossman, *Foxholes & Color Lines*, 88-89, 105, and schuman et al., *Racial Attitudes*, 10.

17) Negro Problem in Dalfiume, *Desegregation*, 94-103; War Department in Franklin and Moss, *Slaveryto Freedom*, 485; opinions in Mershon and Schlossman, *Foxholes & Color Lines*, 124-26, Nalty, *Strength for the Fight*, 178; tess and Jim crow in J. Foner, *Blakcs and the Military*, 178; test and Jim Crow in J. Foner, Blacks and the Military, 178.

18) Tennessee riot is subject of O'Brien, *Color of the Law*; Bilbo in Dalfiume, *Desegregation*, 133; Snipes in Nalty, *Strength for the Fight*, 204-5; Woodard and Truman in Donovan, *Conflict and Crisis*, 244-45.

19) Robert J. Bailey, "Theodre G. Bilbo and the Fair Employment Practices Controversy: A Southern Senator's Reaction to a Changing World," *Journal of Mississippi History* 42 (February 1980), and see Reed, *Seedtime for the Modern Civil Rights Movement*, 155-72; Southern newspaper claims and business response in Kesselman, *Social Politics of FEPC*, 168-73.

20) Pride quotes in Kennedy, *Freedom From Fear*, 776, and Dalfiume, *Desegregation*, 106; Truman in Donovan, *Conflict and Crisis*, 3, 31, 172, and letter in Ferrell, *Off the Record*, 146-47

21) *To Secure These Rights*, 4, 30-31, 40-49, 162-63; UMT in J. Foner, *Blacks and the Military*, 179-80; Truman in Donovan, *Conflict and Crisis*, 334.

22) Dogcatcher in Donovan, *Conflict and Crisis*, 336; Anderson in *Randolph*, 278-29; white soldiers in J. Foner, *Blacks and the Military*, 181.

23) On campaign see Hamby, *Man of the People*, Chapters 25 and 26: Donovan, *Conflict and Crisis*, Chapters 41-42, and Frederickson, *Dixiecrat Revolt*, Chapter 5; the army see Dalfiume, *Desegregation*, 179-84, and J. Foner, *Blacks and the Military*, 187-88.

24) Michaelis in Mershon and Schlossman, *Foxholes & Color Lines*, 225; marine in Nalty, *Strength for the Fight*, 262; infantryman in White, *How Far the Promised Land?*, 93; Korean Surveys in Dalfiume, *Desegregation*, 213, and Mershon and Schlossman, 230-40.

25) State FEPC in Skrentny, *Ironies of Affirmative Action*, 28-29, and Moreno, *From Direct Action to Affirmative Action*, Chapter 5; Powell, *My American Journey*, 60-61.

2. 민권 투쟁과 차별철폐정책의 부상

1) Powell, *My American Journey*, 41-42, and Gallup polls, 16 August 1952 and 7 February 1953; Eisenhower in Burk, *Eisenhower Administration*, 16, 84-87; Morrow, *Way Down South*, 121.

2) Southern response to Brown in Kluger, *Simple Justice*, 897; Stalin and military dictatorship in T. Anderson, *The Movement*, 31, and *The Sixties*, 15; Eisenhower and Faubus in Burk, *Eisenhower Administration*, 172-73;

Adams, *First-Hand Report*, 355.

3) Harrington, *Other America*, 4; misanthrope in Sovern, *Legal Restraints*, 48-53; for similar fair employment results in Michigan see Sugrue, *Urban Crisis*, 173-74; a more positive view of New York's commission is Moreno, *From Direct Action*, Chapter 5; little to fear is Ruchames, *Race, Jobs & Politics*, 165; Arthur Earl Bonfield cites 99.7 percent, "The Origins and Development of American Fair Employment Legislation," *Iowa Law Review* (June 1967): 1077; airlines in *NYT*, 10 June and 23 December 1957, and local custom in Burk, *Eisenhower Administration*, 102-8; *Ebony*, May 1963, 28, and non-Italians in Moreno, *From Direct Action*, 151.

4) Minority jobs proportionate in Burk, *Eisenhower Administration*, 107-8: LBJ's farce is Graham, *Civil Rights Era*, 23; reasonable men is Dulles, *Civil Rights Commission*, 14; Till in Burk, *Eisenhower Administration*, 225; Greensboro 4 in T. Anderson, *The Movement*, 43-44; for 1950s sit-ins see Eick, *Dissent in Wichita*; Bennet, *Confrontation Black and White*, 255; Meier and Rudwick, *CORE*, 124; Wave and McCain quotes in *NYT*, 14 May 1960; LBJ: Hobart Taylor Jr., oral history, 12-13; for more on original meaning see Graham, *Civil Rights Era*, 28-35; for different interpretations see Moreno, *From Direct Action*, 189-90, and Belz, *Equality Transformed*, 18; active recruitment is in *NYT*, 6 March 1961.

5) JFK's "equal employment opportunity" and "Negro in Cabinet" in *U.S. News*, 5 March 1962, 83-85; limitations in Dulles, *Civil Rights Commission*, 203-4; Wirtz in Moreno, *From Direct Action*, 193-94; Lockheed from author's interview and emails with Hugh Gordon, former employment manager, 25-26 September 2003, and *NYT*, 8 April and 14 May 1961; Plan in *Monthly Labor Review*, July 1961, 748-49; official in *NYT*, 25 November 1961.

6) *Business Week*, 13 April 1963; LBJ: Hobart Taylor Jr. oral history, 17, labeled most plans "absolutely meaningless documents"; Comet

and oil in *NYT*, 18 April and 27 July 1962; Sovern, *Legal Restraints on Racial Discrimination in Employment*, 116-20, 140-42; contractor statistics in *Congressional Record*, 27 June 1963, 1487-88.

7) Federal worker, Price, and Fleeson in Harrison, *On Account of Sex*, 144-45, 74-76; polls and O'Connell in Linden-Ward and Green, *Changing the Future*, x-xi, 5; Zelman, *Women, Work, and National Policy*, Chapter 2; Goldberg and Macy in *WP* and *NYT*, 13 February 1962, and *U.S. News*, 15 June 1964, 91.

8) Birmingham quotes in T. Anderson, *The Movement*, 70-73; southern response to JFK's speech is *NYT*, 7 July 1963; white stereotypes and opinions in Brink and Harris, *Negro Revolution*, Chapter 9; numerous polls and pollsters in Schuman et al., *Racial Attitudes*, 66-67, 27-28, 121, Chapter 3; Harris survey in *Newsweek*, 29 July 1963, 15ff.

9) Randolph in J. Anderson, *Randolph*, 328-31, and JFK in Whalen, *Longest Debate*, 28; for Senator's statements on the Civil Rights Act ibid., 146, 20.

10) Preference issue examined in Skrentny, *Ironies of Affirmative Action*, Chapter 3; Meier and Rudwick, *CORE*, 191-92, 235; twenty-five percent in *NYT*, 7 July and 21 August 1963; Farmer-Rodino in Hearings before Subcommittee No.5 of the Committee on the Judiciary, House of Representative, 88th Congress, 2238-41, 26 July 1963.

11) Biemiller and Humphrey in Graham, *Civil Rights Era*, 140-51; Title VII exceptions see LBJ: Administrative History of the Equal Employment Opportunity Commission, box 1, 12; *U.S. News*, 17 June 1963, 8; Goldwater, Ellender, Dirksen in Congressional Quarterly, *Revolution in Civil Rights*, 70-71, 66; Humphrey in Whalen and Whalen, *Longest Debate*, 204.

12) Zelman, *Women, Work, and National Policy*, 64; Carl M. Brauer, "Women, Activists, Southern Conservatives, and the Prohibition of Sex Discrimination in Title VII of the 1964 Civil Rights Act", *Journal*

of *Southern History* (February 1983): 37-56; longest filibusters in Whalen and Whalen, *Longest Debate*, 203; Smith in Congressional Quarterly, *Revolution in Civil Rights*, 73; LBJ aide is Bill Moyers, reported in Califano, *Triumph and Tragedy*, 55; Title VII problems, Sovern, *Legal Restraints on Racial Discrimination*, 65-73.

13) Selma in Anderson, *The Movement*, 113-20; Young, *To Be Equal*, 26-29, and see *NYT*, 12 September 1962, and *NYT Magazine*, 6 October 1963; Bennett, *Confrontation Black and White*, 299, and Pfeffer, *Randolph*, 286-88; King's statements in *Playboy* interview, January 1965, 74-76, *NYT*, 5, 6 August 1965, 2 August 1966, and 27 July 1967; Kennedy and Wicker in *NYT*, 4, 9 August 1966; Myrdal in *New Republic*, 8 February 1964, 15.

14) *NYT* 6 June 1965; LBJ as liberal individualist, see Davis, *From Opportunity to Entitlement*, 32-34; Rose Garden in LBJ: Administrative History of the Equal Employment Opportunity Commission, box 1, 56-57; *New Republic* (10 July 1965): 5-6; *Business Week*, 12 June 1965, 82, 100, 106; *Nation's Business*, December 1965, 10ff; black education level in *WP*, 20 August 1965, test in *Time*, 28 October 1966, 33, and Chrysler in *Newsweek*, 1 July 1968, 21; *Business Week*, 12 June 1965, 82ff; 28 May 1966, 40.

15) Watts in Anderson, *The Movement*, 132-35; EEOC and Roosevelt in Graham, *Civil Rights Era*, 190-203; on the commission's first year, Blumrosen, *Black Employment*, Chapter 2; Farmer in *WSJ*, 28 May 1965; *Business Week*, 12 June 1965, 84; corporate president in *Harvard Business Review* (March 1963): 104.

16) Jews in *Newsweek*, 13 January 1964, 64-66; *U.S. News*, 29 July 1963, 88; other alarms in 11 November 1963 and 29 June 1964; commission proposal in Dulles, *Civil Rights Commission*, 183-86; Skrentny, *Ironies of Affirmative Action*, Chapters 1, 5; Graham, Civil *Rights Era*, 186-201.

17) Newsport News in Blumrosen, *Black Employment*, Chapter 8; other early successes in LBJ: Administrative History of the Equal Employment

Opportunity Commission, box 1, Chapter 4; impact of riots, Clark, and economist in Skrentny, *Ironies of Affirmative Action*, 87-100; company officials in *U.S. News*, 12 February 1968, 61-62, and EEOC in *Business Week*, 18 March 1967, 84ff.

18) Black men in Hernandez, *EEOC and Women's Movement*, 6-7; EEOC official, electronics businessman, and male secretary in Harrison, On *Account of Sex*, 187-91; Graham, *Civil Rights Era*, 204-18; *WSJ*, 22 June 1965; *NYT* 20, 21 August 1965; flat chested in T. Anderson, *The Movement*, 338.

19) Protective laws in *WSJ*, 22 May 1967; Griffiths, Clarenbach and Friedan, and LBJ in Zelman, *Women, Work, and National Policy*, 100-6, 39-45; Decker, *The Women's Movement*, 323-24; whorehouse in T. Anderson, *The Movement*, 339.

20) Training grants in *WSJ*, 16 October 1967; Clark and Sylvester in Skrentny, *Ironies of Affirmative Action*, 126, 135; special area programs, results, examined in James E. Jones., "The Bugaboo of Employment Quotas," *Wisconsin Law Review* (1970): 341-403; Nathan, *Jobs and Civil Rights*, 106-10; Gould, *Black Workers in White Unions*, Chapter 11; hard-core in *US News*, 12 February 1968, 60-62; Labor Department order in *Business Week*, 1 June 1968, 34ff; LBJ no bullshit meeting from Califano, *Triumph and Tragedy*, 223-26; LBJ: Tom Johnson's Notes of Meetings, box 2, 27 January 1968; survey in *The Labor Month in Review*, December 1968, 42-45; *Newsweek*, 1 July 1968, 21ff.

3. 차별철폐정책의 전성기

1) Quotes from T. Anderson, *The Movement*, 158-59, 300-02, see Chap-

ter 6; *Time*, 6 April 1970, 28-29, and *Nation*, 3 March 1969, 271-74.

2) For Nixon's inconsistent race policy see Skrentny, *Ironies of Affirmative Action*, 178-82; *Time*, 18 April 1969, 19-20; union numbers in James E. Jones, "The Bugaboo of Employment Quotas," *Wisconsin Law Review* (1970): 368; *Newsweek*, 5 January 1970, 49; the 2168 quote and labor expert in *Nation*, 8 September 1969, 203-5; on union stalling see Hill, "Black Workers, Organized Labor, and Title VII…," in Hill and Jones, *Race in America*, 263-344.

3) Fletcher in Curry, ed., *Affirmative Action Debate*, 26-29; Fletcher, *Silent Sellout*, Chapter 7; cabinet meeting in Safire, *Before the Fall*, 585; Skrentny, *Ironies of Affirmative Action*, 194-95; money in *NYT*, 24 September 1969, and Orientals in *U.S. News*, 18 August 1969, 64; percentages in Jones, Bugaboo article, 371-72; on the moon in Dean J. Kotlowski, "Nixon and the Origins of Affirmative Action," *The Historian* (spring 1998): 532.

4) Graham, *Civil Rights Era*, 325-27 and Chapter 13, 538-39, note 11; Kotlowski, *Nixon's Civil Rights*, 105; Skrentny, *Ironies of Affirmative Action*, Chapter 7; Shultz and Nixon's little extra also in Kotlowski's Nixon article, 529, 534; *WSJ*, 28 March 1969; Nixon, *RN*, 437; Hoff, *Nixon Reconsidered*, 137; for the debate on Nixon's motivates see Gareth Davies, "The Great Society after Johnson: The Case of Bilingual Education," *Journal of American History* (March 2002): 1426-29; Kotlowski, *Nixon's Civil Rights*, 6-14, 102-8; Alexander in *Time*, 19 April 1969, 20; Kennedy in *Business Week*, 5 April 1969, 20; Ehrlichman, *Witness to Power*, 228-29.

5) Union leader in *NYT*, 24 September 1969, and Meany in Gould, *Black Workers in White Unions*, 301; confrontations in *NYT*, 28, 30 August 1969; *Chicago Tribune*, 25, 26 September 1969; Kotlowski article, 527-28; Mitchell's letter in Jones,

Bugaboo article, 390-391.

6) Whorehouse in Nixon, *RN*, 438; Shultz on quota in *NYT*, 24 Sept 1969; on the union target, Ervin and Shultz exchange, NAACP, and 1970 rules and Order No. 4, Skrentny, *Ironies of Affirmative Action*, 197-210, 286; Graham, *Civil Rights Era*, 341, 409, and his *Collision Course*, 139-46; for the complexity of designating official minorities, Skrentny, *Minority Rights Revolution*, Chapter 4.

7) On failure of most city plans, see Gould, *Black Workers in White Unions*, 304-15; Fletcher's darn thing in *Time*, 17 August 1970, 62; *Montgomery* case in Jones, Bugaboo article, 378; *Contractors* case in Graham, *Civil Rights Era*, 341; Moreno, *Direct Action to Affirmative Action*, 263-64; *Monthly Labor Review* (September 1971): 65-66; Griggs in *NYT*, 9 March 1971; Alfred W. Blumrosen, "Strangers in Paradise: Griggs v. *Duke Power Co.* and the concept of Employment Discrimination"; "Redefining Discrimination," in Burstein, ed., *Equal Employment Opportunity*, 105-19, 121-28; Graham, 382-89, contends that "Burger's interpretation in 1971 of the legislative intent of Congress in the Civil Rights Act would have been greeted with disbelief in 1964"; Moreno in Chapter 10 declared, "For the next twenty years, the development of Title VII law would be based not on what Congress meant in Title VII but on what the Court meant in *Griggs*."; similar views are expressed by Graham, *Collision Course*, 28, and by Herman Belz, Lino A. Gralia, and Paul Craig Roberts; see select bibliography.

8) Moreno in *WP*, 2 July and 8 November 1071; Roybal and ACLU in *NYT*, 23 October and 21 December 1971; women's liberation from T. Anderson, *The Movement*, 338-41. 359; Freedom, *Politics of Women's Liberation*, 195-97; Abzug, Griffiths, and Ervin in *NYT*, 25 March 1971.

9) Guidelines for women are in Sobel, *Quotas and Affirmative Action*,

31; Graham, *Civil Rights Era*, 409-13; Kotlowski, *Nixon's Civil Rights*, 243-44; the latter two refer to the Magna Carta, for a detailed account, Skrentny, *Minority Rights Revolution*, 130-41; Libby Owen in Hole and Levine, *Rebirth of Feminism*, 36-40; Virginia in *U.S. News*, 4 October 1971, 96; Rauh in Belz, *Equality Transformed*, 73; Halderman, Ervin, and president privately wrote in Graham, *Civil Rights Era*, 433, 422-46.

10) Brown in *Business Week*, 8 July 1972, 20; cheap mother is in T. Anderson, *The Movement*, 362; Bell case is *U.S. News*, 14 August 1972, 66-68, and 29 January 1973, 69; *Newsweek*, 29 January 1973, 53; Wallace, *AT&T Case*, 1-5, 243-52.

11) *Time*, 6 April 1970, 28; demonstrations in T. Anderson, *The Movement*, 350-51; Safire, *Before the Fall*, 585, 571-72; Hill in Graham, *Civil Rights Era*, 344; "Black Workers, Organized Labor, and Title VII," in Hill and Jones, *Race in America*, 324-25; Brennan and Nixon abandoning Philadelphia Plan documented in Kotlowski, *Nixon's Civil Rights*, 111-15; *WP*, 29 and 25 August and 7 September 1972; Hodgson in Sobel, *Quotas and Affirmative Action*, 104. Nixon's reversal is examined in, and many quotes from, Skretny, *Ironies of Affirmative Action*, 211-17, 288.

12) Law professor in Antonia Handler Chayes, "Make Your Equal Opportunity Program Court-Proof," *Harvard Business Review* (September-October 1974): 81ff; EEOC official, radical changes, and thunderous implications in *Newsweek*, 17 June 1974, 75-76; Steel in *Newsweek*, 22 April 1974, 88, and *Business Week*, 20 April 1974, 35; for trucking see David L. Rose, "Twenty-Five Years Later⋯," in Burlstein, ed., *Equal Employment Opportunity*, 46-47. *WP*, 24 March 1973 and 1 and 9 November 1974; AT&T in *Monthly Labor Review*, October 1974, 78.

13) Government official in *Newsweek*, 17 June 1974, 76; Seabury

and Pottinger in "HEW and the Universities," *Commentary*, February 1972, 38-44; for Jews versus HEW see *WP*, 25 August 1972, 5 March 1973; *Newsweek*, 4 December 1972, 127-28; *U.S. News*, 22 July 1974, 54; and Freeman, *Politics of Women's Liberation*, 194-201; Kristol is in *Fortune*, September 1974, 203; CCNY in Gross, *Reverse Discrimination*, 62; Scott in *Newsweek*, 15 July 1974, 78; and Leeper in *U.S. News*, above; for Pottinger and many others in this debate see Gross, *Reverse Discrimination*.

14) Berkeley plan and retreat in *NYT*, 18 August 1975 and 28 December 1975; EEOC in *NYT*, 25 November 1976; OFCC in *Business Week*, 10 May 1976, 98; Ford and Carter quotes in Carroll, *Nothing Happened*, 173, 187-89.

15) Jordan in *Newsweek*, 22 November 1976, 15; Califano in *NYT*, 6 June 1977, and his *Governing America*, 232-35; debate and HEW official in *WP*, 14 September 1977; JC: Cabinet Meeting Minutes, 13 June and 1 Aug, 1977, Martha (Bunny) Mitchell collection, box 3; *Nation*, 20 August 1977, 132; Gallup reported in *WP*, 1 May 1977; for the complex issue of mis understanding questions see Charlotte Steeh and Maria Krysan, "Affirmative Action and the Public, 1970-1995," *Public Opinion Quarterly* (1996): 128-58; Lawrence Bobo, "Race, Interest, and Beliefs about Affirmative Action," in Skrentny, *Color Lines*, Chapter 8.

16) *U.S. News*, 29 March 1976, 26; Ringer, Ornstein and other in *Society*, Jan/February 1976; *Forbes*, 29 May 1978, 29; *U.S. News*, 23 August 1976, 50; 28 March 1977, 68; 29 September 1980, 69; *Newsweek*, 31 March 1975, 64, and magazine editor in *Newsweek*, 17 January 1977, 11; *Time*, 25 July 1977, 52; *WP*, 30 April 1979; Sowell in *Commentary*, June 1978, 39; *NYT*, 14 November 1976; Raspberry in *WP*, 23 February 1976.

17) *Time*, 3 February 1975, 58; on teamsters case see *NYT*, 1 June 1977 and *Monthly Labor Review*, August 1977, 48; on "Preferential

Admissions; Equalizing the Access of Minority Groups to Higher Education," see Robert M. O'Neil in the *Yale Law Journal* (March 1971): 699-767; Ohio State dean in *NYT*, 25 October 1977; *DeFunis v. Odegaard* was the first Preferential admissions case against the University of Washington Law School, but since DeFunis had been admitted and was about to graduate the court declared it moot. Bakke see *NYT*, 19 June, 3 July, 25 October 1977; Ball, *Bakke Case*, 47 and Chapter3; Wilkinson, *Brown to Bakke*, 254-55; and *Newsweek*, 10 July 1977, 19ff.

18) October 12 scene is in Ball, *Bakke Case*, 1, 88-89; supporters, opponents, and lawyer in *NYT*, 24 August and 15 June 1977; Carter and editorials in *NYT*, 20 September, 3 July and 19 June 1977; *Newsweek*, 10 July 1978, 19ff.; Lewis in *NYT,* 2 July 1978; *WP*, 29 June 1978; Bell in *U.S. News*, 10 July 1978, 14.

19) Factory in *NYT Magazine*, 25 February 1979, 37; for Weber see *WP*, 12 January 1979; *NYT*, 12 December 1978; pro and con opinions in *NYT* and *WP*, 28 June 1979; contractor spokesman in *U.S. News*, 10 July 1978, 17; *Nation*, 19 July 1980, 67-68.

20) Virgin birth in *WP*, 11 April 1982; enforcement numbers in Belz, *Equality Transformed*, 197; *Newsweek*, 26 September 1977, 52; on fairness see, Laurence H. Tribe, "Perspectives on Bakke: Equal Protection, Procedural Fairness, or Structural Justice?" *Harvard Law Review* (1979): 864-77; poll in *NYT*, 19 February 1977, and *Newsweek*, 26 February 1979, 48ff; business poll in *WSJ*, 3 April 1979, and *Newsweek*, 26 February 1979, 48ff; business poll in *WSJ*, 3 April 1979; Lockheed in *Business Week*, 27 January 1975, 98; Potomac and OFCCP is Hammerman, *A Decade of New Opportunity*, 1-9, 42-4; Norton in *NYT*, 18 October 1979 and 15 July 1980; *WP*, 5 May 1981, and EEOC case in *Business Week*, 11 October 1982, 40, and Graham, *Civil Rights Era*, 460.

1) On the election see Cannon, *President Reagan*, 5-6; for black appointments, *NYT*, 16 July 1981; and all Republicans today, Schaller, *Reckoning*, 43.

2) Reagan and African Americans, see *Newsweek*, 18 August, 33, and *NYT*, 27 October 1980; his views on affirmative action and ultimate goal are in *Fortune*, 19 April 1982, 144; PACE and judge, *WP* 10 and 17 January 1981; colorblind and finally have won in *WP*, 27 March 1981; *Black Enterprise*, May 1981, 20.

3) Hatch hearings in *WP* and *NYT*, 5 May 1981, and *WP*, 17 July 1981; research and organization and Hispanic employee in *Fortune*, 19 April 1982, 144; government officials in *Washington Monthly*, January 1981, 18-23, and 24ff.; conservative author in *Commentary*, April 1982, 17-28; EEOC standstill in *NYT*, 16 July 1981; Reagan's speech and response *NYT*, 30 June 1981, *Time* and *Newsweek*, 13 July 1981, 11 and 20.

4) Sex harassment hearings in *WP*, 22 April 1981; Goldwater from Schaller, *Reckoning*, 41; thirty-seven groups in *WP*, 7 June 1981; 75 percent from *Time*, 7 September 1981, 8-9; Shong in *WP*, 25 August 1981; every man and Reynolds from *Time*, 7 September 1981, 8-9; WEAL in *Commentary*, April 1982, 23.

5) Reynold's views in *Commentary*, April 1982, 22-26, *WP*, 24 October and 18 December 1981, and for a more positive interpretation see Wolters, *Right Turn*, 1-19 and Chapter 11; Bob Jones in *Newsweek*, 25 January 1982, 24-5, as is Mr. Mayor; misstatements in *WP*, 11 April 1982; on affirmative action, 18 December 1981; Cannon, *President Reagan*, 460-61 and 104.

6) *Fortune*, 19 April 1982, 143ff.; *Business Week*, 25 May 1981, 123-24; contractor survey in 1984 and in Hammerman, *Decade of*

New Opportunity, 15; see Franklin and Moss, *Slavery to Freedom*, 565-66 on commission episode, and Hart in *Commentary*, April 1982, 24; hogwash in *WP*, 2 August 1983; majority groups and lapdog in *WP*, 18 January 1984; EEOC and OFCCP in Klinker and Smith, *Unsteady March*, 301; Amaker, *Reagan*, 112-19; Wicker, *Tragic Failure*, 15-16; Blumrosen, *Modern Law*, Chapter 17; EEOC and individual suits, *Federal Enforcement of Equal Employment Requirements*, 20-24, 46; Belz, *Equality Transformed*, 189-90, 295, no. 26.

7) New Orleans see *WP*, 8 January and 6 April 1983; *U.S. News*, 14 March 1983, 70; seniority and Reynolds in *Newsweek*, 25 April 1983, 95; Detroit in *WP*, 10 and 11 January 1984; for *Scotts* see *Congressional Quarterly*, 16 June 1984, and Richard H. Fallon Jr. and Paul C. Weiler, "Firefighters v. Scotts: Conflicting Models of Racial Justice", 1984, *The Supreme Court Review*, 1-69.

8) Reynolds in *WP*, 14 June and 9 August 1984; Raspberry, *WP*, 15 June 1984; response to *Scotts*, *WP*, 14, 15, 17 June 1984; William Bradford Reynolds, "An Equal Opportunity Scorecard," *Georgia Law Review* (Summer 1987): 1007-41; for all cases the administration argued on affirmative action during its second term see Charles Fried, *Order and Law*, Chapter 4; election see Schaller, *Reckoning*, 59-62; Cannon, *President Reagan*, 434-36; Edsall, *Chain Reaction*, 177-85; Bush in *Time*, 25 June 1983, 24.

9) *Time*, 25 February 1985, 19-20; Pendleton in *WP*, 1 February 1985; Mitchell in *NYT*, 7 and 10 March 1985; Meese in *NYT*, 16 March 1985; Thomas in *Federal Enforcement of Equal Employment Requirements*, 20; Justice Department letters in *Newsweek*, 13 May 1985, 39; Radio address in Laham, *Reagan*, 74-75, and Chapter 4 reveals Meese's role; new order in *NYT*, 15 and 16 August 1985, my italics; for revision and internal debate: RR, Memorandum for Peter J. William from Robert M.

Kruger, 13 May 1986, Box 18389, Robert M. Kruger Files; supporters and opponents see *Time*, 26 August 1985, 16; *NYT*, 20 August 1985; *Fortune*, 16 September 1985, 26-30.

10) Hudnut *U.S. News*, 27 May 1985, 49-50; *Newsweek*, 13 May 1985, 39; *U.S. News*, 15 April 1985, 12; survey see *WP*, 25 1985; firestorm from RR: Ralph G. Neas to Alfred H. Kingon, 12 February 1986, WHORM Subject File case file PQ472595; see Laham, *Reagan*, Chapter 5, for conservative business and union opposition to set-asides and affirmative action; Reynolds in *NYT*, 19 September 1985; Meese in *WP*, 25 August 1985, and *WP* and *NYT*, 18 September 1985; business views and survey see *Fortune*, 16 September 1985, 26-30; *Business Week*, 11 March 1985, 42; *WP*, 10 November 1985 and 23 January 1986.

11) Michel in *WP*, 23 October 1985; Cooper in *WP*, 23 January 1986; spokesman in *Newsweek*, 26 August 1985, 21; Brock, cabinet, and proposed order see Laham, *Reagan*, 27-30, 69, and Chapter 4; Reynolds in *WP*, 15 November 1985; Meese and Neas in *WP*, 16 January 1986; during the California Civil Rights Initiative affirmative action opponent Ward Connerly again used the "I Have a Dream" tactic, *Time*, 3 February 1997, 46; Mrs. Kings's rebuttal, *NYT* 3 November 1996; poll in *NYT*, 19 January 1986; Reynolds in *NYT Magazine*, 11 June 1995, 54.

12) For Wygant see *Congressional Quarterly* (19 October 1985): 2105, and 24 May 1986, 1181; *Newsweek* and *Time*, 2 June 1986, 65 and 66; *Paradise* in *NYT* and *WP*, 26 February 1987; *Time*, 14 July 1986, 22; *Congressional Quarterly* (5 July 1986): 1525; Hooks, cities, and officials in *WP*, 3 July 1986; White House official in *WP*, 14 July 1986; 13 August 1986.

13) For Grove City see Cannon, *President Reagan*, 462-63 and Laham, *Reagan*, Chapters 7 and 8; *NYT*, 18 June, and Meritor case in 20 June, both 1986; for Johnson see Urofsky, *Affirmative*

Action on Trial, Chapter 1, and *NYT* and *WP*, 26 March 1987; also consult Reynolds, "An Equal Opportunity Scorecard," *Georgia Law Review* (Summer 1987): 1036-41, and Herman Schwartz, "The 1986 and 1987 Affirmative Action Cases: It's All Over But The Shouting," *Michigan Law Review* (December 1987): 524-76.

14) The Gallup Poll, 10-13 April 1987, 141; Chamber in *NYT*, 27 March and *WP* 26 March 1987; *Business Week*, 13 April 1987, 37; Bork in Savage, *Turning Right*, 138-43; Ginsburg in Wholters, *Right Turn*, 14; the Ronald Reagan Library cities 371 federal judgeships and for Democrats the Clinton Presidential Materials Project cities 373.

15) NAACP in *NYT*, 4 July 1986; campaign statement and election from Greene, *Bush*, 36-43; Horton, see O'Reilly, *Nixon's Piano*, 378-91; survey from Klinker and Smith, *Unsteady March*, 305; Bush's affirmative action see *MS*. September 1989, 92; *Business Week*, 3 July 1989, 61.

16) For the growth in minority grants and businesses see Kotlowski, *Nixon's Civil Rights*, 150; for Wedtech consult Graham, *Collision Course*, 152-53; Richmond see Wolters, *Right Turn*, 274-76; *Congressional Quarterly* (28 January 1989): 178; *NYT*, 24 January 1989; response in *NYT*, 24 January, 29 January and *WP*, 30 February 1989; Florida in *WP*, 29 January 1989.

17) For *Patterson* and reversal of *Runyon* see *NYT*, 16 June 1989; for *Wards Cove* see *WP*, 6 and editorial 9 June 1989; *Nation*, 3 July 1989, 4; Hooks in *WP*, 10 July 1989.

18) GHWB: Kennedy to Sununu, 29 June 1990, Office of the Chief of Staff, John Sununu Files, box 26; Act and Zabkowicz in *WP*, 8 June 1990; commerce in *U.S. News*, 28 May 1990, 34; Thornburgh in *NYT*, 5 April 1990; Greenberg, *Middle Class Dreams*, 39-49; Edsall and Edsall, *Chain Reaction*, 181-85; quota bill from *WP*, 23 July 1990; really fair from *Business Week*, 3 December, 36;

Newsweek, 3 December, 26, and 31 December, 28-29, all 1990.

19) Thomas' views and NAACP, *NYT*, 2 July 1991; Reynolds and Jackson in O'Reilly, *Nixon's Piano*, 395-96; Hill in Greene, *Bush*, 156-59, and *NYT*, 14 October 1991; opposition to Thomas in *AP* articles, 4 July 1991.

20) *NYT* for lawyer's bonanza and Neas, 2 March, Michel in 13 March, and quota bomb, 7 April, all 1991; GHWB: Danforth to Sununu, 2 August 1991, Office of the Chief of Staff, John Sununu Files, box 37; *Business Week*, 25 March 1991, 45; Hyde and test in *NYT*, 17 and 19 May 1991; Act in *Congressional Quarterly* (26 October 1991): 3124-25; *NYT*, 26 October 1991; Andrew Dansicker, "A Sheep in Wolf's Clothing: Affirmative Action, Disparate Impact, Quotas and the Civil Rights Act," *Columbia Journal of Law and Social Problems* (1991): 1-50, and "Note: The Civil Rights Act of 1991: The Business Necessity Standard," *Harvard Law Review* (1993): 896-913; the Bush Administration's interpretation is bushlibrary.tamu.edu/papers; "statement and remarks on signing the civil rights act of 1991," 21 November 1991; for Gray's views see GHWB: Nelson Lund memo to Gray, 13 November 1991, Counsels Office, C. Boyden Gray Subject File, box 18; quotes, confusion, flip flop discussed by Michael Kinsley in *New Republic*, 16 December 1991, 9-11, and Chester Finn Jr., *Commentary*, November 1991, 17-23; confusion also in *Texas Lawyer*, 11 November 1991, and *Chicago Daily Law Bulletin*, 27 December 1991, which Washington lawyer quote; Charlatan in *NYT*, 7 November 1991; Horton gambit in O'Reilly, *Nixon's Piano*, 400-01; *National Review*, 16 December 1991, 17-18.

21) Decline of enforcement see Blumrosen, *Modern Law*, Chapter 17, *AP* article, 4 July 1991, and *Federal Enforcement of Equal Employment Requirements*, 21-24, 45; for the EEOC during the

Bush administration on sexual harassment cases see *WP*, 7 April 1991; pollster and survey in *NYT*, 3 April 1991; 10 percent in *Congressional Quarterly* (9 February 1991): 368; opinion analysis in Schuman, et al., *Racial Attitudes*, 178-83; Sinderman and Piazza, *Scar of Race*, 128-35; on competing views see Edsall, *Chain Reaction*, Chapters 9-11.

5. 다양성의 시대와 차별철폐정책의 종말

1) Told off Jackson in Klinker, *Unsteady March*, 310-11; Sherman in *NYT*, 1 November 1992; Moynihan in Berman, *Center to Edge*, 17.
2) PC in *Newsweek*, 24 December 1990, 48ff.; Bush, *NYT*, 5 May 1991; see Erin Kelly and Frank Dobbin, "How Affirmative Action Became Diversity Management," in Skrentny, *Color Lines*, Chapter 4; Lynch, *Diversity Machine*, Chapter 3; *New Republic*, 5 July 1993, 22-25; *Fortune*, 8 August 1994, 78; *Working Woman*, November 1994, 21; *National Review*, 21 Feb 1994, 32; *U.S. News*, 14 Nov 1994, 36; *Time*, 3 Feb 1992, 44-49, and special issue, fall 1993.
3) Survey in Lynch, *Diversity Machine*, 7, and introduction; diversity Visa see travel.state.gov/DV2004.html; Krauthammer in *WP*, 15 August 1997; Goodman in *Boston Globe*, 31 December 1992; Guinier see *Business Week*, 21 May, 42; *Time*, 14 June, 24, and *Nation*, 31 May, 724, all 1993; Clinton, *NYT*, 23 and 25 December 1992.
4) Gays in business and Military see *Fortune*, 16 December 1991, 43ff, and *Business Week*, 26 August 1991, 72; Bolick in *WSJ*, 2 February; Casellas in *NYT*, 26 November, and EEOC numbers in

their Press Release, 1 December, all 1994; Remedy past discrimination in *Pittsburgh Post-Gazette*, 21 February 1994; *Business Week*, 26 September 1994, 52-54; mediation in *Nation's Business*, June 1995, 38-39; Taxman was awarded a financial settlement Befor the case reached the Supreme Court, *NYT*, 22 November 1997.

5) Sykes, *Nation of Victims*, 11; Keister in *WP*, 2 October 1990; McDonald's in *Chicago Tribune*, 21 May 1991; skin in *WP*, 22 February 1990; spokesperson in *WP* 21 June 1990; masculine and mustache in *WP*, 10 June 1994; Dillard's in *Fortune*, 3 April 1995, 142-43; Hooters in *WP*, 16 November 1995; Hooters settled out of court, being female was considered a "bona Fide occupational qualification," see *Time* 13 October 1997, 65; Jenny Craig in *Time*, 12 December 1994, 62; Leo in *U.S. News*, 4 July 1994, 21; Lynch and William Beer, *Policy Review* (winter 1990): 64-67; Lynch, *Commentary*, August 1990, 44-47; for balance see E. J. Dionne Jr., *WP*, 2 May 1995; scream in *WP*, 22 November 1994; Lewis in *NYT*, 11 November 1991; *Newsweek*, 29 March 1993, 54 for one poll and others in *WP*, 24 March 1995 and *Houston Chronicle*, 15 October 1994.

6) On California's faculty diversity plans see Raza, et al., *Ups and Downs of Affirmative Action*, 93-109; Northridge in Lynch, *Commentary*, August 1990, 47; Weissberg in *Forbes*, 10 May 1993, 138; sociology professor in Lynch, *Invisible Victims*, 124; Wilkins in *NYT*, 3 April 1991; researcher is Alfred Blumrosen, *NYT*, 31 March 1995; Leno, Gingrich, and end of new deal in Berman, *Center to Edge*, 40-42; *WP*, 22 November 1994.

7) Hatch in *NYT*, 18 November and Patrick in *Boston Globe*, 26 November, Both 1994; Republican Hearings in *Congressional Quarterly* (18 March !995): 819; Dole in *WP*, 6 February 1995; Bennett in *U.S. News*, 13 February 1995, 35; Wood and Connerly

in *NYT*, 16 February and nervous in 7 February, both 1995; Kristol, Poll, Tearing Democrats, Wilson, and Race and Rage in *Newsweek*, 3 April 1995, 24-25; other poll in *WP*, 14 April 1995; Lieberman, *NYT*, 10 March, and Clinton and Kristol in *WP*, 24 February and 4 March, 1995; Dole, *NYT*, 16 March and *WP*, 16 and 17 March, 1995; Jackson, *NYT*, 10 March, and Gephardt 14 March, 1995.

8) Set-aside Problems and Rodriguez see Graham, *Civil Rights Era*, 151-54 His *Collision Course*, Chapter 6, his "Affirmative Action for Immigrants?" and George La Noue and John Sullivan, "Deconstructing Affirmative Action Categories," both in Skrentny, *Color Lines*; also see Skrentny, *Minority Rights Revolution*, Chapter 5; *Business Week*, 27 March 1995, 70-72; and *NYT*, 25 June 1998; for an attack on the SBA see Bean, *Big Government and Affirmative Action*; *Forbes*, 13 March 1995, 78-86: *Tampa tribune*; Commentator, 9 April 1995; one Professor is Lawrence Fuchs in *WP*, 29 January 1995; no politician is *WP*, 5 April 1995; and glass ceiling quotes in *NYT* and *WP*, 16 March 1995.

9) Racial balancing in *NYT*, 18 April 1995; *Adarand* background, ruling, opinions see *NYT*, 13 and 18 June 1995; Bolick in *WP*, 2 July 1995.

10) Clinton in California, *NYT*, 9 April, and speech and commentary, *NYT* and *WP*, 20 July, poll in *Time*, 31 July, 35, all 1995; *LAT*, 21 July; *Newsweek*, 14 August 1995, 51; background to 209 see Raza, et al., *Ups and Downs of Affirmative Action*, 90-109; Custred and Joe Kline in *Newsweek*, 13 February 1995, 36-37; on 209 see Peter Schrag, *New Republic*, 30 January 1995, 16-19, and Chavez, *Color Bind*, Chapters 1 and 2.

11) Kline, Connerly in *Newsweek*, 13 February 1995, 36-37; undergraduate director in *Newsweek*, 3 April, 34; Texas A&M reported in *Chronicle of Higher Education*, 13 June, 1997, 29ff;

well-connected in *San Francisco Chronicle*, 16 March 1996; Flinn in *LAT*, 16 June 1995; competition see Chavez, *Color Blind*, 60-62; SAT scores, Opposite is true, Connerly, professor, and Wong in *NYT*, 4 June 1995; *U.S. News*, 5 June 1995, 30.

12) Wilson in *LAT*, 2 June, and *New Republic*, 26 June, both 1995; Connerly In *Newsweek*, 13 February 1995, 36; regents meeting in *LAT*, *NYT*, *WP*, 21 July 1995; Chavez, *Color Bind*, 63-67; clout, democrat, Pister, obstacles in LAT, 22 July, and Chancellor in *NYT*, 24 July, both 1995; Dole and Act in *Congressional Quarterly* (29 July 1995): 2279; Powell, *American Journey*, 592; *Newsweek*, 26 June 1995, 21; governors in *NYT*, 28 July and *WP*, 2 August, both 1995; rule of two, *WP*, 22 October 1995, and administration changes, *NYT*, 9 March, 23 May 1996, and 15 August 1997.

13) Hopwood case background in *Texas Monthly*, July 1994, 5ff and *Houston Chronicle*, 20 March 1996; Yudof in *Newsweek*, 1 April 1996, 54; administration in *NYT*, 25 May 1996; Bolich in *NYT*, 20 November 1995; Kemp In *LAT*, 28 September 1996; Canady in Chavez, *Color Blind*, 109; debate in *NYT*, 17 October 1996.

14) Gigot in *WSJ*, 12 April 1996; Camarena in Chavez, *Color Blind*, 217; shouting in *Congressional Quarterly* (8 November 1997): 2766; new policies, *NYT*, 16 March, 25 June, 1998; minority numbers from *NYT*, 15 May 1997; Byran College Station *Eagle*, 8 December 2002, and *WP*, 20 June 1998; Saldana in *Newsweek*, 12 May, 1997, 58.

15) Houston Vote and Lanier see *Nation*, 15 December 1997, 22; for vote, Stein, and fundamental truth see *Houston Chronicle* and *NYT*, 6 November 1997; California exit polls in Chavez, *Color Blind*, 237; Connerly in *NYT*, 20 October 1998; Jeb Bush in *Time*, 2 August 1999, 58; Polls in *NYT*, 11 July 2000 and *WP*, 15 November 1999; *U.S. News*, 19 July 1999.

16) Connerly in *WP*, 29 October 1996; Wynter, *American Skin*, 135; Kennedy and Rodriguez in *Atlantic Monthly*, December 2002, 103ff and January-February 2003, 95ff; Glazer in *Public Interest*, fall 2002, 21ff; Cherokee in *NYT*, 4 June 1995; not Black in *Texas Monthly*, July 1994, 92; this became Reality in 2003 when the State University of Rio de Janeiro established its affirmative action program: 14 percent of applicants who declared themselves "white" when they took the Entrance Exams declared themselves black or mixed after the program was established and when they applied, *WP*, Weekly ed., 23-29 June 2003, 17; Behar and silly games from Lynch, *Diversity Machine*, 304.

17) EEOC Combined Annual Reports Fiscal Years 1999- 2001, *AP* article, 7 February 2003; *Adarand* Case see *WP*, 11 August 2001; Fleischer, White House Press Release, 15 January 2003; FCC in *NYT*, 17 January 2001; U. Georgia in *WP*, 4 December 2002; *Time*, 23 August 1999, 48; background of Michigan Case in *Chronicle of Higher Education*, 28 February 2003; Kinsley in *Time*, 27 January 2003, 70; hypocrisy in *Newsday*, 17 January 2003; Bush's grades in *NYT*, 18, 19 June 2000.

18) Gratz Background in *Time*, 10 November 1997, 52-54; comment in *AP* article, 1 April 2003; Grutter see *NYT*, 11 May 1999 and *New Yorker*, 18 December 2000, 46ff.; U.M. 150 Point system see *Detroit Free Press*, 23 June 2003, *WP*, 5 December 1997, *Newsweek*, 29 December 1997, 76; for System and Bollinger, state senator see *Chronicle of Higher Education*, 30 October 1998; state polls, 9 July 2003; impact of diversity on education is debated, see Holzer and Neumark, "Assessing Affirmative Action." *Journal of Economic Literature* (September 2000): 553-54, 559; black sophomore in *WP*, 1 April 2003, and bar surveys in *Time*, 23

August 1999, 48; Rehnquist and O'Connor From their opinions; Coleman in CNN press release, 23 June, Malkin in *Houston Chronicle*, 26 June, and Connerly in *Chronicle of Higher Education*, 9 July, all 2003.

19) Decline of set-aside plans see *U.S. News*, 26 June 1995, 39; for why class-based will not work see Thomas J. Kane, "Misconceptions in the Debaste over Affirmative Action in College Admissions," Chapter 2, and Jerome Karabel, "No Alternative," Chapter 3, Orfield, *Chilling Admissions*; polls in *WP*, 24 June, and *New Republic*, 3 February 14, both 2003.

6. 공평성의 추구

1) Ethridge in Ruchames, *Race, Jobs & Politics*, 29; continuing discrimination see *AP* article, 7 Feb 2003, and EEOC combined annual report fiscal years 1999-2001, 4; Department of Labor, OFCCP, executive order 11246, as amended and see Federal Laws Prohibiting Job Discrimination, Questions and Answers, eeoc.gov/facts/ganda.html; one attorney and 50 public in *Chronicle of Higher Education*, 17 and 18 July, 2003; half of businesses in *WP*, 2 April 1995; Proctor and Gamble in *amicus* brief A-12; Bank One and big victory in *Business Week*, 27 January and 7 July 2003; Thernstrom in *New Republic*, 31 July 1989, 17ff.

2) Steele, *Content of Our Character*, Chapter 7; Murray in Mills, *Debating Affirmative Action*, 207; Holzer and Neumark in *Journal of Economic Literature* (September 2000): 483-568; black gains see Hartman, *Double Exposure*, 171; Bowen and Bok, *Shape of the River*, 9-11; *NYT*, 18 June 1995; Ms, September 1989, 92; Simms, *Economic Perspectives on Affirmative Action*, 6.

3) Kane in Orfied, *Chilling Admissions*, Chapter 2; in 2003 only a third of American colleges considered race as a factor in admissions, see *Chronicle of Higher Education*, 2 October 2003; Grutter chose not to attend Wyane State, see *NYT*, 23 February 2003 on the three plaintiffs; U.T. president in *NYT*, 13 May 1997; Ferguson in *NYT*, 4 June and *Cleveland Plain Dealer*, 12 February, both 2003; Loury in *WP Weekly Edition*, 23-29 October 1995, and in *The Public Interest*, spring 1997, 41-43; Califano, *Governing America*, 235; *WP*, 9 March 1984; Prewitt in *USA Today*, 13 March 2001; for other problems see Graham, *Collision Course*, 168-72.

"당신은 차별철폐정책에 대해 얼마나 이해하고 있는가?"

차별철폐정책 이해 테스트

* 질문 1번에서 5번까지는 연방 노동부 산하 연방계약준수프로그램국 (OFCCP)이 시행하는 연방차별철폐정책 가이드라인과 관련된다.

1. 법적으로 차별철폐정책(서면)을 요구 받는 대상은?

  a. 최소 25인의 고용인을 둔 모든 고용주

  b. 규모와 상관없이 모든 연방 발주 계약자

  c. 50인 이상의 고용인을 두고 5만 달러 이상의 계약을 맺은 연방 계약자(건축업자 제외)

  d. 100인 이상의 고용인을 두고 10만 달러 이상의 계약을 맺은 연방건축계약자

2. 차별철폐계획서에는 고용 목표와 이행 시간표를 제출해야 한다. 이것은 구체적인 날짜에 따라 차별철폐정책 가이드라인의 적용을 받고, 전체 노동력에서 여성 그리고/또는 소수민족의 구체적인 비율을 지켜야 하는 고용주는……

  a. 실제 소수민족과 여성이 자격과 상관없이 특정 숫자를 고용한다.

  b. 실제 유자격의 여성과 소수민족 중 특정 숫자를 고용한다.

  c. 자격과 상관없이 여성과 소수민족의 특정 숫자를 고용하려 노력한다.

  d. 유자격의 여성과 소수민족 중 특정 숫자를 고용하려 노력한다.

3. 차별철폐정책 계획서를 작성한 뒤에 고용주는……

 a. 승인을 위해 OFCCP에 계획서를 제출한다.

 b. 계획서를 보관하고 있다가 OFCCP가 요구할 경우에 제출한다.

 c. 다수의 여성과 소수민족 고용인으로부터 계획서의 승인을 받는다.

 d. 위의 모든 것을 다 한다.

4. OFCCP는 차별철폐정책 가이드라인을 위반했다고 생각되는 고용주에 대해 이행 심사를 한다. 이행 심사를 받은 고용주는 몇 %나 되는가?

 a. 5% 미만

 b. 11%

 c. 24%

 d. 50% 이상

5. 차별철폐정책 가이드라인을 위반하고 교정조치를 취하지 않은 고용주는 현재의 연방 계약이 취소되고 부적격자로 분류될 수 있다. 이것을 퇴출이라고 하는데 1992년과 1995년 사이에 얼마나 많은 고용주들이 퇴출되었는가?

 a. 0명

 b. 39명

 c. 197명

 d. 1,000명 이상

* 6번에서 8번까지 질문은 1996년 1월 1일 현행 연방법과 연방대법원의 판결에 기초한 것이다.

6. 다음의 정책 중에 고용주가 연방법원의 승인을 받지 않고 채용과 승진에서 합법적으로 시행할 수 있는 정책은?

  a. 백인이 명백하게 능력이 뛰어나지만 특정 자리에 흑인이나 히스패닉을 채용하거나 승진시킨다.

  b. 남성이 명백하게 능력이 뛰어나지만 특정 자리에 여성을 채용하거나 승진시킨다.

  c. 채용과 승진 시 많은 요인들 가운데 하나의 요인으로 인종이나 성별을 고려한다.

  d. 위의 항목이 모두 해당한다.

7. 더 많은 흑인과 히스패닉 학생을 유치하기 위해 대학이나 전문대학원은

  a. 백인이 지원할 수 없는 특별 소수민족 장학금을 제안한다.

  b. 흑인과 히스패닉 학생들을 위한 특정 자리를 위해 배려 또는 예약한다.

  c. 반경 50마일 내에서 흑인이 압도적으로 많은 고등학교를 방문해 대학설명회를 개최한다.

  d. 위의 항목 모두 해당하지 않는다.

8. 연방대법원에 따르면 연방하급법원이 어떤 조건으로 고용주에게 특정의 여성과 소수민족 집단을 채용 그리고/또는 승진하도록 요구할 수 있는가?

  a. 소수민족과 여성 고용인의 비율이 총인구에서 소수민족과 여성이 차지하는 비율보다 낮을 때

  b. 판사가 고용주의 과거 차별 경력에 대해 의심스러울 때

  c. a 또는 b 가운데 하나면 충분하다.

  d. 위의 어떤 항목도 충분치 않다.

* 질문 9번에서 11번까지는 1995년에 시행된 전국여론조사의 결과에 기초했다.

9. 1995년 백인들을 대상으로 한 전국적인 여론조사에 따르면, ……
   a. 90% 이상이 차별철폐정책에 반대했다.
   b. 차별철폐정책의 유형에 따라 각기 다른 반응들을 나타냈다.
   c. 놀랍게도 차별철폐정책에 대해 지지했다.
   d. 위의 항목은 모두 해당하지 않는다.

10. 전국적인 여론조사에 따르면, 흑인들은……
    a. 일반적으로 차별철폐정책을 지지한다.
    b. 차별철폐정책에 대해 중립적이다.
    c. 차별철폐정책에 대해 반대한다.

11. 전국적인 여론조사에 따르면, 여성들은……
    a. 차별철폐정책에 대해 남성들보다 더 적극적인 태도를 보인다.
    b. 차별철폐정책에 대해 남성과 같은 태도를 보인다.
    c. 차별철폐정책에 대해 남성보다 더 부정적인 태도를 보인다.

12. 요즘 차별철폐정책 때문에 백인 남성에 대한 역차별 문제에 대해 많은 논의가 이루어지고 있다. 대학을 졸업한 정규 노동자의 최근 연간소득은 ……
    a. 백인 남성과 거의 같다.
    b. 흑인 남성보다 약간 적다.
    c. 흑인 여성보다 더 많다.
    d. 위의 항목 모두 해당한다.

13. 백인 남성이 역차별 혐의를 주장하며 제기한 소송에 대한 두 가지
 연구 결과에 따르면, 역차별 관련 소송은……
  a. 소수민족과 여성이 제기한 차별 관련 소송과 거의 동일하게 될 것이다.
  b. 소수민족과 여성이 제기한 소송보다는 성공적이지 못할 것이다.
  c. 성차별보다 인종차별 혐의와 더 관련될 것이다.
  d. 위의 항목 모두 해당한다.

14. 대학에서 학생의 입학을 허가할 것인가의 여부를 고려할 때, 하버드,
 예일, 프린스턴대와 같은 일류 대학들은……
  a. 평균 평점, 학급 등수, SAT 점수, 그리고 교사추천서 같은 학문적인
   능력만을 고려한다.
  b. 동문 출신의 부모를 둔 학생에게 특별혜택을 제공한다.
  c. 흑인, 유대인, 또는 아시아계에 대해 절대로 차별하지 않는다.
  d. 위의 항목 모두 해당하지 않는다.

15. 차별철폐정책을 시행한 지 15년이 지난 후, 흑인들은 1992~93학년도
 에 의과대학에서 ( )%, 법과대학에서 ( )%를 차지했다.
  a. 5.8%와 5.7%
  b. 9.8%와 10.5%
  c. 19.2%와 21.7%
  d. 30.2%와 28.3%

(정답☞ 467쪽 하단)

부록 2
"연표로 보는 차별철폐정책 관련 미국사"

1860년	에이브러햄 링컨, 대통령 당선
1861~65년	남북전쟁
1863년	노예해방령. 링컨, 남부 재건계획 발표
1865년	남군 항복· 수정헌법 제13조 비준· 링컨 암살. 해방노예국 설립
1869년	연방의회, 수정헌법 제14조 비준; '법 앞의 평등보호' 규정
1870년	연방의회, 수정헌법 제15조 비준; 흑인에게 투표권 부여
1896년	플레시 대 퍼거슨 사건; 연방대법원, 격리평등원칙(separate-but-equal doctrine) 판결
1909년	NAACP(전국유색인지위향상협회) 결성
1914~20년	흑인, 북부로 대거 이동
1917년	미국, 제1차 세계대전 참전
1920년	연방의회, 수정헌법 제19조 비준; 여성 참정권 부여
1924년	KKK단 회원 수 절정에 달함
1929년	주가 폭락과 대공황 시작
1932년	프랭클린 루스벨트, 대통령 당선
1933년	1차 뉴딜 입법
1935년	차별철폐정책(affirmative action) 용어 등장. 2차 뉴딜 입법
1936년	CIO(산업별노동조합의회) 설립
1937년	연방대법원, 「와그너법」 지지
1939년	제2차 세계대전 발발

1940년	징병제 법안 통과
1941년	프랭클린 루스벨트 대통령, FEPC(고용평등실천위원회) 신설.
	일본 진주만 공격
1942년	일본계 미국인 강제수용. CORE(인종평등회의) 창설
1943년	도시인종 폭동(디트로이트, LA, 텍사스 주 보먼트와 엘파소,
	메사추세츠 주 스프링필드, 뉴욕 등)
1944년	「제대군인지원법(G.I. Bill.)」 제정. 독일군의 벌지전투
1945년	루스벨트 대통령 사망. 해리 트루먼, 대통령직 승계.
	UN 창설
1947년	징집제 폐지
1948년	징집제 부활
1950~53년	한국전쟁
1952년	아이젠하워, 대통령 당선
1954년	육해공군에서 군통합 완료. 브라운 대 교육위원회 사건; 연방
	대법원, 격리평등원칙(separate-but-equal doctrine) 위헌 판결
1955년	로사 파크스, 백인에게 버스 자리 양보 거부가 발단이 된
	몽고메리 시 버스 승차 거부
1957년	리틀 록, 인종 통합 위기. 법무부 내에 민권위원회와 민권국
	신설
1960년	존 케네디, 대통령 당선
1961년	PCEEO(대통령직속고용기회평등위원회) 설치. 자유탑승자운동
	(Freedom Riders). 여성지위향상을 위한 대통령 위원회 설치
1963년	남녀동일임금지급법 제정. 약 20만 명의 흑인, 수도 워싱턴
	집회. 케네디 대통령, 암살. 존슨, 대통령직 승계
1964년	민권법 제정. 빈곤과 전쟁 시작. Freedom Summer 운동
1965년	EEOC(고용평등기회위원회) 활동 시작. 투표권법 제정. 에드

	먼드 페터스 다리 사건. 「초중등교육법」, 「고등교육법」 제정.
	헤드스타트, 메디케이드(Medicaid), 메디케어(Medicare) 시
	행. 랜돌프 자유예산(Freedom Budget) 1,000억 달러 요구
1966년	NOW(전국여성협회) 창립
1967년	존슨 대통령, 「민권법」에 성차별 금지 조항 추가
1968년	킹 목사, 암살. NAB(전미기업인연맹) 설립
1968년	LA 와츠 폭동. OFCC(연방계약준수국) 신설. 베트남전 구정 공세. 닉슨 대통령, 당선
1969년	필라델피아 플랜 입안. 달 착륙. 닉슨 대통령, 소수민족기업국 설립
1970년	캄보디아 침공. 켄트주립대 유혈 사태. 필라델피아 플랜, 확대 적용(5만 달러의 연방발주계약을 체결한 50인 이상 고용인을 둔 건설업과 노조에게 차별철폐정책 적용)
1971년	그릭스 대 듀크전력회사 사건; 연방대법원, 간접차별 인정. 필라델피아 플랜 개정 적용[건설업을 제외한 모든 기업, 즉 5만 달러 이상의 연방계약을 맺는 기업들은 소수민족과 여성을 고용하기 위한 차별철폐정책 계약서(고용 목표와 이행 시간표) 제출]
1973년	로 대 웨이드 사건; 연방대법원, 임신 6개월까지 낙태 가능 판결
1974년	닉슨, 대통령직 사임. 포드, 대통령직 승계
1976년	지미 카터, 대통령 당선
1977년	PWA(공공사업법) 공포; 배려조항 포함(공공사업에 투자 되는 연방보조금의 10%는 지방에서 활동하는 소수민족계 기업에 할당)/ OFCC를 OFCCP(연방계약준수프로그램국) 으로 재조직

1978년	캘리포니아대 이사회 대 박키 사건; 연방대법원, 대학 입학 시 특정 인종을 위한 별도의 정원 배정은 위헌이지만 대학의 인적 구성 다양화 노력은 합헌; 역차별 문제 대두
1980년	로널드 레이건, 대통령 당선
1981년	에이즈, 미국에서 최초 출현 확인
1988년	조지 H. 부시, 대통령 당선
1991년	민권법 수정안 제정; 불평등효과 개념 포함. 첫 전국다양성 회의 개최
1992년	LA 인종폭동. 빌 클린턴, 대통령 당선
1996년	캘리포니아 주민제안 제209호 통과; 고용 및 계약상 우대정책 철폐. 홉우드 대 텍사스주 사건; 연방고등법원, 대학 입학 시 인종유형별 심사는 위헌
1997년	캘리포니아 주, 입학관행에서 우대정책 철폐
1998년	클린턴 대통령, 민권법에 성적지향 추가
2000년	조지 W. 부시, 대통령 당선
2003년	그러터 대 볼링거 사건; 연방대법원, 대학에서 인적 구성의 다양화 노력은 합헌. 그라츠 대 볼링거 사건; 연방대법원, 대학 입학 시 특정 인종에게 가산점 부여 방식은 위헌

˙˙ 차별철폐정책 이해 테스트 정답

1	2	3	4	5	6	7	8	9	10	11	12	13	14	15
c	d	b	a	b	c	c	d	b	a	a	c	b	b	a

자료: F. L. Pincus. 1996. "Test of Affirmative Action Knowledge." *Current World Leaders: International Issues* 39, no.2. pp.99~104.

찾아보기

법명

저자

테리 H. 앤더슨(Terry H. Anderson)은 텍사스 A&M대의 역사학 교수로 재직 중이며 전공은 미국근대사(Modern U.S. History)이다. 그는 풀브라이트(Fulbright) 및 대학교류 프로그램을 통해 일본, 중국, 말레이시아를 비롯한 동아시아 국가는 물론 아일랜드에서 미국사를 가르친 경험이 있다. 또한 앤더슨 교수는 미국의 역사에서 격동기로 꼽히는 1960년대와 자신이 직접 참전한 경험이 있는 베트남전쟁에 관한 수많은 논문과 저술을 했다. 특히 그의 대표작으로 1999년에 출간된 『1960년대(Sixties)』는 판(版)을 거듭하면서 큰 반향을 불러일으키고 있다.

tha@tamu.edu

역자

염철현은 광주일고와 고려대학교 교육학과를 졸업하고 동대학원에서 교육행정 및 교육법 전공으로 교육학 박사학위를 받았다. 학문적 관심 분야는 '교육행정 및 교육정책', '교사 및 학교장의 리더십', '(미국)교육법'이며, 주로 교육의 사회통합적 역할에 관하여 다수의 논문을 발표했다. 대표적인 저서 및 역서로는 『교사의 리더십』(2004년), 『교사와 법』(2001년), 그리고 『교육행정가와 교육법』(2002년) 등이 있다. 현재 한국디지털대학교(Korea Digital University) 평생교육학과 교수이다.

hyunkor@kdu.edu

한울아카데미 881

차별철폐정책의 기원과 발자취
차별의 벽을 넘어 평등의 세계로

ⓒ 염철현, 2006

지은이 | 테리 H. 앤더슨
옮긴이 | 염철현
펴낸이 | 김종수
펴낸곳 | 도서출판 한울

편집 책임 | 안광은
편집 | 서윤아

초판 1쇄 인쇄 | 2006년 9월 13일
초판 1쇄 발행 | 2006년 9월 23일

주소 | 413-832 파주시 교하읍 문발리 507-2(본사)
 121-801 서울시 마포구 공덕동 105-90 서울빌딩 3층(서울 사무소)
전화 | 영업 02-326-0095, 편집 02-336-6183
팩스 | 02-333-7543
홈페이지 | www.hanulbooks.co.kr
등록 | 1980년 3월 13일, 제406-2003-051호

Printed in Korea.
ISBN 89-460-3586-2 93940

* 가격은 겉표지에 표시되어 있습니다.